高等学校医疗保险专业第二轮系列教材

总主编　周绿林

社会保险学

第 2 版

主　编　何　梅　吕国营

科　学　出　版　社

北　京

内 容 简 介

《社会保险学》（第 2 版）是“高等学校医疗保险专业第二轮系列教材”之一。本书吸取和借鉴国内外社会保险研究的最新进展和改革实践成果，在第一轮系列教材的基础上做了进一步的补充、修订和完善，内容包括社会保险基本理论、方法和技术，社会保险制度的历史演进与中国社会保险制度发展改革，社会保险基金与社会保险管理，政府主办的养老保险、失业保险、工伤保险、医疗保险、生育保险、长期护理保险的基本概念、原理、制度框架及国际比较。

本书适合作为高等院校医疗保险、劳动与社会保障专业的本科生和研究生用教材，以及其他相关专业选修、参考教材，也可以作为社会保障实际工作部门中各类人员的学习参考书或培训用教材。

图书在版编目（CIP）数据

社会保险学 / 何梅，吕国营主编. —2 版. — 北京：科学出版社，2025. 3

高等学校医疗保险专业第二轮系列教材 / 周绿林总主编

ISBN 978-7-03-076810-0

Ⅰ. ①社… Ⅱ. ①何… ②吕… Ⅲ. ①社会保险-保险学-高等学校-教材 Ⅳ. ①F840.61

中国国家版本馆 CIP 数据核字（2023）第 205727 号

责任编辑：郭海燕 乔艳茹 / 责任校对：张亚丹

责任印制：徐晓晨 / 封面设计：陈 敬

科 学 出 版 社 出版

北京东黄城根北街 16 号

邮政编码：100717

http://www.sciencep.com

固安县铭成印刷有限公司印刷

科学出版社发行 各地新华书店经销

*

2015 年 6 月第 一 版 开本：787×1092 1/16

2025 年 3 月第 二 版 印张：16 3/4

2025 年 3 月第二次印刷 字数：473 000

定价：98.00 元

（如有印装质量问题，我社负责调换）

高等学校医疗保险专业第二轮系列教材
编写委员会

《社会保险学》（第2版）编委会

主　编　何　梅　吕国营

副主编　岳林琳　陈樱花　姚　俊　刘维蓉　张　丽

编　者（以姓氏笔画为序）

王丽君　山东中医药大学
邢　洁　山东第二医科大学
吕　政　安徽中医药大学
吕国营　中南财经政法大学
刘维蓉　贵州中医药大学
李华业　滨州医学院
李芫苑　昆明医科大学海源学院
何　梅　昆明医科大学
张　丽　南京中医药大学
张　卓　锦州医科大学
张　谧　湖南中医药大学
张晓香　湖北中医药大学
张瑞利　南京中医药大学
陈江芸　南方医科大学
陈樱花　江苏大学
岳林琳　山东第二医科大学
孟雪晖　浙江中医药大学
姚　俊　南京医科大学
聂怀勇　华北理工大学
崔仕臣　温州医科大学
矗哈尔　内蒙古医科大学

总序

自1994年12月"两江"（镇江市和九江市）职工医疗保障制度改革试点启动以来，我国医疗保障制度建设取得长足发展，实现了历史性跨越。截至2021年底，我国基本医疗保险覆盖13.6亿人，95%以上的国民有了基本医疗保障，全民医保体系初步形成。国际劳工组织盛赞中国社会保障取得的巨大成就，在《世界社会保障报告（2017—2019）》中指出，中国是实现养老保险和医疗保险快速扩面最成功的国家。2020年《中共中央 国务院关于深化医疗保障制度改革的意见》提出"到2030年，全面建成以基本医疗保险为主体，医疗救助为托底，补充医疗保险、商业健康保险、慈善捐赠、医疗互助共同发展的医疗保障制度体系"。

为适应医疗保险事业的发展，我国医疗保险人才培养也走过了20多年历程。目前全国已有40多所高校在公共事业管理、劳动与社会保障等相关专业中培养医疗保险人才。令人欣喜的是，2020年2月教育部印发的《关于公布2019年度普通高等学校本科专业备案和审批结果的通知》，决定增设备案医疗保险本科专业，充分体现了政府和社会对医疗保险专业建设的重视和认同。

教材是学校教育教学、推进立德树人的关键要素，教材建设也是专业建设中最基本的教学条件建设内容之一，教材质量直接体现高等教育和科学研究的发展水平，也直接影响本科教学的质量。在新文科建设背景下，紧密结合一流专业和一流课程建设，需要符合新时代发展要求的高水平教材。

为适应新时代医疗保险专业人才培养和高等医疗保险教育的需要，体现最新的教学改革成果，2014年5月"中国医疗保险教育论坛"理事会发起编写高等学校医疗保险专业第一轮系列教材（简称第一轮系列教材）。第一轮系列教材出版后，受到了教材使用高校和社会读者的广泛好评。随着时间的推移，近年来公共管理理论和方法有了新的进展，国内外医疗保障改革发生了巨大变化。为此理事会决定启动编写第二轮系列教材并成立了"高等学校医疗保险专业第二轮系列教材编写委员会"，特邀林闽钢（教育部高等学校公共管理类专业教学指导委员会委员、中国社会保障学会副会长、南京大学教授）担任主任委员，申曙光（中国社会保障学会副会长兼医疗保障专业委员会主任委员、中山大学教授）、杨翠迎（教育部高等学校公共管理类专业教学指导委员会委员、上海财经大学教授）担任副主任委员。

此后在全国范围内进行了主编、副主编、编委的申报遴选工作。2020年11月，在江西中医药大学隆重召开"高等学校医疗保险专业第二轮系列教材主编、副主编聘任暨全体编委会议"。编委会要求教材编写时应遵循"三基"（基本理论、基本知识、基本技能）要求，以必需和够用为度，体现现代教育思想，反映学科建设和医改发展最新成果，把第二轮系列教材编成有特色、有创新、有深度、有影响力的精品教材。教材编写过程中，适逢党的二十大胜利召开，为此，编委会要求推进党的二十大精神进教材、进课堂，落实立德树人根本任务，努力践行社会主义核心价值观。

第二轮系列教材体系沿袭第一轮系列教材确定的12门专业基础课和专业课教材，其编写在第一轮系列教材基础上吸收了国内外医疗保险最新理论研究与改革实践成果，是全国40余所高校从事医疗保险专业教育工作者集体智慧的结晶。第二轮系列教材的编写出版，希冀为提升新时代我国医疗保险专业人才培养质量与专业学科建设水平发挥积极作用。

"中国医疗保险教育论坛"理事会
高等学校医疗保险专业第二轮系列教材编写委员会
2023年1月10日

前　言

本教材是在高等学校医疗保险专业第一轮系列教材《社会保险学》的基础上修订再版，编写中充分吸收国内外社会保险最新理论研究和改革实践成果。

本教材有以下几个特点。一是基础理论部分逻辑性强、结构合理。第一章至第五章为基础理论部分，介绍了社会保险的含义、基本原则，通过分析比较社会保险与社会保障、商业保险等相关概念的关系，强化社会保险的目标和功能定位。相较于第一版，本教材调整了这部分内容的前后顺序，使得各章节的逻辑关系更加紧密。二是制度实践部分体系完整。第六章至第十一章为制度实践部分，该部分充分反映了国内外社会保险制度的历史发展和改革进程，在第一版的基础上，补充了长期护理保险的章节，介绍了长期护理保险的基础理论、制度框架、国际实践和我国的试点情况，使得本教材制度实践部分的内容更加丰富、完整。三是关于各社会保险项目的介绍系统全面。每一项社会保险项目的介绍均从制度概述、基本内容、国际上典型的制度类型、我国的实践以及该项社会保险面临的问题与挑战进行全方位阐述，将第一版单列的国际制度比较融入每个社会保险项目的介绍中，避免了内容的前后重复，并使得每个社会保险项目的介绍更加深入、视野更加开阔。四是注重历史研究，资料丰富翔实。本教材从国际、国内视角出发，对社会保险制度每一阶段发展演进的背景、政策调整、改革完善做深入分析，在基本原理、基本知识、基本技能方面阐述透彻，注重科学性和启发性。五是实践性强、适用面广。本教材为全国高等学校医疗保险专业的规划教材之一，既是医疗保险专业必修课程教材，又可以为劳动与社会保障相关专业教学所使用，也可以为社会保险管理部门及社会保险相关领域的培训所应用。

参加本教材编写的人员有：吕国营、张晓香（第一章），何梅、矗哈尔（第二章），姚俊、王丽君（第三章），张丽、吕政（第四章），岳林琳、李芫苑（第五章），陈樱花、陈江芸（第六章），刘维蓉、张卓（第七章），聂怀勇、张瑞利（第八章），岳林琳、邢洁（第九章），李华业、张谧（第十章），孟雪晖、崔仕臣（第十一章）。本教材由主编何梅提出编写提纲，由吕国营、岳林琳、陈樱花、姚俊、刘维蓉、张丽负责部分章节的审阅修订工作。何梅负责全书审核并定稿。在此，谨对上述工作人员表示衷心的感谢！

本教材编写过程中，对每一章内容我们都力图体现出最新研究动态与适宜的理论深度，力求做到通俗易懂、学研咸宜。在编写过程中参阅了大量国内外研究成果，在此，对被引用的有关研究成果的作者表达诚挚感谢！编写过程中得到总主编周绿林老师及科学出版社的极大支持，在此真诚致谢！

限于水平，书中不足之处在所难免，恳请读者、学者和同仁批评指正。

何　梅

2024 年 10 月

目　　录

第一章　社会保险概述

内容提要

本章从风险与保险的关系入手，从风险的不确定性和风险转嫁方式的视角对社会保险（简称社保）的概念进行界定，进而分析社会保险制度的特点和项目构成。在此基础上，讨论社会保险与社会保障、商业保险的联系与区别及社会保险的目标与功能。最后介绍社会保险学的研究内容和研究方法。

第一节　社会保险的含义与基本原则

一、风险与保险

（一）风险的含义

风险在不同教材中，有不同的定义。有的教材把风险定义为“导致损失的事件发生的不确定性”，有的定义为“风险是损失的可能性”，也有的认为风险就是危险。这些定义与现代风险管理理念有一定的差距。本教材对风险采用如下定义：风险是客观不确定性与人们主观对不确定性厌恶的统一。

风险在自然界、人类社会中是普遍存在的。比如疾病的发生、余命的不确定、失业、工伤事故的发生等。这些事件是否发生、发生的时间和地点、发生以后给相关主体带来的经济损失都是不确定的。但这种不确定性是针对个体而言的，对于一定区域范围、一定时间范围内的整体而言，风险发生的概率、经济损失的多少是有历史统计数据支持的，是可以预测的。这是现代风险管理科学发展的前提和技术基础。

风险管理作为一门系统性的管理学科只有几十年的历史。风险管理起源于20世纪50年代的美国。1948年美国钢铁工厂发生员工养老金问题引起的罢工事件，给美国经济造成重大影响。1953年美国通用汽车公司发生火灾，造成巨大的经济损失。这些重大事件的发生，促使人们开始探索用科学的手段和方法来防范和管理重大事故，减少风险发生带来的经济损失。

风险管理是企业或组织在系统、全面、科学评估风险不确定性的基础上，合理使用各种风险管理方法和措施，以实现降低风险发生的概率、减少经济损失的目标。风险管理方法分为两大类：控制型风险管理技术和财务型风险管理技术。

控制型风险管理技术是在系统分析组织面临的风险因素基础上，采取一定的控制技术以降低风险事故发生的概率，减轻损失程度，重点在于改变引起风险事故发生和损失扩大的各种风险因素。控制型风险管理方法一般包括避免、预防、抑制、分散。避免是指从根本上放弃可能带来风险的活动，这是一种最彻底、最简单的消极风险管理方法。避免风险的风险管理方法看起来简单易行，但不是所有的风险都可以避免，而且避免了一种风险可能会带来另一种新的风险。例如，人不可能避免生老病死的风险；人们为了避免步行被机动车撞倒的风险，放弃步行而选择自驾，这样可能会带来自驾发生交通事故的风险。风险避免在风险厌恶型群体中是很常见的行为。预防是指在风险事故发生之前，采取措施消除或减少风险因素来降低风险发生的概率和损失程度。例如，建筑工地上例行安全检查，降低了工伤事故发生的概率。抑制是指风险事故发生的过程中，为减少损失程度而采取的各项措施。例如安装自动喷淋设施以抑制火灾发生后带来的重大经济损失。分散是指以增加风险单位数量来提高风险的可测性，平衡风险损失，降低风险成本。人们常说的不要把鸡蛋放在一个篮子里，也就是为了分散风险。

财务型风险管理技术是指人类由于对风险的有限认识和判断、控制型风险管理技术的局限性，或者经济损失的发生不可能避免，而在风险事故发生之前通过建立基金的财务方式来降低风险发生之后给人们带来的经济损失。财务型风险管理技术包括风险自留、风险转移。

风险自留是指风险的自我承担，包括主动自留和被动自留。风险自留一般在风险发生的概率较小、损失程度较小或损失程度不影响组织的财务稳定性时采用。风险自留的高级形式是成立自保公司。自保公司是由母公司为保险目的而设立的保险子公司，主要向母公司和子公司提供保险服务。

风险转移是指经济主体把损失有意识地转移给其他单位或个人承担。风险转移包括保险转移和非保险转移。非保险转移是单位或个人通过合同等方式把风险转移给其他单位或个人去承担，如分包合同、运输合同等类似的免除责任协议等。保险转移是指单位或个人通过订立保险合同的方式把风险转移给保险人的一种风险管理技术。保险人通过收取少量保费，对称承担提供对保险合同约定的损失发生后的损失补偿或给付保险金责任。一般来说，保险风险转移是最优的风险管理方法，但是并不是所有风险都可以转移给保险公司。保险公司愿意承保的风险必须满足一定的条件，满足这些条件的风险称为可保风险。

（二）风险的种类

依据不同的研究目的，可以对风险进行不同的分类。

1. 静态风险和动态风险

根据风险不确定性随时间变化的程度可以将风险分为静态风险和动态风险。

静态风险是在社会经济环境正常的条件下，自然力的不规则变动或人们的错误决策导致损失发生的风险，如旱灾、爆炸等。静态风险影响一定范围的财产或个人。动态风险源于社会中的各种变化，其影响范围较大，如城市治安的恶化。动态风险可以是纯粹风险或投机风险。

2. 纯粹风险和投机风险

按照风险带来后果的不同可以分为纯粹风险和投机风险。

纯粹风险是只带来损失的风险，如疾病、失业、工伤、失能失智等，其结果只有两种：没有发生没有损失、发生带来损失。纯粹风险一般是静态风险。因此，纯粹风险在短期内期望损失稳定，往往服从大数定律或中心极限定理。这为保险产品的定价提供了技术基础。

投机风险既有损失的机会也有获益的可能，甚至可能获得巨大的利益，如赌博、炒股给企业或个人财务状况带来的影响。购买股票的后果有三种：股票价格上涨持股人获利，股票价格下跌持股人遭受损失，股票价格不变持股人无损失也不获利。

3. 系统性风险和非系统性风险

区别系统性风险和非系统性风险对研究保险市场是非常有必要的。系统性风险是不可分散风险，非系统性风险是可分散风险，即可以转移给保险公司的风险。可分散风险可以通过将不同的风险单位组合起来的方式减小风险损失的不确定性，或者可以通过将面临同类风险的个体联合起来分担风险来降低损失的程度。而系统性风险则不具备可分散风险的特征，不会因为面临风险的个人联合起来分摊风险而减小风险。

（三）可保风险与保险

1. 可保风险的要件

可保风险是指可以转移给保险公司的风险，或保险公司愿意承保的风险。可保风险必须满足一定的条件。第一，可保风险必须是纯粹风险。第二，必须是偶然发生、大量标的有遭受这种风险的可能性。偶然性是指风险的发生对于个人而言是不可预见的，发生的时间、地点和可能的损失都是不确定的。例如，如果个体已经身患癌症，那么就不能向保险公司投保重大疾病保险或死亡保险。只有大量标的都有遭受同类风险的可能性，才满足保险经营的大数定律要求。即多数人交的保费用以补偿发生损失的少数人的损失。第三，风险的发生有产生重大损失的可能性。如果风险带来的经济损失很小，不会给个体带来生活、经济的重大影响，就没有必要买保险，此时买保险也是不划算的。

2. 保险的含义

保险既是一种重要的风险管理技术，也是一种经济补偿制度，是分摊意外事故导致的经济损失的一种财务安排。保险人通过集合大量同质风险，运用大数定律，估算损失概率和损失金额，从而确定保险合同的价格，即保费。保险人通过向投保人收取保费来建立保险基金，用以赔付被保险人发生的经济损失。另外，保险也是一种合同行为。保险的经济保障功能是通过投保人和保险人签订合同来实现的。保险人是商业保险公司或者其他组织，投保人是具有民事权利能力和民事行为能力的自然人或组织。

3. 保险的分类

按照不同的标准，保险可以分为如下不同的类型。

（1）法定保险和自愿保险。法定保险又被称为强制保险，是国家为了保护社会公众利益而对部分对象以法律、法规的形式要求其必须投保的一种保险。法定保险的保险关系是基于国家或政府的强制，而不是建立在投保人和保险人的自愿基础上的合同行为。常见的法定保险有机动车第三者责任保险、社会保险。

自愿保险是指保险合同双方当事人基于自愿、平等、互利等原则而签订保险合同的一种保险。自愿保险是投保人和保险人之间的保险合同关系。投保人可以选择是否投保、向哪家保险人投保、是否退保等。同时，保险人也可以自愿决定是否承保、以什么价格收取保费来承保等。

（2）社会保险和商业保险。社会保险是国家通过立法的形式，对劳动者因年老、疾病、伤残、死亡、生育、失能失智等引起生活困难给予补偿的社会经济制度。社会保险与社会救助、社会福利、社会优抚等共同组成我国社会保障体系。社会保险的主要子项目有养老保险、医疗保险、生育保险、失业保险、工伤保险、长期护理保险。社会保险具有强制性、保障水平的基本性、普遍性等特点。

商业保险是投保人和保险人在自愿基础上签订的保险合同。投保人根据保险合同约定向保险人缴纳保费，保险人对于合同约定的损失承担经济赔偿责任或者当被保险人死亡、伤残或达到合同约定的年龄、期限时给付保险金的责任。商业保险是以概率论和大数定律为技术基础，运用保险精算方法，实现对风险的集中和分散。商业保险具有自愿性、营利性、个体平等性等特点。

（3）普通保险和政策性保险。普通保险是基于个人或经济单位的风险管理需要，经过自由选择而形成的保险关系，如家庭财产保险、企业财产保险、个人寿险等。普通保险一般是商业保险公司作为保险人，与自然人或经济单位签订保险合同，普通保险是以营利为目的的商业行为。

政策性保险是国家基于政策因素举办的非营利性保险，如社会保险、出口信用保险、农业保险等，一般不以营利为目的。

二、社会保险的含义

（一）社会风险的种类

根据可保风险的要件，社会保险能够承保的社会风险必须满足一定的条件。比如必须是普遍客观存在并且偶然发生的风险，风险发生之后会给参保人带来工资收入的减少等重大经济损失，但是作为参保者本人又无法避免的风险。满足这些可保风险要件的社会风险应该由社会保险覆盖。工业社会中，这类社会风险包括疾病、生育、死亡、工伤、失能失智等人身风险和失业风险。

1. 疾病风险

疾病是劳动者一生中最常见且不可避免的风险，而且患病的概率会随着年龄的增长而增加。劳动者患病之后，一方面面临失去收入的风险，另一方面会导致医疗费用、交通食宿等经济损失。如果是经济损失较小的小病，劳动者可以通过个人储蓄、家庭等途径来缓解经济压力。但如果是大病、重病、慢性病等，个人可能就无能为力了。因此，社会保险有必要推出相应的险种，来帮助患病的参保人渡过难关，防止因病致贫、因病返贫。

2. 生育风险

就整体女性群体而言，生育现象是必然的，而且生育期间的收入经济损失，或者并发症是难以避免的。因此，社会保险应该帮助女性参保人分散这种人身风险，以保障女性劳动者的健康和劳动力再生产。

3. 长寿风险和失能失智风险

伴随着生活质量的提高、医疗技术的进步，我国人口平均期望寿命逐年提高。《2023 年我国卫生健康事业发展统计公报》显示，2023 年，我国居民人均预期寿命达到 78.6 岁。与此同时，我国的生育总数和总和生育率呈现下降的趋势。当人口结构呈现老龄化、高龄化、少子化特征时，人群中的长寿老人，尤其是失能失智老人数量会急剧上升。失能失智老人所需的长期生活照料的需求将难以得到满足，由此带来的长期生活照料费用将不是一个小数目，个体将难以承担。因此，社会保险应该针对失能失智老人的长期生活照料提供相应的保障，以缓解失能失智老人的经济压力，进而缓解医疗保险的支付压力，有利于社会资源实现配置最优化、效用最大化。

4. 失业风险

市场经济以竞争为核心，竞争失败的劳动者就会成为失业大军中的一员。失业是市场经济发展过程中的常见现象，也是不可避免的风险。失业风险带给劳动者及家庭的经济损失是劳动报酬，劳动报酬的损失对于一般家庭而言意味着生活难以为继。失业可能是个人原因导致的，也可能是经济波动等宏观原因导致的。针对失业这种系统性风险，商业保险公司一般不愿意承保。因此，国家应该通过失业保险给失业者以工资收入的经济补偿，并通过必要的劳动就业培训，帮助失业者再就业，使其重新回到劳动力市场。

5. 工伤和残障风险

工业化时代的大量机器设备使用、环境污染等客观因素，以及劳动者自身的疏忽大意等主观原因，导致劳动者在工作场合难免受到职业伤害，导致劳动者受伤、残疾或者死亡。工伤事故带来的风险是劳动者劳动能力的丧失，以及大额医疗费用和康复费用的支出。一般的劳动者和家庭很难应对这种风险。为了保障劳动者权益，使其受到工伤之后能得到及时的工伤补偿，同时也促使雇主注重安全生产、降低工伤事故发生的概率，国家有必要采取强制性的工伤保险，并且由雇主单方面承担工伤保险费的缴纳。

（二）社会保险的概念

社会保险是指通过国家立法强制建立社会保险基金，对劳动者在遭受年老、疾病、死亡、伤残、失业、失能失智等风险冲击时给予补偿的社会制度。社会保障制度由社会保险、社会福利、社会优抚、社会救助四大板块构成。社会保险是社会保障制度的核心组成部分，主要包括养老保险、医疗保险、生育保险、失业保险、工伤保险、长期护理保险等。

（三）社会保险的特征

1. 强制性

社会保险是国家通过《中华人民共和国社会保险法》（简称《社会保险法》）等相关法律法规强制实施的保险项目。社会保险的强制实施使劳动者在生、老、病、伤、残等风险发生时能得到补偿，同时也有效解决了保险领域的逆向选择难题。当参保人掌握更多自身的风险情况，而保险人却不知道相关信息时，难免产生传统的逆向选择问题。逆向选择问题会影响保险市场的可持续经营和发展。

2. 基本保障

社会保险是社会保障制度的核心组成部分，主要面向劳动者提供基本保障。社会保险的保障水平必须与社会经济发展水平相适应，即社会保险的目标是保基本。

《社会保险法》提出，社会保险制度要“坚持广覆盖、保基本、多层次、可持续的方针”。十二字方针中保基本是核心。只有保基本才能实现广覆盖，我国在不到 20 年的时间内实现了全民医保，其关键在于坚持了“保基本”的原则。保基本既有利于起步阶段扩大覆盖面，也避免了发展过程中因为经济波动覆盖面下降情况的发生。社会保险与商业保险、社会救助等项目相互补充，形成完整的社会保障体系。多层次就要求社会保障体系中的各个项目责任边界清晰、各司其职。如果社会保险承担责任过大，超越了保基本的责任边界，就会挤占商业保险和社会救助的发展空间，多层次的制度体系就无法实现。保基本是社会保险制度可持续发展的必要条件。如果不切实际地提高社会保险待遇，比如取消社会医疗保险报销的三大目录，实施免费医疗，那么这样的短期行为将使社会保险基金长期面临收不抵支，甚至基金“穿底”的风险。

3. 普遍性

社会保险的普遍性，首先表现在社会保险的对象是全体劳动者。无论是哪个行业，哪种性质的单位，也无论是农村还是城市，凡是劳动者都应该依法参加社会保险。要求所有劳动者必须参保是因为生、老、病、死等人身风险普遍存在。对个体而言，这些风险具有偶然性，但是对于社会整体来说这些风险具有必然性，是普遍存在的且具有一定的统计规律。所以，国家和社会基于概率论和大数定律把这些个体风险进行集中和分散，这就是社会保险。

（四）社会保险项目

社会保险是国家依法对可能遭遇风险冲击的群体提供一定补偿的社会保障制度。我国 2010 年 10 月 28 日颁布、2018 年 12 月 29 日修改的《社会保险法》明确规定，国家建立基本养老保险、基本医疗保险、工伤保险、失业保险、生育保险等社会保险制度。近年来，我国人口老龄化形势越来越严峻，为缓解老龄人口带来的社会风险，我国已推出长期护理保险并进行试点。

1. 养老保险

养老保险是指国家和社会根据一定的法律和法规，为保障劳动者在达到国家规定年龄后的基本生活而建立的一种社会保险制度。养老保险主要包括三个方面的含义：①养老保险只有在法定年龄后才会发生作用。这里所说的“法定年龄”一般是指劳动者达到法定退休年龄，而对于法定退休年龄各国标准不尽相同。我国原有的法定退休年龄为：男职工年满 60 周岁，女干部年满 55 周岁，女工人年满 50 周岁。自 2025 年 1 月 1 日起，我国同步启动延迟男、女职工的法定退休年龄，用 15 年时间，逐步将男职工的法定退休年龄从原 60 周岁延迟至 63 周岁，将女职工的法定退休年龄从原 50 周岁、55 周岁分别延迟至 55 周岁、58 周岁。②养老保险的目的是保障老年人的基本生活，为其提供稳定可靠的生活来源。③养老保险以养老保险津贴给付为手段来达到保障的目的。

养老保险作为社会保险的一部分，具有社会保险的一般特性，但与其他类型的社会保险项目相比，养老保险是为了增强公民抵御年老风险的能力，在制度安排上更能体现养老的特征，其特点可以概括为地位特殊、长期性和管理复杂。

（1）地位特殊。养老风险的普遍性决定了这种风险影响面和波及面的广度和深度。同时，养老保险金待遇较高、基金收支规模大。

（2）长期性。通常是劳动者在年轻的时候参加养老保险，到法定年龄后再领取养老金，直到去世终止。

（3）管理复杂。由于基金规模庞大、基金保值增值的负担繁重，需要专门的机构和人员进行基金运营管理，基金的长期积累性给养老保险带来了制度设计与管理的难度。

城市化进程不断加快，人口老龄化愈演愈烈，给我国养老保险制度带来了冲击与挑战，表现在养老金支付压力增大和养老金供给相对减少两方面。为应对人口老龄化对社会经济发展的影响，《中华人民共和国国民经济和社会发展第十四个五年规划和2035年远景目标纲要》中明确提出，“按照小步调整、弹性实施、分类推进、统筹兼顾等原则，逐步延迟法定退休年龄”。

2. 医疗保险

医疗保险是国家立法强制实施，以参保缴费为前提，当个人因疾病产生医疗费用后，按规定给予一定费用补偿的一项社会保险制度。与其他社会保险相比，社会医疗保险同样具有强制性、保障性等基本特点。但同时，由于疾病风险不确定性和医疗服务的多元性，社会医疗保险有其自身特性。其主要特点：①主体关系的复杂性。医疗保险涉及政府、医疗机构、社会保险机构、用人单位、医药机构、患者等多方主体之间的权利义务关系。②医疗服务费用的不确定性。对医疗保险参保人而言，其患病时间是不确定的，患病后的医疗费用也有很大的不确定性。

医疗保险的作用体现在：一是社会医疗保险通过其强制性可以较好解决医疗保险市场中的逆向选择问题，同时可以缓解贫困人口的医疗保障问题，从而减轻疾病经济负担；二是保障居民健康，从而提高劳动生产率，实现维护社会稳定和国家整体发展的目标；三是社会医疗保险影响医疗资源的配置，能够引导医疗机构和医药产业的发展。

当前，我国社会医疗保险已经实现全民医保，但仍然存在一些问题。例如医疗服务提供方的过度医疗行为、欺诈骗保行为等，这些行为将影响我国基本医疗保险制度的正常运行。

3. 失业保险

失业保险是指国家通过立法强制实施的，通过参保缴费建立失业保险基金，对因失业而暂时中断生活来源的劳动者提供补偿，以保障其基本生活，并通过专业训练、职业介绍等手段为其再就业创造条件的一种社会保险制度。其主要特点为强制性。失业保险是通过国家制定法律法规来强制实施的，即按照规定，失业保险覆盖范围内的单位及其职工必须参加失业保险并履行缴费义务。

就业是民生之本，高校毕业生、农民工等重点群体的就业是就业工作的重中之重，做好高校毕业生、农民工等重点群体就业工作，就稳住了就业基本盘。就业培训对重点群体就业有重要促进作用，新业态背景下如何通过就业培训增强重点群体就业是失业保险工作的重点。

4. 工伤保险

工伤保险是指国家通过立法强制实施的为在生产、工作中遭受意外事故或职业病伤害的劳动者及其家属提供补偿，以及开展工伤预防和工伤康复的一种社会保险制度。其基本特征可以归纳为以下几点：①无过失补偿。传统侵权行为相关法律要求工伤雇员必须证明雇主存在过失才能赔偿，但由于处于信息劣势方的雇员往往很难证明雇主在其工伤事故中存在过失，为弥补其不足，工伤保险采取无过失责任原则，即无论雇主和雇员是否有过失，雇主都应进行赔偿。②强制性。由于工伤的发生具有不可预测性和不可逆性，伤害发生后会给雇员家庭及社会带来较大负担，为了最大限度减少工伤事故带来的工伤成本，工伤保险往往以行政性手段强制推行，即凡是法律规定范围的雇主、雇员都必须参加。③补偿直接经济损失。为防止道德风险的发生，工伤保险只补偿雇员的直接经济损失，不补偿其间接经济损失及非经济损失。④雇员个人不缴费。考虑到雇员为雇主创造财富，雇员因工遭受伤害理应由雇主从所获利益中拿出一部分份额进行补偿。但是参加工伤保险之后，则由工伤保险替雇主承担对雇员的赔偿责任，所以工伤保险实际上保障的是雇主的权益。另外，在安全生产中雇主拥有比雇员更多的信息和可控性。从以上两个逻辑分析来看，工伤保险应该采取雇主单方面缴费，而雇员个人不缴费的原则。

在工伤保险中工伤认定是一个重要的环节，只有认定是工伤才能归结为雇主责任，进而由雇主承担赔偿的责任。但随着经济的飞速发展，工伤认定中新情况层出不穷，如“过劳死”是否可以纳入工伤范围，村委会、居委会的工作人员是否享受工伤待遇等，现行的工伤认定范围和工伤认定程序难以满足繁杂的新情况的需求。

5. 生育保险

生育保险是指国家通过立法，在妇女因怀孕和分娩暂时中断劳动时，由国家和社会提供医疗服务、生育津贴和产假的一种社会制度。其设立目的在于通过向职业妇女提供生育津贴、医疗服务和产假，帮助她们恢复劳动能力，重返工作岗位。我国生育保险待遇主要包括生育津贴和生育医疗费用，前者是用于保障女职工产假期间的基本生活需要，后者用于保障女职工怀孕、分娩期间的基本医疗保健需要。

生育保险经过多年的改革探索和实践，已经形成一套比较完善的生育保险体系并取得了一定的成绩，但制度实施过程中仍存在一些深层次的问题亟待解决，具体体现在以下几个方面。第一，生育医疗待遇覆盖项目不全、待遇偏低。很多统筹地区未将产检、辅助生殖技术等纳入统筹基金支付范围。第二，生育保险基金筹资渠道较窄。目前，生育保险的费用均由用人单位承担，个人不缴费，生育成本没有得到均衡分担。

人口发展是关系中华民族发展的大事情。为促进人口长期均衡发展，国家出台了一系列积极生育措施。在人口出生率持续下降的背景下，生育保险如何响应国家号召，配合积极生育措施实施，鼓励生育，是生育保险发展的重点。

6. 长期护理保险

长期护理保险是指以社会互助共济的方式筹集资金，针对经评估达到一定护理需求等级的长期失能人员，为其基本生活照料和与基本生活密切相关的医疗护理提供服务或资金保障的一种社会保险。我国老龄化形势日益严峻，失能失智老人的数量也逐年攀升。同时，我国家庭结构逐渐呈现出小型化、少子化、空巢化的特征。上述两方面的因素导致失能失智群体的护理服务供给和费用承担成为很多家庭不能承受之重。人民群众亟须一种制度安排来缓解这种经济压力。

2016 年 6 月，人力资源和社会保障部（简称人力资源社会保障部）办公厅发布《关于开展长期护理保险制度试点的指导意见》，确定了 15 个试点城市和 2 个重点省份开展长期护理保险制度试点，目前我国已基本形成适应当地市情、省情的长期护理保险制度政策框架和运行模式。首先，长期护理保险制度的实施为失能失智群体提供了专业照护服务，增强了社会化照护服务供给能力，初步建立起以居家为重点、机构为辅助，兼顾生活照料和医疗护理，医养结合、医护结合的基本照护服务供给体系，从而有效减轻了失能失智人员家庭经济压力，保护了社会劳动生产力。其次，长期护理保险的出台促使需要长期滞留在医院的身患不可逆伤害的人群转向居家、社区、养老院等机构获取护理服务，从而减少对医疗资源的占用，并且减少了医保基金支出。最后，长期护理保险促进了养老机构、护理机构的发展，激活了养老护理培训市场，促进了养老护理和健康照护人才队伍的培养，扩大了就业渠道，促进了养老产业、家政服务产业的发展，从而拉动经济增长。

但从当前各地试点情况来看，长期护理保险制度仍存在一些需要完善的地方，如筹资责任分担和缴费机制的完善、对护理服务产业的促进带动作用需要提高、全国统一的失能失智评估等标准体系的建立、长期护理服务保障范围需要明确界定等。

三、社会保险的基本原则

（一）社会性原则

社会保险是由国家组织实施的一项社会政策，它不仅具有强制性，还具有社会性，应当遵循社会性原则。所谓社会性原则，是指凡市场（社会）能办到的事就交给市场（社会）去办。例如，1986年起，我国各省市根据《中共中央、国务院关于认真执行改革劳动制度几个规定的通知》和《国务院关于发布改革劳动制度四个规定的通知》文件精神，相继建立经办社会保险业务的专门机构，原来由各用人单位承担的社会保险服务管理工作逐步走向社会化。社会保险的社会化，具体体现在社会保险基金筹集、管理和发放各个环节中。从社会保险基金的筹集来看，各个子项目是由国家、单位和个人共同负担，从而实现“我为人人，人人为我”社会调剂互助的社会化原则。社会保险基金管理更要体现社会化原则。社会保险基金是专款专用的特殊基金，必须建立专门的社会保险机构来管理基金运作。这种委托代理模式下的基金管理运作，有必要建立涵盖参保人、单位等所有代表的监管组织体系，以此来监督社会保险基金的投资和保值增值。

（二）权利与义务相对应原则

所谓权利与义务对应，是指依据《社会保险法》等相关法律法规，所有参保人及所在单位都有缴纳社会保险费（税）的义务，同时参保人在履行缴费义务的前提下，有依法享受社会保险待遇的权利。

如果参保人不承担义务而只享受权利，那么社会保险发展将难以为继。首先，社会保险与商业保险具有相同的本质特征，都是对风险的集中和分散的一种制度安排。保险制度可持续发展的核心是精算原则下保费的缴纳和管理。其次，如果免去参保人的缴费义务，一方面会逐渐增加国家的财政负担而变得不现实；另一方面，如果免费让所有劳动者享受社会保险待遇，将会导致道德风险频发。因此，参保人必须在承担缴费义务的前提下，享受与缴费、社会经济发展水平相适应的社会保险待遇。只有这样，社会保险才能实现分散参保人生、老、病、死等风险的功能，社会保险才可能实现可持续发展。

（三）待遇水平与社会经济发展相适应原则

任何消费都取决于当时生产力发展所提供的物质基础。社会保险也是如此，社会保险制度的建立、项目的多少、待遇水平的高低都必须与生产力发展水平相适应。如果社会保险的项目太少、待遇水平过低，就不能保障劳动者的基本生活需求，就不能充分发挥社会保险的基本功能和作用。反之，如果社会保险的待遇水平过高，则会挤占生产性资金，从而对社会经济发展产生不利影响。因此，社会保险待遇水平要按照当时社会生产力水平来确定，从而保障劳动者的基本生活需要。

第二节　社会保险与相关范畴

一、社会保险与社会保障

（一）社会保险与社会保障的联系

日常生活中，我们经常用到“社保”这个词，但“社保”在不同的语境中有着不同的含义。有时候我们用它来表示“社会保险”，还有些时候我们用它来表示“社会保障”，可见社会保险和社会保障是有相似之处的。但是两者之间还是有着本质的区别。

社会保障萌芽于1601年的英国，产生于1883年的德国。1601年，英国女王伊丽莎白颁布了世界上第一部有关济贫的法律《济贫法》，意味着政府开始承担对社会弱势人群的救济责任，标志着社会保障制度的萌芽。但该阶段受救济的公民会失去人身自由、选举权和被选举权等，因此不是现代意义上的社会保障。

随着欧洲工业化社会的发展，19世纪末垄断资本主义经济的发展产生了大量的失业工人，社会贫富差距日益扩大，各种社会矛盾也日渐浮出水面。德国的“铁血宰相”俾斯麦（1815—1898）为安抚工人阶级、缓和社会矛盾，率先在欧洲进行社会改革。其中一项改革就是建立以社会保险为核心的社会保障制度。德国于1883年通过了《疾病保险法》，1884年通过了《工伤事故保险法》，1889年通过了《老年和残障社会保险法》。这三部法令的颁布，标志着现代意义上社会保障制度的产生。

在我国，社会保险是社会保障制度的核心组成部分。社会保障是指以国家或政府为主体，依据法律规定，通过国民收入再分配，当公民遭遇风险冲击时给予补偿，保障其基本生活的社会经济制度。

我国目前的社会保障与社会保险制度体系框架如图1-1所示。

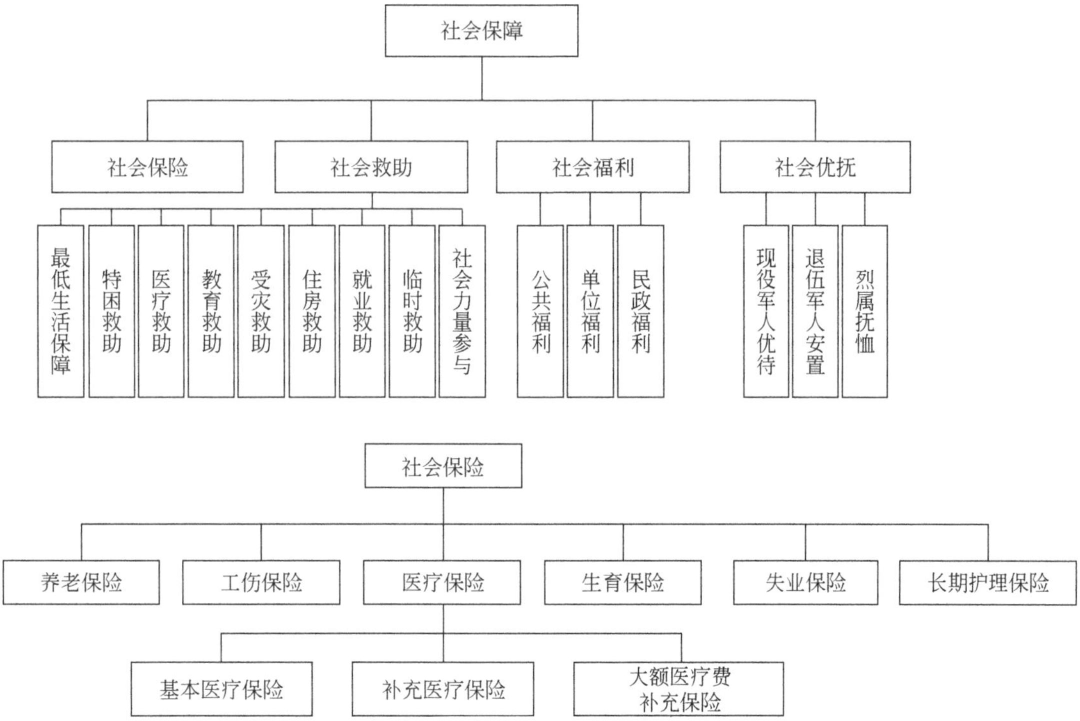

图1-1 社会保障与社会保险制度体系框架

1. 社会保险是社会保障的核心内容

首先，社会保险与其他社会保障项目相比，其覆盖人群最为广泛。从第一产业的农民到第二产业的工人再到第三产业的服务人员，从低收入人群到高收入人群甚至个别国家扩展至全民，社会保险都给予保障，而其他社会保障项目的覆盖人群具有选择性。比如社会优抚，其覆盖人群只涉及军人及其家属，保障人群远不及社会保险广泛。其次，社会保险与其他社会保障子项目相比，其保障范围最为广泛。社会保险子项目涵盖了养老、医疗、生育、工伤、失业等多种风险，几乎对居民全部范围内的风险都进行了保障。而其他社会保障项目只是给予某一方面的保障，比如社会救助只对最低生活水平进行保障，其保障范围远小于社会保险。最后，社会保险的社会、经济功能最为突出。社会保险对面临各种风险的劳动者给予保障，有助于缓解系统性风险带来的个人和家庭经济压力。

2. 社会保险为社会保障提供重要的资金保障

社会保障作为一项社会经济政策，给予居民的社会保障津贴来自社会保障基金。在我国，社会保障基金是社会保险基金、社会福利基金、社会救助基金、企业年金等的统称，其资金主要来源于单位、在职职工个人、社会捐助以及政府财政拨款。而在社会保障的四大板块中，只有社会保险的资金来源涉及个人和单位缴费，且在社会保障基金中所占比重较大。因此，在职劳动者各项社会保险费的缴纳为社会保障基金提供了重要的资金来源。

3. 社会保险与社会保障具有共同的社会目标

无论是社会保险还是社会保障，它们都有相同的社会目标。首先，从微观层面来看，两者都是通过给予现金、服务或者物质帮助的方式来保障公民基本生活的制度。其次，从宏观层面来讲，两者都通过国民收入再分配的手段缩小了贫富差距，缓和了社会矛盾，实现了维护社会稳定、促进社会发展的目标。

（二）社会保险与社会保障的区别

1. 社会保险与社会保障的内涵不同

社会保险是以国家和社会为主体，依法强制参保人参保，在其暂遭受相关风险冲击时，为其提供一定保险津贴或损失补偿的一种社会经济制度。社会保障是以国家或政府为主体，依据法律，通过国民收入的再分配，对公民遭受风险时给予帮助，以保障其基本生活的制度。因此，社会保险具有强制参与性，并要求参保人履行一定的义务即缴纳一定的保险费，而社会保障其他项目对社会居民没有相应的要求。另外，社会保险从本质上讲更多是对参保人因生、老、病、死等风险产生损失的一种经济补偿，如社会医疗保险是对参保人因疾病发生的损失给予的经济补偿。社会保障是对社会全体成员尤其是特殊人群给予的物质帮助，如针对退伍军人的社会优抚、针对受灾人群的社会救助以及针对福利院的社会福利。因此，社会保险和社会保障的本质区别在于社会保险是以大数定律和概率论为技术基础的保险制度，而社会保障的其他项目不是保险制度安排。

2. 社会保险与社会保障的保障范围和保障水平不同

首先，社会保障的保障范围大于社会保险。社会保险属于保险类型项目，其保障对象仅仅面向缴纳社会保险费（税）的群体；社会救助的保障对象是生活在最低水平线以下的居民；社会福利的保障对象是全体社会居民；社会优抚的保障对象为军人及其家属。其次，两者保障水平不同。社会保险保障的是参保人的基本生活水平；社会救助保障的是社会居民的最低生活水平；社会优抚是对军人及其家属的优待；社会福利是最高水平的保障。

3. 社会保险与社会保障的体系结构不同

首先，社会保险作为社会保障的四大板块之一，其保障范围比社会保障小。社会保障的体系内容除有社会保险外，还有社会救助、社会优抚和社会福利。社会救助主要包括特困救助、受灾救助、医疗救助、教育救助、住房救助等；社会优抚主要包括现役军人优待、退伍军人安置、烈属抚恤等为军人及其家属提供的抚恤项目；社会福利主要包括民政福利、公共福利等为特定人群制定的局部或选择性福利项目。而社会保险下的体系内容主要是指我们通常所说的“五险一金”中的“五险”，即社会工伤保险、社会养老保险、社会医疗保险、社会生育保险以及社会失业保险。另外，还包括正在试点的长期护理保险。

4. 社会保险与社会保障的筹资渠道不同

社会保险基金的筹集来自参保缴纳的保费，而社会保障其他项目的基金主要来自政府财政的转移支付和社会慈善捐款等。

5. 社会保险与社会保障的基金用途与管理不同

首先，社会保险作为社会保障的子项目，社会保险基金主要用于参保人因工伤、医疗、养老、生育、失业等原因导致损失时的补偿性给付。而其他社会保障基金则不属于补偿性给付，如社会救助基金主要用于对不能达到最低生活水平居民的现金和物资救济。其次，在基金管理上，我国的各项社会保险基金由各地社会保险经办机构按照险种分别进行建账管理，在基金预算基础上实现其收支平衡，除养老保险基金以外其他基金均不可用于存银行、买国债以外的投资。

二、社会保险与商业保险

社会保险与商业保险同样作为保险制度，共同推动社会发展。两者相互影响又相互促进。了解两者的联系与区别可以加深我们对保险的认识和理解。

（一）社会保险与商业保险的相似点

1. 社会保险与商业保险的社会目标相似

无论是社会保险还是商业保险，都是为生、老、病、死、孕、伤、残、失业等风险提供相应保障，都具有保障人们基本生活的功能。两者的社会目标都是维护社会稳定。

2. 社会保险与商业保险的风险处理技术相似

首先，两者都是对纯粹风险、偶然风险、非系统性风险进行风险转嫁的机制。偶然性风险损失是被保险人不可预知、不期望发生和控制之外的，比如劳动者因意外伤残或死亡导致家庭失去经济来源。其次，两者都是利用概率论、大数定律的基本原理进行保险精算，采用组合分摊技术实现保险基金收支平衡。

3. 社会保险与商业保险的共济性和经济补偿功能相似

两者的共济性体现在保险“一为众人，众人为一”的保险基金使用形式上，不管是社会保险还是商业保险，都要设立保险基金。两者保险基金的收入均来自投保人，当被保险人因发生意外事故致使伤残而失去劳动能力无法获得经济收入来源时，被保险人或受益人将获得一定数额的经济补偿，这笔经济补偿则来自由全体参保人缴纳保险费构建的保险基金池。由保险的经济补偿性质可知，社会保险和商业保险在对被保险人赔付保险金时，遵循补偿性原则，即被保险人所获得经济补偿额小于或等于被保险人因意外事故引致的损失，而不能使被保险人通过保险获得额外的收益，这样会诱导保险领域道德风险行为的发生。

（二）社会保险与商业保险的不同点

1. 社会保险与商业保险的性质不同

社会保险属于强制性保险，而商业保险属于自愿性保险。强制性参保是指国家通过立法强制实施，劳动者个人和单位必须依法参加社会保险。例如，依据《社会保险法》，我国在职劳动者均需参加社会保险并缴纳保险费。同时，社会保险的保险费缴纳标准和保险金的给付标准也均由法律进行统一规定。商业保险的自愿性体现在个人可以选择参保也可以选择不参保，保险公司可以选择承保也可以选择不承保。不过，少数商业保险险种也采取强制参保形式，如汽车险中的机动车交通事故责任强制保险（简称交强险）。

2. 社会保险与商业保险的设立目的不同

社会保险是为保障居民基本生活而设立的保险制度，可以通过收入再分配的方式缩小社会贫富差距，达到维护社会稳定的目的。而商业保险设立的主要目的是保险公司获取利润。虽然社会保险也需要借助精准的保险精算手段保证社会保险基金的收支平衡和可持续发展，但又区别于商业保险依靠精算技术来保证获得经济效益的目的。

3. 社会保险与商业保险的保障水平不同

社会保险对劳动者因生、老、病、死、孕、伤、残、失业等造成的损失提供基本保障，给予劳动者不低于社会救助水平的经济保障。社会保险项目广泛、保险费率固定且相对较低，但保障水平也较低。商业保险可以根据保险当事人商议的合同条款来决定保障项目和保障程度，通过保险费缴纳的多少来确定保险金额度的大小，因此，商业保险的保障水平往往比社会保险高。社会保险和商业保险保障水平不同的主要原因是投保人缴纳的保险费不同。

4. 社会保险与商业保险的权利与义务对等性不同

在社会保险中，被保险人的权利与义务没有严格地对等。但在商业保险中，被保险人的权利与义务严格对等。

在社会保险中，养老保险待遇水平与个人缴费水平直接相关，医疗保险待遇水平则通常与个人缴费水平不相关。另外，社会保险要考虑社会贫富差距，其分配制度是以有利于低收入人群为原则的。而对于商业保险，被保险人享受保险金额的多少与投保人保费缴纳的数额以及时间长短有关，遵循“多投多保、少投少保、不投不保”的原则。同时，保险合同一旦期满，保险权利与义务关系自动解除。

（三）社会保险与商业保险的协调发展

社会保险与商业保险既相互影响、相互竞争，又相互融合、相互促进，共同构成我国社会经济保障系统。

1. 社会保险与商业保险相互影响

在保险市场空间一定的社会背景下，社会保险与商业保险会出现相互影响、相互竞争的局面。它们之间的竞争程度取决于居民的收入水平和两项保险的普及程度。一方保险规模的扩大会在一定程度上挤占另一方的保险市场。但是随着社会经济发展和人民生活水平的提高，人们的保险需求会增长，两者的规模都可能再增长。

2. 社会保险与商业保险相互融合

首先，社会保险对于劳动者的保障范围一般仅涉及生、老、病、死、孕、伤、残、失业等，保障范围相对比较小且保障水平较低。而商业保险只要求投保可保风险，其保险责任可大可小，保险险种也各式各样，并且对于社会保险已经承保了的风险商业保险也可再承保。社会保险满足了人们的基本保险需求，商业保险补充了人们多样式、多层次的保险需求，两者在保险范围上互补。其次，社会保险具有强制性，当居民发生意外事故以致收入来源中断时社会保险可以给付其保险金，这一客观事实会给予人们稳定的心理预期，提高人们对于保险重要性的认知度，这有助于商业保险的普及和发展。另外，由于商业保险的经营目的在于盈利，其保险精算技术一般要优于社会保险，商业保险可以为社会保险的基金精算平衡和可持续发展提供新思维和新方法，有助于提高社会保险的经营和管理水平。

第三节　社会保险的目标与功能

一、社会保险的目标

社会系统是一个组织系统，是由许多要素按一定结构组成的具有特定功能的有机整体，其功能由动力机制和稳定机制造就，两者相辅相成，缺一不可，共同推动社会的稳定发展。而社会生产发展就是动力机制，社会保险则是一项稳定机制。社会保险究其本质来说，是一种社会再分配制度，涉及主体涵盖社会居民、社会、国家和政府，其基本目标是保障物质及劳动力的再生产和维持社会的稳定。

社会保险通过保障动力机制的再次良性运作，实现保障物质及劳动力的再生产的微观目标。劳动是社会发展的动力，社会劳动者作为社会动力机制的提供者，保障其劳动再生产能力显得尤其重要。社会保险运用一般保险的机制，即在参保人没有发生风险时收缴一定的保险费，在其发生相关风险后为其提供一定补偿，有利于保障劳动再生产能力。社会保险通过自身稳定机制作用的发挥，实现社会稳定的宏观目标。社会系统的良性运作一方面需要动力机制提供发展动力，另一方面需要稳定机制来保证其系统的稳定性，以保证社会在向前发展中不会因为各种问题的出现而导致瘫痪和散架。以社会老龄化为例，我国自 1999 年开始步入老龄化社会，虽说长寿是一种福分，但同时它也带来了生命质量的衰减和个人财富耗尽的风险。老龄化不是单个个体的风险，它还意味着整个社会要运用一定的稳定机制防止老龄化对社会造成冲击，而这个机制的一个重要体现就是社会养老保险政策。另外，社会保险可以通过社会再分配制度来缩小社会贫富差距，避免社会矛盾的激发。社会发展需要动力机制，而要保证社会和谐发展，就必须要通过稳定机制维持社会的稳定。

二、社会保险的功能

社会保险的功能是社会保险在实现其目标过程中发挥的有助于社会、政治、经济等多方面发展的作用。具体来说，社会保险具有维护社会稳定、保障劳动力再生产、缩小社会贫富差距、促进国民经济健康发展等功能。

（一）维护社会稳定

在社会发展中，劳动是人们获得物质资料的主要手段。劳动者通过劳动获取相应的报酬，来满足自身以及家庭的生活需要。但劳动者一旦遭受风险冲击，基本生活就可能会受到影响。在现代社会中，随着工业化、信息化时代的到来，风险的存在日益普遍，其危险程度也日渐加剧。当大多数社会主体即劳动者受到劳动风险的影响而自身无法化解时，就可能成为社会不安定的因素，社会系统的动力机制则可能会被破坏。社会保险此时会通过风险分担机制保障人们的基本生活，从而发挥稳定器的作用。另外，社会保险制度给人们提供了稳定的心理预期，即便自身遭受风险，至少还有社会保险津贴可以维持生活。由此可见，社会保险具有维护社会稳定的功能。

（二）保障劳动力再生产

“天有不测风云，人有旦夕祸福”，风险与人类并肩共存。人们在生活中，会遇到疾病、意外事故以及失业等各种风险。当遇到风险时，人们的正常生活可能会受到影响。在社会保险制度建立以前，当遭受风险冲击后，若人们没有足够的积蓄，则只能靠社会的救济和他人的怜悯来维持生存。而在社会保险制度建立后，当人们在遭受风险冲击后，可以获得社会保险补偿，以保障基本生活，使劳动力得以恢复和获得再生产。例如，医疗保险可以为劳动者提供医疗费用补助，使劳动者能够获得必要的治疗服务，帮助劳动者恢复健康，重返工作岗位。失业保险不仅为失业者提供失业保险金，保障失业者及其家人最基本的生活需求，而且还为失业者提供培训项目或培训补贴，使失业者能够有机会接受新的教育与培训，帮助其实现再就业。由此可见，社会保险具有促进劳动力再生产的功能。

（三）缩小社会贫富差距

在市场经济环境下，一些人可以通过某种手段而迅速积累巨额财富，也有一些人会因不适应市场经济的竞争出现生活窘迫的状况，如果国家和政府不采取一些适当的措施来缓解这种状况，则必将导致社会贫富差距的加大，激化社会矛盾，而社会保险制度可以通过再分配手段来缩小贫富差距。

社会保险制度通过社会保险金来缩小贫富差距。社会保险的公平性原则决定了劳动者社会保险金的获取不是与个人报酬呈对等性的，而是更偏向于社会低收入和弱势人群。社会保险的公平性首先体现在参加社会保险的群体人人享受保险待遇，其次体现在通过国民收入再分配手段缩小高收入人群与低收入人群的差距。社会保险的保险基金来源于参保人、单位和政府。而政府资金来源主要依靠税收，我国累进制的税收原则使高收入人群比低收入人群缴纳更多的税费，由此来初步缩小社会收入差距。社会保险的保险津贴计算公式偏向于低收入人群，即低收入人群获得的社会保险津贴比例大于高收入人群获得的保险津贴比例。由此，社会保险通过收入再分配手段来缩小收入差距。

（四）促进国民经济健康发展

社会保险作为社会稳定机制，为经济发展提供了安全的环境。社会保险尤其是其中的失业保险，有利于改善就业结构，提高劳动者的生产技能，稳定就业。社会保险为国家发展积聚发展资金，有利于完善资本市场。社会保险基金的投资运营也会对资本市场产生正能量，能够直接促进某些产业的发展。除此之外，作为一种再分配制度，社会保险将社会财富的一部分转移到遭受风险冲击的群体手中，这有利于提高有效需求，进而提高全社会的总体需求水平，推动生产资料和消费资料的生产，减轻经济周期性危机带来的破坏，保证社会生产稳定增长。

第四节　社会保险学的研究内容与研究方法

一、研 究 内 容

（一）社会保险的基本特征

该部分内容包括社会保险的概念、特征、与相关概念的区别与联系、功能与目标等。这是研究社会保险的基础。

（二）社会保险的历史演变

该部分内容包括社会保险制度产生的背景和基础、社会保险制度的产生和初步发展、社会保险在全球的多样化发展、社会保险制度的调整改革和发展趋势。可以通过了解社会保险的历史演变过程，在总结经验和教训的基础上，认识社会保险的发展规律，从而探索适合我国的社会保险制度变革的思路。

（三）社会保险管理

社会保险管理包括对当前我国社会保险组织管理机构设置及管理内容、管理模式等进行介绍，让学生对社会保险形成初步的感性认识，了解实际工作中的重难点。

（四）社会保险基本原理

介绍与社会保险相关的国际国内的基本模式和经验教训，可以进一步明确社会保险的基本原理和普遍规律，增强对实际工作的指导意义。

（五）社会保险子项目及业务流程

社会保险子项目包括养老保险、失业保险、工伤保险、医疗保险、生育保险、长期护理保险等。应掌握社会保险体系中各个子项目的基本内涵、制度内容、业务流程。

二、研究方法

（一）比较研究方法

比较研究是广泛使用的科学研究方法。我们可以通过横向比较研究，对比不同国家的社会保险制度，研究它们实施的背景及各自优缺点，进而发现一些规律性的基本原理。通过纵向比较研究，来发掘一个国家在不同历史阶段社会保险发展的相同点和差异性，总结发展过程中的内在规律，并以此作为我国社会保险工作的借鉴。

（二）定量研究方法

定量研究方法借助经济学、数学、统计学、决策理论等进行逻辑分析和推论。常见的定量研究方法一般包括回归分析、时间序列分析、层次分析法、投入产出分析、损益分析、系统分析、计算机模拟等。对社会保险相关问题进行定量分析和预测，对提高社会保险研究的科学性和精确性有重要意义。

（三）系统研究方法

社会保险是一种重要的社会经济制度，与其他部门和系统之间存在密不可分的联系。如社会保险的待遇水平与社会经济发展水平密切相关。因此，研究社会保险相关问题时，必须把它放在社会经济发展的大环境中来系统、全面、多角度地分析。另外，社会保险与社会保障之间关系密切。社会保险既是社会保障的核心部分，也与社会保障的其他组成部分有着密切联系。因此，必须把社会保险放在社会保障系统之中进行研究，从而认清其地位、作用与功能。

（四）理论联系实际的方法

理论和实践是相辅相成的。理论来源于实践又高于实践指导实践，实践是理论研究的基础。任何研究只有应用于实践才是有生命的。社会学、管理学，尤其是经济学的相关理论应用于社会保障研究，对社会保障学科的发展有重要的指导意义。

思考题

1. 对于失业风险，只有社会保险给予承保而商业保险却不予承保，为什么？
2. 有人认为，社会保障中的社会救助本身已经涵盖了对社会居民的医疗救助、就业救助等项目，社会保险中就不需要再有医疗保险和失业保险等重复项目了，对此谈谈你的理解，并思考社会保险各个项目之间的联系。

案例

健全多层次医疗保障制度体系

（节选）医疗保障是减轻群众就医负担、增进民生福祉、维护社会和谐稳定的重大制度安排。习近平总书记指出，要加快建立覆盖全民、城乡统筹、权责清晰、保障适度、可持续的多层次医疗保障体系。

……

三、健全多层次医疗保障制度体系

坚持公平适度、稳健运行，持续完善基本医疗保障制度。鼓励支持商业健康保险、慈善捐赠、医疗互助等协调发展。

……

（五）完善基本医疗保障待遇保障机制。

促进基本医疗保险公平统一。完善职工基本医疗保险与城乡居民基本医疗保险分类保障机制，基金分别建账、分账核算。巩固提高基本医疗保险统筹层次，基本统一全国基本医疗保险用药范围，规范医保支付政策确定办法。坚持保基本定位，建立健全医疗保障待遇清单制度，确定基本保障内涵，厘清待遇支付边界，明确政策调整权限，规范政策制定流程。

合理确定待遇保障水平。根据经济社会发展水平和基金承受能力，稳定基本医疗保险住院待遇，稳步提高门诊待遇，做好门诊待遇和住院待遇的统筹衔接。健全职工基本医疗保险门诊共济保障机制，改革职工基本医疗保险个人账户。完善城乡居民基本医疗保险门诊保障政策，逐步提高保障水平。完善城乡居民"两病"门诊用药保障机制，推进"两病"早诊早治、医防融合。

规范补充医疗保险。完善和规范城乡居民大病保险制度，加强与基本医疗保险和医疗救助的衔接，提高保障能力和精准度。逐步规范职工大额医疗费用补助、企业补充医疗保险等制度。

统一规范医疗救助制度。建立救助对象及时精准识别机制。实施分层分类救助，规范救助费用范围，合理确定救助标准。建立健全防范和化解因病致贫返贫长效机制，协同实施大病专项救治，积极引导慈善等社会力量参与救助保障，强化互联网个人大病求助平台监管，促进医疗救助与其他社会救助制度的衔接。完善疾病应急救助管理运行机制，确保需急救的急重危伤病患者不因费用问题影响及时救治。

有效衔接乡村振兴战略。巩固拓展医保脱贫攻坚成果，实现由集中资源支持脱贫攻坚向基本医疗保险、大病保险、医疗救助三重制度常态化保障平稳过渡。分类优化医疗保障综合帮扶政策，坚决治理过度保障，将脱贫攻坚期地方自行开展的其他医疗保障扶贫措施资金逐步统一并入医疗救助基金。综合施策降低农村低收入人口看病就医成本，引导合理诊疗，促进有序就医，整体提升农村医疗保障和健康管理水平。

健全重大疫情医疗保障机制。在突发疫情等紧急情况时，确保医疗机构先救治、后收费，确保患者不因费用问题影响就医。探索建立重大疫情特殊群体、特定疾病医药费豁免制度，有针对性免除医保目录、支付限额、用药量等限制性条款，减轻困难群众就医就诊后顾之忧。统筹医保基金和公共卫生服务资金使用，对基层医疗机构实施差别化支付政策，实现公共卫生服务和医疗服务有效衔接。

完善生育保险政策措施。继续做好生育保险对参保女职工生育医疗费用、生育津贴等待遇的保障，规范生育医疗费用支付管理，推进生育医疗费用支付方式改革，住院分娩按病种支付，产前检查按人头支付，控制生育医疗费用不合理增长，降低生育成本，提高生育保险与职工基本医疗保险合并实施成效。继续做好城乡居民基本医疗保险参保人员生育医疗费用待遇保障。

……

（七）鼓励商业健康保险发展。

鼓励产品创新。鼓励商业保险机构提供医疗、疾病、康复、照护、生育等多领域的综合性健康保险产品和服务，逐步将医疗新技术、新药品、新器械应用纳入商业健康保险保障范围。支持商业保险机构与中医药机构合作开展健康管理服务，开发中医治未病等保险产品。更加注重发挥商业医疗保险作用，引导商业保险机构创新完善保障内容，提高保障水平和服务能力。

完善支持政策。厘清基本医疗保险责任边界，支持商业保险机构开发与基本医疗保险相衔接的商业健康保险产品，更好覆盖基本医保不予支付的费用。按规定探索推进医疗保障信息平台与商业健康保险信息平台信息共享。

加强监督管理。规范商业保险机构承办大病保险业务，建立并完善参与基本医疗保险经办的商业保险机构绩效评价机制。落实行业监管部门责任，加强市场行为监管，突出商业健康保险产品设计、销售、赔付等关键环节监管。

（八）支持医疗互助有序发展。

更好发挥医疗互助低成本、低缴费、广覆盖、广受益的优势，加强制度建设，强化监督管理，规范医疗互助发展。加强医疗互助与职工基本医疗保险的衔接，依托全国统一的医疗保障信息平台，推动医疗保障与医疗互助信息共享，充分发挥医疗保险和医疗互助的协同效应。坚持职工医疗互助的互济性和非营利性，推动科学设计、规范运营，更好减轻职工医疗费用负担，提高服务保障能力。

资料来源：国务院办公厅关于印发“十四五”全民医疗保障规划的通知. http://www.nhsa.gov.cn/art/2021/9/29/art_104_6545.html［2024-10-11］，有删节

【问题】如何促进社会保险和商业保险的协调发展？

【提示】从社会保险和商业保险各自优势的角度进行思考。

拓展阅读

国务院办公厅关于全面推进生育保险和职工基本医疗保险合并实施的意见

（国办发〔2019〕10号）（节选）

全面推进生育保险和职工基本医疗保险（以下统称两项保险）合并实施，是保障职工社会保险待遇、增强基金共济能力、提升经办服务水平的重要举措。根据《中华人民共和国社会保险法》有关规定，经国务院同意，现就两项保险合并实施提出以下意见。

一、指导思想

以习近平新时代中国特色社会主义思想为指导，全面贯彻党的十九大和十九届二中、三中全会精神，认真落实党中央、国务院决策部署，统筹推进“五位一体”总体布局和协调推进“四个全面”战略布局，坚持以人民为中心，牢固树立新发展理念，遵循保留险种、保障待遇、统一管理、降低成本的总体思路，推进两项保险合并实施，实现参保同步登记、基金合并运行、征缴管理一致、监督管理统一、经办服务一体化。通过整合两项保险基金及管理资源，强化基金共济能力，提升管理综合效能，降低管理运行成本，建立适应我国经济发展水平、优化保险管理资源、实现两项保险长期稳定可持续发展的制度体系和运行机制。

二、主要政策

（一）统一参保登记。参加职工基本医疗保险的在职职工同步参加生育保险。实施过程中要完善参保范围，结合全民参保登记计划摸清底数，促进实现应保尽保。

（二）统一基金征缴和管理。生育保险基金并入职工基本医疗保险基金，统一征缴，统筹层次一致。按照用人单位参加生育保险和职工基本医疗保险的缴费比例之和确定新的用人单位职工基本医疗保险费率，个人不缴纳生育保险费。同时，根据职工基本医疗保险基金支出情况和生育待遇的需求，按照收支平衡的原则，建立费率确定和调整机制。

（三）统一医疗服务管理。两项保险合并实施后实行统一定点医疗服务管理。医疗保险经办机构与定点医疗机构签订相关医疗服务协议时，要将生育医疗服务有关要求和指标增加到协议内容中，并充分利用协议管理，强化对生育医疗服务的监控。执行基本医疗保险、工伤保险、生育保险药品目录以及基本医疗保险诊疗项目和医疗服务设施范围。

促进生育医疗服务行为规范。将生育医疗费用纳入医保支付方式改革范围，推动住院分娩等医疗费用按病种、产前检查按人头等方式付费。生育医疗费用原则上实行医疗保险经办机构与定点医疗机构直接结算。充分利用医保智能监控系统，强化监控和审核，控制生育医疗费用不合理增长。

（四）统一经办和信息服务。两项保险合并实施后，要统一经办管理，规范经办流程。经办管理统一由基本医疗保险经办机构负责，经费列入同级财政预算。充分利用医疗保险信息系统平台，实行信息系统一体化运行。原有生育保险医疗费用结算平台可暂时保留，待条件成熟后并入医疗保险结算平台。完善统计信息系统，确保及时全面准确反映生育保险基金运行、待遇享受人员、待遇支付等方面情况。

（五）确保职工生育期间的生育保险待遇不变。生育保险待遇包括《中华人民共和国社会保险法》规定的生育医疗费用和生育津贴，所需资金从职工基本医疗保险基金中支付。生育津贴支付期限按照《女职工劳动保护特别规定》等法律法规规定的产假期限执行。

（六）确保制度可持续。各地要通过整合两项保险基金增强基金统筹共济能力；研判当前和今后人口形势对生育保险支出的影响，增强风险防范意识和制度保障能力；按照“尽力而为、量力而行”的原则，坚持从实际出发，从保障基本权益做起，合理引导预期；跟踪分析合并实施后基金运行情况和支出结构，完善生育保险监测指标；根据生育保险支出需求，建立费率动态调整机制，防范风险转嫁，实现制度可持续发展。

资料来源：国务院办公厅关于全面推进生育保险和职工基本医疗保险合并实施的意见.http://www.nhsa.gov.cn/art/2019/3/25/art_53_1033.html［2024-10-11］，有删节

参 考 文 献

林义. 2016. 社会保险（第四版）. 北京：中国金融出版社.

孙树菡. 2008. 社会保险学. 北京：中国人民大学出版社.

魏华林，林宝清. 2017. 保险学（第四版）. 北京：高等教育出版社.

赵曼. 2018. 社会保障学（第三版）. 北京：高等教育出版社.

（中南财经政法大学　吕国营；湖北中医药大学　张晓香）

第二章　社会保险制度的历史演进

内容提要

本章介绍社会保险制度产生的历史背景，并按照历史发展的脉络，分阶段介绍社会保险制度在19世纪80年代的确立、第二次世界大战（简称二战）前的初步发展、20世纪50—60年代的全面发展，以及从20世纪80年代开始并延续至今的社会保险制度的调整与改革。

第一节　社会保险制度产生的背景和基础

一、社会保险制度产生的背景

（一）工业化进程弱化了传统保障的功能

对老、弱、病、残、孕、贫困、受灾人群等的照顾，是人类社会一个亘古至今的话题。在生产力低下、社会财富普遍匮乏、政府社会管理职能微弱的自然经济时代，这种照顾往往依赖于家庭成员、宗族组织的家庭保障，或者依赖于宗教机构、个人捐款的慈善救助。有时，对弱势人群的照顾，也来自统治阶级居高临下的恩赐，或者来自统治阶级为稳定饥贫者、巩固统治而做的临时性安抚。

在自然经济形态下，作为社会细胞的家庭，既是一个生产单位，也是一个生活消费单位。劳动者以家庭为单位进行劳动，当劳动者遇到年老、疾病、伤残、生育等带来的风险时，依靠家庭成员和亲朋邻里的帮助来渡过难关。家庭保障，成为保障社会成员基本生活、维护社会稳定的重要安全网。始于18世纪60年代的工业革命和工业化进程，使社会化的大机器生产逐渐替代了家庭手工业的主导地位，一家一户为生产单位的自然经济逐步解体，劳动者多数离开家庭，从农村向城市转移，城市化进程加快，传统大家庭结构解体，家庭的保障功能日益弱化。正如马克思所说，“大工业在瓦解旧家庭制度的经济基础以及与之相适应的家庭劳动的同时，也瓦解了旧的家庭关系本身”①。在这种情况下，政府出面制定和建立一种社会化的保护体系或社会化的安全网，来取代自然经济形态下的家庭或家族保护，分散个人风险，防止社会问题累积，以致危及政权稳定，成为一种客观的、迫切的要求。

中世纪的欧洲，基督教会组织庞大、势力雄厚，在“基督之爱”的号召下，以教会为核心，慈善捐赠事业得以大规模、大范围展开，举办贫民院、孤儿院、医院，给贫困者以经济和住房援助、收容麻风患者等，都曾是宗教慈善对社会公益事业的贡献。随着新兴的资本主义萌芽破土成长，封建生产方式开始瓦解，16—17世纪欧洲宗教改革成为大势所趋。教会的权力被大大削弱，教会收入大幅减少，教会的慈善机构也大量减少，慈善捐款数目不断降低，无力再为有需要的人们提供帮助。与工业化伴随的城市贫困、失业、养老等问题，却在不断加剧。为缓和社会矛盾，稳定秩序，世俗政府干涉、介入慈善救济事业，宗教慈善走向世俗化，成为一个必然的趋势。

统治阶级为巩固政权、维护统治，以国家形式进行救济，是传统保障的一种。如15—16世纪之交的法国，面对贫困造成的严重社会问题，政府逐渐接管宗教团体掌控的慈善事业，采取集中财

① 马克思. 资本论（第3卷）［M］. 北京：人民出版社，1975：536.

源、组织救济、劳动培训、儿童教养等一系列措施，来救济贫者，安抚人心。中国古代的封建统治者们，也在灾荒饥馑之年，开仓赈灾，救济流民。英国在1601年伊丽莎白一世时代，甚至颁布了《济贫法》，用立法的形式对济贫进行了法律规范，并在1834年的新《济贫法》中，首次明确获得救助是公民的一项权利，国家和社会对公民实施社会救助是国家的一项义务，从而确立了以国家为主体的政府社会救助原则。尽管如此，政府出面救济的传统保障，仅限于出于各种原因陷入贫困的人群，只是一种兜底的、针对社会极少数人群的、事后补救的安排。随着工业革命的推进，越来越壮大的劳工队伍的基本保障，仍然是一片空白。

传统的家庭保障、宗教慈善、政府救济，虽然在工业革命前的时代，曾经在一定程度上发挥过对贫困人群的最基本的保障功能。但随着工业革命的推进，这些传统保障的功能日渐弱化，新的生产方式、新的社会问题、广大劳工队伍对保障的新需求，迫使急需稳定政权、发展经济的统治者采取措施，进行经济和社会改革。

（二）经济市场化和周期性波动加大了收入损失风险

自然经济状况下，家庭作为生产单位，依靠自身的劳动产出来维持基本生活和开销。工业革命的大机器生产，使农村人口离开家庭进入城市做工，工业社会下的家庭各项消费和支出主要是依靠家庭成员在市场上获得的劳动报酬或工资收入来满足，来自外部的收入一旦中断，便意味着基本生活陷入困境。一方面，资本家经营的主要目的在于最大限度地获取利润，低工资、超时工作、恶劣的劳动环境和劳动条件，成为资本家降低成本、榨取剩余价值的便捷途径。低工资导致的贫困，成为很多工业城市面临的首要社会问题。另一方面，由于当时客观条件的限制，人们的劳动保护意识和水平都很低，恶劣的劳动环境造成疾病流行，操作机器也使得工伤事故不断发生。受伤、患病、年老的劳动者面临收入中断的风险，根本无力靠此前微薄的收入来让自己和家庭渡过难关。

随着工业化、经济市场化的发展，经济波动的周期性日益显著。在经济增长时期，生产规模扩大，会吸纳大批劳动力；在经济收缩或停滞萧条时期，会出现企业破产、大量工人失业，贫困人口增加。即使在经济正常发展时期，由于市场调节的自发性、滞后性，也会使得失业成为一个不可避免的现象。工业革命带来的技术进步、劳动效率提高和产业结构调整，还使技术性失业、结构性失业等问题变得突出。失业意味着收入中断，意味着基本生活失去保障，陷入困境。

（三）产业工人队伍壮大和工会运动的兴起，成为推动社会变革的重要力量

只有当工人阶级队伍壮大到一定的程度，工人阶级面对经济和社会风险而不断增长的诉求，才会成为一个被关注的社会问题。工业革命的一项深远影响，是它引发了一场深刻的社会关系变革，它使社会明显地分裂为两大对立的阶级：工业资产阶级和工业无产阶级。随着工业革命的开展，在“圈地运动”中丧失了土地的自耕农、在大机器生产竞争中失败了的独立手工业者、新兴的技术工人等，各路人群往大工厂汇聚，无产阶级队伍不断壮大。工业资本家采用增加劳动强度、延长劳动时间、压低工资、雇佣童工等手段榨取剩余价值，工人的生活状况非常悲惨，劳资矛盾日趋紧张、尖锐。从捣毁机器开始，工人阶级日渐觉悟，工会力量迅速增长，工人运动逐步发展到争取劳动保障、改善经济地位、扩大政治权利的阶段。19世纪30年代法国里昂丝织工人起义，19世纪40年代英国宪章运动、德国西里西亚纺织工人起义，标志着无产阶级作为独立的政治力量登上了历史舞台；1848年2月《共产党宣言》发表，标志着马克思主义诞生。一浪又一浪的罢工大潮，以不可阻挡的强大声势，震撼着整个资本主义社会。

面对严峻的社会问题和动荡的局势，在日益高涨的工人运动压力之下，劳动者的健康和生活保障问题得到社会各个阶层人士的关注，主张劳资合作、实行社会改良的思潮大量涌现。其中，以国家通过立法，实施包括社会保险、孤寡救助、劳资合作以及工厂监督在内的一系列社会政策措施，

自上而下实行新的社会改革，以改善工人的劳动条件和生活条件，从而缓解劳资冲突为政策主张的德国新历史学派（亦称讲坛社会主义者），对德国 19 世纪 80 年代的社会保险立法产生了重要影响。资产阶级为了维护劳动力再生产，维护政权稳固，在对工人运动进行镇压的同时，不得不考虑建立一种社会化的保护体系或社会安全网，来安抚工人阶级，现代意义上的社会保险制度开始产生。可以说，工人力量的壮大和工人运动，成了社会保险制度出台的催化剂。

（四）生产力发展和经济力量的日益雄厚为社会问题的解决奠定了物质基础

政府出面进行劳工立法，对劳工基本生活进行保障，这需要建立在国家雄厚的经济实力的基础之上。而工业革命带来生产力和物质力量的巨大发展，正好提供了这种可能。工业革命实现了从手工工场到社会化大机器生产的飞跃，纺纱机、织布机、轧棉机的发明，蒸汽机的广泛使用，在采矿业、交通运输业引发了革命性变革。劳动生产率的极大提高，创造了空前丰富的社会财富。正如马克思、恩格斯在《共产党宣言》中所说的“资产阶级在它的不到一百年的阶级统治中所创造的生产力，比过去一切世代创造的全部生产力还要多……”。

社会保险制度是资本主义社会经济发展的必然产物。始于 18 世纪 60 年代的工业革命，一方面弱化了传统保障的功能，另一方面又把在它浩荡进程中发展壮大起来的工人阶级置于严峻的经济和社会风险之中；它一方面以残酷的资本积累，引发了尖锐的社会矛盾和持续高涨的工人运动；另一方面，又以生产力的巨大发展，为劳工权益保障和社会保险制度的建立，准备了必要的物质基础。

二、社会保险制度产生的基础

社会保险作为一种制度安排，在资本主义社会经济发展的漫长历程中，一直在做着制度诞生的理论铺垫、组织经验积累和技术准备。当社会、政治、经济各种条件成熟的时候，各项因素合力塑造了人类历史上全新的、形式多样的社会保险制度安排。

（一）理论基础

1. 古代西方社会福利思想

古希腊时期的社会福利思想是西方建立以社会保险为核心的社会福利制度的重要思想渊源之一。在关于城邦起源的思想中，柏拉图指出：“我们的立法不是为了城邦任何一个阶级的特殊幸福，而是为了造成全国作为一个整体的幸福。它运用说服或强制，使全体公民彼此协调和谐，使他们把各自能向集体提供的利益让大家分享。”①亚里士多德主张建立一种理想的政体来促进人们分享优良的生活，这种理想的政体遵循照顾公共利益、人人都能幸福生活的原则。中世纪基督教教义中的爱人如己、推己及人、同情弱者、互助互惠的宗教伦理思想对后来西方社会的福利思想也产生了直接的影响。

2. 人文主义和启蒙运动的政治思想

文艺复兴时期提倡以人为核心、以促进人的幸福为追求，启蒙运动时期倡导公平正义、天赋人权、社会契约、人民主权，这些不断传承和内容创新的哲学思想和政治主张，被广泛传播和接受，为照顾遭遇风险人群，体现人道、公益、互济理念的社会保险制度的诞生提供了理论准备。

3. 社会改良思潮和国家干预主义理论

改良主义产生于 19 世纪中叶，面对资本主义暴露出来的各种矛盾和蓬勃兴起的无产阶级革命运动，在资产阶级学者中以及工人运动内部，开始出现社会改良主张。前者如讲坛社会主义者和费边社会主义者，试图在不触动资本主义的条件下，借助在资本主义法治范围内的一系列政策，调和

---

① 柏拉图. 理想国［M］. 郭斌和，张竹明译. 北京：商务印书馆，1986：56.

阶级矛盾，使资本主义趋于完善；后者如工团主义以及蒲鲁东、拉萨尔等右倾机会主义者，反对无产阶级的暴力革命，主张通过和平的经济改良，或者通过阶级斗争和议会斗争，使劳动者的处境得到改善。

国家干预主义，主要是指反对自由放任，主张扩大政府职能，限制私人经济，由国家对社会经济活动进行干预和控制，并直接从事经济活动的一种经济思想和政策。国家干预主义最初集中表现为欧洲封建社会晚期的重商主义，到了 19 世纪，当亚当·斯密的自由主义经济学逐渐征服欧洲，自由贸易理论被作为神圣信条而为经济学家普遍接受的时候，德国却出现了作为其对立面的历史学派，其先驱和创始人弗里德里希·李斯特认为要使工业、海运业、国外贸易获得真正大规模的发展，只有依靠国家力量的干预才能实现。李斯特认为德国要谋求自身发展，必须进行贸易保护。李斯特的理论推动普鲁士建立了德意志关税同盟，废除了各邦关税，德意志经济因此得以统一，为德意志的完全统一和德意志的崛起奠定了基础。

19 世纪后半期，德国新历史学派将改良思想、国家干预与缓解社会矛盾问题结合在了一起，其代表人物有古斯塔夫·冯·施穆勒、路德维希·约瑟夫·布伦坦诺、阿道夫·瓦格纳等。新历史学派提倡劳资合作与社会改良政策。他们反对自由放任的经济模式，主张国家干预经济。新历史学派的社会改良政策有两大支撑点：一是该学派从伦理道德出发，认为劳资冲突不是经济利益上的对立，而是感情、教养和思想上存在差距而引起的矛盾。因此，在他们看来，劳资问题是一个伦理道德问题，不需要通过社会革命来解决，而只要对工人进行教育，改变其心理和伦理道德的观点便可以解决。二是该学派主张国家至上，国家的职能不仅在于安定国内秩序和发展国家军事力量，国家还应该具备管理经济生活的职能，担负起“文明和福利”的职责。该学派认为，19 世纪的德意志帝国所面临的最严重的社会经济问题是劳工问题，如何缓和劳资矛盾，关系着德意志帝国的前途和命运，因此，国家应该直接干预经济生活的管理，通过立法建立起包括社会保险、孤寡救助、劳资合作等在内的一系列社会政策措施，自上而下地实行社会改良，改善工人的劳动和生活条件，缓解劳资冲突。阿道夫·瓦格纳呼吁“帝国政府不仅应积极推行社会福利与保险政策，而且直接的国家主导权和一种无所不包的制度化控制体系，应首先服务于这个国家经济和强权政治上的发展，并阻止经济与社会危机”[①]。新历史学派既反对亚当·斯密放任的经济自由主义，也反对“激进”的社会主义和共产主义，他们的折中主义主张，很对俾斯麦政府的胃口，成为俾斯麦着手建立社会保险制度的理论依据。正如《德意志史：从法国革命到第一次世界大战（1789—1914）》的作者之一卡尔·艾利希·博恩所说的那样：“讲坛社会主义者的思想，给德国的社会政策以最强有力的推动。”[②]

4. 马克思主义的社会保障思想

马克思、恩格斯关于剩余价值、无产阶级贫困问题的论述，以及马克思的社会扣除理论，为工人运动和工人阶级政党提供了思想武器和政策建议，在社会保险制度的发展史上影响深远。马克思在《国际工人协会成立宣言》中指出：“不论机器的改进，科学在生产上的应用，交通工具的改良，新的殖民地的开辟，向外移民，扩大市场，自由贸易，或者是所有这些一切加在一起，都不能消除劳动群众的贫困。”[③]马克思提出，为了防止不幸事故和灾变带来的后果，一般应该建立后备基金，这种后备基金来源于社会总产品。马克思在《哥达纲领批判》中指出：“如果我们把‘劳动所得’这个用语首先理解为劳动的产品，那么集体的劳动所得就是社会总产品。现在从它里面应当扣除：第一，用来补偿消耗掉的生产资料的部分。第二，用来扩大生产的追加部分。第三，用来应付不幸事故、自然灾害等的后备基金或保险基金。……剩下的总产品中的另一部分是用来作为消费资料的。

---

① 李工真. 德意志“历史学派”传统与纳粹主义［J］. 世界历史，2002（4）：8-21.

② 卡尔·艾利希·博恩，马克斯·布劳巴赫，泰奥多尔·席德尔，等. 德意志史：从法国革命到第一次世界大战（1789—1914）（第三卷上册）［M］. 张载杨，张才尧，郭鼎生，等译. 北京：商务印书馆，1991：264.

③ 中共中央马克思恩格斯列宁斯大林著作编译局. 马克思恩格斯文集（第 3 卷）［M］. 北京：人民出版社，2009：10.

在把这部分进行个人分配之前，还得从里面扣除：第一，同生产没有直接关系的一般管理费用……第二，用来满足共同需要的部分，如学校、保健设施等。……第三，为丧失劳动能力的人等设立的基金，总之，就是现在属于所谓官办济贫事业的部分。”①马克思从剩余价值的角度对社会保障资金的来源进行分析，指明工人的保障资金并不是资本家的“慈善”基金，而是工人自己创造的和应有的。之后列宁继承和发展了马克思、恩格斯的社会保障思想，提出最好的工人保险形式是工人的国家保险，国家举办的社会保险要覆盖全体工人及其家庭，国家、企业负担全部社会保险费用；社会保险交由掌握了政权的工人阶级管理。列宁的理论成为社会保险政策的理论依据。

（二）组织基础

民间互助组织作为社会保险的原始形式，为社会保险制度的产生提供了组织经验与组织基础。

在人类发展的长河中，为应对人身风险而组成的互助组织历史悠久。古埃及的石匠互助会、古罗马的丧葬互助会，以及罗马军队中的士兵组织等，都是通过会员缴纳会费来共同应对风险发生的自发机制。中世纪出现的兄弟会、共济会一类的民间互助合作组织，已经出现了社会保险的萌芽。在资本主义资本原始积累阶段，产业工人生产环境恶劣，收入极其微薄，并处于工伤、疾病、失业等职业风险的威胁之中。此时，政府尚未给劳动者构筑起应对新风险的社会机制，劳动者一旦遭遇生存风险，即陷入无依无靠的困境。在这种情形下，产业工人自发地组织起来，借鉴历史传统，组织互助基金团体，以风险共担的方式，最大限度地减轻生存风险。这些自发互助组织的会员在自愿捐资的前提下按规定向基金会缴纳一定的会费，当组织中某些会员遭遇不测，如疾病、失业、伤亡、年老、天灾人祸而失去收入时，基金会和其他会员有义务为其提供必要的经济援助。如失业时有救助金，死亡时有丧葬费，为生病的职工提供津贴，为退休的职工发放养老金。这些互助组织名目繁多，如友谊会、共济会、工会俱乐部、互助基金会等，其共同宗旨是“遭遇不幸时互相支援，共同娱乐，互相教育”。作为最早开始工业化的国家，英国的民间互助组织在 18 世纪和 19 世纪发展迅猛。19 世纪中叶，英国各种形式的友谊会已经具有相当的规模，成员总数达 450 万人，接近当时英国男子人数的一半。据 1902 年 11 月英国贸易部劳工记者调查，英国 100 家最大的工会组织中，用于失业、疾病、养老金和丧葬的费用占会费开支的 60.8%。②在德国，1874 年共有 1 万个各种类型的救济基金组织，其成员达到 200 万人，占当时德意志帝国 800 万工人的 1/4。③

互助组织在对陷入困境的工友的帮扶上，发挥了积极作用。虽然友谊会之类的互助组织往往在会员数量、会费收入、基金数量等方面存在不稳定性，面对普遍存在的贫困问题和社会矛盾明显力不从心，但在其长期的发展过程中，互助组织探索了多种管理模式，形成了基本的保障项目，从制度属性、管理形式、项目设置、责任承担等多方面，为社会保险制度的产生与形成提供了组织经验和基础。

首先，民间互助组织以风险分散为手段，以扶危济困为目的，通过个人缴费筹集基金以应对共同生存风险的方式，实现了组织成员之间的互助共济。互助组织的成功和影响力，证明了这种方式有深厚的历史传统和广泛的群众基础，为政府推行社会保险政策提供了思路和现实基础。

其次，民间互助组织为社会保险提供了项目选择。早期民间互助组织提供的保障项目，如伤残、疾病、养老、失业等项目，构成了后来社会保险制度的主要内容。互助组织的探索，启发了社会保险的项目确立。

最后，民间互助组织为社会保险提供了多种管理形式。自发的民间互助组织在产生发展过程中形成了多样性特征。可以按照行业组织，如石匠行业协会、人力车夫协会；也有按地域组成的互助

---

① 中共中央马克思恩格斯列宁斯大林著作编译局. 马克思恩格斯文集（第 3 卷）［M］. 北京：人民出版社，2009：432-433.

② 黄素庵. 西欧“福利国家”面面观［M］. 北京：世界知识出版社，1985：40.

③ 丁建定，谌基东. 试论德国社会保险制度发展的历史先进性及其深层根源［J］. 社会政策研究，2021（3）：66.

会，如诺丁汉共济会；还有按照项目组成的互助会，如丧葬会、疾病会、年金保险社。不同的管理方式为各国社会保险管理体制提供了多样化选择，经过甄别验证后嫁接到社会保险制度上，并形成社会保险管理的成功经验。从很多国家后来的社会保险管理模式上都能看到早期民间互助组织的影响。如德国社会保险管理模式体现了按行业进行管理的特色，并继承了自治机构管理的传统。美国的社会保险管理则体现了按地域分散组织管理的特征。

民间互助组织的成功经验为社会保险提供了多方面的借鉴。现代社会保险引入了互助组织的原则与方法，只要是被实践验证是行之有效的，就被赋予法治规范性加以强制推广。直到今天，即便社会保险普遍建制化，民间互助组织仍在发挥作用。如英国是福利国家，社会保险体系非常完善，但民间互助组织依然占有一席之地，在一些领域中继续发挥着作用，弥补社会保险制度的不足。

（三）技术基础

商业保险及其核心的精算技术的发展为社会保险提供了必不可少的技术支持。

最早的商业保险出现于 15 世纪。伴随着航海能力的提升，世界市场的形成与扩展，商品的流通需要通过远洋运输实现。海上运输利润率高，风险发生率也极高，一旦遭遇风险往往血本无归。于是，便有商家参与其中为船舶提供保险。船主以船与货做抵押取得货款，如果船队安全抵达目的地，要支付航程安全的保险费用；如果航程中遭遇风险，可以依照损失程度免除部分或全部债务。这种远洋运输保险体现了一种责任共担方式，为分散风险而付出的代价，就是后来的保险费用。其中，债权人就是保险人，债务人则相当于投保人。

当时的海上运输保险只是银行或者高利贷者的副业，也没有保险公司经营，对风险的估算，凭借的也是过往的经验。到 17 世纪中期，在英国出现了商业保险公司承保火险。到 18 世纪有了人寿保险公司，增加了人身意外伤害保险及健康保险业务。商业保险公司的运转，创造了一种以营利为目的的风险分散机制，商业保险公司通过向投保人收取保险费来筹集资金，当被保险人风险发生遭受损失后，保险公司向被保险人支付保险金。商业保险公司同样实现了被保险人之间的互助互济和风险分散，这也是民间互助组织的运行机制，是否营利是二者之间的区别。为了盈利，保险公司必然要对风险发生的概率和未来损失的大小进行更精确的计算，大量数学家开始研究风险和其中的数理基础，在概率论和利息理论的基础上，精算技术开始出现。商业保险尤其是其中人身保险的精算技术为后来社会保险的精算打下了坚实基础。

1662 年英国人约翰•格朗特（John Graunt）分析了 60 多年来伦敦居民死亡的原因及人口变动，出版了《关于死亡率的自然观察和政治观察》一书，第一次编制了“生命表”，对死亡率与人口寿命作了分析，引起了普遍的关注。1693 年英国著名的天文学家埃德蒙•哈雷（Edmond Halley），根据居民的死亡统计资料，比较准确地计算出各年龄段人口的死亡概率，并编制出了世界上第一张完整的生命表，后来被称为“哈雷生命表”，这是精算学开始的标志性事件，对后来的寿险、医保以及退休金的计算意义重大。18 世纪 40—50 年代，托马斯•辛普森（Thomas Simpson）、詹姆斯•多德森（James Dodson）先后提出了“自然保险费法”“均衡保险费法”，为精算奠定了基础。1762 年第一家寿险公司伦敦公平保险社在英国成立，该公司设立了精算技术部门，分析产品定价、利润来源、保险需求和测算人口死亡率等。1848 年精算师协会在伦敦成立，1856 年苏格兰的爱丁堡也成立了精算师协会。日本在 1899 年成立了精算师协会，美国在 1909 年成立了精算师协会。精算技术的发展为保险公司的产品设计、负债管理和风险控制提供了重要工具，促进了商业保险的发展。

社会保险的运行机制及风险分散目标与商业人身保险基本一致，社会保险完全借鉴了商业人身保险的全套技术手段及方法。可以说，商业保险对社会保险的技术方法发挥了指导性作用，没有商业保险的发展进步，不可能有社会保险的产生和完善，正是商业人身保险及其核心的精算技术，为社会保险的产生和发展提供了技术支撑。

第二节 社会保险制度的产生和初步发展

一、现代社会保险制度在德国确立的背景

（一）政治稳定的需要

19世纪上半叶的德意志，仍然邦国林立、一盘散沙。其中势力日渐强大的普鲁士王国，在首相俾斯麦的领导下，通过一系列铁血战争的胜利，最终在1871年统一了德意志，史称德意志第二帝国。刚刚统一的帝国，要巩固统一大业，全力发展经济，防范普法战争中战败国的报复，并迅速增强国家战争能力，必须有一个稳定的国内政治环境，这是统治集团必须面对的首要问题。

（二）社会问题严重，工人运动发展迅猛

19世纪，随着工业革命的开展，德国产业工人队伍迅速壮大，1852年德国产业工人为99万人，1894年发展到613万人。1877年德国已有26个全国性工会。[①]工人工资待遇低下、劳动条件恶劣、工伤事故频发、老无所依、病无所医，一系列社会问题的存在引发了德国民众的强烈不满，罢工浪潮汹涌，要求政府实施保护劳工权益的社会政策，成为工人运动的集中诉求。在马克思和恩格斯的指导下，社会主义思想在德国获得广泛传播，社会主义运动高涨，全德工人联合会、德国社会民主工党相继成立，并在1875年合并建立了德国社会主义工人党。工人阶级政党的成立和力量的壮大，直接威胁到了资产阶级政权的稳定；工人罢工示威活动和劳资冲突，损害着德国的经济发展和对外政策。所有这些，都迫使资产阶级政府不得不正视社会问题的存在，并酝酿解决的办法。

（三）社会改良思潮的影响

丛生的社会问题、尖锐的劳资矛盾，引发了德国一些资产阶级有识之士的关注和思考，一些学者提出了在不改变资本主义生产关系的条件下，由政府通过立法，实行某些社会政策，提高工人的物质生活水平，以缓和阶级矛盾、维护现存统治的主张。最具有代表性的是德国新历史学派的学者及其主张，其对俾斯麦的社会保险立法产生了极大影响。

（四）资产阶级统治者对社会问题认识的转变

急需政权稳固，又面临社会问题困扰的俾斯麦政府，在如何化解劳资矛盾这一问题上，一度以铁腕的“鞭子”政策著称。1878年10月，俾斯麦借口两次谋刺德皇威廉一世事件，颁布了《非常法》，取缔德国社会主义工人党（1890年改为德国社会民主党）的一切组织，解散群众性的工人团体，封闭进步报刊，逮捕和放逐工人政党领导人，以高压手段镇压工人运动。但俾斯麦政府也逐渐意识到，“社会恶害的矫正，只靠镇压社会民主党的煽动骚乱是不够的，还要逐渐寻求方法，积极增进劳动者的福祉”。[②]早在1871年，“铁血宰相”俾斯麦就曾说过：“只有现在进行统治的国家政权采取措施方能制止社会主义运动的混乱局面。”他表示：“愿意支持任何目的在于积极改善工人处境的努力”，目的是“通过行政和立法手段挖掉社会民主党的老根”。[③④]俾斯麦宣称：社会保

---

① 唐志明. 论俾斯麦的社会保险立法［J］. 贵州民族学院学报（哲学社会科学版），2002（6）：34.
② 和春雷，宋泓，柴瑜. 当代德国社会保障制度［M］. 北京：法律出版社，2001：54-55.
③ 迪特尔•拉夫. 德意志史［M］. 波恩：波恩 Inter Nationes 出版社，1987：165-166.
④ 唐志明. 论俾斯麦的社会保险立法［J］. 贵州民族学院学报（哲学社会科学版），2002（6）：34.

险是一种消除革命的投资，一个期待养老金的人是最安分守己的，也是最容易被统治的。[①]正是这种一方面镇压，一方面安抚的“鞭子加糖果”政策，为俾斯麦政府推进社会立法做好了准备。

（五）经济实力的迅速增强为劳工保障奠定了物质基础

统一前的德国，由于诸侯割据四分五裂，工业革命比英法起步晚。但到了 19 世纪后期，德国以第二次工业革命为契机，在铁矿、煤矿、冶金、化工、电气等方面均取得了突飞猛进的发展。普法战争后，德国实现了政治上的统一，建立了统一的国内市场和经济体系，采取了一系列保护和发展资本主义的政策措施，如建立完善的司法制度、颁布商业法、营业自由法、统一的度量衡法、货币法、关税法等，对促进经济发展起到了重要作用。此外，从法国攫取了 50 亿法郎军事赔款和拥有丰富铁矿的阿尔萨斯-洛林地区，为德国工业发展提供了巨额资金和丰富的矿产资源，德国资本主义经济呈现跳跃式发展，迅速实现了向工业社会的转型。到 1910 年德国工业总产量跃居世界第二，仅次于美国。经济的发展为社会保险基金的筹集奠定了基础，解决了社会保险制度中的核心问题，为社会保险制度的实施做好了经济上的准备。

1881 年 11 月 17 日，俾斯麦向帝国议会宣读了皇帝的诏书，宣布国家准备实行社会保障制度。皇帝诏书申明，个人在患病、发生事故、伤残和老年经济困难时应该受到保障，他们有权要求救济，工人保障应由工人自行管理。1883 年《疾病保险法》颁布实施，1884 年《工伤事故保险法》颁布实施，1889 年《老年和残障社会保险法》颁布实施。这一系列法令的颁布，使德国成为世界上第一个拥有劳工保险立法的国家，标志着世界上第一个完整的社会保险体系建立。这些法律的颁布，使社会保障制度“从零星的一些社会救济措施发展成为政府的一项社会政策；从施舍式的社会救助发展为一种公民权利；从统治集团的‘安民术’发展成为国家的社会责任”[②]。正如国际劳工局前局长威尔福来德·江克斯所指出的：“在社会政治历史上，没有什么事情比社会保险更能急剧地改变普通人们的生活了。这种保险制度，使人们不论在遇到什么不测时而不至于沦为赤贫！”[③]现代社会保险制度由此正式产生。

二、二战前各国社会保险制度的初步发展

俾斯麦政府创建的国家福利，特别是世界上最早的工人养老、工伤和医疗保险制度，客观上产生了调整劳资关系、缓和社会矛盾、维护社会稳定、在一定程度上改善了人民群众生活的效果，为德意志国家稳定浇筑了坚实基础。到第一次世界大战（简称一战）前，德国成为经济繁荣、社会安宁的典范，社会各阶层似乎都表现出普遍的满足感。这种显著成效使当时欧洲其他与德国面临同样困境的资本主义国家纷纷仿效，社会保险制度迅速在全球范围内扩展开来。

（一）社会保险制度在全球的初步发展

资本主义发展最早的英国，在 1897 年建立了工伤保险制度，并在 1906 年最早将职业病纳入了职业伤害补偿范围。1908 年英国议会正式批准自由党政府的《养老金法案》，1911 年制定了包含《健康保险法》《失业保险法》在内的《国民保险法》，成为世界上第一个实行强制失业保险制度的国家。奥地利 1887 年建立工伤保险制度，1888 年建立疾病保险制度，1906 年建立老年保险制度，1920 年建立失业保险制度。丹麦 1891 年建立老年保险制度。挪威、芬兰、意大利、法国、荷兰、瑞典等欧洲国家纷纷建立了各项社会保险制度，北美洲的加拿大 1908 年建立工伤保险制度，1927

---

① 关勋夏. 略论“俾斯麦国家社会主义”［J］. 华南师范大学学报（社会科学版），2002（4）：72.

② 覃有士，樊启荣. 社会保障法［M］. 北京：法律出版社，1997：49.

③ 筱李. 社会保险：市场经济的安全阀［J］. 社会，1994（9）：17.

年建立老年保险制度。东亚的日本在 1922 年制定了《健康保险法》，是亚洲地区最早建立社会保险制度的国家。

这个时期，以欧洲国家为主，很多老牌资本主义国家先后建立了社会保险制度，少数美洲及大洋洲国家也开始社会保险立法。这说明社会保险确实符合社会和经济发展的普遍需要。但另一方面也可看出，社会保险制度还处在初步发展阶段，还未形成完整的科学体系。

（二）美国颁布综合立法《社会保障法》

19 世纪末 20 世纪初，美国已成为世界头号工业强国，但美国的社会保障立法却明显滞后，这与美国根深蒂固的个人主义和自由放任主义传统有关。一直以来，美国政府认为，救济、福利等事业不宜由政府干预，只能由教会、慈善机构、社会团体去办理。即使在 1929 年世界资本主义经济大危机来临，数千万美国人已经挣扎在贫困无救的边缘时，执政的赫伯特·胡佛总统仍然奉行“管得最少的政府是最好的政府”的理念。然而，在大危机带来的经济萧条、失业潦倒、饥荒遍野面前，各类慈善机构、互助组织的救助犹如杯水车薪，整个救济体系摇摇欲坠。无路可走的美国民众对无动于衷的政府的敌对情绪开始蔓延，全国面临着骚乱、暴动甚至革命的危险与威胁。1932 年民主党人富兰克林·罗斯福战胜胡佛当选美国第 32 任总统。

罗斯福以“积极国家”作为政策核心，主张政府积极干预经济，反对传统的保守政策。入主白宫后，为摆脱危机，重振美国经济，缓和国内矛盾，罗斯福实行了一系列被称为“罗斯福新政”的社会经济政策，把充分就业作为新政的首要目标，不惜实行赤字财政和不平衡预算，推行大规模的公共工程，包括福利设施计划。1935 年，在罗斯福的领导和主持下，美国国会通过了世界历史上第一部《社会保障法》，在人类历史上首次提出了“social security”（社会保障）这个概念。该法案开宗明义地规定：“本法案旨在增进公共福利，通过建立一个联邦的老年救济金制度，使一些州得以为老人、盲人、受抚养的和残疾儿童提供更为可靠的生活保障，为妇幼保健、公共卫生和失业补助法的实行作出妥善的安排。”这是美国第一个由联邦政府承担的义务的、全国性的社会保障立法，根据这一法律，联邦政府设立了社会保障署，主管社会保障事务。

《社会保障法》的诞生是美国社会保障制度发展历史上的里程碑，它标志着美国社会福利政策由“自由放任”到“积极承担责任”的重大转变，初步建立了美国现代社会保障体系的框架，构建了现代美国社会保障制度的基础。将复兴（recovery）、救济（relief）、改革（reform）相结合的“罗斯福新政”，借助新建大规模公共工程，以工代赈，创造就业机会，产生了增加有效需求，刺激经济复苏的效果，从而把社会保障作为“安民术”“稳定器”的传统功能，拓展到了作为经济发展“助推器”的积极层面，开创了国家干预经济发展的新模式，对二战后社会保障制度的进一步发展产生了深远影响。

（三）苏联的国家保险

马克思的社会扣除理论和列宁关于国家保险的思想，在俄国十月革命胜利后，成为苏维埃政权进行社会保险立法的指导思想。1917—1922 年俄罗斯苏维埃联邦社会主义共和国颁布了《关于社会保险的政府公报》（1917）、《关于劳动者社会保险条例》（1918）、《关于俄罗斯共和国建立保险事业》（1918）、《残恤金条例》（1920）等一系列法令，形成了以国家保险为主、各阶层群众广泛享受的社会保险制度。1928 年苏联政府通过了领取养老金待遇的第一个国家法令，决定对纺织工人首先实行养老金制度。1936 年苏联的宪法以第 120 条的形式将公民在年老以及患病和丧失劳动能力时享受的社会保障权利固定下来，规定要发展由国家负担费用的职工社会保险、免费医疗等。苏联的国家保险制度覆盖了所有工人和城乡贫民；受保人不缴纳任何保险费，保险费完全由企业、机关和组织承担；保障项目涵盖了养老、医疗、失业、工伤、生育、残障、遗属，项目齐全；受保人享受待遇的条件宽松、待遇水平较高；保险待遇与工龄挂钩；各级工会组织代表国家政权管理社会保险事宜。苏联的国家保险对于保障苏联人民的基本生活和社会经济权利具有不可低估的作用，尽管这种模式存在国家财政和企业负担过重等问题，但仍然在二战后对包括中国在内的社会主义国家产生了巨大影响，新中国成立后我国就以苏联的国家保险为样本构建了我国计划经济时期的劳动保险制度。

三、这一时期社会保险制度的特点

从1883年《疾病保险法》的颁布到二战前的40多年历史中，社会保险制度在不少国家，尤其是发达资本主义国家得到初步发展，社会保险体系也得到初步建立。这个时期的社会保险制度具有以下特点。

（一）主要在欧洲各国推行

虽然亚洲、南北美洲也有一些国家开始建立社会保险制度，美国甚至颁布了最早的《社会保障法》，但社会保险立法广泛集中的地区，还是欧洲进入工业文明较早的那些国家。

（二）以单项目为主

各国虽然开始进行劳工保障的相关立法，但社会保险主要还是作为政府的应急措施，还是以单项保险项目为主，还没有上升到国家长期发展战略和经济发展的配套措施的高度。20世纪30年代后，出于尽快摆脱经济危机的考虑，西方发达资本主义国家强化了国家干预并扩大了社会保险支出，社会保险制度才逐渐走向系统和综合。

（三）覆盖面窄

社会保险的保障对象以受雇者为主，覆盖面相对较窄。这个时期社会保险计划的实施对象主要是受雇佣者，以解决其失业、工伤、养老、疾病等社会问题，并没有覆盖到全体劳动者和全体社会成员。

（四）社会保险体系还不完善

不少国家虽然建立了某一种或某几种社会保险项目，但还没有形成按照劳动者或者全体公民可能遭遇的所有风险设计的一整套社会保险计划，且待遇水平不高，各个项目之间缺乏有机联系。美国的《社会保障法》虽然是一部综合性的立法，但主要涉及年老、失业、妇女儿童救助，其他群体的社会保险尚未被列入，医疗保障也没被列入。

（五）社会保险的功能侧重“治疗”

这个时期的社会保险作为一种社会安全政策，主要是为遭遇风险的劳动者提供收入补偿，例如向因工受伤者提供伤残津贴，向失业者提供失业救济金等，属于善后措施。二战后，社会保险的功能逐步发展到“治疗”与“预防”并举，如日本、瑞典将失业保险从提供失业津贴，扩展到推行积极的就业政策；德国、日本均加大了工伤保险管理中的工伤预防力度。

（六）社会保险的立法和管理由分散逐渐走向集中

19世纪末20世纪初，社会保险制度主要靠劳动者及其雇主的缴款维持，国家财政干预不多。因此，立法管理多以行业性、地方性为主，如德国与职业相关的分散管理安排。20世纪30年代的世界资本主义经济大危机，使国家的介入加深，美国的《社会保障法》体现了保障的全民化和统一管理的特点，其他国家也开始了统一社会保险法令的尝试。

第三节　社会保险制度的全面发展

一、背景和基础

（一）社会经济背景

二战期间，许多国家社会保险政策的执行一度停滞。战争带来的破坏和创伤，以及对世界资本主义经济大危机时期激烈动荡的清晰记忆，让民众对战后安宁和有保障的生活满怀渴望。这种渴望，使得敏锐把握百姓诉求和高调宣称将要进行社会改革、改善人民生活的西欧社会民主党获得了选民的普遍支持，英国工党、法国社会党、德国社会民主党、瑞典社会民主党等多次赢得大选，其渐进的社会改良主张得以实施。从国际环境看，二战后，社会主义阵营逐渐形成，社会主义各国都以保障全体国民的生活利益作为立国的基本目标，这对资本主义社会的生存构成了很大威胁，促使资本主义各国重新思考本国的社会保障制度。内在需求和外在压力，成为这一时期西欧、北欧普遍建立“福利国家”的大背景。

二战深刻改变了世界的面貌，包括中国、东欧各国在内的一系列国家走上了社会主义道路，社会主义超越一国范围成为一个世界体系。战争也为亚非拉殖民地半殖民地国家民族解放运动开辟了道路，包括印度、缅甸、马来西亚、新加坡、阿尔及利亚、尼日利亚等在内的一系列国家摆脱殖民，成为独立的主权国家。这些国家，根据自己的国情，在社会保险制度建设上，或者借鉴苏联模式，或者借鉴德国、英国模式，或者进行全盘的制度创新，使战后社会保险制度的发展，呈现出多元化趋势。

二战期间，各国经济遭受重创。战后资本主义各国把政策的重点由原来的“一切为了战争”转向恢复本国经济，战后的和平为经济建设创造了稳定的外部环境。战后以原子能技术、空间技术、电子计算机技术等的应用为代表的第三次科技革命，极大推动了社会生产力的发展，西方各国迅速走出战争阴影，经济快速复苏，各国财政状况得到极大改善，国力大大增强，为社会保险制度的全面发展提供了坚实的物质基础。

（二）理论基础

1. 福利经济学

福利经济学是最早对社会保险政策进行经济学研究的学派，为社会保险提供了公平化原则和技术支持。作为现代经济学的一个分支，福利经济学形成于20世纪初的英国，以1920年英国经济学家庇古出版《福利经济学》为标志。福利经济学有新旧之分。

旧福利经济学的主要代表人物是庇古，被誉为“福利经济学之父”。庇古的福利经济学建立在边际效应价值学说的基础上。庇古认为，福利是指个人获得的某种效用与满足，它们来自对财物、知识、情感、欲望的占有和满足。而所有社会成员的这些满足或效用的总和便构成社会福利。庇古认为影响经济福利的两个因素，一是国民收入规模的大小，二是国民收入在社会成员中的分配情况。庇古依据边沁所提出的“最大多数人的最大福利”这一功利原则，假定在收入分配中有一个货币收入的边际效用递减规律在起作用。同样一英镑收入对穷人和富人的效用是不相同的，穷人一英镑收入的实际效用大于富人一英镑收入的效用。相对富裕的人失去一定数量的收入，从满足本身需要的角度来说，对他只是比较微弱的牺牲；而相对贫困的人，如果获得同样数量的收入，就能满足他比较迫切的需要。因此，庇古认为，把收入从相对富裕的人转移到相对贫穷的人的手中，从整体来说，就一定能够得到更大的满足，会增加一国的经济福利。庇古从资源配置的最优角度提出了最优收入分配学说，主张国家干预经济，征收累进所得税，并对劳动者在患病、残疾、失业和老年时能提供物质帮助和社会服务，通过转移支付，实行收入均等化，增大经济福利，实现社会公平。

20世纪40—50年代，英美一些著名的经济学家对旧福利经济学做了重要补充与修改，在批判和吸收庇古旧福利经济学的基础上形成了新福利经济学，即现代西方福利经济学。该学派主要代表人物有意大利经济学家帕累托、美国经济学家保罗·萨缪尔森和柏格森、英国经济学家约翰·希克斯等。新福利经济学家运用序数效用论、帕累托最优、补偿原理、社会福利函数等分析工具来说明政府应当保证个人的自由选择，通过个人福利的最大化来增进整个社会的福利，以此实现社会福利的极大化。当一国的经济福利总和增加时，整个社会的福利保障水平也就随之提高。新福利经济学认为，最大福利的内容是经济效率，而不是收入的均等分配。所谓经济效率，是指生产资源的使用达到最适度状态，即实现了“帕累托最优”，又称帕累托效率。当资源得到最适度配置时，经济就是有效率的，因而才能达到最大社会福利。

新旧福利经济学在公平与效率的态度上区别明显，但旧福利经济学的再分配理论、新福利经济学的补偿原理，都为社会保险制度的发展提供了重要的理论依据。

2. 凯恩斯主义

社会保险从19世纪被动的“安民术”发展为二战后积极的“助推器”，很大程度上得益于约翰·梅纳德·凯恩斯的宏观经济学理论。

在凯恩斯之前，主导经济理论的是以马歇尔为代表的剑桥学派的自由放任经济学说，这种学说的核心是“自动均衡”理论，认为在自由竞争的条件下，经济都能通过价格机制自动达到均衡，实现充分就业，因此，一切人为的干预，特别是政府干预都是多余的，政府对经济的干预只会破坏这种自动调节机制，反而引起经济的动荡或失衡。20世纪30年代的世界资本主义经济大危机宣告了这种自由放任经济理论的破产。1936年英国著名经济学家凯恩斯在他的代表作《就业、利息和货币通论》一书中，运用总量分析方法，提出了有效需求不足理论以及相应的国家干预思想。凯恩斯认为贫困的主要根源在于低工资和失业，而失业的主要根源不在于剑桥学派指出的供给不足，而是社会有效需求不足。凯恩斯依据其提出的边际消费倾向递减规律、资本边际效率递减规律和流动性偏好理论，得出结论：资本主义经济难以靠自身实现充分就业，只有依靠政府对经济的全面干预，才能摆脱经济萧条和失业问题。为此，他主张政府通过扩张性的财政政策、积极的赤字预算、举办公共工程、扩大社会福利等来刺激消费和投资需求，以达到足够的总需求和充分就业，缓解和消除经济危机。

在凯恩斯的国家干预思想中，社会保障占有相当重要的地位，他主张通过累进税和社会福利等办法重新调节国民收入分配，还提出消除贫民窟，实行最低工资法，限制工时立法等主张。这些在以往时代被统治阶级当作缓解社会矛盾、安抚民心的被动举措，被赋予了拉动有效需求、促进经济发展的积极功能。社会保障变成了各国政府用来稳定经济和社会的一种战略性的长远政策。在这一重要的转变过程中，凯恩斯的经济思想起了重要的作用。在“罗斯福新政”和战时经济干预中检验了有效性的凯恩斯主义，在二战后被奉为圭臬，在整个宏观经济理论体系中占绝对主导地位，成为建立福利国家的重要思想基础和各国制定公共政策的主要理论依据。

3.《贝弗里奇报告》

威廉·贝弗里奇（William Beveridge）爵士是英国著名经济学家，毕生致力于英国社会保障制度的建立和发展。二战期间，英国的社会问题持续严重化，当时的社会保障安排内容繁杂、保障水平低、管理混乱，民众的抱怨和对战争结束后社会保障的期待，迫使英国政府在1941年6月成立了一个由各部门组成的关于社会保险合作问题的委员会，即“社会保险与相关服务委员会”，由贝弗里奇担任委员会主席。在广泛开展社会调查、政策研究的基础上，该委员会召集了44次会议，收集、整理并提出了 194 份文件[①]，最终在 1942 年 12 月，著名的《社会保险与相关服务》（又称《贝弗里奇报告》）由贝弗里奇签署后正式发表。

《贝弗里奇报告》首先对英国现行社会保障制度的缺陷提出批评。报告指出英国现行社会保障制度中，每一种社会问题在处理时都是单独进行，而不考虑或很少考虑相关社会问题，这使各种社会保障措施彼此孤立，影响了制度的实际效果。报告认为英国社会保障制度改革应该坚持三项原则：第一，社会保障制度未来改革与发展不应该仅限于局部利益的考虑和以往的经验，而应该是一种革命性变革；第二，社会保险应成为综合性社会发展政策的一部分；第三，社会保障必须通过国家与个人之间的合作来实现。报告阐述了社会保障的基本范畴，设计了一整套“从摇篮到坟墓”的社会福利制度，提出国家将从人的基本需要出发，为每个公民提供包括失业、疾病、残疾、养老、生育、寡居、死亡等在内的各种社会保险。报告着重阐述了社会保障的三种途径，即为保障基本需要而实施的社会保险，为保证特殊需要而实施的国民救济，为满足基本需要以外的需求而实施的自愿保险。社会保险是指对被保险人提供的基于强制性缴费的现金津贴，它是三种社会保障措施中最重要的一种，应尽可能实现综合性和普遍性，但它不是唯一的保障措施，还需要国民救济与自愿保险作为补充。报告指出英国社会保险制度的发展应该遵循六个基本原则：第一，社会保险制度同一津贴标准原则；第二，社会保险制度同一缴费标准原则；第三，社会保险制度统一管理原则；第四，社会保险津贴发放时间与数量应该合理的原则；第五，社会保险制度综合性原则；第六，社会保险制度分类原则，即社会保险制度必须根据不同收入与需求调整社会保险费用与津贴，并在每一种社会保险阶层中，根据大多数人的需求来确定社会保险的有关标准。[②]作为一个关于全方位福利问题的报告，《贝弗里奇报告》的基本宗旨是消除贫困，其实质是要把二战后的英国建成一个由社会向每个社会成员提供基本生活保障的社会，即福利国家。

《贝弗里奇报告》不仅为英国在二战后重建社会保险制度奠定了决策基础，而且成为西方发达国家在二战后发展社会保险制度的重要依据。在《贝弗里奇报告》的影响下，西方发达国家都在向福利国家的方向努力，逐步建立了内容齐备的统一的社会保险制度。

《贝弗里奇报告》在社会保障发展史上具有划时代的意义，“贝弗里奇报告已经成为社会保障思想发展史上的一个里程碑；它的影响已经遍及世界所有主要国家。它树立了系统的实行社会计划化而不零敲碎打地解决个别需要这样一种政策的典范”。[③]

二、社会保险制度在全球呈多样化发展

这一阶段，社会保险制度在全球获得了全面发展。一方面，在福利国家的浪潮下，发达国家纷纷建立起了“从摇篮到坟墓”的全方位保障；另一方面，建立社会保险制度的国家迅速增加。大批亚非拉地区的发展中国家独立后，建立了适合本国国情的社会保险制度。截至 20 世纪 70 年代中期，世界上绝大多数国家和地区，包括不发达国家，都根据自己的社会经济条件、文化传统、国情历史等，制定了各具特色的社会保险制度，社会保险在全球呈多样化发展。[④]从各国社会保险制度的功能定位、再分配目的、总体制度安排、财务模式和保障水平来看，社会保险制度可以分为四种类型，即社会保险型、福利国家型、强制储蓄型和国家保险型。

（一）社会保险型

社会保险型模式又称为传统型或投保资助型，这是历史最悠久的社会保险模式，起源于俾斯麦

---

① 丁建定.《贝弗里奇报告》评价中值得注意的几个问题［J］. 中共福建省委党校学报，2007（10）：58.

② 丁建定.《贝弗里奇报告》及其评价［J］. 社会保障研究（北京），2007（1）：180-188.

③ 黄素庵. 西欧“福利国家”面面观［M］. 北京：世界知识出版社，1985：59.

④ 孙树菡. 社会保险学［M］. 北京：中国人民大学出版社，2008：40.

时期德国推行的社会保险法，在20世纪30年代大萧条期间和二战后被西欧、美国、日本等地区和国家纷纷效仿，该模式所倡导的基本理念和基本原则被世界大部分国家广泛应用。社会保险型模式对工业社会中劳动者面临的年老、疾病、失业、伤残、生育和死亡等风险进行设计，以为国民提供基本生活保障、保障社会的基本经济安全为目的，最终目的是维护社会稳定、熨平经济周期波动和促进经济社会发展。

这种模式的特点是：国家立法强制实施；以工薪劳动者为主要的参保对象，强制规定符合条件的劳动者必须参保；强调劳动者个人在社会保险方面的责任，社会保险费用由国家、雇主和劳动者三方负担，以劳动者和雇主的社会保险缴费为主，国家财政给予适当支持，即个人和雇主投保，国家资助；筹集的资金实行现收现付的财务管理模式，在参保者之间、在代际和代内之间转移支付，实现收入再分配和风险共担。

这种模式重视社会保险中权利与义务的密切联系，注重个人缴费责任，强化自我保障意识，兼顾公平与效率；同时，保险基金在成员间统筹使用，符合大数定律，也体现了社会保险互助共济的宗旨。但是该模式采取的现收现付制（pay-as-you-go）财务模式受人口年龄结构、经济发展水平和就业率的影响比较大。在世界人口老龄化程度加剧、经济发展趋缓和就业率下降的今天，由于社会保险金支出规模剧增和参保者人数减少，社会保险税（费）率逐年提升，增加了参保者的缴税（费）压力，严重影响到社会保险基金的财务可持续性。政府作为最后责任人，其兜底能力也备受质疑，这也直接促使采取该模式的国家进行制度的调整与改革。

（二）福利国家型

福利国家型以战后英国的社会保障安排为典型代表。

二战后期，英国工党积极顺应民心，对《贝弗里奇报告》的原则照单全收，在竞选中将其作为自己未来施政纲领中最重要的内容加以提出。1945年7月大选，英国工党完胜正处于战争胜利辉煌时刻的丘吉尔保守党。此后短短几年内，英国工党政府依据“普遍性”和“全面性”原则，通过了一系列新的社会保险立法，如1946年通过了《国民保险法》《工业伤害保险法》《国民卫生服务法》，1948年通过了《国民救助法》，其中1946年《国民保险法》将1911年《国民保险法》的内容从失业保险和医疗保险两个项目扩展到了生育、疾病、失业、工伤、残疾、养老、死亡丧葬、遗孀、监护人等11项待遇，建立了涵括劳动及生活风险各方面的制度。而《国民卫生服务法》则使英国成为世界上第一个实行全民医疗保健的国家。[①]1948年7月，英国首相艾德礼宣布，英国已成为世界上第一个“从摇篮到坟墓”都有保障的福利国家。

继英国之后，瑞典也推行公共年金制度和全民医疗制度，并建立起包括年金保险、医疗保险、失业保险、工伤保险以及社会救助、家庭补助、免费教育、住房补贴等项目的完备的福利体系。全民性的保险、完善的福利设施、广泛而优厚的补贴，使瑞典获得了“福利国家橱窗”的称誉。随后，挪威、丹麦、芬兰等北欧国家，也纷纷建成了福利国家式的社会保险体系。

福利国家型以公民权利为核心，坚持“全民性”和“普遍性”原则，每位国民都享有同等的被保障权利；该模式不仅为国民遭遇各类风险提供基本生活保障，也致力于为国民提供较高品质的生活，保障项目囊括了“从摇篮到坟墓”的一切保障需求。政府作为福利国家的责任主体，承担着财政责任及实施和管理责任。福利国家高水平的福利开支需要通过高税收来维持，这是福利国家的典型特征。由于福利国家的保障项目全面，福利待遇高，对劳动者实行广泛保护，致使出现了“劳动力真空”现象，同时增加了企业生产成本和经营成本，而作为直接责任人的政府，也面临繁重的财政负担。

① 孙炳耀. 当代英国瑞典社会保障制度［M］. 北京：法律出版社，2000：18, 43.

（三）强制储蓄型

这是新加坡最先创设的一种自我积累型模式，它与福利国家型模式和传统社会保险型模式有着巨大区别。20世纪50年代，新加坡获得较大自治权，并开始考虑建立自己的社会保险制度，但经过对工业化国家已有模式的全面考察和评价后，新加坡放弃了简单模仿他国的做法，而是创设了与现收现付财务模式完全不同的公积金制度。这种模式通过国家立法，强制所有雇主、雇员（有些国家只要求雇员）依法按工资收入的一定比例缴纳社会保险费，缴费全部进入每个雇员的个人账户，专户储存，个人账户投资运营后收益连同本金，用于支付雇员未来的养老、医疗，甚至住房等开支。

这种模式的特点是：采取基金积累制的财务模式，所有缴费全部记入雇员的个人账户中；个人账户投资运营结果直接影响未来的给付水平；激励作用明显，个人账户收支透明清晰，待遇与个人的缴费直接相关。与传统现收现付的保险模式相比，该模式在应对老龄化等问题上有突出优势，因此被越来越多的国家研究和借鉴。但该制度互济性较弱，不能在社会成员间实现风险共担。世界上采用这种模式的国家数量较少。

（四）国家保险型

从20世纪50年代开始，东欧各国和包括我国在内的亚洲社会主义国家，仿效苏联的国家保险模式，建立了自己的社会保险制度。

这一模式最早产生于1917年的苏俄，其理论基础主要来自马克思的社会扣除理论以及1912年列宁的《劳动者保险纲领》。列宁认为，劳动者的最佳保险形态是国家保险，并提出了以下四项原则：第一，对劳动者在失去劳动能力的各种情况（伤害、疾病、老年、残疾）下，对怀孕和生育的女性劳动者以及家中主要劳动力死去后的寡妇和孤儿，实行救济；并在由于失业而丧失工资收入时，也必须给予保障。第二，保险的实施范围必须包括劳动者本人及其所有家属。第三，所有的受保人必须根据补偿原则得到工资的全额补贴，而且保险费全部由国家或者企业来负担。第四，必须在各地并根据受保人完全自治原则建立统一的保险组织，由它来管理各种保险。据此，1917年俄罗斯联邦人民委员会公布了《关于社会保险的政府公报》，向全世界宣告，俄国无产阶级在自己的旗帜上写上向工人及城乡贫民实行全面的社会保险。①

这种模式在具体实践中有如下特点：强调国家和单位的责任，由于国家已经做了社会保障费的预先扣除，受保人个人不缴纳任何保险费；社会保险待遇偏高；社会保险待遇不与缴费关联，而与工龄等挂钩；各级工会组织代表国家政权机构管理社会保险事宜。

苏联的社会保险模式与计划经济体制和公有制相适应。二战后建立起计划经济体制的社会主义国家，其社会保险制度都采取了这一模式。我国20世纪50年代颁布的《中华人民共和国劳动保险条例》参照的就是这一模式。

随着实行计划经济体制的国家逐渐向市场经济体制转轨，该模式显现出其缺陷：无法应对市场经济体制下的显性失业问题；平均主义的保障模式不利于激发劳动者的工作积极性；市场经济体制下，出现多种所有制经济，该模式无法应对扩大的职工规模；社会保障水平与经济发展水平不适应，给国家财政带来沉重负担。这导致采用该模式的国家纷纷根据各自的实际国情先后开始改革社会保障制度，使之适应经济社会发展的需要。

由此可见，二战后，社会保险制度进入了一个蓬勃且多样化发展的时代。正是在这样的背景下，国际劳工组织（International Labour Organization，ILO）于1952年6月28日在日内瓦国际劳工会议上通过了《社会保障（最低标准）公约》（第102号），对退休待遇、疾病津贴、医疗护理、失

① 《社会保障概论》编写组. 社会保障概论［M］. 北京：高等教育出版社，2019：73.

业救济、工伤补偿、残疾津贴、子女补助、死亡补助以及定期支付应遵守的最低标准一一作出了明文规定。该公约是社会保障的国际性文件，被视为社会保障制度发展史上的里程碑，同时也是社会保障制度日趋国际化的主要标志。

三、这一阶段社会保险制度的特点

二战后，各国把恢复重建和发展社会保障作为缓解战后社会危机、促进国民经济恢复和发展的重要手段。20 世纪 50—60 年代，在世界经济高速稳定发展的繁荣环境里，在战后各国政党顺应民心思定的大背景下，在新兴独立国家、社会主义国家热情洋溢建设美好家园的氛围里，借助凯恩斯主义和《贝弗里奇报告》的广泛影响，社会保险制度在全球得到了全面充分发展。这一时期的社会保险制度具有以下特点。

（一）社会保险走出了劳资斗争的层面，成为现代文明社会的重要标志

二战前，基本上是从“劳资斗争”角度来研究资本主义社会保险，解决劳资矛盾是研究社会保险的一个基本出发点。二战后，更多的国家从社会保险所具有的“安全阀”“减震器”“助推器”等社会功能层面，以及从更高的社会公平层面来理解和推动社会保险制度的建设和完善。社会保险从统治阶级被动进行劳工立法的产物，逐渐演变为社会稳定和社会公平的维系机制，成为现代文明社会应有的一项基本安排。

（二）社会保险从欧洲推向美洲乃至全球，保险模式呈现多样化趋势

二战以后，社会保险制度广泛地为亚洲、非洲和拉丁美洲国家所接受。1949 年至少有一种社会保险项目的国家只有 58 个，到 1958 年，世界上已经有 80 个国家建立了至少有一种项目的社会保险制度。到 1977 年，这一数字猛增到 129 个，比 1949 年增长了 1.22 倍，其中增长最快的是养老保险，由 1949 年的 44 个，增加到 1977 年的 114 个，增长了 1.59 倍。普及率最高的是工伤保险，129 个至少有一种社会保险项目的国家，都建立了工伤保险制度（表 2-1）。

表 2-1 社会保险制度在全球发展情况 单位：个

项目	1949 年	1958 年	1967 年	1977 年
至少有一种社会保险项目的国家数	58	80	120	129
有养老保险的国家数	44	58	92	114
有工伤保险的国家数	57	77	117	129
有医疗保险的国家数	36	59	65	72
有失业保险的国家数	22	26	34	38

资料来源：美国社会保障署. 1996. 全球社会保障—1995［M］. 中华人民共和国财政部社会保障司译. 北京：华夏出版社：12.

建立社会保险制度的国家日益增多的同时，保险模式的选择也打破经典的德国现收现付的投保资助型模式，呈现多样化趋势。二战后西欧、北欧建立了“福利国家”模式，苏联的国家保险模式随着社会主义阵营的扩大而为更多国家所接受，新加坡开创的强制储蓄模式，以完全积累式的制度创新，引起全球普遍关注。

（三）项目从单项走向综合，形成相互联系的社会保险体系

如表 2-1 所示，很多国家在社会保险制度建立早期，保险项目集中于风险概率较大、矛盾较为集中的某一种或几种风险。但发展到这一时期，各国保险项目日渐齐全，并从单项立法走向综合立

法，呈现全面化、体系化的特点。《贝弗里奇报告》强调，国家应为每个公民可能遭遇的 9 种风险提供保险待遇，让民众获得全方位保障。英国的失业、疾病、老年保险，战前分属不同的保险计划，1946 年通过的《国家保险法》将上述三种保险纳入整个国民保险制度之中，使其成为综合社会保险的组成部分。同样，法国（1945 年）、瑞典（1962 年）、意大利（1965 年）、荷兰（1966 年）、挪威（1970 年）等国都先后建立了统一的社会保险制度[①]，将老年、医疗、工伤、生育等项目合并为一。

（四）社会保险保障的内涵不断扩展，向全面保障的方向发展

德国模式的社会保险制度在一些国家发生了重要的变化，如有的国家的养老保险制度已经转为覆盖全民的福利性国民年金，生育保险被普遍性生育津贴取代，失业保险向就业保障发展，医疗保险向全国健康保险发展。

（五）保障对象不断扩大，趋向全民保险

社会保险从对特定阶层和行业劳动力的保障向全社会公民过渡，最终形成全民保障。德国作为社会保险的鼻祖，其经典的模式是投保资助型，投保是待遇享受的前提。二战后，联邦德国把保险覆盖面扩大到所有工薪劳动者，包括农业工人、家庭佣人、学徒工，个体经营者和家庭主妇也可自愿参加。全民覆盖更是成为“福利国家”模式的普遍做法，如英国的《国民卫生服务法》把所有英国公民全部纳入了保障范围，甚至一些符合条件的外籍人士也能享受该制度提供的免费医疗。1946 年瑞典的养老保险发展为覆盖全民的国民基本年金制度[②]，全体公民只要年满 65 周岁，一律按统一金额享受基本养老金。很多发达国家的生育保险也被普遍性生育津贴取代，失业保险向就业保障发展。

（六）社会保险的强制性、规范性进一步增强

欧美各国政府对社会保险制度建设与管理的干预增强，很多保险项目从自愿保险向强制保险转变。二战前，很多国家的社会保险项目多为自愿保险。二战后，为促进低收入劳动者参加保险，各国纷纷实行强制保险，政府加强了对社会保险制度的监管力度，制度的强制性、规范性得到加强。

（七）现代社会保险制度的危机日渐显现

伴随着社会保险制度的成熟以及人口老龄化趋势日渐明显，各国社会保险基金开支急剧上升，现收现付制的传统模式开始受到质疑。以高水平保障著称的福利国家，被日渐沉重的财政负担和高福利的负面影响所困扰，“福利病”成为各国政府面临的突出问题，社会保险制度的危机渐露端倪。

第四节　社会保险制度调整改革与发展趋势

一、背景和基础

（一）经济停滞，动摇了支撑社会保险持续发展的经济基础

20 世纪 70 年代的两次石油危机引发了西方国家普遍的经济危机。在这次危机中，所有工业化

---

① 孙树菡. 社会保险学［M］. 北京：中国人民大学出版社，2008：44.

② 孙炳耀. 当代英国瑞典社会保障制度［M］. 北京：法律出版社，2000：178.

国家的经济增长速度都明显放慢，甚至出现了经济增长停滞与通货膨胀及高失业率并存的艰难局面。进入21世纪，虽然得益于全球化的推动，但金融危机的冲击，使得世界各国尤其是西方发达国家经济增长仍旧乏力，一些国家深陷债务危机。经济困难，意味着政府财政收入减少，社会保险基金来源堪忧，各种保障安排成为无源之水，难以为继。

（二）社会保险开支持续走高，国家财政负担沉重

一方面，经济步入停滞和调整阶段；另一方面，社会保险制度经过20世纪50—60年代全面发展，保险项目日益齐全，待遇水平刚性攀升，绝大多数西方国家的政府开支都急剧增长。1973—1975年经济危机后，社会保险开支更是由于通货膨胀加剧、失业人口增加而居高不下。有些国家的社会保险支出增长速度甚至超过了经济的增长速度，国家财政不堪重负。大部分公共支出用于养老、医疗、失业等社会保险的结果，也导致高福利挤占了公共财政资源，令政府在调控经济时力不从心。

（三）人口结构变化加大了社会保险制度的给付压力

二战结束之初，各国人口平均年龄和人均期望寿命不高，在人口结构中，60岁以上的老年人比重为8%（1950年）。[①]随着经济持续发展、生活条件日益改善、医疗技术水平不断提高，全球尤其是发达国家人口的期望寿命有了大幅上升。与此同时，出生率下降，人口结构由原来的金字塔形向橄榄形转变，未来倒金字塔的结构已若隐若现。人口老龄化导致的直接结果是劳动人口减少，老年抚养比上升，退休金、医疗费、看护费等社会保障费用猛增，代际供养的现收现付制社会保险安排面临严峻挑战。

（四）高福利拖累了经济发展

1. 高社会保险开支增加了企业的生产成本

为满足社会保险待遇的高额支出，企业和员工往往要支付较高的社会保险费（税），由此增加了企业的用工成本，削弱了企业的国际竞争力。在撒切尔夫人税制改革以前，英国的个人所得税基本税率为33%，最高税率达83%，公司税税率为52%。[②]过高的社会保险税赋压缩了企业的利润空间，减少了个人的实际收入，迫使劳动密集型产业向发展中国家转移。国内投资收益率低，也导致了资本外溢，产业空心化问题严重。

2. 固定资本投资下降

国家财政用于社会福利的开支增长，在一定程度上挤占了直接投资于经济建设上的资金，导致投资比例下降。福利开支与经济发展争夺资金，必然削弱扩大再生产的物质基础，影响资本积累和技术更新投入，影响创新和经济结构升级，从而影响经济的进一步增长。

3. 高福利削弱了员工的工作积极性

福利国家全民保障的理念和社会保险制度的完善，一方面解除了国民的后顾之忧，但另一方面也形成了福利依赖。周全的最低收入保障和某些基本生活费的供给，使没有工作的人也能获得维持起码生活标准且不需要缴纳所得税的补贴，催生了不少依靠救济和补贴度日而不愿工作的“懒人”；较长期限、较高替代率的失业津贴，在一定程度上让失业员工失去了尽快重新找到工作的动力，也在一定程度上减弱了在岗员工提高工作效率、努力不失去工作的压力。福利依赖影响了市场对劳动力供求关系的调节作用。在一些高福利国家，失业人员一般可以享受领取失业前工资的65%—95%的失业保险待遇，有的甚至是100%的补偿，这势必打击到在岗员工的工作热情，并在某种程度上制造

---

① 联合国人口司《世界人口老龄化（1950—2050）》（2001）报告。

② 杜萌昆. 成也税收，败也税收——英国撒切尔政府税制改革回顾［J］. 税收与社会，2001（9）：51.

了一种失业陷阱。

（五）社会保险管理效率无法适应社会需求

自19世纪80年代诞生以来，社会保险制度赖以存在的经济、社会、文化等背景因素均发生变化，但制度本身的变革不大，制度老化已成为困扰效率提升的关键因素。一方面，随着生活水平的提高和科技的发展，人们对社会服务的要求越来越高，对社会保险管理也提出了更高的要求。另一方面，随着社会保险项目的增加和保障实施范围的扩大，参与社会保险管理的人数不断增加，社会保险管理机构的规模也日趋扩大，用于社会保险管理的费用迅速增长。但社会保险管理部门的运行效率却不尽如人意，对社会保险基金的投资运营也缺乏有效途径。无论是发达国家还是发展中国家，社会保险制度管理存在的诸多问题是其被诟病的主要因素。

（六）新自由主义和"第三条道路"的"积极福利"思想，成为西方国家社会保险制度改革和调整的理论基础

20世纪70年代西方国家经济停滞和公共债务增加，使得干预色彩浓厚的"凯恩斯主义"受到质疑。一些经济学家主张回归古典自由主义，其复兴形式被称为新自由主义，英国经济学家弗里德里希・哈耶克、美国经济学家米尔顿・弗里德曼是其中的代表性人物。新自由主义继承了古典自由主义对市场的充分依赖，认为市场引导的经济方式才是实现社会福利最大化的可能性方式，任何形式的国家干预都只能造成经济效率的损失。在社会保障方面，他们对国家统一实施的社会保障体制提出了尖锐批评。哈耶克认为，福利国家对社会成员的收入与消费进行强制性的统一分配，是对个人自由的威胁。福利国家需要高税收来支撑，这种强制性收入转移，限制了市场机制发挥作用，抑制了资本积累并削弱了劳动积极性，从而削弱了社会的税收负担能力；而福利国家提高了劳动力独立于资本主义市场的能力，提高了他们讨价还价的能力，由此对国家福利支出提出更多的要求，从而又对资本积累和工人的工作积极性产生了更多的抑制作用。处于这样一个恶性循环中的福利国家最终会将自身拖入超负荷的困境之中。哈耶克认为确保每个人维持生计的有限度的保障，是必要的。但要维持某种生活水平的绝对保障，则不是政府的责任，而必须是个人的责任，他呼吁在社会保障制度中尽可能为个人责任的发挥留下空间。弗里德曼认为每个人应该自由地使用其人力资源来获得食物、衣服、住所以及医疗，他提出负所得税主张，使公共基金集中用于穷人，并将穷人当作认真尽职的人来对待，而不是当作无能为力、受国家保护的人来对待，使穷人有自助的动力。新自由主义强调个人责任，主张社会保险制度市场化和私有化，这对20世纪80年代英国首相撒切尔夫人、美国总统里根的改革产生了直接影响，拉丁美洲国家智利的养老金私有化方案更是新自由主义的直接试验。在20世纪70年代的经济滞胀困局中，新自由主义的激进主张在西方各国受到追捧，在刺激经济增长方面取得了不俗的成效，但由此引发的收入分配差距扩大、贫富悬殊等等，又成了这些国家不得不面对的现实问题。

正是在这种背景下，一种试图超越传统社会民主主义与新自由主义的新理论"第三条道路"登台亮相，吸引了众多学者、政治家和理论家的目光。20世纪90年代，英国社会学家安东尼・吉登斯发表了《第三条道路：社会民主主义的复兴》，提出"不承担责任就没有权利"的思想。他认为，责任是健全社会的基石，政府对其公民负有一系列的责任，包括对弱者的保护；但在坚持"享有社会福利是公民合法权利"的前提下，个人也应该承担责任，应积极寻找机会改善自己的生活境况。吉登斯提倡"积极福利"，认为应变被动的恩惠性福利为主动的进取式福利，变事后补偿性福利为事前预防性福利，主张建立以提高就业能力取代就业保障为核心的福利体制，从救济性的福利政策转向开发性的福利政策，把生活福利转变为工作福利。社会保障资金支持的重点不是简单地发放救济金，而是创造条件促进公民学习新技能，接受新工作。吉登斯认为，政府应通过提供工作机会，

投资人力资源，进行终身教育，以培养个人对自己负责的精神和独立意识；政府应创造良好环境，开展公私合作，发挥社会各种组织和机构的作用，使它们对社会保障制度建设有更积极的贡献，以形成一个积极改革的“社会投资国家”。

新自由主义对福利国家的批判，“第三条道路”强调的个人责任、积极福利和社会投资国家的主张，为20世纪70年代末开始的全球社会保险制度改革与调整做了思想和理论上的铺垫，对撒切尔夫人、布莱尔在英国的改革，里根在美国的改革，以及施罗德在德国的改革均产生了直接影响。

二、社会保险制度的调整与改革

在上述背景下，不管是以“福利国家”为标签的西欧、北欧国家，还是传统上更倾向于“小政府”的美国，不管是面对经济体制改革任务的中国，还是发展中国家智利，都在积极探索社会保险制度的改革与完善。进入21世纪，人口老龄化压力越来越大，经济全球化进程加快，金融危机后全球经济复苏乏力，欧洲众多国家深陷债务危机，对社会保险制度的改革从20世纪80年代开始延续至今，目前仍然在改革与调整的探索中。

（一）开源

1. 提高保险费缴纳标准

为缓解政府财政入不敷出、赤字外债规模日益扩大的困境，许多国家探索提高社会保险费的费率。如1983年美国国会决定，将企业和雇员的保险费率从1977年的5.85%逐步提高到7.75%，使联邦老年、遗属、残疾和健康保险信托基金在以后的7年里增加1690亿美元。到1990年，这一缴费率已提高至12.4%（雇主、雇员缴费率各为6.2%），并一直维持至今。2010年法国决定在10年内将公共部门退休金缴纳比例从7.85%提高至10.55%。①

2. 提高或取消社会保险缴费基数的上限

在许多国家，社会保险缴费的基数并不是全部工资而是工资的一部分，并且都设定了一个上限。提高或取消上限，实际上是扩大了缴费基数，从而扩大了社会保险缴费收入。如美国基本养老保险缴费基数上限，由1977年的1.65万美元，逐渐提高到2000年的7.62万美元、2020年的13.77万美元。②

3. 增加税（费）项目

增加税（费）项目。例如，法国1991年开征社会普遍贡献税，按工资收入的2.4%征收，用于弥补社会保险基金的不足。美国从1984年1月1日起，对收入超过一定标准的年金领取者征收所得税，划入社会保险基金。被债务危机困扰的希腊，从2010年8月1日起征收退休人员团结税，对养老金每月超过1400欧元的部分征税，税率在3%—10%，以应对养老金赤字。2012年，日本通过了以提高消费税率为主的社会保障与税制一体化改革大纲，分别在2014年4月和2015年10月将5%的消费税率提高到8%和10%，消费税收全部用于支付养老金、医疗费等社会保障费用。③

---

① 黄安年. 当代美国的社会保障政策［M］. 北京：中国社会科学出版社，1998：217-254；董登新. 美国基本养老保险制度的起源与逻辑［J］. 社会保障研究，2022（4）：105；郭林林. 人口老龄化背景下法国养老金保险制度改革及其启示［J］. 保险职业学院学报，2011（6）：78.

② 董登新. 美国基本养老保险制度的起源与逻辑［J］. 社会保障研究，2022（4）：105.

③ 董登新. 美国基本养老保险制度的起源与逻辑［J］. 社会保障研究，2022（4）：106；希腊走上加薪“快车道”，明年起他们的收入噌噌往上涨!［EB/OL］. http://www.52hrtt.com/tw/n/w/info/K1671692635045［2024-10-11］；日本众议院通过社会保障与税制一体化改革相关法案［EB/OL］. http://www.jjckb.cn/2012-06/27/content_383687.htm［2024-10-11］.

（二）节流

1. 取消保障项目，降低社会保险的待遇给付水平

1979 年撒切尔夫人上台，其“撒切尔革命”的一项重要内容，就是大刀阔斧地削减公共开支和社会福利。以养老金为例，1975 年工党政府的年金法，附加年金最高可达投保人年收入的 25%。撒切尔政府在基本年金保持不变的情况下降低“附加年金”的数额，把原来规定的以投保人一生中收入最高 20 年的年均收入为标准计算附加年金，改为按一生的平均收入为标准计算，这样附加年金数额就会从收入的 25%降到 20%左右。同时，英国政府也将病人、失业者，以及失去工作能力者的短期津贴降低了 5%。①

2. 提高给付条件，缩减给付内容，改革给付方式

为缩减开支，有些国家提高了社会保险待遇的领取要求。里根就任美国总统后，美国国会在 1981 年通过法案，提出有子女的父母在其最小的孩子满 16 岁之后不可以继续申领福利金（此前的年龄限制是 18 岁）；2010 年法国萨科齐政府将缴纳退休金的年限从 2012 年的 41 年上调到 2020 年的 41.5 年，这样人们才能在 62 岁退休时享受全额退休金。②很多国家通过缩短失业保险金的领取时间、严格控制领取条件、延长失业保险金等待期等方式减少支出；在医疗保险领域，有些国家补牙、镶牙等免费的医疗保险项目开始收费，支付方式改革成为各国控制医疗费用不合理上涨的重要手段。

3. 提高法定退休年龄

在老龄化、人口预期寿命提高、养老金入不敷出的背景下，从 20 世纪 90 年代开始，提高退休年龄在经济合作与发展组织（Organisation for Economic Co-operation and Development，OECD，简称经合组织）国家中渐渐成为社会福利改革中一个较为普遍的手段。德国政府决定从 2021 年到 2030 年把退休年龄从 65 岁逐步提高到 67 岁。2010 年，法国政府推行了新的退休制度改革，逐步将法国人的退休年龄从 60 岁推迟到 62 岁。2010 年 10 月，英国政府宣布领取退休金的年龄将在 2016 年提升到 66 岁，然后在 2026 年到 2028 年提高到 67 岁，到 21 世纪 30 年代时再提升至 68 岁，以此类推，将在 21 世纪 40 年代末将退休年龄进一步推迟至 69 岁。延长退休年龄，一方面延长了缴费年限，增加了基金收入；另一方面推迟了养老金领取时间，节约了开支。如英国 69 岁退休方案的实施，将使英国政府在未来 50 年里节省 5000 亿英镑开支。③

4. 谨慎运用养老金的指数调剂机制，防止社会保险支出膨胀

过去普遍实行“社会保险金自动指数化”制度，即社会保险待遇标准自动随着物价、工资或生活费指数的变化进行调整。为了限制保险金增长带来的压力，各国均采取了一些措施。如美国《1983 年社会保障改革法案》提出，将按物价指数调整年金的时间推迟半年，后来又规定，当消费物价指数与上年同期相比增长幅度超过 3%时，才对年金进行调整。在社会保障信托基金储备下降到一定程度时，要在消费物价指数的上涨和平均工资增长幅度两者之间，取低者作为调整年金的依据。瑞典从 1994 年开始，基本年金的基数不再完全与价格指数同步增长，而是只增加它的 60%。1980 年英国撒切尔政府宣布，无论长期性或短期性的津贴，都只和物价挂钩；有的国家干脆冻结了保障金的增长。④

---

① 陆月娟. 试论“撒切尔革命”对英国社会保障制度的影响及对中国的启示［J］. 上海金融学院学报，2010（2）：66.

② 郭林林. 人口老龄化背景下法国养老金保险制度改革及其启示［J］. 保险职业学院学报，2011（6）：7.

③ 已是全球退休年龄最晚的国家之一，德国为何还要再议延迟退休？［EB/OL］. https://baijiahao.baidu.com/s?id=1702174939905093738& wfr=spider&for=pc［2024-10-11］；法国退休制度改革为何步履艰难［EB/OL］. http://lywb.lyd.com.cn/html/2010-10/29/content_681183. htm?sn=Pn8f3RyRtOmclKiJAZao3g &tm=1678209733［2024-10-11］；英国退休年龄推至 69 岁 “工作到倒下为止”［EB/OL］. http://finance.people.com. cn/n/2013/1209/c1004-23783722.html［2024-10-11］.

④ 孙树菡. 社会保险学［M］. 北京：中国人民大学出版社，2008：49.

（三）建立国家储备基金

20世纪90年代后期，面对人口结构改变、老龄化进程加快带来的社会保险筹资压力，各国政府未雨绸缪，开始建立各种类型的国家储备基金，通过预先建立和投资运营一笔战略储备，以减轻未来经济周期波动对社会保险基金平衡的影响，使现行的现收现付制在较长时间内维持费率稳定，在现在和未来的纳税人之间尽量实现税收平滑，代际间更合理地分摊社会保障税（费）。1990年挪威成立了政府全球养老基金，2000年法国政府设立了法国养老储备基金，2000年中国建立了全国社会保障基金，2001年爱尔兰建立国家养老储备基金。根据经合组织的报告，截至2014年底，据不完全统计全球公共养老储备基金的规模已超过6.6万亿美元。[①]其中美国、日本、挪威、法国和爱尔兰等国家积累了大量的储备基金资产，以应对社会保险制度未来可能面临的支付压力。

（四）制度转型

1. 国家保险型向社会保险型转变

这种改革主要出现在社会主义国家，以中国为典型代表。20世纪80年代以来，我国原有的与计划经济体制相配套的国家保险型安排，由于其单位化管理、筹资渠道单一、覆盖面窄、财政负担沉重等问题，已无法适应向社会主义市场经济转轨的要求。中国政府对原有劳动保险制度进行了改革和重塑，完成了由“国家—单位”保障向“国家—社会”保障的社会保险模式转变。多方负担、统账结合、多层次、广覆盖、保基本的安排，彻底改变了原来国家或企业单方负担、非缴费、现收现付、单一层次的制度构架。中国在社会保障制度改革方面取得了令人瞩目的成就。2016年11月，国际社会保障协会授予中国政府“社会保障杰出成就奖”，以表彰中国在扩大社会保障覆盖面取得的举世无双的成就。

2. 现收现付的社会保险型向强制储蓄型转变

这种改革以拉丁美洲的智利为代表，带有鲜明浓重的新自由主义市场经济特征。智利是西半球最早建立社会保险制度的国家之一。1924年智利开始实施社会保障法，引进了当时欧洲流行的社会保险模式，广泛覆盖养老金、伤残、抚恤金、疾病补助和健康津贴等社会保险项目。20世纪80年代，拉丁美洲国家纷纷遇到经济危机，智利原有的现收现付制养老保险入不敷出，政府财政不堪重负。在智利军政府的强力推动下，1981年5月《私营养老金法》在智利实施。新制度废除了原来的现收现付制，引入了完全积累式的个人账户养老金计划，强制要求1983年1月1日后参加工作的所有正式部门雇员（军职人员除外）都要加入；养老金缴费全部由雇员承担，缴费率为缴费工资的10%，雇主每月将雇员的缴费从工资中扣除，并寄存到雇员选定的私营养老金管理公司（pension fund administrators，AFPs）管理的雇员养老金个人账户中。养老金给付水平主要取决于雇员退休时个人账户资产积累余额。智利的改革是一项从现收现付的待遇确定型（defined benefit，DB）计划转向完全积累式的缴费确定型（defined contribution，DC）计划的改革，对拉丁美洲和加勒比地区的国家产生了很大影响。新加坡的中央公积金（central provident fund，CPF）制度开创了完全积累制的先河，智利进一步大胆地进行了尝试，将个人账户交给私营的AFPs经营，建立了为数不多的以市场化运作机制为基础的私营养老金制度。智利的尝试虽然有得有失，但积累制的引入、政府对私营公司的监管和投资风险控制，为其他国家的改革提供了新的思路和可供借鉴的经验。

三、社会保险制度的发展趋势

20世纪80年代以来的改革，不管是局部性的调整，还是制度整体框架的重构，都呈现出以下趋势。

① 参见 http://www.pcyanglao.com/news/zcfg/699.html［2024-10-11］.

（一）多样化

1. 社会保险目标多样化

社会保险制度的目标不再仅仅是化解劳资矛盾、消除贫困、保障人民的基本生活需求，促进就业、发挥储蓄效应、拉动经济增长也成为社会保险制度的目标。

2. 社会保险筹资渠道多样化

社会保险筹资渠道不再仅仅依靠政府，各国通过社会化的筹资方式，通过单位、个人缴纳保险费（税）、捐赠、福利彩票、国有资产变现、消费税、商品增值税等形式筹集社会保险基金，从而减轻政府的财政负担。

3. 项目体系多样化

从模仿、照搬到创新，各国根据自己的社会背景及经济发展情况，制定了符合自己国情的社会保险发展道路，社会保险项目体系呈现了多样化的发展趋势。有的国家具有完整的社会保险体系，有的国家只有部分社会保险项目，有的国家甚至只有简单的社会救助和民间福利；有的国家社会保险包括职业教育与培训、居民住房和部分国民教育，有的国家则将其排除在外。

4. 管理体制多样化

各国的社会保险管理体制中，既有一个部门统一管理的，也有多个部门分工管理的；既有完全由官方管理的，也有私营机构参与管理的。

（二）范围扩大

随着社会经济不断发展，新的社会风险出现，人们对于社会保险也出现新的需求，社会保险的项目在不断增加，如 20 世纪 90 年代后发达国家出现了长期护理保险等项目。从社会保险覆盖的人群看，从最初以工薪劳动者为保障对象，逐渐扩大到全体公民，甚至符合条件的外籍人士。从保障内容看，很多国家不仅提供补偿以保障参保人的基本生活，同时对教育、职业培训、就业咨询、工伤预防、失业预防等采取更积极的措施，保障内容从单纯的经济保障走向经济保障、服务保障和精神慰藉并重的综合性保障。

（三）责任分担

从过分强调政府责任转向强调政府、企业、个人共同分担。这种责任分担不仅体现在社会保险的筹资上，更是消极福利向积极福利的一种理念转变，强调加强在人力资本上的投资，通过教育、培训、社会服务等手段，对个体进行增能，使个体通过自身的能力摆脱困境。20 世纪 80 年代以来的改革，不管是哪一种类型的社会保险制度，都明显突出企业和个人责任，特别是要求个人应当为自己的前途及其家庭收入保障担负责任。英国的撒切尔政府认为，英国社会保障制度的主要问题是过分强调国家在提供有效的社会保障中应该承担的义务与责任，忽视个人应该承担的责任与义务，没有在社会保障制度方面将国家所应承担的责任与个人所应承担的责任区分开来，更不可能将国家责任与个人责任有机地结合起来。20 世纪 90 年代，中国政府将完全依靠企业负担的劳动保险，向企业、个人、政府多渠道筹资的社会保险转变，个人不缴费的传统安排逐渐被缴费的社会保险型模式所取代。

（四）多层次

社会成员所面临的风险不同，其风险保障需求也不同。随着经济社会的发展，人们越来越希望在保障既有生活水平的前提下，争取进一步提高生活质量，因而需要更好的风险保障，这就带来了风险保障需求的多样性。同时，人口老龄化使得单一层次的保障面临沉重压力。多层次安排一方面减轻政府压力，体现责任分担；另一方面通过多层次保障，形成多支柱支撑，可以更好地满足公众个性化福利需求；同时，完善的多层次保障，政府的税收支持及投资政策支持，可以最大限度地激活市场各参与主体的积极性，为企业人力资源管理、保险业发展、资本市场、养老护理服务产业等注入活力。1994 年世界银行提出建立养老保险“三支柱”体系的建议，2005 年进一步提出养老保险体系“五层次”的制度构想。这些改革建议，对世界各国社会保险制度改革产生了直接影响。承认多种保障模式的互补作用，鼓励社会各种力量参与提供补充性社会保险计划以解决日趋复杂的社会保险问题，成为 21 世纪社会保险制度改革的一大趋势。

（五）引入积累制

为了应对人口老龄化对年金需求的日益增长，很多国家引入了具有更多激励功能和更少代际依赖的基金积累制，尤其是在作为第二支柱的企业年金和作为第三支柱的个人退休账户（individual retirement account，IRA）方面，缴费确定型计划普遍取代了待遇确定型计划。在公共养老金这个层面，我国 1997 年建立统一的企业职工基本养老保险时，吸收借鉴了积累制的经验，实行个人账户与社会统筹相结合的部分积累制筹资模式；英国和澳大利亚将公共附加养老金计划转变为储蓄积累式的企业年金；高福利的瑞典引进与收入相关联的名义个人账户制；原来实行社会共济模式的阿根廷、智利等国，引进了个人账户储蓄积累模式。但积累制缺乏互济性，对投资回报率有较高依赖，各国在公共养老金计划上仍然侧重于现收现付。

（六）引入竞争性的私营管理和市场机制

社会保险基金的投资运营一直以安全性为第一法则，但高安全系数往往与低收益率相关联。在通货膨胀居高不下的背景下，随着积累制的引入，保险基金的保值增值成为一个大问题。1980 年智利军政府颁布新的《养老保险法》，对原有社会保险计划做了根本性调整，其中之一是将养老保险基金交由私营性质的 AFPs 经营管理，缴费者个人可自由选择一家 AFP，将完全积累式的个人账户交由其投资运营，政府允许 AFPs 将养老基金广泛投资于国债、企业债券、股票、银行发行的金融资产、海外投资等。这种完全由私营机构竞争管理的运营模式与传统社会保险基金强调安全性的管理大相径庭，但在实践中获得的较高收益，引来了部分国家的仿效和借鉴。1980 年到 2009 年，智利养老基金的平均投资回报率为 11.2%，养老金增长 75%，阿根廷、玻利维亚、哥伦比亚等拉美国家尝试着借鉴了智利的一些做法。虽然这种管理模式风险较大，但也给面临改革调整的各国带来新的思路和启发。在全球化进程中，社会保险基金市场化运作走势日渐加强，但金融风险也在日益加大。

（七）分散管理向统一管理过渡

西方许多国家的社会保险制度，最初都是在行业保险的基础上发展起来的，往往存在多头经办、相互攀比待遇、重复保障、管理成本高等弊病。为了改善政府的管理服务，许多国家尝试将分割管理的体制逐步整合为统一管理体系。如澳大利亚把分散的社保机构组建成全国联网的服务联盟。2007 年德国议会通过议案，成立统一的医疗卫生基金和法定医保机构联合会，将原来对 253 个行业医疗保险机构的分散管理改为统一管理。2018 年，根据国务院改革方案，我国将人力资源和社会保障部的城镇职工和城镇居民基本医疗保险、生育保险职责，国家卫生和计划生育委员会的新型农村合作医疗职责，国家发展和改革委员会的药品和医疗服务价格管理职责，民政部的医疗救助职责整合，组建了国家医疗保障局。我国医疗保障改革与制度建设进入统筹规划、集权管理、资源整合、信息一体、统一实施的新阶段。

（八）相关服务产业化

社会保险除了给人们提供经济上的支持，还需要医疗、照护、康复、养老、职业培训等社会服务与之相配套，这也是社会保险保障功能最终实现的必要条件。人口老龄化的加剧使老年人成为市场关注的焦点，老年人的福利需求带动了老年产业的发展。在许多国家，随着养老保险、长期护理保险的发展，针对老年人的生活照料、医疗保健、文化教育等养老服务，针对失能失智人员的护理服务等，都逐渐发展成为新兴产业和就业增长点。

（九）一体化

经济全球化的发展，同样也影响全球的资本和人员流动。社会保险全球化主要体现在以下几个方面：一是福利水平对一国的产品成本造成影响，如果福利水平过高，会带来产品成本增加，这就很难在国际竞争中获利；二是跨国企业的发展，跨国人员的流动，促使不同国家之间的社会保险制度进行衔接；三是各国社会保险基金的积累可以进行国际化投资，这也需要各国加强在社会保险基金投资监管方面的协调。如北欧五国制定了《北欧五国社会保障公约》，该公约对北欧五国的社会保险作了原则性规定：应将另一个北欧国家的公民等同于本国的公民。从经济金融全球化趋势以及北欧的实践看，社会保险正从主权国家内部走向政府间合作或区域集团化，进而走向全球性联盟或合作。

总的来说，在缺乏强有力经济支撑、各国政府财政压力巨大、失业率上升、人口老龄化形势严峻、经济全球化的背景下，20 世纪 80 年代以来各国开始的社会保险制度调整与改革，主要在增收节支、强调多方责任、探索多样化投资、引入市场机制和私营竞争管理、丰富保障层次、整合管理等方面，进行了很多探索。虽然有些改革因削减民众福利引发了激烈的反对抗议，有些改革措施因潜在风险过大而少有效仿，但改革势在必行，仍在积极的探索中曲折前行。

思考题

1. 简述社会保险制度产生的社会历史背景。
2. 简述社会保险制度发展的各个阶段及其特点。
3. 为什么 20 世纪 80 年代以来，世界各国普遍对其社会保险制度做出了调整和改革？
4. 20 世纪 80 年代以来社会保险制度的调整与改革，有哪些主要措施和做法？

参考文献

《社会保障概论》编写组. 2019. 社会保障概论. 北京：高等教育出版社.
戴维来. 2021. 西方新自由主义谱系、评析与危机转向. 国外社会科学，（5）：1-104，159.
丁建定. 2007. 《贝弗里奇报告》及其评价. 社会保障研究，（6）：180-188.
董荣鑫. 2016. 浅析“第三条道路”中的积极福利观. 经济研究导刊，（29）：166-167.
关信平. 1993. 西方“福利国家之父”——贝弗里奇——兼论《贝弗里奇报告》的诞生和影响. 社会学研究，（6）：71-79.
胡仲明. 2005. 论“第三条道路”的社会保障制度改革. 长江论坛，（2）：48-50.
李柏红. 2020. 费边社会主义的理论渊源、思想价值及其当代意义. 山东社会科学，（12）：114-119.
林义. 2022. 我国多层次养老保障体系优化与服务拓展. 社会保障评论，6（5）：56-65.
林义，刘斌，刘耘初. 2020. 社会治理现代化视角下的多层次社会保障体系构建. 西北大学学报（哲学社会科学版），50（5）：103-111.
仇海燕. 2003. 论近代德国的国家干预经济政策. 淮阴师范学院学报（哲学社会科学版），25（5）：620-624，656.
舒建华. 2021. 当代资本主义能否“拆除福利国家”？——基于马克思主义与新自由主义的论争. 广东行政学院学报，33（4）：40-45.
孙树菡. 2008. 社会保险学. 北京：中国人民大学出版社.
唐志明. 2002. 论俾斯麦的社会保险立法. 贵州民族学院学报（哲学社会科学版），（6）：33-36.

王学东，陈林. 1999. 九十年代西欧社会民主主义的变革. 北京：中央编译出版社.
夏敬. 2011. 社会保险理论与实务（第二版）. 大连：东北财经大学出版社.
徐进. 2017. 简述“第三条道路”社会福利思想及其实践. 黑河学刊，（3）：189-190.
余立涵. 2014. 二战后西方福利国家制度确立的战略背景与外部因素——以英国为例. 战略决策研究，（4）：34-42.
赵浩华. 2018. 欧洲福利国家制度变迁研究. 哈尔滨：黑龙江大学.
赵星铁. 2004. 社会立法的风风雨雨——略论俾斯麦社会立法. 历史教学问题，（2）：16-21.

（昆明医科大学　何梅；内蒙古医科大学　矗哈尔）

第三章　中国社会保险制度的发展改革

内容提要

本章介绍中国社会保险制度产生形成与改革发展、制度转型的基本情况。按照历史脉络，分别对中国近代社会保险制度的发轫初创，计划经济时期社会保险制度的形成与调整，改革开放后社会保险制度的转型与完善进行了梳理，重点介绍了中国社会保险制度在不同发展时期的时代背景、制度内容与基本评价，并在此基础上，重点介绍了当前中国社会保险五大险种的改革与发展情况。

第一节　中国近代的社会保险

一、国民政府时期的社会保险

社会保险属于社会保障体系中较高层次的保障，起源于 19 世纪的德国。国民政府时期西方国家和社会主义苏联已经全面推行社会保险，取得较为显著的成效。中国资产阶级革命的先驱孙中山先生在倡导资产阶级革命、创立三民主义的同时，继承了中国古代较丰富的社会保障思想，涉及育幼、养老、济贫、救灾等多项救济福利措施，并主张这些福利措施由政府负责，强调国家的责任。在孙中山先生社会保险思想的指导下，国民政府在 20 世纪 20 年代首先举办了疾病保险，并于 1929 年颁布了《工厂法》《工会法》和一些区域性的职工待遇暂行规则；1929 年，国民政府立法院第 68 次会议通过了《保险法》，包括总则、损害保险、人身保险；1935 年以后又举办了老年、残疾、遗嘱保险，并陆续实施了除失业保险和家庭津贴之外的所有社会保险项目。但是，由于当时中国社会生产力水平低下，工业不发达，真正的社会保险项目在大都市并未广泛施行，人口众多的农村更谈不上受其保障。在旧中国，影响较大、效果较显著的是那些救灾保障项目。在政府、民间以及国际劳工组织的推动下，社会保险作为一种新的保障方式，慢慢植入到中国古老的大地上来，它一出现就展现出强大的生命力。可是社会保险作为新生事物，在当时中国内忧外患的环境下，要想生根、发芽、成长还有很长的一段路要走。

二、中国共产党革命根据地和解放区的社会保险

中国共产党历来都十分关心和重视社会保险工作。1922—1948 年，由中国共产党主持召开的六次全国劳动大会，有五次提出了社会保险问题（1922 年第一次大会时并未提出）。其中 1925 年、1926 年、1927 年召开的全国劳动大会只是提出了社会保险的要求，并未完全付诸实施，因为当时还不具备实行社会保险的条件。只有第五次和第六次全国劳动大会（分别于 1929 年和 1948 年在上海和哈尔滨召开）提出的社会保险要求，才具有实践意义，因为那时候有了试行社会保险的空间条件——革命根据地和解放区。在革命根据地和解放区颁布的劳动法，对于保护劳动者的利益，巩固工农政权，以及最后夺取全国胜利发挥了重大作用。

1931 年 11 月，根据第五次全国劳动大会的精神，中央苏区（即中央革命根据地）颁布了《中华苏维埃共和国劳动法》，并于 1933 年 10 月进行了修订。该法对社会保险的种类、保障对象、保费来源、给付条件、给付标准等做出了规定。它对于保护劳动者的利益，巩固工农政权，乃至最后夺取全国胜利发挥了重大作用。但是，由于部分劳动法照抄照搬苏联的有关条款，加之中国共产党

当时还没有举办社会保险的经验，劳动法中有关社会保险的内容和规定严重脱离了根据地的实际（主要问题是社会保险待遇过高），妨碍了中央苏区经济的发展。

1948 年，第六次全国劳动大会形成的决议中提出：在工厂集中的城市或条件具备的地方，可以创办劳动的社会保险。根据会议精神，1948 年 12 月 27 日，东北行政委员会在东北解放区颁布《东北公营企业战时暂行劳动保险条例》，首先在国营的铁路、矿山、军工、军需、邮电、电气、纺织七个行业试行劳动保险，1949 年 7 月推广到东北地区所有公营企业。该条例对社会保险的种类、保障对象、保费来源、给付条件与给付标准等做出了详细的规定。此后，随着解放战争的胜利向南推进，在解放了的城市和地区也都先后仿照此条例制定了本地区的社会保险条例。

《东北公营企业战时暂行劳动保险条例》是中国共产党在全国范围内实施统一的社会保险的第一次尝试，尽管该条例主要参照苏联的社会保险条例拟定，没有充分结合我国的实际，并且有些规定也不够合理，但它毕竟以国家法令形式，保障了广大职工群众在生、老、病、死、伤、残时的生活来源和必要的费用支出，解除了前线将士的后顾之忧。同时，该条例对于全国各解放区实施社会保险以及新中国成立后全国社会保险制度的建立与发展，具有重要的指导意义。

第二节 计划经济时期中国的社会保险制度

一、新中国社会保险制度的形成与调整

（一）社会保险制度的形成

新中国成立初期到 1956 年，是与计划经济体制相适应的以劳动保险为主的国家保险制度的形成时期。新中国的成立，为社会主义社会保障的建立和发展提供了良好的政治和经济环境。当时起临时宪法作用的《中国人民政治协商会议共同纲领》为建立新中国的社会保险提供了最基本的法律依据。该纲领明确规定：“人民政府应按照各地各业情况规定最低工资。逐步实行劳动保险制度。”这为建立新中国社会保险制度提供了最基本的法律保障。新中国是在战争废墟上建立起来的，国民经济遭到严重破坏，1949—1951 年城镇失业工人年均达 400 多万人，失业率高达 20%以上，失业工人生活窘迫。1950 年中央人民政府政务院（简称政务院）颁布《救济失业工人暂行办法》，开始了创立新中国社会保险制度的工作。这一法规文件对于减轻新中国成立初期失业工人生活困难，保护劳动力，帮助失业者逐渐就业、转业，起到了重要作用。

1. 企业职工劳动保险制度的建立

新中国成立前后部分地区和少数产业部门根据实际情况，自行制定了本地区、本产业的劳动保险暂行办法，但各地区险种不一样、保险待遇高低不一、组织机构也不健全，管理起来相当麻烦。因此，1951 年 2 月 26 日，由劳动部和中华全国总工会拟定的《中华人民共和国劳动保险条例》（简称《劳动保险条例》），经中国人民政治协商会议审议后，由政务院颁布实施，这是新中国第一部社会保险法律，该条例全面确立了适用于我国城镇企业职工的劳动保险制度。随后，1953 年、1956 年政务院（1954 年 9 月，中华人民共和国国务院成立，中央人民政府政务院结束）对其进行了两次修订，扩大了保障范围、提高了保障待遇。《劳动保险条例》全面确立了适用于中国城镇企业职工的社会保险制度，其实施范围包括城镇机关、事业单位之外的所有企业和职工。它的颁布实施，标志着中国城镇企业职工社会保险制度的初步建立。

从制度类型看，《劳动保险条例》所建立的社会保险，借鉴了苏联国家保险模式。在覆盖范围上，基本覆盖了当时中国除机关、事业单位之外的所有企业和职工，1956 年享受劳动保险待遇的职工人数相当于当年国营企业、公私合营、私营企业职工总数的 94%。但是后来由于在所有制上追求

“一大二公”，全民所有制开始一统天下，导致劳动保险逐步成为全民所有制企业的特权。在筹资和统筹上，《劳动保险条例》规定，劳动保险的各项费用，全部由实行劳动保险的企业行政方面或资方负担，其中一部分由各企业行政方面或资方直接支付，另一部分由各企业行政方面或资方缴纳劳动保险金，交工会组织办理。凡根据本条例实行劳动保险的各企业行政方面或资方，须按月缴纳相当于各该企业全部工人与职员工资总额的 3%，作为劳动保险金，在开始实行劳动保险的头两月内，全数存于中华全国总工会户内，自开始实行的第三个月起，其中 30%存于中华全国总工会户内，作为劳动保险总基金，70%存于各该企业工会基层委员会户内，作为劳动保险基金，为支付工人职员按照本条例应得的抚恤费、补助费与救济费之用。在待遇方面，《劳动保险条例》涵盖了工伤待遇、医疗待遇（又称劳保医疗）、养老待遇、生育待遇、残疾救济、丧葬补助、供养直系亲属待遇等各个方面，保障内容十分齐全。待遇分短期待遇和长期待遇两类，凡属短期的保险待遇，一般由企业直接支付，如医疗费用；凡属长期的保险待遇，一般由劳动保险基金支付，如因工残疾补助费、养老补助。在管理机构上，中华全国总工会为全国劳动保险事业的最高领导机关。

作为新中国正式颁行的第一部综合性劳动保险法，《劳动保险条例》选择了诸险合一的制度模式，保障范围广、保障内容齐全，除失业保险外，生、老、病、残、死，各项保险项目悉数囊括其中，且其保障范围延及职工供养的直属亲属。各项费用全部由实行劳动保险的企业行政方面或资方负担，现收现付，并规定建立全国范围内的资金统筹机制。

2. 国家机关、事业单位职工社会保险制度的建立

新中国社会保险制度从建立伊始，就在国家机关、事业单位与企业单位之间，实行了两种不同的制度安排。国家机关、事业单位职工的社会保险是以颁布单项法规的形式逐步建立起来的，其工龄计算、工资标准以及社会保险费用开支渠道均与企业职工不同。1950 年 12 月 11 日中央人民政府内务部（简称内务部）颁布、实施了《革命工作人员伤亡褒恤暂行条例》，对国家工作人员的伤残和死亡待遇作了规定。1952 年 6 月 27 日政务院颁布了《关于全国各级人民政府、党派、团体及所属事业单位的国家工作人员实行公费医疗预防的指示》，公费医疗制度由此建立。1952 年 9 月 12 日政务院颁布《关于各级人民政府工作人员在患病期间待遇暂行办法的规定》，1955 年 4 月 26 日国务院颁布了《关于女工作人员生产假期的通知》，建立了面向机关、事业单位人员的生育保险制度。1955 年国务院颁布了《国家机关工作人员退休处理暂行办法》《国家机关工作人员退职处理暂行办法》《关于处理国家机关工作人员退职、退休时计算工作年限的暂行规定》等法规，建立了机关、事业单位职工退职、退休制度。上述各项保障安排所需资金全部由财政部门单方面负责，通过职工所在单位组织实施。至此，有关国家工作人员的公费医疗、退休退职、社会优抚制度确定下来。

3. 农村合作医疗制度的建立

新中国农村正式出现合作医疗是在 1955 年农业合作化时期。山西、贵州、上海、山东、河南、河北、湖南等地农村，相继建立了一批由农业合作社兴办的保健站和医疗站。如山西省高平县（今山西省高平市）米山乡创办了“医社结合”的保健站，采取由社员群众出“保健费”和生产合作社提供“公益金”补助相结合的办法，以解决农民的就医问题。这一做法得到了山西省委、省政府和卫生部的肯定，认为走上集体化的农民初步实现了“无病早防、有病早治、省工省钱、方便可靠”的理想。1956 年河南省正阳县王店乡团结农庄农民创造性地提出了“社办合作医疗”一词，以后得到广泛沿用。合作医疗逐渐成为我国农村医疗保障的基本制度安排。1960 年 2 月中共中央转发了卫生部《关于农村卫生工作现场会议的报告》，并称合作医疗为集体医疗保健制度，要求各地参照执行。这是新中国成立后中央下发的第一个有关农村合作医疗的文件，对农村合作医疗发展起到了积极的指导作用，合作医疗成为我国农村医疗保障的基本制度。

1949—1956 年，新中国的社会保险制度从零开始，建立了覆盖城镇企业人员、由单位单方面出资的劳动保险制度，由国家财政出资、覆盖机关事业单位职工的公费医疗、养老、工伤、生育保险制度，以及由个人和集体经济出资的农村合作医疗制度。至 1956 年岁末，新中国计划经济时期社会保险制度的基本框架也已建成。这一公共社会保险体系以养老、医疗保险（劳保医疗、公费医疗、合作医疗）为主要支柱，同时涵盖工伤、生育、死亡抚恤等社会保险项目，初步实现了中国产业工人长期为之抗争的权利与理想，在一定程度上有效防范了各类风险、满足了职工的基本生活需求。但该体系隐含的不足也日益暴露，用当时国务院总理周恩来在党的八届三中全会上的报告来评述：“主要缺点是走得快了一些，办得多了一些，与我国人口多、底子穷、广大农民生活水平还比较低的现状不相适应。”“另一个严重的缺点是，项目混乱，有些制度不合理，管理不善，掌握偏松偏宽，因而造成苦乐不均和严重浪费的现象。”党的八届三中全会要求从我国经济社会的实际出发，统筹兼顾全国人民首先是工农的生活，适当安排城乡关系；兼顾职工的目前利益和长远利益；兼顾个人利益和国家利益。党的八届三中全会所确立的统筹兼顾、适当安排的方针，为随后的政策调整定下了基调。

（二）社会保险制度的调整

自 1957 年开始，随着新中国成立初期社会主义改造任务的完成，国家转入有计划地全面进行社会主义经济建设时期。第一个五年计划期间，新中国社会保险事业的工作初步完成，取得了较大成绩，但也存在一些问题。为适应新形势的发展，中央政府对社会保险制度进行调整与完善。

1. 统一退休规定

社会保险制度初建阶段，企业职工退休制度在《劳动保险条例》中予以规定，而国家机关、事业单位退休制度按单项立法执行，两者退休办法的规定不统一，如企业职工退休养老金最高为本人标准工资的 70%，而机关、事业单位工作人员的同一标准却只有 60%。国务院分别于 1957 年和 1958 年发布《关于工人、职员退休处理的暂行规定》《关于工人、职员退职处理的暂行规定》等法规，统一了企业、事业、国家机关职工的退休、退职制度。统一后的养老金待遇为：男工人、职员年满 60 周岁，女工人年满 50 周岁、女职员年满 55 周岁（从事井下、高空、高温、特别繁重体力劳动或者其他有损身体健康工作的工人、职员，男年满 55 周岁、女年满 45 周岁），连续工龄在 5 年以上不满 10 年的，为本人工资的 50%；10 年以上不满 15 年的，为本人工资的 60%；15 年以上的，为本人工资的 70%。这两个规定解决了企业和机关事业单位退休、退职办法中的矛盾，推动了退休、退职工作的开展，对当时精简机构、提高生产和工作效率起到了积极作用，重申和强调了《劳动保险条例》，在原有基础上进行了修改和增补，对工人和职员的退职条件和退职待遇标准进行统一，放宽了退职条件，适当提高了退职待遇标准，使工人、职员的退职问题得到了妥善解决。

2. 调整医疗保险制度

在公费医疗和劳保医疗体制下，单位与个人没有自我保障和约束，花费巨大，效率低下。1957 年周恩来总理在中共八届三中全会的报告中提出：劳保医疗和公费医疗实行少量收费，取消一切陋规，节约经费开支。1957 年国务院《关于取消随军家属公费医疗待遇的批复》规定：随军家属如是国家机关工作人员，则按公费医疗待遇；非国家机关工作人员，一律由本人负责。1965 年，中央在《关于把卫生工作重点放到农村的报告》批示中指出：公费医疗制度应做适当改革，劳保医疗制度的执行也应适当整顿。从 1960 年开始，国家颁布了一系列的法律、规定，对医疗费用报销范围做了具体规定，明确了自费与公费的界限，并对药品的使用做了限制，除批准使用的公费医疗药品之外的营养滋补药品一律实行自费。1965 年卫生部、财政部《关于改进公费医疗管理问题的通知》规定享受对象的门诊挂号费和出诊费改由个人缴纳，不得在公费医疗经费中报销。

与此同时，政府也开始对劳保医疗制度进行调整。1964 年财政部、劳动部、国家统计局、中华全国总工会联合颁布了《关于国营企业提取工资附加费的补充规定》。1966 年劳动部和中华全国总工会颁布了《关于改进企业职工劳保医疗制度几个问题的通知》，规定挂号费、营养滋补药品的费用由个人承担；享受待遇的职工直属亲戚患病医疗时，除了手术费和药费仍然实行半费外，挂号费、检查费、化验费等均由个人负担。这些文件分别对国家机关人员的公费医疗和企业职工的劳保医疗整顿提出了具体意见，旨在遏制医疗费用激增和药品浪费的现象，但收效并不显著。

3. 将职业病列入工伤补偿范围

随着新中国工业生产发展，职业病伤害开始凸显。为了做好职业病防治工作，加强对职工职业病伤害的保障，1957 年，卫生部颁布了《职业病范围和职业病患者处理办法的规定》，确定了将严重危害工人、职员健康，严重影响生产，职业性比较明显的职业中毒、尘肺等 14 种与职业活动有关的疾病正式列入职业病范围，即“法定职业病”，并首次将职业病列入工伤补偿范围。这一规定，改善了劳动条件，促进了职业病防治工作的开展。1957 年卫生部和中华全国总工会联合颁布了《批准工人、职员病、伤、生育假期试行办法》，明确规定保证工人、职员在患病受伤或者生育的时候获得合理的休养和正确地支付工人、职员享受的劳动保险待遇，并对批准病、伤、生育假期的手续以及医师批准病、伤、生育假期的责任作了指导性的规定。

4. 建立异地支付社会保险待遇的办法

为了保证长期享受保险待遇的职工在转移居住地点后及时享受待遇，中华全国总工会于 1963 年重新发布了《关于享受长期劳动保险待遇的异地支付暂行办法》，规定：凡领取退休费等社会保险费的职工、家属转移居住地点时，经本人申请，可以办理异地支付手续，到移居地方的工会组织领取应得待遇。这一办法有益于社会保险管理，具体表现在，减轻了基层的负担，厉行节约，避免支付差错，也方便了职工待遇的领取。

二、劳动保险向单位保障演变

（一）社会保险的管理机构被撤销

1951 年颁布的《劳动保险条例》，明确规定建立全国范围内的资金统筹机制，企业缴纳劳动保险金的 30%由中华全国总工会管理，事实上进入了国家统筹；其余 70%由企业基层工会管理，并在企业内部使用，实际上是一种企业保险，是一种国家统筹与企业保险相结合的安排。但在“文化大革命”期间，上述“国家/企业保险”模式受到极大冲击，社会保险制度进入非正常的停滞时期。1969 年，主管救灾救济、社会福利、机关干部社会保险管理的内务部被撤销。负责企业职工劳动保险管理的中华全国总工会被停止活动，陷入瘫痪状态，劳动部门受到削弱，社会保险基金的征集、管理和调剂使用制度随之停止。在中央政府宏观管理层面上，社会保险体系出现“真空”状态。

（二）劳动保险演变为企业保险或单位保障

由于企业正常的缴费机制被打破，1969 年财政部不得不颁布《关于国营企业财务工作中几项制度的改革意见（草案）》，要求国营企业一律停止提取工会经费和劳动保险金，退休职工、长期病号和其他劳保开支，改在企业营业外列支，并将当时中华全国总工会积存的近 4 亿元社会保险总基金解缴国库，转为财政资金。这些情况使新中国社会保险事业的发展产生两个后果：一是社会保险基金的统筹调剂工作停止，社会保险的统筹调剂职能无法发挥作用；二是社会保险停止基金积累，实行实报实销，造成企业负担不平衡。《关于国营企业财务工作中几项制度的改革意见（草案）》使得社会保险彻底退化为企业保险。国家—单位保障制的责任重心由国家转向单位。但由于各企业负担不同，实际上造成了企业间负担畸轻畸重，有些退休职工多的企业，甚至发不出职工的退休金。职工养老金筹资与给付上的代际冲突也日益凸显。

（三）正常的退休制度中断

在“文化大革命”的十年中，我国社会保障制度受到了严重冲击，劳动保险事务处于无人管理的状态，沦为国营企业保险，老国企的负担越来越重。1969 年财政部发布《关于国营企业财务工作中几项制度的改革意见（草案）》，决定国营企业一律停止提取劳动保险金，企业的退休职工开支改在企业营业外列支。退休制度建设基本处于停滞状态。

三、恢复重建

1976 年 10 月，“文化大革命”结束，社会保障事业也随着各行各业一起开始了拨乱反正和恢复重建的工作。主要包括以下方面。

（一）恢复和完善了干部、工人离退休、退职制度

1978—1986 年，我国社会保险领域主要的工作，是解决历史遗留问题和恢复被“文化大革命”破坏了的退休制度等，并在原有制度框架内做一些微调，出台了一系列法律法规，为下一步社会保险制度改革做了相应的准备。

1978 年 6 月，国务院颁布了《关于安置老弱病残干部的暂行办法》和《关于工人退休、退职的暂行办法》，要求各地先行试点，总结经验，然后普遍实行。这两个暂行办法的颁布和实行，较好地扭转了“文化大革命”中退休、退职制度执行不力，职工队伍老化、企业冗员增多的不利局面，对于恢复被“文化大革命”破坏了的退休养老制度起到了重要作用；1981 年 11 月，国务院颁布了《关于严格执行工人退休、退职暂行办法的通知》，针对一些部门和单位随意放宽退休、退职条件，任意扩大招收退休、退职职工子女范围，聘用不符合条件的退休、退职工人继续任职，随意提高续聘工人待遇等问题，提出了严格、具体的整改措施。

1980 年 10 月，国务院颁布《关于老干部离职休养的暂行规定》；一种待遇特殊的退休制度——离休制度由此确立。1982 年 1 月，国务院、中央军委颁布《关于军队干部离职休养的暂行规定》；1982 年 4 月，国务院又颁布《关于发布老干部离职休养制度的几项规定的通知》。这些规定与 1978 年颁布的两个暂行办法相比，除在生活上对离休干部给予适当优惠照顾外，没有大的变化。

1983 年 1 月 15 日，劳动人事部颁布《关于建国前参加工作的老工人退休待遇的通知》，1948 年底以前享受当地人民政府制定的薪金制待遇，现在仍在机关、事业、企业单位工作的老工人（含军队无军籍的工人），退休后照发本人原标准工资。

1984 年 5 月，劳动人事部会同国家经济委员会（简称国家经委）、财政部、中国工商银行、中华全国总工会等部门向国务院提交了《关于统筹全民所有制单位退休基金的报告》，结合劳动制度改革，很多城市开始启动退休费用社会统筹的试点。针对医疗费用增长过快、浪费严重的问题，20 世纪 80 年代中期之前，国家在原有公费医疗、劳保医疗的基础上，尝试了医疗费用与职工个人利益适当挂钩的办法，如采取定额包干、按比例分担等，以期建立对医疗服务需求方的费用约束机制，在一定程度上抑制了医疗服务的过度需求。

（二）整顿和恢复了企业劳动保险管理工作

1980 年 3 月，国家劳动总局、中华全国总工会联合发出《关于整顿与加强劳动保险工作的通知》，开始对中断的企业职工劳动保险管理工作进行全面整顿和恢复。整顿工作纠正了“文化大革命”中各种不符合国家社会保险政策规定的错误支付，健全了企业社会保险的管理机构，清理和建立了各种社会保险的管理资料，培训了一批社会保险的专业干部。

（三）补充完善了集体所有制企业职工的社会保险

1977 年 12 月，轻工业部、财政部和国家劳动总局颁布的《关于手工业合作工厂劳动保险福利待遇标准和劳保费用列支问题的通知》规定：“手工业合作工厂职工的劳动保险福利待遇标准，可以按

照国家和省、市、自治区对国营企业的有关规定执行。”此后，各地区对县以上和县一级的集体企业职工的劳动保险相继比照这一规定办理。1978年8月，交通部、财政部、国家劳动总局又发出通知，允许县（市）成立的统一核算的运输公司和县（市）主管部门统负盈亏的集体交通企业，也按当地国营企业的规定实行社会保险。1978年9月国务院批转的商业部等四部门《关于合作商店实行退休办法的报告》和1979年9月卫生部、财政部、国家劳动总局发出的《关于集体卫生人员实行退休、退职有关问题的通知》规定，合作商店职工、集体卫生人员的退休退职，可以分别参照国营企业和国家机关的有关规定执行。这些使我国集体所有制企业职工的社会保险事业加快了发展的步伐。

四、评　　价

新中国成立之初，在国民经济尚不发达的情况下，我国就建立了社会保险制度，显示了社会主义制度下劳动者当家作主的权利和国家对劳动者权益的重视和保护。社会保险制度的确立，奠定了我国社会保障制度体系的基础，保障了人们的基本生活，对于调动广大劳动者的积极性，特别是城市劳动者的生产积极性起到了巨大的促进作用。《劳动保险条例》公布后，很多人就敲锣打鼓上街欢庆，喊出“农民有土地、工人有劳保”的口号，把劳动保险制度与农民当作命根子的土地相提并论。20世纪50年代初建立的社会保险制度，保险项目比较齐全，各个项目的待遇之间有一定的衔接，待遇水平一般与职工工龄和工资挂钩，且在“文化大革命”之前，社会保险基金实行全国性的统筹调剂，这些做法基本上符合社会保险的规律和原则，也符合当时中国的基本国情，与当时实行的“低工资、高就业”的劳动工资制度相结合，构成了我国计划经济体制的一部分。20世纪50年代，我国经济快速发展，独立的工业体系基本建立，以劳动保险为核心的社会保险制度做出了不可磨灭的贡献。但是，“文化大革命”期间，我国社会保险制度建设完全停滞，许多政策无法执行，以劳动保险为核心的社会保险制度演变为了封闭的“单位保障”，带来了很多弊端。从1977年开始恢复重建，完善退休退职制度、整顿企业劳动保险管理、补充集体所有制企业职工社会保险，在一定程度上完成了社会保险事业的拨乱反正。

“国家/企业保险”模式的形成与相应的劳动力市场是相辅相成的，在计划经济体制下，社会生产与消费等资源完全由国家统一配置，人力资源也由国家定额和统包统配，劳动者的就业和保障也是由国家统一包下来的。这种一切资源统一配给的模式在国民经济短缺的特定历史时期曾经发挥过重要的积极作用，对当时的经济社会发展起到了重要的保障和后勤作用。

社会主义计划经济体制诞生以后，当时的社会保险制度出现具有其必然性。它作为社会主义计划经济体制的“子制度”之一，为新中国实现工业化立下了汗马功劳。在这一历史阶段中，城镇职工退休制度实现了统一化和制度化，社会保险覆盖范围逐渐扩大，农村建立了合作医疗制度。在社会主义的新中国，第一次实现了全社会层面上的老有所养、病有所医、残有所保的制度安排，其意义显然是巨大的，以制度安排确保劳动者的劳动保险权益，充分体现了中国共产党“执政为民”的理念。

第三节　20世纪80年代以来中国社会保险制度改革与探索

一、改 革 背 景

（一）经济体制改革动摇了原有社会保障制度的经济与社会基础

1. 劳动合同制实施，雇佣关系变革

“铁饭碗”“大锅饭”被打破，职工的单位依从关系开始松动。1986年，国务院发布《国营企业实行劳动合同制暂行规定》《国营企业招用工人暂行规定》，指出企业在国家劳动工资计划指标内招用常年性工作岗位上的工人，除国家另有特别规定者外，统一实行劳动合同制。这是新中国成立以来我国劳动制度的重大改革，“一次分配定终身”的“铁饭碗”被打破，一旦劳动合同终止，职工的养老、失业、医疗等制度保障如何延续成为一个亟待解决的问题。

2. 企业破产倒闭，传统保障体系陷入危机

企业破产启动，长期依附于企业的劳动保险面临着“皮之不存，毛将焉附”的局面。1986 年 12 月第六届全国人民代表大会常务委员会第十八次会议通过《中华人民共和国企业破产法(试行)》。而在此之前，1986 年 8 月 3 日，沈阳市人民政府举行新闻发布会，宣告沈阳市防爆器械厂正式破产，企业财产用于清偿债务，职工无一例外失去原有职业。此举开创了我国社会主义公有制企业破产处理的先河。在企业可以破产、倒闭的新时期，“单位保障”的局限和弊端凸显出来。若不对原有劳动保险制度进行改革，不妥善处理破产企业职工的保障问题，国有企业改革将难以推进，甚至引发各种社会问题和矛盾。

3. 负担旱涝不均，单位保障难以为继

经济体制改革使企业成为必须面对市场竞争、自主经营、自负盈亏的市场主体。在以往国有企业占绝对多数、国家统负盈亏的背景下，各个企业保障负担畸轻畸重问题尚不尖锐。在市场经济体制下，企业退休人员和老职工的数量不同导致的养老和医疗成本的不均衡，职业风险不同导致的工伤费用成本的不均衡，职工性别结构不同导致的生育费用成本的不均衡，都将影响企业在市场上的平等竞争。“单位保障”体制难以为继，实行社会统筹，通过社会互济分散企业和劳动者的各类职业风险，成为社会保险改革的必然。

4. 所有制结构变革，多元经济并存，就业渠道多样化

经济体制改革，使所有制结构发生了根本变革，国有经济一统天下的局面转化为多元经济并存发展，非公经济组织成为吸纳新生劳动力就业的主渠道。在计划经济下仅覆盖城镇国有单位劳动者的“劳动保险”，如何覆盖到新出现的各类所有制单位，继而进一步扩展到个体工商户、灵活就业人员和进城务工的农民工，让广大劳动者平等地获得保障，成为新时期必须面对的现实问题。

（二）计划经济时期社会保险制度本身存在缺陷

经济体制改革使原有的单位保障丧失了组织基础和经济基础，从外部对原有计划经济时期社会保险制度提出了迫切的改革要求，而计划经济时期社会保险制度本身，也在设计上存在着缺陷，并在实践中造成日益严重的负面影响，对改革提出了迫切要求。

1. 社会保险基金来源单一，国家财政和企业不堪重负

机关、事业单位职工和全民所有制企业职工，是我国传统社会保险制度的两大保障对象。根据规定，机关、事业单位的社会保险，资金由国家财政全额筹措；企业的劳动保险，资金由企业负责，被保障的个人及其亲属，均无须承担任何缴费义务，并且社会保险制度的实施属于企业内部事务，企业需要在经营成本之外支付社保管理成本。这种安排责任集中，财政和企业压力过大；忽视个人责任和社会责任，受保主体进入社会保险体系其权利与义务严重不对称；缺乏激励和约束机制，经费紧张的同时，浪费现象严重。如公费医疗和劳保医疗，尽管 20 世纪 60 年代以后做了调整、加强了管理，但个人不出资就能享受基本全免费的保障方式，导致费用意识淡漠，浪费严重，医疗费用急速上涨，制度难以为继。

2. 覆盖面窄，越来越多的人群处于保障安排之外

按相关规定，我国传统社会保险是城镇机关、事业单位和国营企业职工才能享有的福利。随着经济社会发展，待业人口和非正规就业人口逐渐增加，截至 1979 年，全国城镇待业青年接近 1200 万人，其中包括大批返城的下乡插队知青、退伍复员军人等，而当年城镇正规部门职工只有 9000

余万人。[①]与此同时，在其他经济类型就业的人数开始增加。待业人群在城镇单位之外，享受不到与单位关联的社会保险待遇；非公有制经济类型企业的职工，也不属于我国传统社会保险的覆盖范围，传统社会保险制度越来越难以适应经济社会的发展需要。

3. 公平性缺失，负担畸轻畸重

我国计划经济时期的户籍制度和统包统配的就业制度与强政治约束所构筑的城乡壁垒，实际上将农村居民人为地排除在了社会保险体系的覆盖范围之外。计划经济时期社会保险的城乡制度性分割，成为一种路径依赖，即使在改革开放后农村居民大量进城务工的情况下，我国的社会保险制度仍然不能为其提供公平的保障。在城镇，社会保险也根据单位性质不同，在保障待遇和保障的稳定性上，有很大差别。机关、事业单位的社会保险由财政买单，待遇高、项目全、稳定可靠；全民所有制企业的劳动保险，项目齐全，但待遇水平实际上因单位而异，稳定性弱；集体所有制企业一般仅提供养老保险待遇，其他福利远较国营企业职工差。就是国营企业，由于老员工人数不同，各单位负担也不相同，有些退休职工多的企业，甚至发不出职工的退休金；很多困难企业职工医疗费用报销越来越困难。在筹资和待遇水平上，单位与单位之间，存在着事实上的不公平。

4. 单位保障封闭运行，社会化程度低，互济性差

通过风险分散、风险共担来化解危机，是社会保险的题中之意，资金筹集的社会化、管理服务的社会化，是社会保险管理的基本要求。但我国计划经济时期的社会保险，最后演变为了各个企业各自为政的“单位保障”，背离了社会保险制度的本意和初衷。随着经济体制改革推进，劳动者在不同所有制单位之间流动日趋频繁，封闭性的管理必然成为阻碍劳动力自由流动的障碍，并带来一系列问题。

5. 现收现付制难以应对老龄化压力，代际矛盾日益突出

从筹资模式看，传统社会保险制度以政府或者企业单方面付费基础上的现收现付制为主，无法形成适度规模的社会保险基金积累，难以有效防范经济失衡、制度成熟及老龄化所导致的财政预算危机。1969 年中华全国总工会积存近 4 亿元的社会保险总基金解缴国库，转为财政资金，从此，企业劳动保险就不再有任何积累，完全实行现收现付。随着退休人员逐年增加，老龄化进程加快，代际供养的压力开始显现。到现在，计划经济时期养老保险遗留下来的隐形债务，还在持续发酵中，成为新制度个人账户“空账”运行的首要原因，极大地困扰着新制度的完善和可持续发展。

6. 总体经济发展低水平下的局部高福利，支付压力大

20 世纪 50—70 年代的中国，经济发展刚刚起步。但是在可以享受到社会保险的全民所有制企业劳动者和机关、事业单位职工中，我国却实行了相对于当时经济水平而言过高的社会保险待遇。例如，几乎全免费的医疗、不用缴费的高替代率养老金、无失业之忧的终身就业保障。超越经济水平的保障，使这一制度只能维持在一小部分劳动者之中；同时，它又易使社会保险体系内的劳动者丧失进取心，成为滋生懒惰、低效率的温床。“文化大革命”后期，国营企业陷入严重的经营困境，1976 年全民所有制企业的亏损面和亏损率分别达到 31.52%和 19.44%[②]，国家财政捉襟见肘，这样的经济局面，根本无法兑现过于慷慨的保险待遇承诺，传统社会保险面临着支付危机。

7. 管理分散，机构庞杂，效率低下

我国计划经济时期的社会保险安排，从一开始就以“工人”与“干部”身份为区别，划定出两大基本体系，并由此衍生出庞大的管理机构，多部门分割办社保的传统实际上一直延续至今[③]。1951 年《劳动保险条例》实施后，企业的劳动保险先由劳动部主管，后改由中华全国总工会主管，“文

---

① 吴绮雯. 改革开放以来的城镇就业和劳动力流动［M］. 北京：北京人民出版社，2019.

② 郑秉文. 中国社会保障制度 60 年：成就与教训［J］. 中国人口科学，2009（5）：2-18，111.

③ 花亚州. 医保制度“碎片化”探源及整合建议［J］. 广西财经学院学报，2015，28（2）：33-37，44.

化大革命”期间各级工会组织不能发挥正常作用，1968 年国家计划委员会（简称国家计委）发文要求由劳动部门统一管理企业劳动保险工作。机关、事业单位的社会保险，由内务部主管，1969 年内务部撤销后，以前由其主管的事务分别移交财政部、卫生部、公安部和国务院政工组多个部门管理。实际上形成了我国机关事业单位社会保险与企业社会保险分开管理的局面，单位包办的社会保险，使得行政管理和业务管理、政府和单位之间并没有明确的权责界限，单位的功能广泛、负担较重。另外，传统社会保险制度是单一支柱的社会保险计划，既没有企业补充保险，也缺乏个人储蓄型保险，责任与压力集中。传统社会保险制度中还缺乏失业保险安排，难以应对经济体制改革带来的一系列新问题。

总之，我国计划经济时期社会保险制度本身存在一系列制度设计上的缺陷，当这些缺陷与经济体制改革相遇，与全球社会保险制度向着适度化、责任分担、多支柱、整合管理等改革相遇的时候，我国社会保险制度的改革大幕就逐渐拉开了。

二、中国社会保险制度的改革与转型

（一）社会保险行政管理机构统一化

社会保险必须实行统一集中领导，应建立统一的决策和领导机构，如社会保障委员会或劳动和社会保障部（局），统一领导和管理社会保险事业，以防止多头领导、政出多门。社会保险实行统一管理包括五个方面的统一，即统一决策、统一收缴、积累的社会保险基金统一运营增值、统一给付和统一服务。从长远的发展目标看，应建立“五统一”的管理体制。统一管理除了建立社会保障委员会外，还要建立统一的社会保险业务管理机构、统一的基金运作机构、统一的监督管理机构。为了改变传统社会保险管理体系多头管理、各自为政、互相掣肘的问题，1998 年 3 月经九届人大一次会议批准的国务院机构改革方案中明确了过去由劳动部管理的城镇职工社会保险、由人事部管理的机关事业单位社会保险、由民政部管理的农村社会保险、由各行业统筹的社会保险以及由卫生部管理的医疗保险统一交由新成立的劳动和社会保障部管理，标志着传统的部门分割管理体制的终结和中央统一管理体制的形成。2008 年组建人力资源和社会保障部加强了统筹城乡就业和社会保障政策职责。

（二）社会保险全面社会化

劳动者的基本养老保险、工伤保险、医疗保险、生育保险、失业保险，均应实行社会化，即由企业筹资管理、企业给付的单位保险转变为以社会（政府）为主体组织和举办的社会保险。社会保险基金实行社会筹集，由单位和个人向社会保险机构缴纳社会保险费，由社会保险机构管理和用好这笔基金，并对受保对象给付社会保险金，进行社会化管理。建立社会化的基本保险制度以后，当劳动者发生暂时或永久丧失劳动能力及失业的风险时，就可以从社会获得基本生活和基本医疗的保障。

基本保险社会化还包括管理、服务的社会化，即对受保对象的管理和服务实行社会化。对非在职的离开企业、单位的受保对象，如失业人员、退休人员等，实行社会化管理和服务。社会化管理和服务的主体是社会保险机构与社区组织，而且主要是社区。要建立社会化管理为主、社区为主要依托、单位管理为辅的管理服务体系。

1999 年，国务院颁布《社会保险费征缴暂行条例》，明确了社会保险费的征缴范围和征缴项目，第一次把企业化管理的事业单位纳入强制征缴基本养老保险费的范围；明确了各项社会保险费的缴费比例，规定了社会保险费的征缴机构，规定了单位欠缴社会保险费的责任和处罚办法。

（三）社会保险制度一体化

劳动者都有享受社会保险的平等权利，市场经济和劳动制度改革又要求劳动力在社会范围内的自由流动，因而基本社会保险对所有劳动者在基金的筹集比例和给付标准与办法上应是统一的，不应由于所有制和身份的不同而有差别。这就需要制定和实行统一的一体化的法定基本社会保险制度。

1998 年以来，国务院先后颁布了《关于实行企业职工基本养老保险省级统筹和行业统筹移交地方管理有关问题的通知》（1998 年）、《关于建立城镇职工基本医疗保险制度的决定》（1998 年）、《失业保险条例》（1999 年）、《社会保险费征缴暂行条例》（1999 年）、《住房公积金管理条例》（1999 年）、《城市居民最低生活保障条例》（1999 年）、《关于完善城镇社会保障体系的试点方案》（2000 年）、《工伤保险条例》（2003 年）、《劳动保障监察条例》（2004 年）等一系列法规或法规性文件，并成立了全国社会保障基金理事会，劳动和社会保障部、民政部等亦制定了一批有关社会保险、社会福利、社会优抚、社会救助方面的法规性文件，它们共同规范与指导着社会保障制度的全面转型。尤其是在 2004 年 3 月，十届全国人大二次会议通过《中华人民共和国宪法修正案》，正式将建设同经济发展水平相适应的社会保障制度写入了宪法，更明确标志着社会保障制度正在成为国家发展必要的基本制度安排。在这一阶段，国家仍然继续主导着社会保障改革并承担着直接的、重要的责任，但构成社会的各个方面（如企业、机关事业单位、慈善公益团体等）及社会成员个人均共同分担着社会保障责任，社会保障不再单纯地为经济改革服务而是为整个社会经济协调稳定发展服务，包括社会保险、社会救助、社会福利、社会优抚在内的整个社会保障制度的规范性建设和管理、服务社会化取得了显著的进展。

三、对中国社会保险制度改革与转型的评价

从 1978 年开始到 21 世纪初期，经过 20 余年的改革与探索，我国社会保险制度基本完成了从计划经济条件下的劳动保险，向市场经济条件下的社会保险的转型，初步形成了与社会主义市场经济体制相适应的社会保险体系框架。在这个框架中，有普遍实行的社会保险项目——养老、医疗、工伤、生育和失业；有日趋稳定的多元化筹资渠道和责任共担机制——政府、雇主、雇员对供款的责任分担；有社会统筹互济的大数定律的运用，也有个人账户或其他激励机制的设计；有对随市场经济发展新出现的就业群体的扩大覆盖，也形成了水平适度的多层次制度的安排；有针对特殊人群而保留的制度安排，也有为未来老龄化而做的富有创造性的前瞻性安排——“统账结合”的部分积累模式；有日益完善的征缴管理、基金管理规定，也有走向统一的行政管理部门和社会化程度不断提升的经办管理。20 余年来的改革与探索中，我们采用了渐进改革、双轨并行、试点先行的方式推进，在维系经济改革和国民经济持续增长、保证整个社会基本稳定的同时，促使曾经惠及亿万国民的劳动保险制度实现整体转型，这在国际上是没有先例的。新制度不仅较好地化解了市场经济改革带来的风险，为经济改革和经济发展创造了条件，明显推动了社会的进步与发展，而且新制度本身所具有的责任共担、多层次性和社会化，为新制度的可持续发展奠定了基础。

当然，完成旧制度向新制度的整体转型，并非朝夕之事。到 21 世纪初期，我们的社会保险改革探索已暴露了很多亟待进一步完善的问题。如整个社会保险制度改革的重点集中在城镇社会保险制度转型，而农村的社会保险制度建设却被长期忽略。被国际社会广为称道并覆盖过 95%以上乡村人口的合作医疗制度，在 20 世纪 80—90 年代全面崩溃，重建几无成效；农村养老保险制度在试点 10 年后陷入停滞甚至倒退状态。农村社会保险制度的建设客观上处于既缺乏国家宏观政策指导和政策规范，又无相应的财政支持的失控状态。即使在城镇，社会保险这张安全网的覆盖也不周全，城镇非从业人员没有社会保险安排，困难企业、私营企业、小微企业参保率低，进城务工的农民工群

体处于制度的边缘，这些都是急需解决的问题。另外，立法滞后、统筹层次低、双轨制、养老保险历史负担沉重等一系列问题，也成为未来建设中的重要课题。

第四节　中国社会保险制度的全面发展与完善

一、基本养老保险实现了制度全覆盖和制度并轨

（一）逐步做实个人账户，增强制度的可持续性

社会统筹与个人账户相结合的部分积累模式，是面对老龄化趋势带来的代际供养矛盾，我国借鉴国际经验，综合现收现付制与积累制的各自优点，而做出的一种养老保险模式创新。但是由于隐形的历史债务负担沉重，我国“统账结合”的养老保险一直存在着个人账户空账运行问题，背离了制度设计的初衷。针对此问题，2000 年 12 月国务院制定了《关于完善城镇社会保障体系的试点方案》，在辽宁省及其他省（自治区、直辖市）确定的部分地区试点“统账分离，做实个人账户”。在总结试点经验的基础上，2005 年国务院颁布了《关于完善企业职工基本养老保险制度的决定》（国发〔2005〕38 号），规定从 2006 年 1 月 1 日起，我国基本养老保险个人账户的规模统一由本人缴费工资的 11%调整为 8%，全部由个人缴费形成，单位缴费不再划入个人账户，社会统筹基金与个人账户基金实行分账管理，并逐步做实个人账户。这意味着我国的养老保险制度由“互通式”部分积累模式向“板块式”部分积累模式过渡。2013 年十八届三中全会《中共中央关于全面深化改革若干重大问题的决定》再次强调：坚持社会统筹和个人账户相结合的基本养老保险制度，完善个人账户制度，健全多缴多得激励机制，确保参保人权益。到 2014 年末，辽宁、吉林、黑龙江、天津等 13 个做实企业职工基本养老保险个人账户试点省（区、市）共积累基本养老保险个人账户基金 5001 亿元。

为解决政府在养老等问题上的历史责任问题，承担建立个人账户转制成本，弥补今后人口老龄化高峰时期的社会保障需要，2000 年 8 月，党中央、国务院决定建立“全国社会保障基金”，同时设立“全国社会保障基金理事会”。2014 年底全国社会保障基金资产总额达到 15 356.39 亿元，2019 年底全国社会保障基金资产总额达 26 285.66 亿元[①]，用于社会保障的国家战略储备不断充实。

（二）基本养老保险实现制度全覆盖

1. 新型农村社会养老保险启动试点并实现了全覆盖

20 世纪 90 年代，我国曾实行过一段时间的农村社会养老保险制度，但由于政策不稳定、财政支持力度不够、激励性不足、待遇较低等问题，自 1999 年起基本处于停滞状态，农村养老保险制度建设进入空白期。进入 21 世纪，随着建立“覆盖城乡居民的社会保障体系”战略目标的提出，农村人群的养老问题再次被提上议事日程。2008 年 10 月，党的十七届三中全会审议通过了《中共中央关于推进农村改革发展若干重大问题的决定》，第一次提出了“新型农村社会养老保险”（简称新农保）的概念，明确提出：“贯彻广覆盖、保基本、多层次、可持续原则，加快健全农村社会保障体系。按照个人缴费、集体补助、政府补贴相结合的要求，建立新型农村社会养老保险制度。”2009 年 9 月《国务院关于开展新型农村社会养老保险试点的指导意见》（国发〔2009〕32 号）下发，新型农村社会养老保险制度开始在全国 10%的县（市、区、旗）试点，并计划在 2020 年之前基本实现对农村适龄居民的全覆盖。新型农村社会养老保险是继取消农业税、实行农业直接补贴、

① 见全国社会保障基金理事会全国社会保障基金年度报告（2014 年度和 2019 年度）。

免除农村义务教育学杂费、建立新型农村合作医疗（简称新农合）等一系列惠农政策之后的又一项重大的惠农政策。到 2012 年底，该项政策只用了三年时间，就实现了对全国所有农业县（市、区）的全覆盖，农村人群从此有了制度化的养老保障安排。

2. 城镇居民基本养老保险试点启动并实现全覆盖

作为我国养老保险制度最后的空白点，城镇非从业居民的养老保险制度从 2011 年 7 月开始在全国范围内启动试点，到 2012 年底基本实现制度全覆盖。

在全国范围内建立起上述两项制度，标志着中国基本实现了世界上最大的基本养老保险制度全覆盖，意味着全体国民都拥有相应的养老制度安排，所有城乡居民都可以根据自己的情况在由职工基本养老保险、新型农村社会养老保险、城镇居民社会养老保险（简称城居保）三大社会养老保险构成的“制度组合”中对号入座。制度实现全覆盖，更为参保对象全覆盖、迈向全民养老奠定了基础。到 2014 年末，全国参加三项基本养老保险的人数达到了 84232 万人，截至 2021 年 3 月末，全国基本养老保险参保人数超过 10 亿人[①]。

（三）推进养老保险制度整合、城乡衔接

与医疗保险类似，养老保险虽然基本实现了制度全覆盖，但这张全覆盖的保障网却由机关事业单位养老保险、企业职工养老保险、城镇居民社会养老保险、新型农村社会养老保险等不同的板块构成。它在公平性、对流动人口的适应性、可持续性方面都产生了很多问题。2014 年 2 月 26 日，国务院印发《关于建立统一的城乡居民基本养老保险制度的意见》，要求将新型农村社会养老保险制度和城镇居民社会养老保险制度合并实施，在全国范围内建立统一的城乡居民基本养老保险制度。文件要求“‘十二五’末，在全国基本实现新农保和城居保制度合并实施，并与职工基本养老保险制度相衔接。2020 年前，全面建成公平、统一、规范的城乡居民养老保险制度，与社会救助、社会福利等其他社会保障政策相配套，充分发挥家庭养老等传统保障方式的积极作用，更好保障参保城乡居民的老年基本生活”。同年 2 月 24 日，人力资源社会保障部、财政部印发《城乡养老保险制度衔接暂行办法》，并于 2014 年 7 月 1 日起施行。

（四）机关事业单位退休保障制度与企业基本养老保险制度统一

20 世纪 80 年代以前，机关事业单位和企业的退休制度虽然分别按照不同政策法规执行，但都是单位自己负担退休费用，待遇确定和调整机制也大体一致，基本与计划经济相适应。20 世纪 90 年代以来，随着社会主义市场经济体制的逐步建立，由“企业保险”转向“社会保险”势在必行，企业职工的养老制度开始改革，最终形成了双方负担、统账结合的基本养老保险制度模式。机关事业单位由于不像企业那样处于经济体制改革的最前沿，改革的重点是建立规范的公务员制度和事业单位人事管理制度，而养老保障改革的进程相对滞缓，总体仍维持了个人不缴费、财政负责资金、单位组织实施的原有退休制度，由此形成了企业基本养老保险与机关事业单位退休保障制度“双轨”运行的局面。两种制度在筹资方式、待遇计发调整、管理等各方面的不同，带来了公平性、养老保险关系转移接续、人力资源合理流动和有效配置等方面的一系列问题，急需改革和调整。

20 世纪 90 年代以来，一些地区和行业对改革机关事业单位养老保险制度进行了探索，先后有 28 个省市开展了局部试点，全国约 2100 万人参加。2008 年，国务院决定在 5 个省市先行开展事业单位养老保险制度改革试点，与事业单位分类改革配套推进，试点取得的局部经验，为全面实施改革奠定了实践基础。2015 年 1 月 14 日，国务院以国发〔2015〕2 号发布《关于机关事业单位工作人员养老保险制度改革的决定》，改革现行机关事业单位工作人员退休保障制度，逐步建立独立于

① 数据来源：《2014 年度人力资源和社会保障事业发展统计公报》《2021 年度人力资源和社会保障事业发展统计公报》。

机关事业单位之外、资金来源多渠道、保障方式多层次、管理服务社会化的养老保险体系。改革的基本思路是一个统一、五个同步。“一个统一”，即党政机关、事业单位建立与企业相同的基本养老保险制度，实行单位和个人缴费，改革退休费计发办法，从制度和机制上化解“双轨制”矛盾；“五个同步”，即机关与事业单位同步改革，职业年金与基本养老保险制度同步建立，养老保险制度改革与完善工资制度同步推进，待遇调整机制与计发办法同步改革，改革在全国范围同步实施。该改革方案从2014年10月1日起实施，养老金“双轨制”正式终结，机关事业单位工作人员与企业员工一样，纳入统一的养老保险制度体系。

医疗保险和养老保险在世界各国的社会保险体系中，都是覆盖人群最广、受益面最大、耗资最高的两大险种。通过21世纪10余年来的建设，我国实现了这两大社会保险项目的全民制度覆盖，这在我国社会保险制度的建设史上，具有里程碑式的重大意义。虽然制度的完善还需要一个过程，但制度从无到有，从城镇到乡村，从职业人群到城乡居民，从制度城乡分设到逐渐整合、走向一体化，这个过程无疑彰显了我国社会保险制度建设理念的进步，也体现了我国社会保障制度建设取得的巨大成就。

二、全民基本医疗保险体系基本形成

（一）新型农村合作医疗制度

20世纪80年代，计划经济时期合作医疗制度崩溃后，农村医疗保障发生了严重的衰退。到1998年农村居民自费医疗的比重达到了87.44%，因病致贫、因病返贫逐渐成为突出的社会问题。[①]虽然20世纪90年代有过重建的努力，但由于缺乏国家财政支持，重建进展缓慢。2002年中共中央、国务院《关于进一步加强农村卫生工作的决定》要求到2010年，在全国农村基本建立起适应社会主义市场经济体制要求和农村经济社会发展水平的农村卫生服务体系和农村合作医疗制度。2003年1月16日，国务院办公厅转发卫生部、财政部、农业部《关于建立新型农村合作医疗制度的意见》，文件指出：“新型农村合作医疗制度是由政府组织、引导、支持，农民自愿参加，个人、集体和政府多方筹资，以大病统筹为主的农民医疗互助共济制度。”从2003年起，各省、自治区、直辖市至少要选择2—3个县（市）先行试点，取得经验后逐步推开。到2010年，实现在全国建立基本覆盖农村居民的新型农村合作医疗制度的目标，减轻农民因疾病带来的经济负担，提高农民健康水平。从此，我国农村居民的医疗保障制度建设步入了一个全新时期。到2008年6月底，全国2729个有农业人口的县（市、区）已全部实施新型农村合作医疗制度，提前2年实现了新农合制度全面覆盖的目标。2008年9月25日，时任总理温家宝在联合国千年发展目标高级别会议上向全世界宣布：中国在8亿农民中建立了政府投入为主的新型农村合作医疗制度。作为我国农村卫生改革的一项重大制度创新，新型农村合作医疗在统筹城乡医疗保障建设方面做出了巨大成就，截至2013年底，全国参合人口数达8.02亿人，参合率为98.7%，2013年度新农合补偿支出受益19.42亿人次。

（二）城镇居民基本医疗保险启动试点并实现全覆盖

随着公费医疗、劳保医疗被新的城镇职工基本医疗保险制度取代，以及新型农村合作医疗制度的建立，城镇非从业人员的医疗保障成为我国医疗保障安全网上最后的一个漏洞。2006年党的十六届六中全会通过的《中共中央关于构建社会主义和谐社会若干重大问题的决定》明确提出“建立以大病统筹为主的城镇居民医疗保险”。2008年3月国务院印发了《关于开展城镇居民基本医疗保险试点的指导意见》，城镇居民基本医疗保险试点工作开始启动，到2009年底全国所有城

① 郐旭东. 我国农村传统医疗保障制度存在的问题及对策［J］. 保险研究，2007（4）：44-47.

市已建立城镇居民基本医疗保险制度，参保人数达到 1.81 亿人，提前一年从制度上实现了城镇居民的全面覆盖。

2012 年 3 月，在全国两会上，时任总理温家宝宣布中国在 2011 年已步入全民医保时代，“基本医疗保险覆盖范围继续扩大，13 亿城乡居民参保，全民医保体系初步形成”。以城镇职工基本医疗保险、城镇居民基本医疗保险、新型农村合作医疗为核心，城乡医疗救助为兜底的医保体系，构建起了全世界最大的医保安全网，为全体国民提供了基本的健康保障，有效缓解了全民看病贵、看病难的问题。英国出版的国际权威杂志《柳叶刀》刊文称：中国医改目标和系统战略对其他追求全民医保的国家来说堪称典范。

（三）城乡医疗保险制度走向整合

我国医疗保险 2009 年底实现了制度全覆盖，2011 年实现了全民医保，但全民医保安全网由城镇职工基本医疗保险、新型农村合作医疗、城镇居民基本医疗保险三大板块构成，三项制度覆盖不同人群，缴费标准、财政补助标准、待遇水平、管理机构、信息系统等各不相同，再加上统筹层次偏低，整个医保安全网呈明显的碎片化状态，导致参保重复、异地报销手续烦琐、转移接续困难、待遇公平性差等一系列问题。在统筹城乡发展、全面建设小康社会、城镇化步伐加快的大背景下，推进制度整合，增强制度的公平性和流动适应性被提上日程。2009 年 3 月中共中央、国务院发布的《中共中央国务院关于深化医药卫生体制改革的意见》（中发〔2009〕6 号）提出：有效整合基本医疗保险经办资源，逐步实现城乡基本医疗保险行政管理的统一。探索建立城乡一体化的基本医疗保障管理制度。2012 年 3 月国务院发布的《国务院关于印发“十二五”期间深化医药卫生体制改革规划暨实施方案的通知》（国发〔2012〕11 号）进一步提出：加快建立统筹城乡的基本医保管理体制，探索整合职工医保、城镇居民医保和新农合制度管理职能和经办资源。

2016 年《国务院关于整合城乡居民基本医疗保险制度的意见》（国发〔2016〕3 号）指出整合城镇居民基本医疗保险和新型农村合作医疗两项制度，建立统一的城乡居民基本医疗保险制度，这是推进医药卫生体制改革、实现城乡居民公平享有基本医疗保险权益、促进社会公平正义、增进人民福祉的重大举措；并提出了“六统一”的要求，即统一覆盖范围、统一筹资政策、统一保障待遇、统一医保目录、统一定点管理和统一基金管理。

三、建立失业保险、工伤保险、生育保险制度

（一）失业保险制度的建立和完善

20 世纪 80 年代中期起，中国进入全面改革阶段，建立现代企业制度是其中心环节，国有企业迫切需要改变固定工制度。为此，国务院于 1986 年 7 月颁布《国营企业实行劳动合同制暂行规定》、《国营企业招用工人暂行规定》和《国营企业辞退违纪职工暂行规定》，第六届全国人大常委会第十八次会议亦于同年 12 月 2 日通过《中华人民共和国企业破产法（试行）》，由此初步确立了国有企业的劳动合同制度、新的用工制度、辞退职工制度和破产制度，不仅使劳动者有了一定的流动性，国家也不再实行无条件“包下来”的政策，一些长期效益不良的国有企业走向破产，国有企业不再是长生不死。正是在这样的背景下，长期存在的隐性失业开始显性化，失业保险制度也就应运而生。

1986 年 7 月 12 日，国务院颁布《国营企业职工待业保险暂行规定》，成为中国开始建立失业保险制度的标志。1993 年 4 月 12 日，国务院发布了《国有企业职工待业保险规定》，从覆盖范围、资金筹集、保险水平及组织管理模式方面作出了相应调整。1999 年 1 月，国务院正式颁布了《失业保险条例》，标志着中国失业保险制度的基本确立。与此同时国务院还颁布了《社会保险费征缴暂

行条例》，规定了失业保险金的申领和失业保险统计制度，以及事业单位参加失业保险和调整基金支出结构等内容，标志着中国的失业保险制度开始走向规范化。

2005 年《国务院关于进一步加强就业再就业工作的通知》（国发〔2005〕36 号）对失业保险基金扩展问题提出了明确的要求，试点工作正式启动。2007 年 8 月 30 日《中华人民共和国就业促进法》颁布，并于 2008 年 1 月 1 日起施行，该法第十六条规定："国家建立健全失业保险制度，依法确保失业人员的基本生活，并促进其实现就业。"从而为失业保险促进就业功能的发挥提供了法律依据。2010 年颁布的《社会保险法》对失业保险作出了原则性的规定，并对 1999 年颁布的《失业保险条例》的部分内容进行了修改。

1999 年国务院颁布了《失业保险条例》，更好地维护了公民参加社会保险和享受社会保险待遇的合法权益，保障失业人员失业期间的基本生活，促进其再就业。截至 2023 年末全国参加失业保险人数 24 373 万人，比上年末增加了 566 万人。2023 年末全国领取失业保险金人数 352 万人，全年为 730 万名失业人员发放不同期限的失业保险金。[①]

（二）工伤保险制度的建立和发展

早在 20 世纪 50 年代，我国建成了最初的工伤保险制度，20 世纪 90 年代开始了全面改革，2003 年国务院颁布了《工伤保险条例》，并宣布条例将于 2004 年 1 月 1 日起实施，这是中国第一部专门的工伤保险行政法规，它不仅标志着中国新型工伤保险制度的基本确立，而且对于解决工伤保险争议、推进工伤保险制度至关重要，这说明工伤保险制度在中国已经走上了规范化、法治化的道路，并快速发展起来。

目前我国工伤保险制度建设和经办管理已经迈上了新的台阶。2004 年 3 月，劳动和社会保障部工伤保险司正式成立，是工伤保险的专门保险管理机构，各地劳动和社会保障部门也相继设置专门的工伤保险及机构。2008 年，人力资源和社会保障部成立后，仍继续由工伤保险司负责工伤保险事务的管理工作。2011 年 1 月 1 日开始实施新修订的《工伤保险条例》，人力资源社会保障部出台了相关的配套制度，2012 年大多数省份也制定和下发了新条例实施办法和实施意见。2015 年 7 月 22 日，人力资源社会保障部、财政部经国务院批准印发了《人力资源社会保障部 财政部 关于调整工伤保险费率政策的通知》，按照党的十八届三中全会提出的"适时适当降低社会保险费率"的精神，为更好贯彻《社会保险法》《工伤保险条例》，使工伤保险费率政策更加科学、合理，适应经济与社会发展的需要，经国务院批准，2015 年 10 月 1 日起，调整工伤保险费率政策。不同工伤风险类别的行业执行不同的工伤保险行业基准费率。2017 年 6 月 22 日，《人力资源社会保障部 财政部关于工伤保险基金省级统筹的指导意见》（人社部发〔2017〕60 号）指出，工伤保险实行省级统筹，要求在省（区、市）内统一工伤参保范围和参保对象，统一工伤保险费率政策和缴费标准，统一工伤认定和劳动能力鉴定办法，统一工伤保险待遇支付标准，统一工伤保险经办流程和信息系统。在基金管理上，有条件的省（区、市）可以实行基金统收统支管理；不具备条件的省（区、市）也可在省级建立调剂金，由市（地）按照一定的规则和比例上解到省级社保基金财政专户集中管理。

2017 年 7 月 28 日，《人力资源社会保障部关于工伤保险待遇调整和确定机制的指导意见》（人社部发〔2017〕58 号）对于工伤保险的伤残津贴、供养亲属抚恤金、生活护理费、住院伙食补助费、其他待遇都进行了调整。

截至 2023 年末全国参加工伤保险人数 30 174 万人，比上年末增加 1057 万人。全国新开工工程建设项目工伤保险参保率 99.6%。全年认定（视同）工伤 137.5 万人，评定伤残等级 102.5 万人。

---

① 见《2023 年度人力资源和社会保障事业发展统计公报》。

全年有 222 万人享受工伤保险待遇。[①]

（三）生育保险制度的建立

新中国成立初期的生育保险制度是新中国劳动保险体系的一部分。1951 年 2 月 26 日，《中华人民共和国劳动保险条例》是我国第一部全国统一的劳动保险法规，确立了包括生育保险在内的多个保险项目，也标志着新中国成立初期的生育保险制度建立起来了。随着"文化大革命"的结束，我国社会经济建设重新步入正轨，1988 年国家颁布了《女职工劳动保护规定》，统一了企业和机关事业单位中有关生育保险待遇的规定。1992 年 4 月通过了《中华人民共和国妇女权益保障法》，规定妇女在孕期、产期、哺乳期受特殊保护，并呼吁国家推行生育保险制度，建立健全与生育相关的其他保障制度。1994 年劳动部颁布的《企业职工生育保险试行办法》对企业职工生育保险的基本原则、实施范围、待遇标准、基金管理、监督机制等作出了明确规定。2012 年 4 月国务院颁布了《女职工劳动保护特别规定》，将我国的产假提高至 98 天，达到了国际劳工组织《保护生育建议书》的标准。

随着我国社会经济的快速发展，党的十八届五中全会提出"建立更加公平可持续的社会保障制度"，并在《中华人民共和国国民经济和社会发展第十三个五年规划纲要》（简称"十三五"规划纲要）以及中央全面深化改革任务中部署"将生育保险和基本医疗保险合并实施"的任务，这是对社会保险一体化运行管理提出的新要求，有利于提高行政效率，降低管理运行成本，进一步增强生育保障功能，2017 年 2 月 24 日，人力资源和社会保障部举行生育保险和基本医疗保险合并实施试点工作会议，并在河北省邯郸市等 12 个城市开展两项保险合并实施试点。

四、推进社会保险立法，社会保险制度发展全面进入法治化轨道

2010 年 10 月 28 日，《中华人民共和国社会保险法》由十一届全国人大常委会第十七次会议审议通过，并由国家主席胡锦涛签署第 35 号主席令予以颁布，自 2011 年 7 月 1 日起施行。这部法律的颁布实施，是我国人力资源和社会保障法治建设中的一个里程碑，标志着我国的社会保险从实验性阶段正式走向定型、稳定和可持续发展阶段。《社会保险法》作为我国社会保障立法的主体性法律，不仅规范了我国社会保险制度的基本内容，而且在一定程度上规范了整个社会保障制度的基本框架，对于建立覆盖城乡居民的社会保障体系，更好地维护公民参加社会保险和享受社会保险待遇的合法权益，使公民共享发展成果，促进社会主义和谐社会建设，具有十分重要的意义。

经过多年的改革，我国已初步形成了养老、医疗、工伤、生育、失业保险为主要内容的社会保险体系框架，各项社会保险覆盖范围不断扩大，资金规模成倍增加（表 3-1），有效地保障了广大劳动者的合法权益，对维护社会稳定，促进经济发展和社会和谐发挥了重要作用。

表 3-1　2023 年我国社会保险基本情况

保险项目	参保人数（亿人）	基金收入（亿元）	基金支出（亿元）	年末累计结存（亿元）
基本养老保险	10.6643	76 691	68 369	78 173
基本医疗保险（含生育保险）	13.3389 其中：职工基本医疗保险：3.7095 城乡居民基本医疗保险：9.6294	33 501.36	28 208.38	33 979.75
工伤保险	3.0174	1 212	1 237	1 415
失业保险	2.4373	1 807	1 485	3 213

资料来源：《2023 年度人力资源和社会保障事业发展统计公报》《2023 年全国医疗保障事业发展统计公报》。

① 见《2023 年度人力资源和社会保障事业发展统计公报》。

中国的社会保险改革是一场异常深刻的革命性变革，从社会保险观念到制度结构、责任承担方式、财务模式以及与其他政策系统的关系，在总体上几乎重塑了整个社会保险制度体系，用国家主导、责任共担、社会化、多层次的理念和制度安排，全面替代了计划经济时期的国家负责、单位包办、板块分割、封闭运行的旧模式。这样一场意义深远、影响重大的变革，既需要解决历史遗留的诸多问题，又需要考虑未来的发展，持续不断地调整、改革成为制度完善的必然要求。从 21 世纪初期开始，除了立法上的突破以及统筹城乡发展、构建多层次等方面的巨大成就外，社会保险制度的改革还在扩大覆盖面、提高统筹层次、维护农民工权益、加强信息系统建设等方面做了诸多努力。今后，还将在推进机关事业单位养老保险制度改革、研究制定渐进式延迟退休年龄政策、加快健全社会保险管理体制和经办服务体系等方面作进一步的探索。

五、社会保险管理制度更加完善，经办管理全面提速

我国社会保险制度的历史沿革主要体现为社会保险管理部门的设置及社会保险管理权限配置的变迁。我国社会保险管理经历了三个阶段：1949—1978 年是中国社会保险管理制度建立和发展的阶段，形成了我国机关事业单位社会保险与企业社会保险分开管理的局面；1978—1998 年是传统社会保险管理制度调整和改革的阶段，此阶段的社会保险管理制度是一种分散的、权责划分不明确、管理效率低下的制度，这种制度与社会保险发展的内在要求不相适应；1998 年至今是现代社会保险管理制度建立阶段，劳动和社会保障部（2008 年 3 月国务院机构改革，组建人力资源和社会保障部，不再保留人事部、劳动和社会保障部）是社会保险的主要管理部门。经过 70 多年的发展，我国社会保险制度向更加完善发展，党的十八大以来，全面推进各项领域的改革，不断开创社会保障事业改革发展新局面。

思考题

1. 我国计划经济时期社会保险制度存在哪些主要问题？
2. 20 世纪 80 年代以来中国社会保险制度的改革背景是什么？
3. 中国社会保险制度主要包括哪五大保险制度？
4. 我国社会保险制度存在哪些问题？

案例

建立更加公平可持续的社会保障制度

材料 1

统筹推进城乡社会保障体系建设。社会保障是保障人民生活、调节社会分配的一项基本制度。要坚持全覆盖、保基本、多层次、可持续方针，以增强公平性、适应流动性、保证可持续性为重点，全面建成覆盖城乡居民的社会保障体系。改革和完善企业和机关事业单位社会保险制度，整合城乡居民基本养老保险和基本医疗保险制度，逐步做实养老保险个人账户，实现基础养老金全国统筹，建立兼顾各类人员的社会保障待遇确定机制和正常调整机制。扩大社会保障基金筹资渠道，建立社会保险基金投资运营制度，确保基金安全和保值增值。完善社会救助体系，健全社会福利制度，支持发展慈善事业，做好优抚安置工作。建立市场配置和政府保障相结合的住房制度，加强保障性住房建设和管理，满足困难家庭基本需求。坚持男女平等基本国策，保障妇女儿童合法权益。积极应对人口老龄化，大力发展老龄服务事业和产业。健全残疾人社会保障和服务体系，切实保障残疾人权益。健全社会保障经办管理体制，建立更加便民快捷的服务体系。

资料来源：中国共产党第十八次全国代表大会报告《坚定不移沿着中国特色社会主义道路前进　为全面建成小康社会而奋斗》

材料 2

建立更加公平可持续的社会保障制度。坚持社会统筹和个人账户相结合的基本养老保险制度，完善个人账户制度，健全多缴多得激励机制，确保参保人权益，实现基础养老金全国统筹，坚持精算平衡原则。推进机关事业单位养老保险制度改革。整合城乡居民基本养老保险制度、基本医疗保险制度。推进城乡最低生活保障制度统筹发展。建立健全合理兼顾各类人员的社会保障待遇确定和正常调整机制。完善社会保险关系转移接续政策，扩大参保缴费覆盖面，适时适当降低社会保险费率。研究制定渐进式延迟退休年龄政策。加快健全社会保障管理体制和经办服务体系。……加强社会保险基金投资管理和监督，推进基金市场化、多元化投资运营。制定实施免税、延期征税等优惠政策，加快发展企业年金、职业年金、商业保险，构建多层次社会保障体系。

资料来源：十八届三中全会《中共中央关于全面深化改革若干重大问题的决定》

【问题】我国社会保险制度建设中存在的主要问题是什么？

【提示】公平性、可持续性以及流动性欠缺。

参考文献

董才生，常成. 2019. 中国养老保险制度 70 年：理念变迁与经验反思. 学术交流，2019，（10）：14-22.

《社会保障概论》编写组. 2019. 社会保障概论. 北京：高等教育出版社.

杨复卫. 2020. 新中国养老保险法治建设 70 年：变革、成就与启示. 现代经济探讨，（2）：93-103.

杨宜勇，李洁. 2019. 中国社会保险制度的反思与政策建议. 中州学刊，（8）：67-72.

赵曼. 2009. 中国医疗保险制度改革回顾与展望. 湖北社会科学，（7）：60-63.

朱华雄，阳甜. 2016. 中国共产党人的早期社会保障思想探析（1921—1949）. 贵州社会科学，（3）：37-44.

（南京医科大学　姚俊；山东中医药大学　王丽君）

第四章　社会保险基金

内容提要

本章介绍了社会保险基金的概念、特点以及社会保险基金的类别，分析了社会保险基金的性质和功能，重点阐述了社会保险基金的筹集与待遇支付，论述了社会保险基金的投资运营和社会保险基金的监管等内容。

第一节　社会保险基金概述

一、社会保险基金的概念

所谓基金是指经过国民收入初次分配和再分配后形成的具有特定用途的物质资料的实物形式和货币形式的统一体。

社会保险基金是指为了保障社会保险对象在因暂时或永久丧失劳动能力或劳动机会时所享受的社会保险待遇，按照国家法律、法规，由缴费单位和缴费个人分别按缴费基数的一定比例缴纳以及通过其他合法方式筹集的专项资金。社会保险基金是保证社会保险对劳动者基本生活保障功能的经济基础，是社会保险的核心问题。

二、社会保险基金的特点

社会保险基金有其自身的本质属性，同其他基金相比，有着自身的特点。

（一）法律强制性

强制性是社会保险基金的主要特征。只有通过强制征集社会保险基金，才能使社会保险具备稳定可靠的经济来源，实现社会保险制度目标。社会保险基金的强制性主要表现在基金的筹集、管理、给付标准确定等多方面。雇主和雇员必须按照法定要求按时、按确定费率缴纳；社会保险基金管理机构依法确定社会保险基金的投资营运、投资组合和投资数额，达到使社会保险基金保值增值的目的；社会保险基金的给付也必须依照法定标准给付。而商业性保险基金、金融性信托基金则是在自愿的原则下，依据商业契约建立，在基金管理上相对于社会保险基金要宽松得多。

（二）社会政策性

社会保险基金的建立和管理具有很强的社会政策性。社会保险基金存在的目的在于当保险对象遭受风险时，为其提供必要的经济补偿，从而实现经济保障和社会稳定。为了实现社会保险基金的社会政策性，政府往往对基金的管理运营进行干预，甚至以隐形负债的方式承担劳动者代际收入再分配的责任。社会保险基金的社会政策性还意味着，保障丧失劳动能力和失去劳动机会的劳动者的基本生活是国家不可推卸的责任，国家为履行这个责任，需要借助整个社会的力量来保障劳动者的基本生活。

（三）对象特定性

社会保险区别于其他社会保障制度的地方在于，其保障的对象是劳动者。在劳动者失去劳动能力或劳动机会时，社会保险为其提供收入损失补偿，保障其基本生活。根据社会保险的特点，社会保险基金的对象特定性表现在两方面：其一，社会保险基金支付对象是特定的，在被保险人遇到年老、疾病、伤残、生育和失业的风险时为其或其受益人、法定继承人提供物质帮助，以保障其基本生活需要，未履行缴费义务者就无法享受社会保险的权利；其二，在基金筹集上，其主要来源于参加社会保险的雇主和雇员共同缴纳的社会保险费及国家的财政拨款。根据这一特点，社会保险基金必须专款专用，收支两条线，任何机构和个人都不得挪作他用。

（四）互助互济性

社会保险基金建立在数理统计大数定律的基础上，通过集中众多人的社会保险费形成基金，在参保人员遇到年老、疾病、伤残、生育和失业风险时提供经济补偿，体现了社会成员之间的互助互济、共担风险的原则。虽然按照确定费率计算的社会保险税费，在收入水平的高低之间存在广泛差异，国家财政也会给予社会保险基金适当支持，但是在社会保险的给付标准上，并不是完全按照劳动者缴纳社会保险费多少来确定的，待遇支付向低收入者倾斜，充分实现其社会统筹互济功能，是一种风险和责任分担的社会保障机制。

（五）保值增值性

社会保险基金除用于日常给付和预留部分准备金外，往往还有相当一部分余额，以备将来开支，这部分积累起来的基金则有保值增值的要求。尤其是积累制的养老基金，基金的储备时间长，基金规模大，保值增值压力也大。社会保险基金的保值增值性意味着，一方面，社会保险的参与者在获得保险金时，在剔除物价水平影响后的实际购买力不能降低，即要做到保值；另一方面，社会保险金还要随着生活水准的提高、社会经济的增长而适度提高，也就是说，社会保险金不但有保值的需求，还有增值的需要。

三、社会保险基金的种类

社会保险基金按照不同的划分标准有不同的分类。如果按照筹资模式划分，社会保险基金可以分为现收现付制、基金积累制和部分积累制。按照基金所有权分类，可分为公共基金、个人基金、机构基金；按照社会保险基金运营管理方式则可以分为财政性基金、市场信托管理基金、公积金基金。

本章社会保险基金分类是按社会保险项目的专门用途及其功能划分的，分为养老保险基金、医疗保险基金、失业保险基金、工伤保险基金和生育保险基金等。

（一）养老保险基金

养老保险是社会保险子系统中的主体项目，也是整个社会保障制度中最为重要的项目之一。养老保险基金亦称为退休基金，是国家或社会在劳动者合法退出劳动岗位后，为了保障劳动者基本生活，根据一定的法律和法规，征缴的用于支付劳动者退休养老待遇的专项基金，是养老保险制度的主要实现手段，可以是一次给付或定期终身给付。我国养老保险基金由基本养老保险基金、企业补充养老保险基金和个人储蓄性养老保险基金三大支柱组成。其中，基本养老保险基金由统筹基金和个人账户基金组成。

（二）医疗保险基金

医疗保险基金是指国家为保障职工的基本医疗待遇，根据国家的法律法规，强制性地由政府、雇主和雇员筹资建立的，用于雇员基本医疗保险的专项基金。当雇员因疾病需要接受治疗时，由社会保险机构提供医疗费用补偿。根据医疗保险制度的不同，医疗保险基金的具体来源有所不同，实行国民健康保险模式的国家，基金主要来源于政府财政支出；实行社会医疗保险的国家，基金主要来源于雇主和雇员缴纳的医疗保险费和政府的补贴；实行商业性医疗保险和储蓄医疗保险的国家，其费用主要由雇员支付。

（三）失业保险基金

失业保险基金是根据国家法律法规规定，通过强制集中失业保险费建立起的，对劳动者因非自愿失业造成的收入损失给予补偿的专项基金。失业保险基金的筹集要求失业保险有关各方必须依法及时、足额缴纳失业保险费，以保证失业保险基金有稳定的来源。同时失业保险基金的给付标准要适度，避免失业保险金过高给付导致劳动者对失业保险形成依赖，失去工作动力，影响社会经济效率的提高。

（四）工伤保险基金

工伤保险基金是指根据国家的法律法规规定，由雇主按照一定比率缴纳并通过其他合法方式筹集的，用以保障参保雇员工伤保险待遇的社会保险专项基金。其主要由雇主缴纳的工伤保险费、工伤保险基金的利息收入和依法纳入工伤保险基金的其他资金构成。工伤保险基金具有显著的损失补偿性质，因此保险金一般都由雇主负担，雇员个人不缴费。工伤保险基金的筹集费率一般执行差别费率和浮动费率，以此对职业伤害进行管控与预防。

（五）生育保险基金

生育保险基金是专门为生育职工支付有关待遇的款项，其主要作用：一是确保参保职工生育期间的基本生活；二是保障其基本医疗服务。生育保险基金的来源主要有政府、雇主和雇员三种渠道，在不同的国家具体的分担方式有所不同。

四、社会保险基金的性质与功能

（一）社会保险基金的性质

社会保险性质决定了社会保险基金的性质，社会保险作为一种社会政策，是一种准公共性产品，是由国家根据全体社会劳动者的共同需求，采取社会保险的形式对个人收入进行收入调节，是一种特殊性质的个人消费品再分配手段。

社会保险基金是社会保险制度的物质基础，通过对社会保险的考察，可以看出社会保险基金是一种来源于国民收入的初次分配和再分配后的社会后备基金。具体来说，国民收入经过初次分配形成了国家、企业和个人收入，在此基础上，政府通过财政拨款、雇主统筹缴费和雇员缴费等方式建立社会保险基金，也就是社会保险基金的筹集。在保险金的给付上，社会保险机构根据一定的法律、法规规定，向不同的社会保险对象提供经济补偿和援助，实现了国民收入的再分配。

（二）社会保险基金的功能

1. 维护社会稳定

无论何种社会制度，在任何社会时期，社会劳动者都面临着老、弱、病、残、孕等导致丧失劳动能力的风险。在工业化和市场化的前提下，由于生产力水平的提高，社会劳动者面临的这些风险因素日益增多，其危害程度也更加严重。劳动者在失去劳动能力后就面临着生存危机，这种危机得不到解决，就会成为社会安定的隐患。社会通过为陷入生存困境中的劳动者提供社会保险基金补偿，可以保障这部分劳动者的基本生活，从而有效消除隐患，达到稳定社会的目的。

2. 保证社会劳动力再生产顺利进行

劳动者因疾病、伤残、失业而失去正常的劳动收入，其生活就得不到保障。有了社会保险基金的补偿，可以为劳动者提供必要的经济补偿和生活保障，从而使劳动者恢复劳动能力，进而保证了劳动力再生产的顺利进行，也就保证了社会再生产的顺利进行。

3. 调节收入差距

市场经济承认劳动者在劳动能力和社会机遇方面的差距，对于劳动能力低下和家庭负担较重的群体，其收入水平位于社会的平均水平之下，一旦发生意外风险，失去劳动能力，失去劳动收入，会进一步加剧社会收入分配差距。通过社会保险基金的筹集，再按照公平原则分配给收入较低或失去生活来源的劳动者，在一定程度上缩小了劳动者之间的收入差距，有利于实现社会的公平分配。

4. 促进经济发展

社会保险基金对经济发展的促进作用主要体现在：一方面在于通过社会保险基金的筹集和给付，对劳动者的收入水平进行调节，对劳动者的基本生活提供多方面保障，避免因劳动者生活陷入困境而造成社会动荡，这为经济发展提供了一个稳定的社会环境；另一方面，社会保险基金对劳动者的多方面的保障又直接促进着经济的发展，如社会保险是促进劳动者身体、心理及技能素质提高的重要保障机制，从而对经济发展起着直接的促进作用。

5. 推动社会进步

社会保险基金的筹集与给付，体现了互助合作、同舟共济的价值理念。劳动者参加社会保险，缴纳社会保险费，形成社会保险基金，在发生风险事故导致劳动者失去收入的时候，再通过保险基金的给付，保障劳动者的基本生活。这体现了权利与义务的对应关系，对于增强社会成员的责任感具有重要意义。通过社会保险基金的筹集与给付，还为发扬敬老爱幼、扶贫济困、友爱互助精神创造了良好的物质条件。

五、社会保险基金与全国社会保障基金的区别

社会保险基金和全国社会保障基金往往都被简称为“社保基金”，但二者有着明显的区别。全国社会保障基金是国家社会保障储备基金，由中央财政预算拨款、国有资本划转、基金投资收益和以国务院批准的其他方式筹集的资金构成，用于人口老龄化高峰时期的养老保险等社会保障支出的补充、调剂。社会保险基金与全国社会保障基金最根本的区别如下。

（一）筹资渠道不同

社会保险基金是基本养老保险基金、基本医疗保险基金、工伤保险基金、失业保险基金和生育保险基金的统称，是按照国家法律、法规，由缴费单位和缴费个人分别按缴费基数的一定比例缴纳以及通过其他合法方式筹集的专项资金。而全国社会保障基金由中央财政预算拨款、国有资本划转、基金投资收益和国务院批准的其他方式筹集的资金构成。

（二）性质与用途不同

社会保险基金主要用于为参保人提供养老、失业、工伤、医疗、生育保险待遇的当期常规性发放。而全国社会保障基金是国家用于应对人口老龄化大潮、退休制度改革、社会保险支付压力等可能导致国家保障压力剧增的情况而设立的战略储备基金，因此全国社会保障基金只能由中央政府进行集中专项发放。

（三）运营管理方式不同

社会保险基金由各地社会保险经办机构管理，按社会保险险种分别建账，通过预算实现收支平

衡，且投资运营范围和领域受到严格限制。而全国社会保障基金由全国社会保障基金理事会负责管理与运营，可投资配置于经国务院批准的固定收益类、股票类和未上市股权类等资产，可以在中国境内市场和境外市场投资运营。

（四）管理主体不同

全国社会保障基金的管理主体是国务院成立的全国社会保障基金理事会，其主要职能是：管理运营全国社会保障基金；受国务院委托集中持有管理划转的中央企业国有股权，单独核算，接受考核和监督；经国务院批准，受托管理基本养老保险基金的投资运营；根据国务院批准的范围和比例，直接投资运营或选择并委托专业机构运营基金资产；定期向有关部门报告投资运营情况，提交财务会计报告，接受有关部门监督；定期向社会公布基金收支、管理和投资运营情况；根据有关部门下达的指令和确定的方式拨出资金；完成党中央、国务院交办的其他任务；作为投资运营机构，全国社会保障基金理事会要履行好基金安全和保值增值的主体责任。

而社会保险基金管理的主体是各统筹地区的社会保险经办机构，不同的社会保险险种由不同的经办机构具体负责管理。

第二节　社会保险基金筹集

一、社会保险基金筹集的含义与原则

社会保险基金筹集是指由法定的社会保险管理机构，按照法律规定的比例和计征对象征收社会保险税（费），形成社会保险基金的过程。

社会保险制度要顺利履行相应的保险责任，保证经济、社会的稳定发展，就必须要有一个可靠的物质基础，这个物质基础就是社会保险基金。按照一定的原则、模式筹集社会保险基金，是社会保险制度得以建立并正常运行的物质前提和财力保证。社会保险基金筹集，直接关系到能否建立充足和稳定的社会保险基金，是社会保险制度的核心内容和关键运行环节。

国际劳工组织特别针对社会保险基金的筹集提出了基本原则：其一，受保职工承担的费用不超过全部所需费用的一半；其二，避免低收入者负担过重；其三，要考虑本国的经济状况。在实践中，各国社会保险基金筹集要求做到：一是资金的筹集方式要与制度模式相适应；二是资金的筹集渠道必须畅通；三是资金的来源必须稳定；四是已经筹措的资金要能够满足社会保险的需要。

二、社会保险基金的来源

（一）国家财政资金

在现代社会，保障社会成员的生存权利是国家义不容辞的责任，而且国家通过财政收入为社会保险事业提供资金支持，是社会保险制度正常运转的可靠保障。作为社会保险基金的重要来源，国家财政资金主要通过三种形式资助社会保险事业：一是财政拨款，这是一种直接资助的方式，即通过财政预算确定对社会保险的支持，这种方式能清晰地反映国家在社会保险中承担的责任；二是税收支出，这是一种间接资助的方式，主要包括雇主和雇员在缴纳所得税前缴纳社会保险费，对社会保险基金的投资收益减免税，对雇员享受的社会保险待遇免税等；三是国家让利，这也是一种间接资助的方式，国家对存储于金融机构的社会保险基金，或对于社会保险机构用于投资的基金，给予较高的利率优惠，以扩大社会保险基金的来源。有些国家的财政还对社会保险的运行管理提供经费支持。

（二）雇主缴费

雇主作为雇员劳动力的实际使用单位，对其雇员及其家属负有社会保险责任。在市场经济条件下，雇主履行社会保险责任的方式是为雇员向社会保险机构缴纳社会保险费。通常雇主负担的社会保险费是按雇员工资总额的一定比例缴纳，由社会保险机构强行征收。

（三）雇员缴费

雇员既是社会保险的被保险人和社会保险待遇的受益人，也是社会保险基金的出资主体和义务人。通常，雇员按工资或收入的一定比例缴纳社会保险费用，由社会保险机构强制征收，并成为社会保险基金的重要来源。

在三方共同负担社会保险基金的原则下，雇主和雇员必须按照自己的承受能力承担相应的社会保险基金份额。由雇主和雇员共同负担社会保险费，我国养老保险基金筹集的具体办法是：由雇主和雇员以工资总额为基数，按照规定的比例向社会保险管理机构缴纳社会保险费。雇主为雇员缴纳的社会保险费进入统筹基金，体现社会保险的社会互助性质；雇员缴纳的社会保险费则计入雇员个人账户。

除了以上社会保险基金的主要筹集渠道外，还有一些辅助渠道，同样也为社会保险基金提供资金支持。主要包括：

（1）社会捐献是国民收入的第三次分配，是人们完全出于自愿的、相互之间的捐赠和转移收入。社会保险机构通过一定的途径和办法向社会团体、单位和个人募集作为社会保险用途的资金或实物，这也是一条重要的社会保险基金来源渠道。社会捐献直接吸纳到社会保险基金名下，由社会保险机构根据实际需要使用。

（2）社会保险基金的运营增值，主要包括储蓄增值和投资收益两部分。社会保险基金通过储蓄取得的利息和通过投资而获得利润，也成为社会保险基金的来源。

（3）福利彩票的销售收入和社会保险缴费机构或个人的滞纳金，也构成了社会保险基金的筹集来源。

三、社会保险基金的筹集方式与筹集原则

（一）社会保险基金的筹集方式

从世界各国社会保险基金的筹集方式来看，主要有如下三种。

1. 征收社会保险税

征税是以国家立法规范为前提，由政府运用行政权力强制筹措社会保险基金的一种筹资方式。征税体制完善的西方发达国家，一般会依托税收系统筹集社会保险金。但具体到各国征收的社会保险税税制形式则不尽相同。有的国家专门征收社会保险税，如英国的国民保险税、美国的社会安全税；也有国家通过征收个人所得税筹集资金，如瑞典；也有国家专门开征特定税种充实社会保险基金，如法国的烟草税。

征收社会保险税有利有弊。好处是具有强制规范性，负担也公平，社会化程度高，管理简便；不足之处是税收通常以年度预算和收支平衡来安排制度运行目标，不能形成积累性资金，对制度的可持续发展有影响。因此，征收社会保险税只能与现收现付制的社会保险项目相适应。

2. 征收社会保险费

征收社会保险费是政府职能部门依据相关法律规范，强制向雇主与雇员征收用于特定社会保险项目的费用的筹资方式，普遍适应于社会保险。因为社会保险各项目资金来源于雇主与雇员缴费，

并遵循“专款专用”原则，所以其从性质上有别于财政资金。

征收社会保险费具有灵活性特点，不同社会保险项目征费分和均可，收支可以两条线管理，既可以适应现收现付制，也能够与基金积累制相适应。但征费方式的强制规范性不足，偷逃漏费现象时有发生。

3. 强制储蓄

强制储蓄即是个人账户制，是指雇主与雇员按法律规定缴纳社会保险费，并存入政府为雇员设置的个人账户中，需要时才能够按规定提取的筹资模式。此种模式在国家立法规范下实施，具有强制规定性。强制储蓄的筹资模式只能适应于完全积累型的社会保险项目，如新加坡中央公积金，但公平性差，互济性不足。

（二）社会保险基金的筹集原则

1. 强制筹资原则

在建立社会保险制度的国家中，国家出于维护社会保险制度稳定性的目的，基本都制定了强制筹资原则。该原则是指国家为了顺利筹集社会保险基金，通过立法的形式，约束相关各方的权利和义务，任何单位、组织和个人都必须按时、足额缴纳社会保险税（费）。任何单位、组织和个人的欠缴和逃费行为，都属于违法行为，将要被追究法律责任。

2. 成本最小化原则

社会保险基金的筹集过程不可避免地要投入相应的人力与物力，从而产生各种必需的费用，这些费用就是社会保险基金的筹集成本。社会保险基金作为劳动者在遭遇风险之后的后备基金，是社会保险制度运行的基础，所以在筹集过程中必须尽量降低相关费用，避免不必要的资金浪费，尽可能地提高筹资效率。

3. 收支平衡原则

社会保险基金筹集的收支平衡包括横向和纵向两个方面：一是横向平衡，指在一个较短的时期内，某个社会保险项目所筹集的基金总额应当与该保险项目需要支付的费用总额保持平衡；二是纵向平衡，指某个保险项目的参加者在缴纳保险费期间提取的各项基金总额，包括本金与投资收益，应当与该参加者在享受该项保险待遇期间所需的费用总额保持平衡。

4. 共同筹资原则

共同筹资原则要求在社会保险基金的筹集过程中，政府、雇主和雇员共同承担出资责任。国家通过财政拨款和税收减免等方式直接或间接出资；雇主要为雇员缴纳社会保险费，负担一部分社会保险基金；雇员则从其劳动收入中拿出一部分缴纳社会保险费，才能享受社会保险待遇。

四、社会保险基金筹资模式

社会保险基金的筹资模式有三种，即现收现付制、基金积累制、部分积累制。

（一）现收现付制

现收现付制是指在一个较短的时期内，根据横向平衡原则，先做出短期内需要支付的保险费用的测算，然后以支定收，按一定费率筹集社会保险基金，筹集的资金仅满足同期社会保险基金给付的需要。

以养老保险为例，现收现付制是指以同一个时期正在工作的一代人的缴费来为已经退休的上一代人提供养老保险金的筹资模式。它根据每年养老金的实际需要，从工资中提取相应比例的养老金，当期征收，当期使用，不谋求资金的储备。

1. 现收现付制的优点

第一，建立迅速，给付及时。保险金由在职人员缴纳，向退休一代支付。当期保险金即收即付，不需要基金的积累过程。正是基于此，现收现付制的筹资模式具有建立迅速、计算简便的优点。第二，调整灵活，不受通货膨胀影响。通过保险金随物价或收入波动而调整的指数调节机制，可以调整社会保险基金的筹资水平，保障保险金的购买力，避免保险金的贬值风险，保证实现社会保险的目标。第三，具有再分配功能，提高社会福利水平。现收现付制筹资模式的收入再分配功能有利于实现社会公平，增进社会福利。现收现付制通过代际收入再分配和同代劳动者间收入再分配的调节，将在职人员的一部分货币收入调节为全社会的保险基金，进一步体现了社会保险的共济性。第四，运行管理成本较低。由于社会保险基金投资运行和管理的成本较少，社会保险基金管理机构的责任风险也较少，从而对管理水平的要求和其他管理费用也较低。

2. 现收现付制的局限

第一，存在代际收入分配的矛盾。现收现付制采取以支定收的弹性费率制原则，其代际收入再分配的功能一方面体现了社会保险的共济性，另一方面容易导致参保成员之间的权利与义务的不对等，易引发在职劳动者和退休劳动者之间的矛盾。第二，面临人口老龄化的挑战。由于经济的发展与社会的进步，人口老龄化趋势逐渐加快，在职人口与退休人口的比例失衡，抚养系数增大。这样，现收现付制的收支失衡将难以避免，从而使社会保险制度出现严重的财务危机。第三，激励性不足。现收现付制模式下，参加社会保险的劳动者的缴费义务与未来享受社会保险待遇的相关性较弱，对劳动者参加社会保险的积极性缺乏激励。第四，抗风险能力弱。由于现收现付制下没有基金储备与积累，一旦经济不景气，筹集资金面临困难，就会引发社会保险基金入不敷出，如果无其他资金的注入，社会保险基金就会发生支付危机，从而动摇制度根基。

（二）基金积累制

基金积累制（Funded Fully），又称完全积累制，是指依据纵向平衡原则，根据对人口死亡率、工资变化、物价变动、利息变动等因素进行宏观测算后，保证任何时点上社会保险基金的总额能够以现值清偿未来社会保险金给付的需要。

其具体操作为，国家强制实施个人养老储蓄制度，通过建立个人账户，企业和个人缴费全部进入个人账户，退休待遇水平完全取决于账户基金的积累额，账户基金可以进行投资。这种模式可以较好地解决人口老龄化问题，并为经济建设提供大量资金。

1. 基金积累制的优点

第一，运行机制简明，易于推广。基金积累制运行机制简单，便于操作，容易得到社会参保人员的理解，便于推广。社会成员的理解与信任，有利于筹集足够的社会保险基金，对于社会保险制度的良性运行有着重要意义。第二，可以应对人口老龄化的挑战。对于养老保险而言，基金积累制采取预先缴纳、筹集养老保险基金，未来再支付给参保人员的方式。这种制度在微观上表现为参保人员的资金供求在其生命周期上的纵向平衡，所以可以在一定程度上缓解人口老龄化带来的养老金危机。第三，具有较强的激励机制。基金积累制表现为参保人员在生命周期内对收入的重新配置，所以对于个体而言，其享受的保险金给付待遇与其所缴纳的社会保险费具有很强的相关性，这有利于提高社会成员缴费的积极性，鼓励社会成员延长工作年限，从而促进社会保险制度的稳定运行。第四，对经济发展有促进作用。基金积累制形成的社会保险基金的积累，相当于增加了社会储蓄，通过这部分资金的投资活动，可以促进经济发展。

2. 基金积累制的局限

第一，基金贬值问题突出。基金积累制下积累的巨额资金容易受到物价水平变动的影响，如果没有成功的投资营运，容易导致社会保险基金贬值，难以实现社会保险目标。第二，存在基金运营风险。为了应对通货膨胀，积累下的巨额资金有着保值增值的要求，由于经济条件与资本市场条件面临不确定性，这对社会保险基金管理机构提出了较高的要求。第三，缺乏互济性。基金积累制注重效率，难以体现社会公平的目标。由于缴费全部进入个人账户，不在社会成员间统筹使用，个人缴费数额与未来保险金的给付水平高度相关，这就难以实现个体之间的收入再分配功能，导致基金积累制缺乏互济性。

（三）部分积累制

部分积累制是对现收现付制与基金积累制的整合，是一种兼容近期横向平衡原则和远期纵向平衡原则的社会保险筹资模式。为吸纳上述两种模式的优点，消除其不利因素，不少国家改革过程中，采取了这种模式，将社会保险基金的筹资分成两个部分，即社会统筹部分和个人账户部分。社会统筹部分采取现收现付制，保证当前开支需要；个人账户部分采取基金积累制，满足将来开支的需要。这种模式保持了社会保险的统筹共济功能，又具备了个人账户的激励和监督机制，吸取了现收现付制和基金积累制的优点，也适当避免了二者的弱点和问题。但是，部分积累制仍然存在一定的缺点：既受到利率、工资增长率、通货膨胀等经济因素的影响，也受到人口因素变动的影响，收支平衡模型复杂；可能面临因储备金不足，应对人口老龄化风险能力有限，费率高、合理确定费率难度大，以及管理成本较高等缺陷。现阶段我国城镇职工基本养老保险基金和城镇职工基本医疗保险基金均是采取这种模式。

五、我国社会保险基金的筹资管理现状

我国社会保险基金目前实行介于现收现付制和积累制之间的筹资模式，且因政府财政对社会保险基金的直接补贴有限，社会保险基金的筹资主要由企业和个人承担。较高的缴费负担使得个人与企业谎报工资总额、少缴或拒缴社保费用等状况存在，导致社会保险基金来源不足。另外，我国社会保险基金大部分是地市级统筹，统筹层次较低，对于社会保险健康发展存在诸多不利影响，也使得社会保险制度促进社会公平的功能难以真正实现。近年来，我国社会保障制度改革已经进入全面制度优化时期，建立更加公平可持续的社会保障制度，需要改变社会保障制度的“碎片化”状态，提高社会保险基金的公平性；同时应当提高统筹层次，增强社会保险基金的共济能力；积极探索筹集保费的新途径。

第三节　社会保险基金的投资运营

一、社会保险基金投资运营的含义及必要性

（一）含义

社会保险基金的投资运营，是指根据国家有关规定将社会保险基金结余投入经济活动以取得相应的收益，也就是社会保险基金的投资活动，以实现社会保险基金的保值增值。社会保险基金的运营及其效果直接关系到社会保险制度能否正常运行，关系到能否实现社会保险的政策目标。

（二）必要性

1. 有效抵御通货膨胀的影响

社会保险基金尤其是积累制基金从筹集到支付，这期间的时间从几年到几十年不等。在市场经济条件下，物价整体水平的上涨是不可避免的。通过合适、有效地对其进行投资运营，可以保证社

会保险基金不发生贬值，从而起到有效地抵御通货膨胀的负面影响的作用。

2. 补充社会保险基金的来源

在社会保险制度运行的过程中，有许多因素都会导致社会保险基金的支付额大于其收缴额。当然，通过提高社会保险的费率可以增加社会保险费的积累，但这又会给企业和缴费个人增加负担。因此，从长远发展的角度来看，防止基金贬值，解决社会保险基金赤字问题的根本出路在于把基金投入运营。

3. 减轻政府社会保险费用负担

社会保险发展到一定阶段，会出现保障面扩大、待遇水平提高、费用负担增长的情况，从而导致社会保险收支出现较大缺口，而政府通常需出资补贴社会保险的收支缺口。通过社会保险基金的投资运营，有利于基金保值增值，壮大基金规模，从而起到减轻政府的社会保险费用负担的作用。

4. 支持国家经济建设

社会保险基金由社会保险专管部门掌握，按照国家的有关法律、政策进行各项投资活动。社会保险基金投资运营，不仅壮大了社会保险的偿付能力，而且为企业的技术改造和扩大再生产提供了可靠的资金来源，对经济发展起到重要的促进作用，有力地支持了国家的经济建设。同时，这也能使全社会从中看到社会保险的作用并支持社会保险事业的发展。

二、社会保险基金投资原则

（一）安全性原则

安全性是社会保险基金投资运营的首要原则，也是最基本的原则。社会保险基金投资的安全性原则是指社会保险基金投资经办机构在投资时，必须保证投资的基金能够按期如数收回，并取得预期投资收益。由于社会保险基金是百姓的养命钱，一旦出现严重亏损，就会引起社会动荡。因此，在社会保险基金的投资运营中，安全是第一位的。基金管理人要以零风险或接近零风险的原则保证基金的安全，在此前提下再兼顾其他原则。

（二）流动性原则

从社会保险基金管理者的角度看，社会保险基金是每个支付期的收付计划，合理调度基金是十分重要的。一方面，如果社会保险基金的流动性过低，不足以应付每月的支出，就会影响领取人的信心，引发社会问题；另一方面，如果流动性过大，资金未能充分运用，则会减少基金的收益，不利于基金的保值增值。简要地说，社会保险基金的流动性原则就是保持必需的、可用于每月支付各类保险费用的现金或短期流动性强的资产。

（三）收益性原则

社会保险基金投资的收益性原则是指在保证安全性原则的条件下，基金投资能够获得最大的投资收益。这是基金保值增值的重要手段。在进行社会保险基金投资时，必须根据实际情况，制定妥善的计划，进行精确的计算，真正做到社会保险基金投资收益性和安全性的统一。并且，还必须注意社会保险基金投资资产的流动性，以保证合理的风险收益水平。

（四）分散化原则

由于市场运行必然存在风险，社会保险基金投资运营不能“将所有鸡蛋放在一个篮子里”，必须遵循分散投资的原则，采取多元化投资组合方式，以分散投资风险，并保证社会保险基金投资运营实现安全增长。在分散化的社会保险基金投资组合中，各种投资工具要兼收并蓄，在分散投资过程中实现安全与收益兼顾。

（五）社会性原则

社会保险基金属于公共基金，涉及面广泛，基金规模大。在市场经济条件下，社会保险基金投资运营要获取最大收益是完全可以实现的。但社会保险基金是取之于民用之于民，终极目标还是通过保障和改善国民生活、增进国民福利来实现整个社会的和谐发展。因此，社会性原则是要求社会保险基金投资既要经济效益，又要兼顾投资的社会效益，投资应该与政府的公共目标保持一致。这是社会保险基金投资不同于其他金融性投资的重要特征。

三、社会保险基金投资选择

社会保险基金的投资有多样化选择，概括来讲有金融投资和实业投资两大类。

（一）金融投资

1. 购买债券

债券是发行人依照法定程序发行，并按约定还本付息的一种有价证券。按照发行主体分类，债券可分为国家债券、地方政府债券、金融债券、公司债券。其中，公司债券的票面利率最高，其次是金融债券、地方政府债券和国家债券。国家债券又称国家公债券，简称国债，它是由一国中央政府或联邦政府依据“有借有还”的信用原则，为筹措资金而发行的债券。国家债券有政府财政做担保，信誉高，风险小，符合安全性原则；利率一般高于银行存款，但流动性要低于银行存款。

2. 储蓄存款

从广义上理解，储蓄存款也是一种投资，而且一般认为这种投资是相对无风险的。但也正因为如此，这种投资的收益率较低。银行活期存款可随时存取，短期定期方式也比较灵活，因此除期限较长的存款外，银行存款几乎具有完全的流动性。社会保险基金中的应急准备金和其他暂时不用的资金，都可以选择活期存款或短期定期存款的方式存入银行。为了体现对社会保险事业的支持和资助，许多国家对存入银行的社会保险基金给予优惠利率，特别是在通货膨胀水平比较高的情况下，会对存入银行的社会保险基金给予保值补贴。

3. 股票和证券投资基金

股票或证券投资基金，是社会保险基金能够获得较高投资收益的投资对象。社会保险基金投资利用社会保险基金积累期较长、较稳定的特点，购买股票或证券投资基金，从而获得较高的投资收益，但是投资风险高，需要专门机构负责投资项目，以保证资金安全。

4. 各种类型贷款

各种类型贷款也是社会保险基金投资的项目，主要包括住房贷款、个人贷款以及工商业贷款等。例如住房贷款可以与社会保险政策结合起来使用，既可以体现投资收益，又可以促进住房社会保障目标的实现，是社会保险基金的重要资产。

（二）实业投资

面对越来越大的保值增值压力，社会保险基金投资运营除了使用多元化的金融投资工具外，还可以投资于实业。实业投资包括房地产、基础设施等不动产。在经济可持续发展的前提下，不动产投资具有收益稳定、安全性高的特点，又可以在一定程度上防范通货膨胀风险。国内外社会保险基金运营都有实业投资的探索，但投资周期长、流动性差的局限制约着实业投资规模，多数国家社会保险基金在不动产方面投资比例都较低。而且，有些实业投资的专业性强，投资风险较大，管理成本较高，如房地产就容易发生经济周期波动。

四、社会保险基金的投资决策

投资决策是投资者为实现预期投资目标，运用一定的理论和方法制定投资策略，进行资产配置，并在投资决策后对投资业绩进行评估的系统过程。一般包括确定投资目标、明确投资约束、制定投资策略、资产配置、评估投资业绩五个步骤。

（一）确定投资目标

1. 风险目标

风险目标与社会保险基金的风险承受能力有关，风险承受力包括投资者承担风险的意愿和能力。影响社会保险基金风险承受能力的因素主要有三个方面。首先，取决于社会保险基金的类别，例如，养老保险中的基本养老保险相较于补充养老保险，能够承担风险的能力较弱；其次，还与保险基金的转移、支付需求比例有关，如果社会保险基金的转移、支付需求比例相对于社会保险基金规模来说较小，则社会保险基金风险承受能力就较强；最后，社会保险基金参保人员的结构特征也影响其风险承受能力。如参保人越年轻，收入越高，则社会保险金近期给付压力就小，社会保险基金风险承受能力越强。

2. 收益目标

社会保险基金投资首先要保证安全性，同时还要兼顾收益性、流动性。基金投资的特殊性，决定了社会保险基金投资追求的收益目标是在风险既定的情况下，追求收益最大化。

（二）明确投资约束

1. 流动性约束

流动性约束，要求社会保险基金在进行投资操作时，必须保持适当的流动性。如果流动性不足，需要卖出某些资产以满足社会保险基金给付的需要，这会给社会保险基金造成损失。流动性约束与基金的风险承受能力反相关，流动性要求越高，基金风险承受能力越弱。

2. 期限约束

社会保险基金到期的长短，与投资期限之间有着密切关系，如果距离社会保险基金给付期较远，则投资期限可以选择较长的时期。期限约束与社会保险基金的风险承受能力正相关，即投资期限越长，则基金的风险承受能力也越强。

3. 法律法规约束

法律法规是社会保险基金投资的外部约束，法律法规主要约束了社会保险基金可投资的项目种类、单一项目的投资限额以及其他方面的约束。

（三）制定投资策略

1. 被动投资策略

在被动投资策略下，选定的投资组合不因市场预期的变化而进行调整。指数化投资策略是一种较常见的被动投资策略，指数化投资组合的证券组成及比例与某个指数相一致，从而达到复制该指数收益的目的。社会保险基金投资大多采用被动投资策略。

2. 主动投资策略

主动投资策略是指投资管理人根据市场预期的变化适时调整投资组合。采取主动投资策略的投资管理人选择一个投资基准作为评估其业绩的依据，投资基准可以是单个指数或几个指数的组合。通常组合中的证券权重会与基准中的证券权重不同，反映出投资管理人的预期与市场一致性预期的不同，投资管理人通过调整证券权重获取超过基准的经过风险调整的回报。市场化管理的社会保险基金更多采用主动投资策略，如智利 AFPs 的投资策略。

3. 半主动投资策略

半主动投资策略又称为风险控制下的主动投资策略或增强指数化投资策略。该策略对预期数据的变化仅进行有限的使用。例如，增强指数化投资策略是在对某个指数跟踪的基础上，适度改变投资组合中证券的权重以获取超额的投资收益。

（四）资产配置

资产配置可以分为战略资产配置和战术资产配置。战略资产配置是指由社会保险基金决策主体对投资组合长期资产类别构成做出决策，战术资产配置是指在战略资产配置的基础上，投资管理人通过对市场运行的研判，对各类资产的比例做出短期调整。

（五）评估投资业绩

为了判断基金投资是否达到预期目标和评价投资管理人的投资能力，需要定期对社会保险基金的投资业绩进行评估，主要从三个层面进行：首先是业绩评估，即评估经过风险调整的收益率的高低；其次是业绩分布评估，即评判投资组合收益来源于资产配置效应还是证券选择效应；最后是业绩评价，即基于某个市场基准对投资管理人的业绩进行判断。

五、我国社会保险基金的投资

社会保险基金的投资，主要是由资金运作机构对社会保险基金进行有效运作，保证基金安全和增值，提升社会保险的偿付能力。我国基本养老保险基金投资是社会保险基金投资的重要组成部分，根据《国务院关于印发基本养老保险基金投资管理办法的通知》（国发〔2015〕48 号），国务院正式颁布实施了《基本养老保险基金投资管理办法》，规范了基本养老保险基金投资管理行为。这里基本养老保险基金，包括企业职工、机关事业单位工作人员和城乡居民基本养老保险基金。

目前我国基本养老保险基金采取区域分级管理模式，即由省、市、县三级地方政府分散管理，各级地方政府对本级政府管理的基本养老保险基金的收入、支出和结余资金的投资分别进行管理。2015 年国务院颁布实施《基本养老保险基金投资管理办法》以后，为解决一些省份的基本养老保险基金结余较多、贬值压力较大的问题，地方政府可以将基金结余部分委托给国务院授权的机构进行统一管理，即由全国社会保障基金理事会进行投资运营和管理。这里简要介绍全国社会保障基金理事会对受托基本养老保险基金的投资运营情况。

1. 投资方式

全国社会保障基金理事会受托对基本养老保险基金进行投资运营，是根据审慎投资、安全至上、控制风险和提高收益的原则，在确保基金安全的前提之下实现基金的保值增值。投资方式包括直接投资和委托投资，直接投资由全国社会保障基金理事会直接管理运作，主要包括银行存款和股权投资。委托投资由全国社会保障基金理事会委托投资管理人管理运作，主要包括境内股票、债券、养老金产品、上市流通的证券投资基金，以及国债期货等。

2. 投资范围

根据《基本养老保险基金投资管理办法》规定，基本养老保险基金限于境内投资。投资范围包括：银行存款，中央银行票据，同业存单；国债，政策性、开发性银行债券，信用等级在投资级以上的金融债、企业（公司）债、地方政府债券、可转换债（含分离交易可转换债）、短期融资券、中期票据、资产支持证券，债券回购；养老金产品，上市流通的证券投资基金，股票，股权，股指期货，国债期货。此外，国家重大工程和重大项目建设，基本养老保险基金也可以通过适当方式参与投资。

3. 投资业绩

2022 年末，全国社会保障基金理事会受托管理运营的基本养老保险基金资产总额 18 453.73 亿元，负债总额 2255.58 亿元，权益总额 16 198.15 亿元，其中直接投资 6304.98 亿元，占比 38.92%；委托投资 9893.17 亿元，占比 61.08%。2020 年，基本养老保险基金权益投资收益额 1135.77 亿元，投资收益率 10.95%；2021 年，基本养老保险基金权益投资收益额 631.80 亿元，投资收益率 4.88%；2022 年，基本养老保险基金权益投资收益额 51.05 亿元，投资收益率 0.33%。基本养老保险基金自 2016 年 12 月受托运营以来，到 2022 年末累计投资收益额 2670.82 亿元，年均投资收益率 5.44%。①

第四节 社会保险待遇给付

一、社会保险待遇给付的含义与原则

（一）社会保险待遇给付的含义

社会保险待遇给付是和社会保险基金缴费相对应的概念，它是指当特定风险发生并造成经济损失时，由社会保险经办机构根据社会保险制度规定的条件、标准和方式将社会保险金付给被保险人或其受益人、法定继承人，以保障他们的基本生活需要。社会保险待遇给付是社会保险基金管理的最后环节，是保障国民社会保险权益最终实现的标志。因此，依法给付社会保险待遇，不仅是社会保险管理与实施机构的责任与义务，也是社会保险基金管理的重要内容。

（二）社会保险待遇给付的原则

1. 统一性原则

社会保险制度是国家立法强制实施的，社会保险待遇给付标准一般是由国家法律政策规定的，在社会保险待遇给付过程中必须严格按照国家的法律政策统一执行。如果给付标准不统一，势必造成地区之间的给付标准差异或单位之间的给付标准差异，从而造成劳动者之间社会保险待遇的巨大差别。如此一来，不仅会影响社会保险制度执行的统一性和法律的严肃性，还会加剧不同地区、不同单位劳动者之间的矛盾。

2. 适度性原则

社会保险待遇给付既要维持合理的支付水平，满足参保人员最基本的生活需要，又不能超越生产力发展水平及各方面的承受能力。社会保险待遇的给付标准不能过低，如果给付标准过低就不能保障参保人在年老、丧失劳动能力、疾病、失业、生育等情况下的基本生活需要。社会保险待遇的给付标准也不能定得太高，如果给付标准过高会使得人们在遭遇失业、疾病等情况时的生活优于平常的生活，这样人们就不会积极地寻找工作、摆脱困境，这显然是有悖社会保险原则的。因此，社会保险待遇给付标准必须适度。

3. 与时俱进原则

社会保险待遇给付必须与时俱进，这里说的与时俱进有两层含义：一方面，对于社会保险参保者来说，具有重要意义的不是社会保险待遇给付的名义货币量，而是实际货币量，即社会保险待遇给付必须考虑通货膨胀的影响，物价上涨必然导致社会保险待遇贬值，因此在社会保险待遇给付时必须将通货膨胀的因素考虑在内；另一方面，应随着国民经济的发展逐步提高社会保险待遇的给付标准，国民经济发展得越快，社会保险的经济实力就越强，对劳动者的基本生活保障能力也就越强，

① 数据来源：《全国社会保障基金理事会基本养老保险基金受托运营年度报告》（2020、2021、2022 年度）。

这样还能够让民众共享国民经济发展的成果。因此，随着国民经济的发展，政府应逐步提高社会保险待遇的给付水平。

二、社会保险待遇给付确定方式

（一）待遇确定型

1. 待遇确定型的含义

待遇确定型（defined benefit，DB），又称给付确定型，是在社会保险制度实施中，由社会保险事业管理机构依据特定的计算公式，预先确定每位参保人的社会保险待遇标准，向参保人提供社会保险金给付的承诺。如养老保险参保人退休后的养老金待遇是预先确定的，根据以支定收的原则，通过精算的办法结合工资水平、参保年限和基金投资运营情况等来计算缴费额。

2.待遇确定型的优缺点

待遇确定型的优点体现在：一方面，有利于保障参保者的基本生活，在收入水平上较为稳定，参保者无须担心市场风险和长寿风险；另一方面，有利于企业增强凝聚力，由于待遇确定型一般对参保者都有参保年限的要求，这种受益资格要求能吸引员工长时期留在企业，增强员工的归属感。

待遇确定型的缺点体现在：一方面，作为政府代表的社会保险事业管理机构需要承担各种形式的风险，从而保证社会保险待遇能够足额支付；另一方面，精算管理比较复杂，由于预先承诺保障水平，所以需要复杂的精算公式，包括承诺的给付水平、投资收益率、未来工资水平、通货膨胀率、物价水平等多种因素，需要掌握大量的信息。

（二）缴费确定型

1. 缴费确定型的含义

缴费确定型（defined contribution，DC），是指社会保险事业管理机构按照一定的精算公式确定每位参保人的缴费水平（通常是统一的缴费率），并为每位参保人设立个人账户，其缴费积累于个人账户之中，待其退休后，按照个人账户上缴费积累和基金投资回报额向参保人员计发社会保险待遇。如养老保险参保人的养老保险缴费水平预先确定，按工资的一定比例或固定数额缴纳，存于其个人账户中，通过历年缴费和投资收益积累基金，根据以收定支的原则支付养老金，个人账户余额高则退休待遇较高，反之则退休待遇较低。

2. 缴费确定型的优缺点

缴费确定型的优点体现在：一方面，给付水平与缴费额和投资收益直接相关，参保者的待遇水平取决于其个人账户里的基金积累，充分体现了权利和义务对等，多缴费就可以多受益，且个人账户通常可以由参保者直接参与投资管理，参保者更容易接受；另一方面，政府和企业的压力较小，不需要承担社会保险基金的金融风险，并且具有灵活便捷性，个人账户可以随着劳动者的工作而转移，有利于劳动力流动。

缴费确定型的缺点体现在：一方面，给付水平和个人账户积累的基金相关，缺乏在不同收入的劳动者之间互助共济的功能，缺乏收入再分配的调节能力；另一方面，退休后的待遇水平是不确定的，个人账户积累的基金受到投资环境和通货膨胀的影响较大，如果遇到持续通货膨胀和投资收益不佳的情况，基金就难以较好地保值增值，就会较大地影响到参保者的待遇水平。

三、我国社会保险待遇给付

我国社会保险待遇给付根据社会保险项目的不同而有所区别。

根据《社会保险法》规定，我国基本养老保险实行社会统筹和个人账户相结合的模式，基本养老保险基金由用人单位和个人缴费以及政府补贴等组成。参加基本养老保险的个人，达到法定退休年龄时累计缴费满十五年的，按月领取基本养老金；累计缴费不足十五年的，可以缴费至满十五年，按月领取基本养老金；也可以转入新型农村社会养老保险或者城镇居民社会养老保险，按照国务院规定享受相应的养老保险待遇。国家建立基本养老金正常调整机制，根据职工平均工资增长、物价上涨情况，适时提高基本养老保险待遇水平。我国自 2005 年至 2015 年已经实现企业退休人员基本养老金十一次连续上调，每次调整的幅度大约在人均养老金的 10%。自 2016 年开始机关事业单位退休人员参加全国统一的养老金调整，全国退休人员养老金继续保持逐年上调。2024 年 6 月人力资源社会保障部、财政部通知，从 2024 年 1 月 1 日起调整企业和机关事业单位退休人员基本养老金水平，全国调整比例按照 2023 年退休人员月人均基本养老金的 3%确定。

我国基本医疗保险分为城镇职工基本医疗保险和城乡居民基本医疗保险。城镇职工基本医疗保险基金由社会统筹基金和个人账户构成，统筹账户和个人账户分开管理。个人账户归个人使用，通常用于支付药店买药的费用、门诊费用以及住院费用中需要自付的部分，统筹基金主要用于支付住院费用或大额门诊费用。城乡居民基本医疗保险则不设个人账户，由统筹账户基金用于支付参保居民就诊费用。

此外，工伤保险、失业保险和生育保险根据《社会保险法》以及国务院发布的《工伤保险条例》和《失业保险条例》给予相应的待遇给付和津贴补助。

第五节　社会保险基金监管

一、社会保险基金监管的含义与原则

（一）社会保险基金监管的含义

社会保险基金监管是国家授权专门机构对社会保险基金筹集、给付、投资运营以及基金保值增值等过程进行监督管理，以确保社会保险基金正常稳定运行的制度和规则体系的总称。对社会保险基金监管是保证制度可持续发展的重要环节。

社会保险基金监管是保证社会保险基金安全和完整的需要，用以维护社会保险制度的顺利运行；社会保险基金监管也是维护劳动者合法权益的保证，是用于保障参保者的养老、救命钱，保障其基本生活需要；社会保险基金监管还是实现社会保险基金保值增值的重要手段。

（二）社会保险基金监管的原则

1. 法治原则

社会保险基金行政监督是在法律法规基础上政府管理社会保险基金的一种形式。法律赋予监管机构法律地位、权威和职责，监督机构必须依照法律法规行使行政监督权力。

2. 独立原则

监管机构依照法律法规独立行使行政监管权力，不受其他任何单位和个人的干预，以确保监管的严肃性、强制性、权威性和有效性。

3. 公正原则

社会保险基金的监管机构在履行监管职能时，应以客观事实为依据，以法律法规为准绳，综合运用行政、经济和法律等手段，对社会保险基金管理机构的违规违纪行为予以监督检查。监管机构必须依据客观、公正、公开的原则，对监管的主体、对象、目的、手段和程序进行统一规范，使被监管者充分了解自己的权利和义务，自觉地依照法律管理基金。

4. 审慎原则

监管机构按照社会保险基金对安全性、流动性、收益性的要求，合理设置有关监管指标，认真进行评价和预测，最大限度地控制风险，促进基金管理机构自我约束运作行为。

5. 科学原则

监管机构必须建立严密的监管法规体系和科学规范的监管指标体系，包括监督组织体系、监督方式体系、法律体系，以及管理运营预警体系和风险监测体系等，适应金融业发展和变革的情况，运用先进的科学技术，不断提高监管质量和效率，推动基金监管水平不断提高。

二、社会保险基金监管的内容和方法

（一）社会保险基金监管的内容

社会保险基金监管的主要内容是对基金征缴、基金投资运营、基金支出和基金结余情况的监督检查，也可以说是对基金收入户、基金支出户和基金结余户即财政专户的监督检查。

1. 社会保险基金征缴监管

主要是监督雇主缴费行为，有无少报参保人数，少报工资总额、故意少缴或不缴费；经办机构征缴的保险费是否及时足额缴入收入户管理，有无不入账，搞体外循环或被挤占挪用；收入户资金是否按规定及时足额转入财政专户等。

2. 社会保险基金投资运营监管

主要是开展社会保险基金安全评估，对社会保险基金投资运营进行审计监督，建立健全社会保险基金保值增值管理机制，落实基金安全风险防控和监督措施，在确保社会保险基金安全和支付需要的前提下，按照国家规定投资运营，提高社会保险基金收益率，实现保值增值；建立内部控制制度，防范管控投资运营中的缺陷和风险；建立健全信息公开制度，定期披露社会保险基金投资运营情况，接受社会监督等。

3. 社会保险基金支出监管

主要是经办机构是否按规定的项目、范围和标准支出基金，有无多支、少支或不支，有无挪用支出户基金；受益人有无骗取保险金行为等。

4. 社会保险结余基金监管

主要是有无挤占挪用基金、动用基金的行为；结余基金收益状况，是否合理安排存期以追求收益最大化；是否按规定及时足额拨入支出户等。

（二）社会保险基金监管的实施方法

1. 现场监管

现场监管是监管机构派人到被监管单位对基金管理水平、基金资产质量、基金收益水平、基金流动性等进行全面检查或专项检查。现场监管是监督机构实施有效监管的主要方法，也是社会保险基金监管过程至关重要的组成部分。

监管机构通过检查比较详尽地掌握有关基金运作的控制程序和相关信息，对其业务经营合规状况、内部控制和管理水平，以及基金流动性、安全性和收益性进行深入细致的了解，发现一些财务报表和业务资料中很难发现的隐蔽性问题，并对有关机构的资产财务状况和遵守法规政策情况作出客观的评价。现场监管主要包括日常监管、专项监管和挪用基金案件的检查处理。

2. 非现场监管

非现场监管是现场监管的基础，也是基金监管的重要方式之一。监管机构通过报表分析，对经办机构和有关机构管理运营基金的活动进行全面、动态的监控，了解基金管理的状况、存在问题和风险因素，发现异常情况及时采取防范和纠正措施。一般情况下，现场检查间隔时间较长，在此期间可能发生一些变化和问题，监管机构可以通过非现场监管，依靠经办机构和有关机构报送的数据，进行多方面的分析、测算并加以管制。非现场监管的目的主要是：发现那些目前管理运营状况尚好，但在短期或中期可能会出现问题的机构，防患于未然；密切监视已经发现问题的机构，不断获得管理运营信息，掌握改进情况，防止进一步恶化；评估整个基金管理运营系统的动态，通过对有关报表和报告的综合研究，分析基金管理运营的轨迹和趋势，为制定切实有效的基金政策和监督措施提供依据。

三、我国社会保险基金的监督管理

（一）社会保险基金监管体系现状

随着我国《社会保险法》的实施，社会保险基金监管体系逐步建立和完善，社会保险基金的人大监督、行政监督、财政和审计监督、社会监督以及社会保险内部控制监督都得到了发展。

1. 社会保险基金的人大监督

根据《社会保险法》第七十六条规定，各级人大常务委员会听取和审议本级人民政府对社会保险基金的收支、管理、投资运营以及监督检查情况的工作报告，依法行使监督职权。

全国人大及地方人大对《社会保险法》的执法情况进行监督检查，发挥人大权威性监督的重要作用。例如，根据绵阳市人民政府网 2021 年 8 月 5 日报道，绵阳市人大常委会执法检查组到经济技术开发区开展《社会保险法》执法检查，通过检查查找出问题并提出下一步工作，要持续加强社会保险基金的监督管理，积极引进第三方审计机构开展社会保险基金专项审计，通过审计来发现问题、完善制度，切实维护社会保险基金的安全。

2. 社会保险基金的行政监督

根据《社会保险法》第七十七条规定，县级以上人民政府社会保险行政部门应当加强对用人单位和个人遵守社会保险法律、法规情况的监督检查。

中华人民共和国人力资源和社会保障部设立社会保险基金监管局，具体承担社会保险基金监督制度的拟定、组织实施、监督检查等职责。地方社会保险行政部门设立社会保险基金监督处等机构，负责各地的基金监督工作。

随着《社会保险基金行政监督办法》等法规文件的出台，社会保险基金监督制度逐步完善。如山西省人民政府于 2021 年 3 月发布《山西省社会保险基金监督办法》，对社会保险基金的收缴、支出、管理、投资运营等环节提出了监督办法。各级社会保险基金监督部门，依法开展基金监督检查工作。

3. 社会保险基金的财政和审计监督

根据《社会保险法》第七十八条规定，财政部门、审计机关按照各自职责，对社会保险基金的收支、管理和投资运营情况实施监督。

财政部和审计署通过制定社会保险基金相关的财务制度、会计制度和审计办法等，不断完善社会保险基金的监管体系。地方审计部门也通过加强对社会保险基金的审计，积极履行监督职能。例如：2021 年 12 月 30 日，昆明市人民政府办公室发布了《关于 2020 年养老保险基金和医疗保险基金审计查出问题整改结果的公告》，通过审计，发现养老保险基金 13 个问题以及医疗保险基金 11 个问题，各相关部门对审计中的问题积极分析，完成了相应的整改。

4. 社会保险基金的社会监督

根据《社会保险法》第八十条规定，统筹地区人民政府成立由用人单位代表、参保人员代表，以及工会代表、专家等组成的社会保险监督委员会，掌握、分析社会保险基金的收支、管理和投资运营情况，对社会保险工作提出咨询意见和建议，实施社会监督。

根据《社会保险法》的规定，一些统筹地区设立了社会保险监督委员会，并赋予其相应的监督职责。如2018年11月5日南通市人民政府办公室发布《关于成立南通市社会保险监督委员会的通知》，市社会保险监督委员会由市人民政府及相关职能部门代表、用人单位代表、参保人员代表、工会代表、专家代表、人大代表等组成，掌握、分析南通市社会保险基金的收支、管理和投资运营情况，对社会保险工作提出咨询意见和建议，实施社会监督。

5. 社会保险稽核与内部控制监督

根据《社会保险法》第七十三条规定，社会保险经办机构应当建立健全业务、财务、安全和风险管理制度。

社会保险事业管理中心负责组织实施社会保险经办机构风险管理、内部控制等，其下设于人力资源和社会保障部并配合该部其他行政部门开展基金监督工作。各地制定社会保险督查的具体实施细则并开展监督检查工作。如：2007年9月14日湖南省劳动和社会保障厅印发《湖南省企业养老保险经办机构内部控制规定（试行）》，规定全省各级经办机构必须建立健全内部控制制度，负责组织实施本地区经办机构内部控制的监督检查，并保证内部控制制度的有效执行，经办机构稽核部门或岗位负责本级的内部控制工作，上级经办机构对下级经办机构的内部控制工作进行指导、监督和检查。

（二）社会保险基金监管面临的挑战和应对

经过多年发展，我国社会保险基金监督工作得到加强，社会保险基金监管体系逐步建立，社会保险基金监督工作取得显著成效，对于完善社会保障体系建设、维护社会保险基金安全起到了重要的作用。但是我国社会保险基金监管体系仍然存在问题，基金监管也面临很多挑战，这也对社会保险基金监管工作提出了更多的要求。

我国社会保险基金监管面临几个方面的挑战：第一，基金规模越来越大。根据人力资源社会保障部发布的《2023年度人力资源和社会保障事业发展统计公报》，全年基本养老保险、失业保险、工伤保险三项社会保险基金收入合计79 710亿元，比上年增加8128亿元，增长11.4%；基金支出合计71 091亿元，比上年增加4969亿元，增长7.5%。第二，保障群体的数量越来越大。截至2023年底，全国参加基本养老保险人数为106 643万人，比上年末增加1336万人。第三，监管的难度大。各地社保基金案发数量和涉及的金额仍然较多，基金安全仍然面临挑战。第四，基金投资的保值增值压力仍然较大。基本养老保险基金自2016年12月受托运营以来，到2022年底，累计投资收益2670.82亿元，年均投资收益率5.44%，其中2022年投资收益率为0.33%。[①]面对这些挑战，社会保险基金监管责任重大。为维护社保基金安全有效运行和促进基金保值增值，进一步完善监管制度，主要有以下措施：一是增强社保基金监管效能，推进依法行政，进行监督执法，提高监管手段。加快推进社保基金监管的立法工作，强化社会保险经办机构内控检查，进行社保基金审计工作，推行社会监督。二是进一步扩大基本养老金的投资规模，提高投资收益。指导未启动委托投资的省份进行基本养老金的委托投资，加强基金投资运营体系建设，探索划转部分国有资本充实社保基金，研究制定配套政策等。三是加强社保基金的多层次构建，推动职业年金市场化运营，为建成多层次养老保险体系发挥基金监管作用。

此外，针对我国医疗保险基金监管存在法律制度不健全，监管机制不完善、监管方式相对粗放、监管力量严重不足，以及“欺诈”“骗保”等医疗乱象影响医保基金的安全运行和可持续发展等问题，2021年1月15日，国务院公布了《医疗保障基金使用监督管理条例》，自2021年5月1日起

---

① 数据来源：《2023年度人力资源和社会保障事业发展统计公报》《全国社会保障基金理事会基本养老保险基金受托运营年度报告（2022年度）》。

施行。医疗保障基金使用关系到广大群众切身利益，该条例的施行体现了党中央、国务院对医疗保障基金使用监督管理工作的重视，体现了医疗保障部门基金监管的决心和方向，对保障基金使用安全，提高基金使用效率，维护医保相关主体的合法权益具有重要的意义。该条例明确了医疗保障基金使用监督管理原则，坚持以人民健康为中心，坚持合法、安全、公开、便民原则，进一步优化医疗保障公共管理服务；强化基金使用相关主体职责，规范医疗保障经办机构、定点医药机构、参保人员医疗保障基金使用行为，明确各相关主体职责；构建系统的基金使用监督管理体制机制；加大了对违法行为的惩处力度。

思考题

1. 社会保险基金的特点是什么？
2. 现收现付制与基金积累制筹资模式有哪些区别？
3. 社会保险基金投资必须遵循哪些原则，使用哪些投资工具？
4. 待遇确定型与缴费确定型的特点有何不同？
5. 社会保险基金监管必须遵循哪些原则？

参 考 文 献

邓大松. 2015. 社会保险. 北京：中国劳动社会保障出版社：126-136.
林义. 2016. 社会保险. 北京：中国金融出版社：67-84.
刘同芗，王志忠. 2016. 社会保险学. 北京：科学出版社：50-65.
全国社会保障基金理事会. 2021. 全国社会保障基金理事会职责. http://www.ssf.gov.cn/portal/ jgjs/jgzz/webinfo/2021/09/1633144790814737.htm［2024-10-12］.
全国社会保障基金理事会. 2022. 全国社会保障基金理事会基本养老保险基金受托运营年度报告（2021 年度）. http://www.ssf.gov.cn/portal/xxgk/fdzdgknr/cwbg/yljjndbg/webinfo/2022/09/1664865877855617.htm［2024-10-12］.
宋明岷. 2019. 社会保障基金管理理论、实践与案例. 上海：复旦大学出版社：141-197.
孙树菡，朱丽敏. 2019. 社会保险学. 北京：中国人民大学出版社：70-94.
唐霁松. 2017. 全力做好社会保险基金监管工作. 中国社会保障，（12）：16-17.
王天奇. 2021. 社会养老保险基金投资运营的国际比较. 金融市场研究，105（2）：117-128.
褚福灵. 2021. 社会保险基金监管现状分析. 北京劳动保障职业学院学报，15（1）：8-15.

（南京中医药大学　张丽；安徽中医药大学　吕政）

第五章 社会保险管理

内容提要

本章分为三节，第一节为社会保险管理概述，包括社会保险管理的概念、社会保险管理的必要性、社会保险管理的职能、社会保险管理的特征。第二节主要介绍社会保险管理机构和管理内容，包括社会保险行政管理机构和行政管理的内容、社会保险经办管理机构和经办管理的内容、社会保险监督管理机构和监督管理的内容。第三节主要介绍社会保险管理模式，包括政府直接管理模式、自治机构管理模式和以私营机构为行为主体的管理模式。

第一节 社会保险管理概述

一、社会保险管理的概念

社会保险管理是对社会保险活动进行规划、组织、指挥、协调和控制的过程，是实现社会保险制度目标的必要途径。社会保险管理主要包括社会保险行政管理、业务管理、基金管理和监督管理等几个方面。其中社会保险行政管理的主体是政府负责社会保险事务的部门，社会保险业务管理和基金管理的主体一般由非营利机构承担，而社会保险监督管理的主体来自政府和民间各个方面。

社会保障是政府实施公共服务职能的重要体现，作为社会保障核心的社会保险也属于基本公共服务，由政府负责提供。各国在社会保险的制度设计、目标确定等方面各不相同、各有特点，但社会保险管理的一些基本规则是一致的，比如社保基金的收支平衡原则和保值增值原则等。由于社会保险涉及经济、政治、社会、法律等多个方面，并且处于多学科、多领域之间的交叉地带，内容复杂、涉及群体较为庞大且关系人民群众的切身利益，因而社会保险管理具有很强的综合性，这就要求在制度设计和管理时要充分考虑机构设置的合理性，要通过建立有效的协调机制，采取有效的管理策略及措施来实现社会保险增进国民福利、提高民众健康水平、使人人共享发展成果的目标。

二、社会保险管理的必要性

各个国家经济发展水平、社会历史背景、文化传统、风俗习惯以及政治体制和法律法规的不同，导致了各个国家所建立的社会保险制度也不尽相同，各有特点。但总体而言，社会保险作为社会化大生产的产物，是一种具有保障性、负债性和广泛性的特殊活动，对社会保险业务有计划地进行组织、指挥、协调和控制，以最小的管理成本实现最大的社会效益，是市场经济发展的必然结果和必然要求。

社会保险的保障性，是指社会保险通过保险金给付行为，无论在什么经济条件下都能使社会保持一定的购买力，保障人们生活安定和社会再生产的顺利进行。社会保险的负债性是指对一国政府而言，社会保险是政府对劳动者保障权益的一种承诺，社会保险基金是要随时支付出去的。如果因为管理不善造成资金浪费，或为获得高收益进行冒险投资造成投资失败，或因外界原因使应回收的资金未能按时收回等，必然会严重损害社会保险保障对象的经济利益。社会保险的广泛性是指社会保险的保障对象众多，活动影响的范围大，几乎包括所有劳动者，和每个家庭的生活息息相关，一旦社会保险基金入不敷出，国家财力又不能及时解决，势必会引起社会动乱，甚至还会波及其他国家和地区。因此，社会保险与一般工商企业和服务行业经营相比较，更需要严密而又科学的管理。

社会保险是我国建设社会主义和谐社会的内在要求和必要保证，它能够保障劳动者的基本生活，维护社会的安定；社会保险还能够增进劳动者的体质，促进劳动者的身体健康；社会保险还能促进生产的发展，保证经济的正常运行；它能够服务于基层和社会，方便群众的生活；通过社会保险，可以实现收入的再分配，可以调节劳动的分配，保障低收入者的基本生活。

改革开放以来，我国社会保险体系建设加快推进，具有中国特色、覆盖城乡居民的社会保险体系基本形成，既有力维护了社会稳定和公平正义、促进了改革发展成果共享，又释放了消费潜力、扩大了内需，为经济社会发展提供了强大支撑。同时应认识到，我国社会保险与人民日益增长的美好生活需要相比还有不小差距。党的十九届五中全会提出了“健全多层次社会保障体系”的要求，应及时更新发展理念，努力健全制度体系，扩大社会保险覆盖面，提高社会保障水平，全面建成覆盖全民、城乡统筹、权责清晰、保障适度、可持续的多层次社会保障体系。在这样的背景下，加强社会保险管理，把我国社会保险制度优势转化为治理效能，无疑意义重大。

三、社会保险管理的职能

（一）决策职能

社会保险是社会化大生产条件下的必然产物，是人类社会文明进步的重要标志。社会保险是社会保障体系中最为重要的部分，涵盖了养老、医疗、工伤、失业、生育、长期护理、遗属、家庭津贴等内容。作为现代社会非常重要的一项制度安排，社会保险事关人民安居乐业和经济社会的健康发展，是一项利国利民的安全工程。无论采取何种管理模式，社会保险管理均既遵循一般管理的基本规律，又因其管理内容的不同而与一般管理存在差异。从管理职能的视角来看，决策职能是社会保险管理的首要职能。

决策职能（decision-making function）是指为达到某一特定目标，科学地选择最优方案并付诸实施的管理功能。决策是任何管理活动的前提，并贯穿于一切管理活动过程之中。美国著名的行政学家和管理学家西蒙甚至认为“管理就是决策”。因而，社会保险管理的首要职能仍是决策职能。社会保险管理系统可以分为多个层次，如我国在国家层面有人力资源和社会保障部以及国家医疗保障局对我国的五险及长期护理保险进行管理，在省级层面、地市级层面以及县级层面均有担负同样行政职能的社会保险管理机构对本行政区域的社会保险事业进行管理。相对而言，社会保险管理机构的层次越高，其战略性决策职能越多；社会保险管理机构的层次越低，其执行性决策职能越多。从动态管理过程的角度来看，社会保险管理的决策职能主要由确立目标、发现问题、设计方案、方案择优及方案的实施等环节构成，决策职能贯穿于社会保险动态管理过程的每一个环节之中。

在决策之前，社会保险管理要做好规划工作。社会保险管理规划是社会保险工作者从事管理活动和日常工作的行动指南。社会保险管理规划的制定，必须坚持合理性、完整性和统一性原则，按照统一的时间、标准，在既能保证社会保险对象基本需要又在其承受能力范围之内的前提下，全面反映社会保险业务的各个方面，通过周密的调查研究，运用科学的手段进行预测，充分体现和贯彻国家有关社会保险的方针、政策和规章制度。社会保险管理规划与社会保险管理决策密不可分，在规划过程中必须进行决策。决策是社会保险管理规划的前提，而规划又是实施决策的保证。

（二）组织职能

社会保险管理工作内容丰富，涉及多方主体的多重利益关系调整。因而，社会保险管理必须依靠多个组织机构和个体的分工合作，才能圆满完成既定管理目标。社会保险管理系统中，寻求合作的组织和个体如果要在执行决策方案的过程中，发挥出比单个组织和个体简单相加总和更大的力量、更高的效率，就应该根据社会保险管理工作的需求与组织和人员的特点，设计岗位，通过授权与监控、分工与合作，赋予不同组织不同的管理职能，将合适的人员安排在适当的工作岗位上，用制度规定不同组织及个体成员的职责和上下左右的相互关系，形成一个有机的组织结构，使整个组织系统协调运转，发挥各分组织和个体的最大合力。这就是社会保险管理的组织职能（organizing function）。

具体而言，社会保险管理的组织职能是指为实现社会保险活动的规划目标和方案，合理设置经办和管理机构，建立管理体制和制定规章制度，明确社会保险职能机构的分工和职责，将社会保险活动中的各要素、各部门、各环节、各方面从纵向和横向的联系上，在劳动的分工和协作上、在对外往来关系上，以及空间和时间的联系上合理组织起来，使之形成一个有机整体，充分发挥社会保险人力、财力和物力应有的作用。组织职能是社会保险管理活动的根本职能，是其他一切管理活动开展的组织保证和载体。

（三）领导职能

决策与组织工作做好了，也不一定能保证社会保险管理目标的实现，因为社会保险管理目标的实现要依靠社会保险系统全体成员的努力。而配备在社会保险管理系统各岗位上的人员，由于在个人目标、需求、偏好、性格、素质、价值观、工作职责和所掌握的信息量等方面存在很大差异，在相互合作过程中必然会产生各种矛盾和冲突。因此就需要社会保险管理系统中的领导者运用各种领导艺术，充分发挥领导职能，促进信息交流与沟通，指导并协调人们的行为，促进人们的相互理解，以达成共识，化解矛盾和冲突，把组织成员的目标与社会保险管理的目标统一起来，激励每个成员自觉地为实现组织目标而共同努力。社会保险管理的领导职能（leading function）既是一门科学，也是一门艺术，其也同样贯穿于整个社会保险管理活动之中。社会保险管理系统的层次性决定了社会保险管理中既有高层领导，也有中层和基层领导，无论哪个层次的领导，要发挥好领导职能，都必须做好人的工作、重视工作中人的因素在管理过程中的作用。具体的社会保险管理的领导职能又可分为指导、指挥、沟通、协调、激励等基本要素。因而，社会保险管理的领导职能，是指在既定的环境因素和管理目标指引之下，率领和引导社会保险管理系统及系统成员按照一定的计划和方法实现既定管理目标的行为过程。

（四）控制职能

社会保险管理过程中，由于受到诸多因素的干扰，经常会出现管理活动实践偏离预定计划目标的情况，这就需要有控制职能，来确保管理活动实践与管理活动计划保持一致，以顺利实现组织的既定管理目标。管理过程中，控制的实质就是使实践活动符合计划，而预定的管理计划则成为管理过程中进行控制的标准。社会保险管理过程中，管理者既要有预防下属和事态失控的充分措施，防患于未然，同时也必须及时取得计划执行情况的信息，并将有关信息与计划进行比较，发现实践活动中存在的问题，分析原因，及时采取有效措施予以纠正。例如，在社会保险实践活动过程中，会出现诸如欺诈骗保、套保或挪用贪占各类社会保障资金的违法行为，对这些违法行为，社会保险管理机构必须提前防控，严肃查处和严厉打击，通过控制职能的有效运用，以确保社会保险管理活动目标的顺利实现。

从纵向来看，社会保险系统各个管理层次都要充分重视控制职能，越是基层的管理者，控制的时效性越强，控制的定量化程度也越高；越是高层的管理者，控制的时效性要求越弱，控制的综合性越强。从横向来看，社会保险各项管理活动、各个管理对象均要进行控制。公共选择学派提出的“经济人”假设，尽管并非能解释所有的问题，但也提醒人们不要忽视人具有“理性自私”的一面，在涉及公共利益管理的过程中更是如此。因此，没有控制就没有真正的管理。控制与信任并不对立。

社会保险管理过程中，可能有不信任的控制，但绝不能存在不受控制的信任。

（五）创新职能

管理所面临的内外部环境是变动不居的，当一些新的问题或新的现象不断出现，社会保险管理职能也必须随之创新，以适应内外部环境的变化对社会保险管理所提出的要求。最近几十年来，科学技术突飞猛进，社会经济活动日趋活跃，社会关系也日趋复杂，尤其进入 21 世纪以来，伴随着互联网、大数据、物联网、云计算、人工智能、区块链等新技术的应用，社会保险管理所面临的内外部环境空前复杂，管理者可能每天都会遇到新的情况和新的问题，如果继续因循守旧、墨守成规，作为管理者就无法应对新形势带来的挑战，也就无法完成社会保险管理的任务。因此，社会保险管理必须具备创新职能。社会保险管理者要不断主动地突破常规与旧有管理条框的约束，发现或形成独特新颖的、更富有成效的管理思路和管理活动。社会保险管理的创新职能贯穿于整个社会保险管理过程，包括管理理念的发展与创新、管理手段的发展与创新、管理内容的发展与创新等。

社会保险的这几项管理职能贯穿于社会保险管理工作的全过程。具体到不同层级的社会保险管理工作而言，越往上层，社会保险管理的决策职能越明显，如人力资源和社会保障部、国家医疗保障局，主要负责全国社会保险事业管理的决策工作；越往基层，社会保险管理的执行职能越明显，如县级社会保险管理部门，主要执行上级部门制定的社会保险政策，并根据本地的实际情况，来因地制宜开展社会保险事业的管理工作。但无论哪个层级的管理工作，上述五项职能都贯穿于社会保险事业管理的全过程。社会保险管理的具体职能大致包括（以县级社会保险管理部门的管理职能为例）：

贯彻国家（省、市）有关社会保险的方针、政策、法律、法规，落实社会保险事业发展规划；制定社会保障事业经办发展计划、业务经办规程和管理办法并组织实施、监督检查。

负责养老、医疗、工伤、失业、生育等社会保险经办和离休干部医疗保障管理服务工作。

负责就业、失业、社会保险基金预测预警和信息引导，拟订应对预案，实施预防、调节和控制，保持就业形势稳定和社会保险基金总体收支平衡；完善公共就业服务体系；

负责统筹管理和使用所辖地区社会保险基金，并对基金管理和使用情况进行监督检查，确保基金安全完整，承担社会保险基金保值增值工作。

负责社会保险稽核、内控制度建设和社会保险反欺诈工作。

负责社会保险经办信息系统的规划、建设管理和安全维护，以及社会保险数据的管理、应用和对外交换工作。

负责对社会保障定点医疗机构和定点零售药店执行医疗、工伤、生育保险及离休干部医疗保障政策情况进行监督检查。

负责社会保险经办管理信访、宣传工作，提供社会保险经办管理咨询、查询等公共服务。

负责城乡居民和职工大额保险的商业保险公司相关业务的监督管理工作。

负责参保单位及个人社会保险参保登记、社会保险费征缴计划制定、社会保险待遇支付工作。

负责离退休人员社会化管理服务工作；完成上级交办的其他工作。等等。

四、社会保险管理的特征

社会保险的本质是分散或者减少社会成员的风险。社会保险制度通过征收税（费）筹集资金，并为因年老、疾病或其他原因陷入困境的社会成员提供基本的收入保障或提供医疗费用补偿，通过社会保险制度来分散个人风险。商业保险也是一种分散风险的机制，但市场存在失灵的问题，所以需要社会保险制度来为社会成员提供保护。从这个意义而言，社会保险管理要充分考虑公平性，而法治性是社会保险管理公平的有力保障。为了有效化解风险，社会保险管理还必须具有一定的强制性，当然，强制性也必须依法而行。社会保险管理涉及多方主体的行为，因而必须协同一致才能实现预期的管理目标。此外，社会保险管理也必须科学高效，在兼顾其他目标实现的同时，要确保各项管理工作能科学高效运行，实现管理效益的最大化。因此，社会保险管理同时具有法治性、公平性、协同性、强制性和科学性等特征。

（一）法治性

社会保险管理是以政府为主体，以社会力量为补充所进行的管理。法治是国家治理体系和治理能力现代化的重要依托，因而法治性也成为依法治国背景下社会保险管理的首要特征。具体而言，社会保险管理必须有法可依，健全的法律、行政法规、部门规章、地方性法规和规章、政策等法律制度是社会保险依法管理的根本依据。要根据经济社会发展对社会保险管理提出的要求不断完善社会保险管理的法律规范，既与依法治国的进程保持一致，又要考虑到社会保险系统管理的特殊要求，及时创设、废止、修订所需的法律规范。如 2021 年 1 月 15 日，国务院发布了《医疗保障基金使用监督管理条例》。该条例的制定实施，解决了医保基金领域长期缺乏专门行政法规的难题，让医保基金使用有法可依，将医疗保障监管纳入法治化轨道。有了健全的法律规范，社会保险管理还必须有法必依，严格执法，并自觉接受系统内外部各监督主体的监督。唯有将社会保险管理的所有环节都纳入法治化的轨道，才能实现社会保险的依法管理。

（二）公平性

公平性也是社会保险管理的一个重要特征。作为法律核心内容的法律关系其实质就是法律关系各方主体的权利义务关系。一般法律关系以权利义务关系的对等为原则，即法律关系中各方主体所享受的权利与其所承担的义务是一致的。但社会保险法律关系不同，其明显具有通过强制性再分配来缩小不同群体间收入差距的公平性的功能。比如，基本养老保险和基本医疗保险按工资总额和个人收入的一定比例缴费，个人缴纳保险金以其收入的百分比而定，高收入者多交，低收入者少交，在保险金的给付上，却并不根据缴费数额的多少而定，而主要是根据既定的规则和经济社会发展水平来支付。这样看似参保人因为权利和义务不对等而产生了新的不公平，但实际上却是为了在不同群体间实现互助共济，缩小不同群体间的社会保险待遇水平差距，而确保不同群体的公平性所进行的制度安排。再比如生育保险，即便单位全部是男职工，也要缴纳生育保险费，这也明显具有在不同群体间进行互助共济，发挥制度所具有的公平性的作用。

（三）协同性

社会保险管理系统是一个多方主体参与的协作治理系统。社会保险管理由社会保险行政管理、社会保险业务管理、社会保险基金管理和社会保险监督管理四个方面构成。从社会保险管理系统的内部来看，横向上涉及行政部门、经办机构、基金运营机构、监督部门的工作职责划分及协作；纵向上则涉及中央到地方的权责划分与协作治理。从社会保险管理系统的外部来看，涉及社会保险行政管理部门以及社会保险业务管理部门（经办机构）与参保单位、参保人、参保人的直系亲属和近亲属、医疗卫生服务机构、医药生产厂家和药店等主体的协作治理（如基本医疗保险管理中的“三医联动”）。社会保险管理内容复杂，涉及多方主体的利益关系协调。因此，要做好社会保险的管理工作，必须形成一种运作顺畅、配合密切的协调机制，使与社会保险管理相关的部门之间能进行有效的衔接、沟通与合作。社会保险的项目众多，主要的五大项目是养老保险、医疗保险、失业保险、工伤保险和生育保险。在这些不同的项目之间也应有良好的衔接机制。如享受失业保险待遇的失业者在失业期间达到退休年龄的，要考虑失业保险与养老保险的衔接；享受失业保险待遇的失业者在失业期间患病就医的，要考虑失业保险与医疗保险的衔接。

（四）强制性

社会保险按照大数定律，在全社会范围内统一筹集资金，建立社会保险基金，实行互助共济，集合社会多数人的力量，均衡分担少数人遭遇的社会风险。社会保险覆盖的范围越广，统筹层次越高，资金调剂范围越大，其抵御风险的能力就会越强。此外，社会风险仅凭政府或其他组织及个体的能力往往难以有效化解，由全体社会成员共同承担才能有效分散风险。因此，个人、用人单位和国家都应承担一定的社会保险责任。对于参保人而言，其依法享受社会保险待遇，应按规定的比例缴纳社会保险费；对于用人单位而言，其也应承担一部分的社会保险费用，以满足劳动力再生产的需要；对于国家而言，其通过税收方式参与国民财富分配，公共财政资金取之于民，用之于民，国家作为社会保险的后盾和兜底者，自然也承担着社会保险资金供给的责任（如承担社会保险经办机构的办公经费和人员薪酬、财政补贴以及社会保险基金的保值增值责任等）。因此，强制性也是社会保险管理的一个重要特征。缺乏必要的强制性，社会保险基金的筹集就难以在全社会范围内实现，基金的抗风险能力就会较弱，社会保险制度所要实现的抵御风险的目标就难以有效实现。而且，缺乏必要的强制性，制度的实施也难以显示公平。现实的社会保险管理过程，需要国家通过立法，规定用人单位和个人参保缴费的义务，政府负责组织推动社会保险制度构建和运行，并对社会保险工作进行监督。强制性是社会保险区别于商业保险的一个显著特征。

（五）科学性

科学性是现代管理的基本要求和特征，社会保险管理也不例外。社会保险管理的科学性主要体现在：第一，管理机构的设置要科学。要按照定职能、定机构、定编制的“三定原则”和经济社会的发展变化对社会保险管理提出的要求来科学设置管理机构，机构的设置要以有效实现社会保险管理的目标为原则。第二，管理职能的配置要科学。社会保险管理项目诸多，在实际管理过程中，为了提高效率，必须进行职能分工。社会保险管理系统是一个有机整体，不同管理部门职能的配置必须科学合理，做到既分工明确，又合作良好，才能发挥系统管理的合力。第三，管理的手段要科学。随着互联网、物联网、大数据和云计算等信息通信技术以及智能技术的发展，人类社会进入了信息社会的更高阶段，即“大数据时代”“后信息社会”“数字社会”，催生了数字治理基础上的智慧治理新形态。社会保险管理也要适应整体社会治理新形态的变化，将新的科学手段引入管理过程，提高社会保险管理的科学性和便捷性。

第二节　社会保险管理机构和管理内容

一、社会保险行政管理机构和管理内容

（一）社会保险行政管理机构

社会保险行政管理是指政府社会保险行政管理部门依法运用社会保险管理和监督权力，通过制定社会保险政策、解释法令、检查和监督社会保险政策法令的正确实施、受理社会保险业务中出现的申诉和争议、调解并依法裁决社会保险的各种纠纷，以确保社会保险管理健康持续运行的过程。

政府通过依法设置相应的社会保险行政管理部门，专门行使社会保险行政管理职能。我国的人力资源和社会保障部以及国家医疗保障局，分别行使全国范围内不同的社会保险项目的行政管理职能；各省级政府的人力资源和社会保障厅（局）、医疗保障局，以及各地级市和县级相关部门，则分别行使本行政区域内的社会保险不同项目的行政管理职能。这些部门依据权责划分所进行的社会

保险行政管理工作，则构成了社会保险行政管理工作的内容。按目前的机构改革和权责划分，社会保险中的五个保险项目，其中基本养老保险、工伤保险和失业保险，由人力资源和社会保障行政部门进行管理；而基本医疗保险和生育保险，则由医疗保障行政部门进行管理。

按照中共中央、国务院部署，2016 年起国家组织部分地方积极开展了长期护理保险制度试点，试点整体进展顺利，在制度框架、政策标准、运行机制、管理办法等方面进行了有益探索，减轻了失能群体经济和事务性负担，优化了医疗资源配置，推进了养老产业和健康服务业发展，社会各方对试点总体评价良好，要求全面建立制度、推开试点的呼声很高。长期护理保险的试点实施工作也由国家医疗保障行政部门进行管理。

（二）社会保险行政管理的内容

1. 社会保险行政立法管理

具体而言，社会保险行政管理的主要内容是设计社会保险发展规划、制定社会保险发展政策、完善社会保险管理制度；设置相应的社会保险管理机构并进行人员配置；监督各项社会保险政策、规章、制度的实施情况；监督社会保险基金的收支、管理，并指导和监督经办机构的业务工作。社会保险管理的首要特征就是法治性，因此，社会保险的实施和运行必须有相关的法律、法规作为依据。2010 年 10 月 28 日，根据我国社会保险事业发展的需要，第十一届全国人民代表大会常务委员会第十七次会议通过了《中华人民共和国社会保险法》，并自 2011 年 7 月 1 日起施行。2018 年 12 月 29 日，第十三届全国人民代表大会常务委员会第七次会议通过了《关于修改〈中华人民共和国社会保险法〉的决定》，对 2010 年版的《社会保险法》进行了修正。《社会保险法》是改革开放以来我国第一部综合性的社会保险法律制度，对我国社会保险的五个主要险种：基本养老保险、基本医疗保险、工伤保险、失业保险和生育保险的制度构建和运行进行了原则性的规定，并对社会保险费征缴、社会保险基金管理、社会保险业务经办、社会保险监督以及法律责任等内容也进行了原则性规定。除了《社会保险法》，对社会保险管理活动予以指导的法律文件还包括国务院、各部委以及省、自治区、直辖市政府及其人大常委会颁布的行政法规、部门规章、地方性法规和规章以及其他层级政府颁布的大量的红头文件。这些具有不同效力等级的法律文件均对社会保险管理活动进行指导和规范。

2. 社会保险行政执法管理

除了立法管理，社会保险行政管理还包括行政执法管理。社会保险行政执法管理是指社会保险行政管理部门或法定授权组织为了执行社会保险法律、法规、规章和其他具有普遍约束力的决定、命令等规范性文件，直接对社会保险特定的对象或具体事务，在自己的职权范围内采取措施，影响当事人的权利和义务，实现社会保险行政管理职能的活动。这也就是说，社会保险行政管理目标要通过社会保险行政执法活动来实现，缺少了有效的行政执法环节，既定的法律法规和其他法律文件则无法得以有效落实。我国目前社会保险行政执法的主体是各级人力资源和社会保障行政部门、各级医疗保障行政部门及法律授权行使社会保险行政管理职能的组织；执法的对象是公民、法人和其他组织；执法的手段主要是采用各种行政措施，进行监督检查和做出行政处理等。社会保险行政执法应依法界定执法职责，健全完善执法程序，科学组织评议考核并且严格落实执法责任，依法正当、文明公正、便捷高效地全面落实行政执法责任制。

社会保险行政执法的主要形式为社会保险监察。社会保险监察是社会保险行政执法的主要形式，即社会保险行政部门依照法律规定的职权和程序，对用人单位和其他组织执行社会保险法律规定的情况进行监督检查，发现违法行为并依法采取措施予以制止和纠正的具体行政行为。《劳动保障监察条例》第二条：对企业和个体工商户进行劳动保障监察，适用本条例；对职业介绍机构、职业技能培训机构和职业技能考核鉴定机构进行劳动保障监察，依照本条例执行。

我国社会保险行政执法监察的主体是县级以上人力资源和社会保障行政部门以及医疗保障行政部门。其监察方式目前主要有：常规巡视监察，指主动到社会保险权利与义务单位进行监督检查活动；举报专查，指随时根据群众的举报对社会保险权利与义务单位进行监察；年度检查，即监察机构对所辖区域内社会保险权利与义务单位遵守和执行社会保险法律、法规情况每年进行一次全面的监督检查；专项检查或者大检查，即为了集中解决社会保险执法中的突出问题，在一定时间内集中人力、物力对一定范围内的单位或各单位执行某方面法规的情况进行专门检查。如据国家医疗保障局介绍，2020 年，对全国 99.8%的定点医疗机构进行了打击欺诈骗保专项治理和飞行检查，追回医保资金 219.2 亿元①。

二、社会保险经办管理机构和管理内容

（一）社会保险经办管理机构

社会保险经办又称社会保险管理服务，是指由法定主体，依照法律授权，筹集管理社会保险基金，办理社会保险事务，提供社会保险服务的所有公共管理和服务活动的总称。社会保险管理服务的法定主体是社会保险经办机构，是服务型政府的重要组成部分，是贯彻落实和执行中共中央、国务院各项社会保险规章制度和政策要求，管理社会保险基金，为广大参保单位和个人提供社会保险公共产品和服务的重要部门。

具体而言，社会保险经办机构，是指具有法定授权、实施社会保险服务管理的职能机构，是社会保险经办的主体。《社会保险法》第七十二条规定：“统筹地区设立社会保险经办机构。社会保险经办机构根据工作需要，经所在地的社会保险行政部门和机构编制管理机关批准，可以在本统筹地区设立分支机构和服务网点。”目前，我国社会保险经办机构基本上是按行政区划设立的。在中央一级，国务院人力资源和社会保障行政部门主管全国基本养老保险、工伤保险、失业保险等社会保险经办工作；国务院医疗保障行政部门主管全国基本医疗保险、生育保险等社会保险经办工作。在地方，各省（自治区、直辖市）以及地市、县三级地方政府分别设立社会保险经办机构，负责具体执行社会保险政策，经办社会保险事务，管理社会保险基金，为参保人员提供政策咨询、权益记录查询和其他社会保险公共服务。

经过多年的改革建设，目前，我国社会保险经办服务体系已初步建成以各级社会保险经办机构为主干、以社会服务机构为依托、以市场服务机构为辅助、以社区服务为基层平台、以网络通信服务为基础平台、以信息化手段为基本技术支撑的服务网络。从中央到省、市、县四级政府的社会保障职能部门均设有社会保险经办机构，形成了一个覆盖全国的分层设置分级管理的经办组织系统。

（二）社会保险经办管理的制度

1. 社会保险经办业务管理制度

社会保险经办业务管理制度是从事经办业务管理工作应遵循的基本规则。建立健全社会保险业务规程，是社会保险管理服务重要的基础性工作，对规范社会保险管理服务的行为，提高工作效率和服务质量，加快推进社会保险管理服务规范化、信息化、专业化建设具有重要意义。1997 年，为了规范全国各级社会保险经办机构业务工作程序，劳动部印发了《社会保险业务管理程序》，这是在全国范围内颁布的第一个社会保险经办规程，为社会保险经办机构按规范化的业务程序对各项社会保险基金收支进行管理，增强内部制约机制，提高工作效率，进而在全社会树立良好形象，奠定

---

① 国家医保局：2020 年追回医保资金近 220 亿元［EB/OL］. https://baijiahao.baidu.com/s?id=1688654235513103541&wfr=spider&for=pc.［2023-03-05］.

了坚实的基础。为加强社会保险业务管理，规范和统一社会保险业务操作程序，劳动和社会保障部分别印发了《城镇职工基本医疗保险业务管理规定》《基本养老保险经办业务规程（试行）》《工伤保险经办业务管理规程（试行）》《优化失业保险经办业务流程指南》和《关于城镇居民基本医疗保险经办管理服务工作的意见》。2009 年，人力资源和社会保障部颁布了《新型农村社会养老保险经办规程（试行）》和《社会保险业务档案管理规定（试行）》等业务管理规定。各级社会保险经办机构按照相关文件要求，结合本地实际工作需要，科学设置岗位，合理调配人员，明确工作职责，建立考核制度，逐步规范、统一和完善了基本养老保险、基本医疗保险、生育保险、失业保险和工伤保险的参保登记、基金征缴、待遇审核、待遇支付、财务管理、稽核监督，以及个人账户管理等各个环节的业务操作规程，确保了业务经办工作的畅通、快捷、高效、优质。2018 年 3 月，十三届全国人大一次会议表决通过了关于国务院机构改革方案的决定，组建中华人民共和国国家医疗保障局。随之，基本医疗保险和生育保险经办业务，从原有的社会保险经办业务中分离出来，由医疗保障行政部门下设的医疗保险事业管理机构进行经办管理，而基本养老保险、工伤保险、失业保险经办业务仍由人力资源和社会保障部门的社会保险经办机构进行经办管理。2023 年 12 月 1 日，我国社会保险经办领域首部行政法规《社会保险经办条例》正式实施，标志着我国社会保险经办工作的法治化、规范化、精细化迈上新台阶，具有重要的里程碑意义。

2. 社会保险基金财务管理制度

社会保险基金财务管理制度是从事基金财务管理工作应遵循的基本规则，是监督和检查基金财务管理工作的依据。因此，要有效地进行社会保险基金的财务管理工作，必须首先建立和健全财务管理制度。财务管理制度从整体上可以分为两大类：一类是通用制度，主要是相关的法律、法规、规章以及国家有关的经济政策和社会政策所确定的财务管理规则，这些规则往往是具有普遍的规范意义的；第二类是专门制度，主要是有关社会保险基金财务管理的专门的、具体的规定，这些规定因适用范围小且较为具体，往往是由社会保险经办机构在其权限范围内依据法律、法规、规章、政策等做出的进一步的规定。社会保险基金财务管理制度通常包括以下几类具体制度：基金会计核算制度、基金财会档案制度、基金财会人员岗位责任制、基金审计制度、内部控制制度等。

3. 社会保险安全和风险管理制度

建立社会保险安全和风险管理制度，是确保社会保险基金安全的需要。1999 年，国务院颁布《社会保险费征缴暂行条例》，规定社会保险基金收支两条线管理。同年 6 月，《社会保险基金财务制度》和《社会保险基金会计制度》的颁布，进一步规范了社会保险基金征缴、支付、预算、决算等行为，确保了社会保险基金安全稳健运行。为了进一步规范基金管理，防范运行风险，2007 年，劳动和社会保障部印发了《社会保险经办机构内部控制暂行办法》。各地按照要求，完善财务管理制度，优化操作流程，建立岗位之间、业务环节之间相互监督、相互制衡的机制。为促进社会保险基金的安全完整，劳动和社会保障部于 2007 年下发了《关于建立社会保险信息披露制度的指导意见》。信息披露公开的实施，有效地保障了参保人员的社会保障知情权，为开展社会监督创造了必要条件。2009 年，人力资源和社会保障部社会保险事业管理中心对各部门、各岗位、各项业务环节的制度执行情况和流程操作情况进行了全面的监督检查，努力从制度上制约套取、挪用、贪污社会保险基金行为的发生。2010 年 10 月 28 日，中华人民共和国第十一届全国人民代表大会常务委员会第十七次会议通过了《社会保险法》，并自 2011 年 7 月 1 日起施行。《社会保险法》对社会保险经办业务包括社会保险安全和风险管理作出了原则性的规定。2016 年 2 月 3 日，根据《社会保险法》，国务院第 122 次常务会议通过了《全国社会保障基金条例》，并自 2016 年 5 月 1 日起施行。该条例对规范全国社会保障基金的管理运营，加强对全国社会保障基金的监督，在保证安全的前提下实现保值增值作出了原则性规定。。2020 年 12 月 9 日，根据《社会保险法》和其他有关法律规定，国务院第 117 次常务会议通过了《医疗保障基金使用监督管理条例》，自 2021 年 5 月 1 日起施行。该条例对基本医疗保险（含生育保险）基金、医疗救助基金等医疗保障基金使用及其监督管理作出了规定。2023 年 12 月 1 日实施的《社会保险经办条例》，在第五章社会保险经办监督和第六章法律责任中，对社会保险经办监督管理、保障社会保险基金安全方面做了进一步明确和强化。

（三）社会保险经办管理的内容

社会保险经办管理涉及的内容包括对被保险人的信息进行管理、审核社会保险待遇资格、发放社会保险待遇等，具体内容包括：参保登记；缴费核定；依法征缴社会保险费；费用记录处理；待遇审核及待遇支付；基金财务管理和审计稽查等。因此，社会保险经办管理的内容可以归纳为三个方面：社会保险档案管理、数据库管理和个人账户管理。这三项内容密不可分，贯穿于社会保险关系的建立、转移、接续、终止等各个环节。

1. 社会保险档案管理

档案管理就其基本性质和主要作用来说，是一项管理性的工作、服务性的工作、政治性的工作。社会保险档案是一种专门档案，是社会保险经办机构在具体经办社会保险事务的活动中形成的、作为历史保存以备考察的文件，是全面、系统记录单位和个人参保和缴纳社会保险费、计发社会保险待遇的重要依据。社会保险档案管理是从参保单位和参保职工信息材料收集、分类、整理、归档、装订成册，到对档案内容进行补充更正、保管、检索的全过程进行管理，是社会保险经办管理最基础的工作之一。社会保险档案的信息主要由三部分组成：①各级社会保险经办机构的综合信息，包括社会保险统计报表与财务报表。②参保单位、参保职工、参保离退休人员的基本信息，社会保险经办机构应当及时、完整、准确记录下列信息：社会保险登记情况、社会保险费缴纳情况、社会保险待遇享受情况、个人账户情况、与社会保险经办相关的其他情况。③社会保险业务台账。

2. 社会保险数据库管理

随着社会保险档案管理工作量的不断增加和管理技术的提高，计算机数据库管理已经成为社会保险档案管理的重要手段。社会保险数据库包含着每个参保企业和参保人员的相关数据，存储着每个参保人员的全部工作经历以及目前的就业情况、参保情况。我国社会保险数据库系统主要包括参保单位基本情况数据库、参保职工相关数据库、个人账户管理数据库、离退休人员数据库和查询、统计数据库。社会保险数据库具有信息量大、存储周期长、准确率要求高、数据膨胀快等特点。因此，对数据库的日常管理非常重要，数据库的口常管理包括数据采集和录入、数据汇总、数据更新、检索打印、建立上报文件、建立保存文件等。

3. 社会保险个人账户管理

根据《社会保险法》相关规定，基本养老保险和基本医疗保险均设有个人账户。其中基本养老保险个人账户主要记载：职工本人缴纳基本养老保险费的基数；按规定的比例缴纳基本养老保险费的金额。职工退休时，个人账户的记录将作为计发基本养老金的重要依据，社会保险经办机构为参保职工建立养老金个人账户，并进行记载、转移、计息、核对和支付。基本医疗保险费由用人单位和个人共同缴纳，并按规定分别形成基本医疗保险统筹基金和个人账户基金。根据《国务院办公厅关于建立健全职工基本医疗保险门诊共济保障机制的指导意见》（国办发〔2021〕14 号），在职职工个人账户由个人缴纳的基本医疗保险费计入，计入标准原则上控制在本人参保缴费基数的 2%，单位缴纳的基本医疗保险费全部计入统筹基金。个人账户的本金和利息归个人所有，可以结转和继承。社会保险经办机构在缴费年度结束后，应对职工个人账户进行结算，包括当年缴费额、实际缴费月数、当年利息额、历年缴费累计结转本息储存额等，利息按照每年公布的记账利息计算。

4. 社会保险关系转移接续管理

社会保险关系是制约劳动力要素流动的主要劳动关系，社会保险制度的完善与市场经济体制的完善密切相关。我国社会保险制度建设的初期，因为统筹层次不高，跨统筹区域自由流动就业的参保人的社会保险权利无法得以充分保障，这既失公平，也进一步制约了社会主义市场经济体制的健康持续发展。尤其近年来，社会保险关系转移接续工作社会关注度高，涉及群体众多，已日渐成为社会保险经办工作的堵点和焦点。具体而言，社会保险关系转移接续是指参保人员跨统筹地区就业时，或在机关事业单位与企业等不同性质用人单位之间流动就业时，或跨统筹地区迁移户籍或者变动经常居住地时，或在职工基本医疗保险与城乡居民基本医疗保险之间关系转移时，其参保关系随同转移。为逐步解决社会保险关系转移接续中存在的问题，党的十七大报告明确提出要“制定全国统一的社会保险关系转续办法”，2009 年，国务院办公厅下发了《国务院办公厅关于转发人力资源社会保障部财政部城镇企业职工基本养老保险关系转移接续暂行办法的通知》（国办发〔2009〕66 号），该暂行办法的出台实施，一是有利于维护参保人员特别是广大农民工的养老保险权益。该暂行办法规定，劳动者跨省流动就业参保缴费的，其基本养老保险关系可以转移接续，缴费年限合并计算，个人账户储存额累计计算；未达到领取待遇年龄时，不得提前终止基本养老保险关系并办理退保手续；在省内流动就业的，也要按照这一原则处理。二是有利于完善社会保障体系。我国的养老保险长期实行较低层次的基金统筹调剂制度。随着全国基本养老保险制度的统一，特别是 2009 年全面实现了省级统筹，劳动者在省内流动就业转移接续养老保险关系，有了制度和体制的基础。该暂行办法明确了跨省流动就业的养老保险关系转移接续政策，进一步打破了地区分割、城乡分割的壁垒，进一步扩大了养老保险制度的覆盖范围。三是有利于促进城乡统筹。该暂行办法规定，农民工在城镇之间流动就业或间断性在城镇就业，只要参保缴费并达到规定条件，就与城镇职工享受同样的养老保险待遇。这对统筹城乡和区域发展，引导农村富余劳动力向城镇有序转移就业，推动工业化和城镇化进程，具有深远影响。

2009 年，人力资源和社会保障部发布了《关于贯彻落实国务院办公厅转发城镇企业职工基本养老保险关系转移接续暂行办法的通知》。2010 年，人力资源和社会保障部发布了《关于印发城镇企业职工基本养老保险关系转移接续若干具体问题意见的通知》，对养老保险关系转移接续的一些具体问题进行了规定。2011 年，《社会保险法》实施，该法第十九条规定：“个人跨统筹地区就业的，其基本养老保险关系随本人转移，缴费年限累计计算。个人达到法定退休年龄时，基本养老金分段计算、统一支付。具体办法由国务院规定。”2013 年，人力资源和社会保障部办公厅发布了《人力资源社会保障部办公厅关于职工基本养老保险关系转移接续有关问题的函》。2016 年，人力资源和社会保障部发布了《人力资源社会保障部关于城镇企业职工基本养老保险关系转移接续若干问题的通知》，对部分参保人员基本养老保险关系转移接续存在困难等问题进行了详细规定。为了更好地保障流动就业人员养老保险权益及基金安全，进一步做好职工基本养老保险关系转移接续工作，2019 年，人力资源和社会保障部办公厅发布了《人力资源社会保障部办公厅关于职工基本养老保险关系转移接续有关问题的补充通知》，继续对基本养老保险关系转移接续工作中出现的问题进行具体指导。

《社会保险法》第三十二条规定：“个人跨统筹地区就业的，其基本医疗保险关系随本人转移，缴费年限累计计算。”第五十二条规定：“职工跨统筹地区就业的，其失业保险关系随本人转移，缴费年限累计计算。”因此，除了基本养老保险，基本医疗保险和失业保险关系也涉及转移接续问题。关于基本医疗保险关系转移接续问题，2009 年 3 月，《中共中央 国务院关于深化医药卫生体制改革的意见》明确提出“以城乡流动的农民工为重点积极做好基本医疗保险关系转移接续”的要求。同年，人力资源社会保障部等三部门发布了《流动就业人员基本医疗保障关系转移接续暂行办法》。2012 年 6 月，国务院批转人力资源社会保障部、发展改革委、民政部、财政部、卫生部、全国社会保障基金理事会联合制定的《社会保障“十二五”规划纲要》，要求在“十二五”期间落实医疗保险关系转移接续办法，实现医疗保险缴费年限在各地互认，累计合并计算。2015 年人力资源社会保障部等发布《关于做好进城落户农民参加基本医疗保险和关系转移接续工作的办法》，2016

年，人力资源社会保障部办公厅发布《人力资源社会保障部办公厅关于印发流动就业人员基本医疗保险关系转移接续业务经办规程的通知》。2020 年，国家医疗保障局等多部门联合下发《医保局 财政部税务总局关于加强和改进基本医疗保险参保工作的指导意见》，其中，对于建档立卡贫困人口，为确保稳定脱贫，在职工医保和居民医保之间切换参保、转移接续参保关系时，不设等待期，不受居民医保规定缴费时间限制，在参保缴费后，即可享受相应待遇，医疗保障经办机构应及时暂停原参保关系。2023 年 12 月 1 日实施的《社会保险经办条例》，对社会保险登记和关系转移做了明确规定。参保人社会保险关系转移接续需要经过一定的程序才能完成。社会保险关系转移接续涉及不同群体的切身利益，而且因为个体和区域间的差异，具体实践操作过程非常复杂。为了规范服务方式，提升服务效能，2020 年 4 月《国家医疗保障局关于印发全国医疗保障经办政务服务事项清单的通知》下发，其中对基本医疗保险关系转移接续在办理资料、办理时限、办理环节等方面做了明确规定，以切实提升医疗保障经办服务标准化水平，打造群众满意的医疗保障经办政务服务。除了普通参保人，还有一类特殊的群体——退役军人，他们在退出现役后也面临社会保险关系转移接续到地方社保系统的问题。2020 年 11 月 11 日第十三届全国人民代表大会常务委员会第二十三次会议通过了《中华人民共和国退役军人保障法》，其第十八条规定："退役军人原所在部队应当按照有关法律法规规定，及时将退役军人及随军未就业配偶的养老、医疗等社会保险关系和相应资金，转入安置地社会保险经办机构。""安置地人民政府退役军人工作主管部门应当与社会保险经办机构、军队有关部门密切配合，依法做好有关社会保险关系和相应资金转移接续工作。"这为退役军人社会保险关系转移接续提供了原则性指导。

三、社会保险监督管理机构和管理内容

（一）社会保险监督管理机构

社会保险监督是指国家行政管理部门、专职监督部门以及其他监督主体对社会保险管理活动进行监督和控制，以保证社会保险管理活动依法、合理、有效进行的管理过程。社会保险监督可分为事前监督、事中监督和事后监督，社会保险监督贯穿于整个社会保险管理过程。

社会保险监督管理的机构可以分为内部监督管理的机构和外部监督管理的机构。内部监督又分为纵向监督和横向监督。纵向监督如上级社会保险管理部门对下级社会保险管理部门的监督以及下级对上级的监督等。横向监督如社会保险管理系统内部的审计，主要由内部审计机构对本部门的财务收支、财务核算、会计科目设置等情况进行审计。外部监督则来自其他行政部门、社会组织等方面，外部监督主体很多。外部监督可分为三种类型：行政监督、专职监督和社会监督。《社会保险法》第十章"社会保险监督"，规定了各级人民代表大会对本法实施和社会保险基金管理情况的监督职责，各级人民政府社会保险行政部门、财政部门、审计机关在社会保险基金管理中的监督职责。还专门对社会保险监督委员会的设立、组成、职责等作了规定。

《社会保险法》第七十六条："各级人民代表大会常务委员会听取和审议本级人民政府对社会保险基金的收支、管理、投资运营以及监督检查情况的专项工作报告，组织对本法实施情况的执法检查等，依法行使监督职权。"第七十七条："县级以上人民政府社会保险行政部门应当加强对用人单位和个人遵守社会保险法律、法规情况的监督检查。""社会保险行政部门实施监督检查时，被检查的用人单位和个人应当如实提供与社会保险有关的资料，不得拒绝检查或者谎报、瞒报。"第七十八条："财政部门、审计机关按照各自职责，对社会保险基金的收支、管理和投资运营情况实施监督。"第七十九条："社会保险行政部门对社会保险基金的收支、管理和投资运营情况进行监督检查，发现存在问题的，应当提出整改建议，依法作出处理决定或者向有关行政部门提出处理建议。社会保险基金检查结果应当定期向社会公布。"第八十条："统筹地区人民政府成立由用人

单位代表、参保人员代表，以及工会代表、专家等组成的社会保险监督委员会，掌握、分析社会保险基金的收支、管理和投资运营情况，对社会保险工作提出咨询意见和建议，实施社会监督。”第八十二条：“任何组织或者个人有权对违反社会保险法律、法规的行为进行举报、投诉。”“社会保险行政部门、卫生行政部门、社会保险经办机构、社会保险费征收机构和财政部门、审计机关对属于本部门、本机构职责范围的举报、投诉，应当依法处理；对不属于本部门、本机构职责范围的，应当书面通知并移交有权处理的部门、机构处理。有权处理的部门、机构应当及时处理，不得推诿。”第八十三条：“用人单位或者个人认为社会保险费征收机构的行为侵害自己合法权益的，可以依法申请行政复议或者提起行政诉讼。”《社会保险法》的上述规定，既明确了社会保险监督管理的机构，也对社会保险监督管理的方式进行了说明。

（二）社会保险监督管理的内容

社会保险监督管理的内容主要包括对社会保险法律、法规、政策执行情况的监督，对社会保险基金运营情况的监督，对社会保险预算执行情况的监督，对社会保险经办机构财务管理情况的监督等方面。社会保险监督管理能发现社会保险运行过程中出现的问题和偏差，对社会保险经办活动中出现的违规行为及时予以纠正，保证社会保险管理活动的规范性。

1. 行政监督

行政监督主要指社会保险行政主管部门对社会保险业务经办机构的社会保险经办管理活动所进行的监督。社会保险基金关系广大参保人员的切身利益，关系到社会稳定。如何加强对社会保险基金的监督，保障社会保险基金的安全是《社会保险法》的重要规范内容。其中，社会保险行政部门对社会保险基金的收支、管理和投资运营情况进行监督检查，是社会保险基金监督的重要一环。在具体实施上，社会保险行政部门是通过设立社会保险基金监督机构来负责的。《社会保险法》第七十九条规定：社会保险行政部门对社会保险基金实施监督检查，有权采取下列措施：①查阅、记录、复制与社会保险基金收支、管理和投资运营相关的资料，对可能被转移、隐匿或者灭失的资料予以封存；②询问与调查事项有关的单位和个人，要求其对与调查事项有关的问题作出说明、提供有关证明材料；③对隐匿、转移、侵占、挪用社会保险基金的行为予以制止并责令改正。

（1）社会保险行政部门对社会保险基金进行监督检查的内容。《社会保险法》规定，社会保险行政部门对社会保险基金的收支、管理和投资运营情况进行监督检查。其中，对社会保险基金收入情况的监督，主要是监督社会保险费征收机构征收的社会保险费是否及时足额收上并存入基金收入户，有无不入账、搞体外循环或被挤占挪用的情况，收入户资金是否按规定及时足额转入财政专户等。对基金支出情况的监督，主要是监督社会保险经办机构及服务机构是否按规定的项目、范围和标准支出基金，有无多支、少支或不支，有无挪用支出户基金，以及有无骗取社会保险待遇的行为等。对社会保险基金管理情况的监督，主要是监督财政专户有无挤占挪用、动用基金的行为，是否违规使用基金平衡财政预算、抵押担保，是否按规定及时足额拨入支出户等；监督收入户、财政专户、支出户是否账账相符，是否按规定开设社会保险基金银行账户、有无多头开户或违规开户行为，收支、管理过程中是否存在欺诈行为。对社会保险基金投资运营情况的监督，主要是监督社会保险基金除按规定预留必要的支付费用外，是否按国务院规定投资运营，是否考虑投资的安全性、效益性、流动性等。

（2）社会保险行政部门的监督检查措施。《社会保险法》规定，社会保险行政部门对社会保险基金实施监督检查，有权采取下列措施：第一，查阅、记录、复制与社会保险基金收支、管理和投资运营相关的资料。通过查阅、录音、录像、照相、复印等多种手段将与社会保险基金相关的证据资料进行记录、复制，是实施监督检查的一项重要措施。社会保险行政部门在进行社会保险基金监督检查时，被检查部门应当提供的资料主要有：用人单位与缴纳社会保险费有关的会计报表、账册、凭证、工资表、人员花名册等；社会保险费征收机构、社会保险经办机构、财政部门以及投资运营机构中与社会保险基金管理有关的文件、资料及计算机系统的相关数据；社会保险服务机构与提供社会保险服务有关的资料；社会保险基金收入户、支出户、财政专户和投资运营户等社会保险基金银行账户相关资料。只有及时了解和掌握社会保险基金收入户、支出户、财政专户和投资运营户的情况，基金监督检查机构才能及时防范社会保险基金风险，确保社会保险基金专款专用，实现保值增值。被检查对象提供检查所需的资料后，社会保险行政部门工作人员应当及时对资料进行审查，并对相关的资料通过录音、录像、照相、复印等多种措施进行记录和复制。第二，对可能被转移、隐匿或者灭失的资料予以封存。社会保险行政部门在监督检查中，发现有关资料可能被转移、隐匿或者灭失的，应当予以封存，通过对这些资料的及时封存，以达到保全证据资料的目的。这是《社会保险法》赋予社会保险行政部门的一个行政强制措施。第三，向与调查事项有关的单位和个人进行询问，要求其对与调查事项有关的问题作出说明、提供证明材料。询问是通过人与人之间的交流从而了解被检查单位在社会保险基金运作和管理方面有关情况的一种工作方法。检查人员在检查中需要对一些存在隐患但尚不明确的问题进行调查，需要知悉情况的人员予以解释说明，以便检查人员能够及时了解情况，并依据了解到的情况对发现的问题进行分析，从而出具客观公正全面的检查意见和整改建议。社会保险行政部门工作人员在进行询问时，应严格按照法律规定的程序和要求进行。第四，对隐匿、转移、侵占、挪用社会保险基金的行为予以制止并责令改正。被监督的单位和个人应当配合社会保险行政部门的监督检查，不得拒绝、阻挠监督人员进行监督，不得拒绝提供、拖延提供与监督事项有关资料，不得隐匿、伪造、变造、毁弃会计凭证、会计账簿、会计报表以及其他与社会保险基金管理有关的资料。对于转移、隐匿、侵占、挪用社会保险基金的行为，社会保险行政部门应立即予以制止，并责令违法行为人予以改正。

2. 专职监督

为严格对社会保险基金的监管，保障基金安全，除社会保险行政部门对社会保险基金的收支、管理和投资运营情况进行监督之外，还有专职监督来对社会保险基金实施监管。专职监督包括预算监督、缴费监督和财务监督三个方面。预算监督是对社会保险预算的执行情况进行监督，防止基金被违规使用；缴费监督是对用人单位和个人社会保险费的申报、缴纳等情况进行监督，避免拒缴、少缴社会保险费情况的发生；财务监督是审计业务部门（如国家审计机关、社会保险经办机构的内部审计组织）对社会保险基金的收支、使用、运营行为等进行监督。专职监督也可以分为财政监督和审计监督两个方面。

财政监督是指财政部门对行政机关、企事业单位及其他组织执行财税法律法规和政策情况，以及对涉及财政收支、会计资料和国有资本金管理等事项依法进行的监督检查活动。财政部门对社会保险基金收支、管理和投资运营情况实施监督主要是指财政部门负责拟定社会保险基金的财务管理制度，组织实施对社会保险基金收支、管理和投资运营的财政监督。具体工作包括：

（1）通过基金纳入财政专户，加强部门监督。社会保险基金存入财政专户，专款专用，任何地区、部门、单位和个人均不得挤占、挪用，也不得用于平衡财政预算。依照《社会保险费征缴暂行条例》的规定，社会保险基金实行收支两条线管理，由财政部门依法进行监督。

（2）通过制定财务制度，规范财务管理行为。财政部、人力资源社会保障部、国家卫生和计划生育委员会制定的《社会保险基金财务制度》规定，基金财务管理的任务是认真贯彻执行国家有关法律、法规和方针、政策，依法筹集和使用基金；建立健全财务管理制度，努力做好基金的计划、控制、核算、分析和考核工作，并如实反映基金收支状况；严格遵守财经纪律，加强监督和检查，确保基金的安全。

（3）审核基金预算和决算等，进行财务监督。社会保险基金预算是根据国家社会保险预算规定建立、反映各项社会保险基金收支的年度计划。根据《国务院关于试行社会保险基金预算的意见》

的规定，统筹地区社会保险基金预算草案由社会保险经办机构编制，其中社会保险费由税务机关征收的，社会保险基金收入预算草案由社会保险经办机构会同税务机关编制（社会保险费现已全部由税务机关征收），经本级社会保险行政部门审核汇总，财政部门审核后，由财政和社会保险行政部门联合报本级人民政府审批。统筹地区财政和社会保险行政部门将社会保险基金预算草案报本级人民政府审批后，报上一级财政和社会保险行政部门。省级财政和社会保险行政部门将本省（区、市）社会保险基金预算草案报本级人民政府后，报财政部和国家社会保险行政部门。全国社会保险基金预算草案由国家社会保险行政部门汇总编制，财政部审核后，由财政部和国家社会保险行政部门联合向国务院报告。各级政府财政部门对本级各部门决算草案审核后发现有不符合法律、行政法规规定的，有权予以纠正。

审计监督是指审计机关依法独立检查被审计单位的会计凭证、会计账簿、财务会计报告以及其他与财政收支、财务收支有关的资料和资产，监督财政收支、财务收支真实、合法和效益的行为，属于行政机关内部监督中一种专门监督形式。审计机关对审计事项作出客观公正的评价，并提出审议报告。依照《中华人民共和国审计法（2021）》（简称《审计法》）及其实施条例的规定，审计机关对社会保险基金的财务收支进行审计监督，即按照国家财务会计制度的规定，对社会保险基金实行会计核算的各项收入和支出进行审计。审计机关曾多次对社会保险基金开展审计监督，尤其在2006年和2007年，对县级及以上管理的社会保险基金进行了全面审计，有力推动了挤占、挪用资金的清理回收和规范管理，为基金的长效管理奠定了基础。2021年7月，审计署发布了《关于提升社会保障审计监督效能的指导意见》，为新时代社会保障治理法治化、精细化提供了基本依据。审计机关依法进行审计监督时，被审计单位应当依照《审计法》的规定，向审计机关提供与社会保险基金财政收支、财务收支有关的资料。审计机关可以就有关审计事项向政府有关部门通报或者向社会公布对社会保险基金收支、管理和投资运营的审计调查结果。

3. 社会监督

社会监督是由社会保险的利益相关主体、群众性的组织成立的监督委员会对社会保险管理进行监督，以形成来自社会的约束力。社会监督组织通常由政府代表、用人单位代表、劳动者代表以及学者代表组成。负责审核社会保险各项基金的年度收支计划，监督社会保险政策、法规的执行和社会保险基金管理工作。

这些监督方式在《社会保险法》的相关法条中已有明确规定。建立健全社会保险监督体系是防止滥用权力的需要，如加强对社会保险基金的收支、管理和投资运营的监督，是实现社会保险基金依法筹集、专款专用、安全、保值和增值的重要保证。良好的社会保险监督主要是借助内、外部约束力而产生效力，它为针对违规行为的行政处罚和法律制裁提供依据和证据，它是社会保险有序运行的重要保证，是社会经济健康发展的守护力量。

（三）社会保险监督管理中的法律责任

在社会保险监督管理过程中，如果发现有违反社会保险法律法规和政策文件的行为，必须予以制止，且违法责任主体要依据法律的有关规定承担相应的法律责任。承担法律责任不是目的，而是必要的管理手段。承担必要的法律责任，是确保社会保险管理活动有序进行的保障。社会保险监督管理过程中，针对不同的违法行为，相关责任主体要承担相应的法律责任。《社会保险法》第十一章规定了用人单位、社会保险经办机构及其工作人员、社会保险行政部门及其工作人员、社会保险服务提供者及其工作人员、参加社会保险的个人等社会保险的参与者，违反本法规定所应承担的法律责任。

如《社会保险法》第八十四条规定："用人单位不办理社会保险登记的，由社会保险行政部门责令限期改正；逾期不改正的，对用人单位处应缴社会保险费数额一倍以上三倍以下的罚款，对其直接负责的主管人员和其他直接责任人员处五百元以上三千元以下的罚款。”

社会保险登记是社会保险费征缴的重要环节，是对社会保险缴费义务人进行管理的基础。用人单位不办理社会保险登记，职工无从参保，社会保险行政部门也无法进行监督，因此本条对用人单位不办理社会保险登记规定了相应的法律责任。

不办理社会保险登记包括两种情况：①用人单位成立后不办理社会保险登记。《社会保险法》第五十七条规定，用人单位应当自成立之日起三十日内凭营业执照、登记证书或者单位印章，向当地社会保险经办机构申请办理社会保险登记。社会保险经办机构应当自收到申请之日起 15 日内予以审核，发给社会保险登记证件。用人单位成立后不按上述期限办理社会保险登记的，即属于违法。②用人单位自用工之日起三十日内不为其职工办理社会保险登记的。《社会保险法》第五十八条规定，用人单位应当自用工之日起三十日内为其职工向社会保险经办机构申请办理社会保险登记。为职工办理社会保险登记也是用人单位的义务。

对用人单位不办理社会保险登记的违法行为，分两种情况进行处理：第一，对用人单位不办理社会保险登记的违法行为，由社会保险行政部门责令限期改正。责令改正不是行政处罚，只是一种补救性的行政措施，是对违法者消除违法状态、恢复合法状态的要求。第二，经社会保险行政部门责令限期改正，用人单位仍不办理社会保险登记的，由社会保险行政部门对用人单位处应缴社会保险费数额 1 倍以上 3 倍以下的罚款，对其直接负责的主管人员和其他直接责任人员处 500 元以上 3000 元以下的罚款。这里有几点需要注意：①罚款是最常见的一种行政处罚，是一种财产罚，指行政机关强制违法的行为人承担金钱给付的处罚形式。②给予罚款的主体是社会保险行政部门，不是社会保险经办机构。行政处罚决定依法作出后，当事人应当在行政处罚决定的期限内予以履行。③处罚的对象包括两类，一是对用人单位，二是对直接负责的主管人员和其他直接责任人员，换句话说，实行的是“双罚制”，用人单位和直接负责的主管人员及其他直接责任人员都需要接受处罚。《社会保险费征缴暂行条例》第二十三条规定，“缴费单位未按照规定办理社会保险登记、变更登记或者注销登记，或者未按照规定申报应缴纳的社会保险费数额的，由劳动保障行政部门责令限期改正；情节严重的，对直接负责的主管人员和其他直接责任人员可以处 1000 元以上 5000 元以下的罚款；情节特别严重的，对直接负责的主管人员和其他直接责任人员可以处 5000 元以上 10000 元以下的罚款”。该条例规定的是“单罚制”，只有直接负责的主管人员和其他直接责任人员承担责任，没有规定对用人单位的处罚。为了加强对这类违反社会保险登记规定情形的管理，《社会保险法》实行了“双罚”。④关于处罚的数额，由于用人单位应缴社会保险费数额不同，不宜采取具体处罚数额，而是以应缴社会保险费为基数，处以 1 倍以上 3 倍以下的罚款；对直接负责的主管人员和其他直接责任人员，则确定了处罚的上下限，即处 500 元以上 3000 元以下的罚款。

再如《社会保险法》第八十七条规定：“社会保险经办机构以及医疗机构、药品经营单位等社会保险服务机构以欺诈、伪造证明材料或者其他手段骗取社会保险基金支出的，由社会保险行政部门责令退回骗取的社会保险金，处骗取金额二倍以上五倍以下的罚款；属于社会保险服务机构的，解除服务协议；直接负责的主管人员和其他直接责任人员有执业资格的，依法吊销其执业资格。”本条是关于社会保险经办机构及社会保险服务机构骗取社会保险基金支出的法律责任。我国社会保险基金监管工作起步较晚，相关法律法规不够健全。为此，《社会保险费征缴暂行条例》《社会保险费征缴监督检查办法》《社会保险稽核办法》等行政法规和部门规章，都加大了社会保险基金监督力度。但是，骗取社会保险基金支出的现象仍时有发生，特别是社会保险经办机构以及医疗机构、药品经营单位等社会保险服务机构，由于直接处在社会保险工作一线，有可能利用职务之便骗取基金支出，因此有必要对其加强监管，明确其相应的法律责任。

骗取社会保险基金支出的主要形式有欺诈、伪造证明材料等。以骗取医疗保险待遇为例，一般包括：①允许非参保人以参保人名义就医的；②允许使用医疗保险基金支付应当由参保人自付、自费的医疗费用；③允许使用医疗保险个人账户基金购买保健品、化妆品及其他用品的；④提供虚假疾病诊断证明、病历、处方和医疗费票据等资料的；⑤向参保人提供不必要的医疗服务和过度医疗服务的；⑥转借医疗保险 POS 机给非定点单位使用或代非定点单位使用医疗保险个人账户基金进行结算等情况。

骗取社会保险基金支出应承担的法律责任包括：①责令退回骗取的社会保险金，并处罚款。社会保险行政部门发现社会保险经办机构以及医疗机构、药品经营单位等社会保险服务机构骗取社会保险基金支出的，应当责令退回骗取的社会保险金，同时应处骗取金额二倍以上五倍以下的罚款。《劳动保障监察条例》第二十七条第二款规定，骗取社会保险待遇或者骗取社会保险基金支出的，由劳动保障行政部门责令退还，并处骗取金额一倍以上三倍以下的罚款；构成犯罪的，依法追究刑事责任。《工伤保险条例》和《失业保险条例》对骗取社会保险待遇都规定处骗取金额一倍以上三倍以下的罚款。《社会保险法》之所以提高罚款倍数，是因为骗取社会保险基金支出的行为具有主观恶意，严重侵犯了社会保险基金的安全，需要加大对这种行为的处罚力度。因此，《社会保险法》实施后，上述条例中给予一倍以上三倍以下罚款的规定不再执行，应当按照本法规定处骗取金额二倍以上五倍以下的罚款。②解除服务协议。《社会保险法》第三十一条规定，“社会保险经办机构根据管理服务的需要，可以与医疗机构、药品经营单位签订服务协议，规范医疗服务行为”。基本医疗保险的目的是最大限度地满足人民群众的基本医疗需求，医疗机构、药品经营单位是医疗服务的提供方，应当为参保人员提供合理、必要的医疗服务。对于少数医疗机构、药品经营单位骗取社会保险基金支出、侵吞社会保险基金的，除了责令退回骗取的社会保险金，并处骗取金额二到五倍罚款外，还应当由社会保险经办机构与其解除服务协议。③吊销执业资格。吊销执业资格是一种资格罚，又称能力罚，吊销执业资格即剥夺行政相对人的行为能力，行政相对人就不能从事某种特定行为。我国实行医师执业资格制度，当医生要通过考试，取得医师资格，取得资格后要执业，还需要到卫生行政部门注册，领取医师执业证书。对于参与骗保的，本条规定直接负责的主管人员和其他直接责任人员是医师的，应当吊销其执业资格，这是一种比较严厉的处罚，一般应当本着“谁授予谁吊销”的原则，由卫生行政部门吊销。

对于其他情况的违法行为，《社会保险法》也规定了需要承担的法律责任。此外，《社会保险法》第九十四条规定：“违反本法规定，构成犯罪的，依法追究刑事责任。”

第三节　社会保险管理模式

一、社会保险管理模式的含义

社会保险管理模式是指社会保险行政管理机构、业务管理机构、基金管理机构和监督管理机构在社会保险管理过程中形成的体制和框架，主要涉及不同层级的社会保险机构之间的权责划分、各管理部门之间的协调等内容。社会保险的管理模式与特定国家的经济发展条件、历史文化传统以及特殊政治背景密切相关。即使是同一国家，也有可能在不同的社会保险项目上选择不同的管理模式。概括地说，世界各国社会保险管理模式大致可以分为以下三类：政府直接管理模式、自治机构管理模式和以私营机构为行为主体的管理模式。

二、政府直接管理模式

政府直接管理模式的特点是政府统管各项社会保险事务，社会保险费的征收、管理、发放等环节均由政府部门直接负责，在具体分工上则有所不同。出于社会保险的普遍性和强制性考虑，很多国家采取了政府直接管理的社会保险管理模式，包括美国、英国、爱尔兰、加拿大等主要欧美国家，日本、新加坡、马来西亚、印度等亚洲国家以及肯尼亚等非洲国家都采取这样的管理模式。

政府直接管理模式采取了纵向领导的方式，由中央到地方设置不同层次的管理机构，中央对地方的管理机构进行垂直管理。中央制定社会保险的政策法规、对社会保险运行过程进行监督，地方社会保险管理部门把中央的政策法规细致化、具体化，同时负责具体业务的实施。社会保险行政管理、业务管理都由政府负责，行政管理部门规定社会保险的实施范围、享受对象、基金筹集、待遇支付以及各方的权利义务，对法律法规的实施进行监督检查，受理社会保险有关的行政争议；业务管理部门作为政府的派出机构对社会保险事务进行管理，负责参保人登记和审查、社会保险基金的筹集和支付、为被保险人提供咨询等服务。

在政府直接管理模式下，从中央到地方都设立了专门的机构，政府权力的作用发挥明显，政府的强制力能保证社会保险政策规范统一，政府制定的社会保险制度目标比较容易实现。但这种管理模式需要政府部门投入很多人力和物力来从事具体的社会保险事务，管理成本较高。另一方面，由于官僚机构的膨胀，容易引起部门之间的矛盾，经办机构的工作效率也容易出现低下的问题。在政府直接管理模式下，行政管理部门和业务管理机构的人员都属于政府公职人员，难以有效发挥约束和监督机制的作用。

在政府直接管理模式下还可以再进一步划分为统一管理模式、分散管理模式和统分结合管理模式。

（一）统一管理模式

统一管理模式把不同的社会保险项目置于统一的管理体系之中，建立统一的社会保险管理机构，对全国的社会保险事业进行自上而下的纵向统一管理，而地方层设置社会保险管理机构，实现统一的制度、统一的政策和管理标准。

统一管理模式的优点：一是便于社会保险的统一规划和实施。统一管理模式使社会保险政策的决策权集中于一个体系，能有效避免由不同部门管理所引起的部门冲突和矛盾，防止政出多门，部门之间相互牵扯的现象，社会保险管理机构的高效运作，使社会保险功能得以有效发挥，也有利于管理成本的降低；二是有利于社会保险项目之间的相互协调，社会保险基金的集中程度较高，保险基金能够得到合理使用，有利于提高社会保险资金的使用效率；三是有利于保障管理机构精兵简政，降低管理成本，控制管理费用。但这种模式也有其局限性：一是在人口众多、辖区比较大的地方，各个险种统一实施有一定的难度；二是失业保险和工伤保险各具特殊性，因而实行起来容易造成顾此失彼的局面；三是这种模式往往以国家行政管理为主，受行政干预较多。总而言之，实行统一管理模式需要具备一定的客观条件，若是在具有分散管理传统、社会保险情况复杂的国家实行统一管理模式会遭遇众多的阻力。

英国的国民保险是实行统一管理模式的典型代表。英国的疾病、养老、失业、生育、工伤、残疾等十多项国民保险以及非缴费性福利统一由卫生和社会保障部管理（Department of Health and Social Care，社会保障部与卫生部曾经分分合合）。其中最庞大的、负责发放津贴的机构共有三个层次，最高层次是总部，其下是在各地区设立的22个局，每个地区局又在其下设有7—8个办事处，采取垂直管理的方式，从中央到地方形成一个管理体系。①

（二）分散管理模式

由于社会保险项目较多，各个社会保险项目的保障对象、管理方法也不尽相同，若采取过于集中的管理方式未必适合不同社会保险项目的特点，因此，在政府对社会保险进行统一协调决策的前提下，有必要考虑对不同的社会保险项目进行分散管理。分散管理模式采取与统一管理模式相反的

---

① 孙炳耀. 2000. 当代英国瑞典社会保障制度［M］. 北京：法律出版社：39.

管理方式，由不同的政府部门对不同的社会保险项目进行横向多头管理，不同的社会保险项目都有各自对应的保险经办机构、基金运营机构和监督管理机构，各社会保险项目之间具有相对独立性，各项目所筹集到的社会保险基金专款专用。

在实行分散管理模式的国家，养老保险、医疗保险、生育保险、工伤保险、遗嘱保险和失业保险分别由不同的政府部门管理。比如，劳动部门管理劳工保险，卫生部门管理医疗保险。在分散管理的情形下，不同的社会保险项目往往实行不同的管理模式。比如，在德国，除个别特殊行业以外，养老保险的管理机构按地区进行设置，医疗保险管理机构按行业或地区进行设置。我国长期以来实行的是分散管理模式，但在社会保险改革的过程中，我国逐步将原来过于分散的社会保险管理加以集中，使社会保险的管理难度有所降低。

分散管理模式的缺陷主要是：各管理机构互相独立显得过于庞杂，导致管理工作重复，效率较为低下，管理成本较大。

（三）统分结合管理模式

统分结合管理模式是统一管理模式和分散管理模式的结合。在统分结合管理模式下，对共性较强的适宜归于一类的社会保险项目进行集中管理，而对具有特殊性的社会保险项目实行分散管理。例如，有的国家把养老保险、医疗保险等社会保险项目集中起来进行统一管理，而失业保险和工伤保险分别由劳动部门和其他部门进行管理。有的国家则是设置特定的部门来管理养老保险，而医疗保险、工伤保险和失业保险则集中由劳动部门管理。在不同的国家，由于部门设置和部门分工的不同，各部门对应的社会保险的管理职责也存在较大差异。

这种管理模式的优点是：既可以适应社会保险社会化、规模化和一体化的要求，又可以兼顾特点突出、要求鲜明的项目，而且能提高管理效率，节省管理费用，降低管理成本，促进社会保险项目的转化等。在这种模式下，有两个或者两个以上的部门对社会保险事务进行管理，至少有一个部门集中管理几个具有同质性的社会保险项目的具体事务，而另外有少数部门负责某个特殊社会保险项目的管理。

日本的社会保险采取统分结合的管理模式。日本的中央政府设立厚生劳动省管理全国的养老、遗属、残疾医疗以及失业和工伤等保障项目。厚生劳动省的年金局及社会保险厅是日本养老金的中央管理组织。厚生劳动省的年金局主要负责拟定厚生年金及国民年金的法规、政策，并负责厚生年金及国民年金的计算。厚生劳动省的社会保险厅主要负责实施全国的年金制度和健康保险制度。日本的地方管理组织都、道、府、县、厅负责实施本地区的国民年金制度，对本地区国民年金基金进行指导监督，同时负责健康保险制度、船员保险制度、厚生年金保险制度在本地区的实施，并对健康保险金、厚生年金基金、医疗保险机构进行指导监督。

美国的社会保险实行的也是这种社会保险管理模式，具体来说，由美国的社会保障总署负责管理各种主要的社会保障事务，而劳工部只负担少数的管理责任。社会保障总署是一个独立机构，不隶属于任何行政部门，实行垂直领导体制，全国按大区设立分署，分署之下设地区办公室。

从社会保险管理模式的划分可以看出，社会保险管理是一个由各个社会保险项目所组成的涉及不同管理部门的复杂体系。有的国家从实现管理体系的统一性出发，采取以政府集权为核心的统一的管理模式，确保社会保险政策实施的有效性和协调性。而有的国家各项社会保险项目建立和完善的背景不同，因而针对不同社会保险项目的特点采取了不同的管理机制和管理模式。但无论如何，社会保险管理模式都要以适应特定国家国情和历史发展趋势为前提。

三、自治机构管理模式

自治机构管理模式是指社会保险的业务管理由非政府组织承担，政府只负责社会保险立法、对社会保险政策的实施予以监督和指导。负责业务管理的非政府组织是由政府代表、雇主代表和雇员代表三方组成的独立机构，也可能是由其中两方组成的管理组织，其名称比较多元化，可以是基金会、董事会、委员会、理事会等。这些独立机构依照相关法律法规的实体性规定和程序性规定对社会保险的具体业务进行管理，实现民主管理，接受来自政府和社会的监督。在自治机构下面设有办事机构，在法律规定范围内开展各种社会保险业务活动。

自治机构管理模式的管理机制较为灵活，各方主体的利益分别有各自的代言人，能充分体现民主管理的精神，在得到各方认可的前提下，实行各方均能受益的管理办法。因此，该模式的工作效率较高，各利益主体的满意度也比较高。

德国是自治机构管理模式的典型，德国的社会保险机构不是政府部门的派出机构，而是独立法人，实行自治管理。德国社会保险自治机构的影响力很大，一般实行地区管理与行业组织管理相结合的方式，自治机构成员由雇主代表和雇员代表共同组成。德国社会保险的行政管理与业务管理是完全独立的。联邦劳动和社会事务部是社会保险的最高行政管理机关，对社会保险管理机构的监督主要由联邦劳动和社会事务部实施。在联邦劳动和社会事务部下设置独立的社会保险管理监督办公室作为独立的监管部门。社会保险的业务管理按照不同的保险项目进行设置。

四、以私营机构为行为主体的管理模式

以私营机构为行为主体的管理模式是在实行社会保险基金完全积累制的前提下，由私营机构对社会保险基金的投资和运营进行市场化管理，以实现基金的保值增值。政府不直接参与社会保险基金的管理，而是对社会保险的具体实施过程进行监督。比如，新加坡实行中央公积金制度，具有半官方性质的中央公积金局负责社会保险的管理和具体实施，而劳工部对社会保险管理进行监督。在同样实行“强制储蓄”制度模式的智利，个人基金账户由私营的 AFPs 负责投资运营，政府设立对 AFPs 进行监管的养老基金监管局（Superintendence of Pension Fund Administrators）对其进行监管和检查。印度、印度尼西亚等国家也采取这种管理模式。

在以私营机构为行为主体的管理模式下，政府付出的管理成本较低，责任较轻。但私营机构管理社会保险，近年来出现了管理效率降低的趋势，被保险人的利益与社会保险基金在资本市场的收益直接相关，此种模式给被保险人带来的风险较大。

综上所述，从全球来看，社会保险管理服务不存在一个固定的、统一的模式，成功的管理模式都有其历史背景，都是根据各国国情和社会制度、经济发展水平、文化传统而确定实施的。各国社会保险管理模式虽不尽相同，但就管理服务工作而言，都具有三个共同特点：一是各国社会保险工作都是由政府主导，实行决策、执行、监督相分离的管理体制，设立专门机构、配备职业化队伍负责承办社会保险事务；二是社会保险经办机构的职责基本相同，都是依托信息化手段承办社会保险事务，筹集、管理和运营社会保险基金，支付社会保险待遇；三是在实行社会保险由政府直接管理的国家中，社会保险经办机构多是实行垂直管理，形成从中央到地方的统一专门的工作网络。

思考题

1. 社会保险管理的含义。
2. 社会保险管理具有哪些职能？
3. 社会保险管理有哪些特征？为什么？
4. 社会保险管理都有哪些模式？其各自的代表国家（地区）是哪里？
5. 结合实际分析我国社会保险管理模式具有什么样的特点。

拓展阅读

司法部、国家医疗保障局负责人就《医疗保障基金使用监督管理条例》答记者问

2021年1月15日，时任国务院总理李克强签署第735号国务院令，公布《医疗保障基金使用监督管理条例》（以下简称《条例》），《条例》自2021年5月1日起施行。日前，司法部、国家医疗保障局负责人就《条例》的有关问题回答了记者提问。

问：请简要介绍一下《条例》的出台背景。

答：医疗保障基金是人民群众的“看病钱”“救命钱”，其使用安全涉及广大群众的切身利益，关系医疗保障制度健康持续发展。医疗保障基金使用主体多、链条长、风险点多、监管难度大，监管形势较为严峻。党中央、国务院高度重视医疗保障基金使用监督管理工作。《中共中央 国务院关于深化医疗保障制度改革的意见》提出，制定完善医保基金监管相关法律法规，规范监管权限、程序、处罚标准。《国务院办公厅关于推进医疗保障基金监管制度体系改革的指导意见》要求，强化医保基金监管法治及规范保障，制定医疗保障基金使用监督管理条例及其配套办法。制定专门行政法规，以法治手段解决医疗保障基金使用监督管理中的突出问题，是十分必要的。

问：《条例》的适用范围包括哪些？

答：《条例》第二条规定“本条例适用于中华人民共和国境内基本医疗保险（含生育保险）基金、医疗救助基金等医疗保障基金使用及其监督管理”，第四十九条规定“职工大额医疗费用补助、公务员医疗补助等医疗保障资金使用的监督管理，参照本条例执行”“居民大病保险资金的使用按照国家有关规定执行，医疗保障行政部门应当加强监督”。据此，基本医疗保险（含生育保险）基金、医疗救助基金等医疗保障基金适用本《条例》；职工大额医疗费用补助、公务员医疗补助参照本《条例》；居民大病保险资金按照国家有关规定执行。

问：《条例》对基金使用各相关主体提了哪些要求？

答：《条例》明确了基金使用相关主体的职责，包括医疗保障行政部门、医疗保障经办机构、定点医药机构、参保人员等。一是医疗保障行政部门应当依法组织制定医疗保障基金支付范围。二是医疗保障经办机构建立健全业务、财务、安全和风险管理制度，规范服务协议管理。三是定点医药机构加强内部管理，提供合理、必要的医药服务，保管有关资料、传送数据和报告监管信息。四是参保人员持本人医疗保障凭证就医、购药，按照规定享受医疗保障待遇。五是禁止医疗保障经办机构、定点医药机构等单位及其工作人员和参保人员等通过伪造、变造、隐匿、涂改、销毁医学文书等有关资料或者虚构医药服务项目等方式，骗取医疗保障基金。

问：《条例》在健全监督体制、强化监管措施方面，作了哪些规定？

答：一是构建政府和医疗保障等行政部门的行政监管、新闻媒体舆论监督、社会监督、行业自律相结合的监督体制，畅通社会监督渠道，织密扎牢医疗保障基金使用监督管理的制度笼子。二是建立医疗保障、卫生健康、中医药、市场监督管理、财政、审计、公安等部门的沟通协调、案件移送等监管合作机制。三是要求国务院医疗保障行政部门制定服务协议管理办法，制作并定期修订服务协议范本。四是规定大数据智能监控、专项检查、联合检查、信用管理等监管形式。五是规范医疗保障行政部门监督检查的措施及程序。

问：对骗保等违法行为的惩处，《条例》作了哪些规定？

答：《条例》针对不同违法主体、不同违法行为分别设置了法律责任。

一是对医疗保障经办机构违法的，责令改正、责令退回、罚款、给予处分。二是对定点医药机构一般违法行为，责令改正、约谈负责人、责令退回、罚款、责令定点医药机构暂停相关责任部门一定期限的医药服务；对定点医药机构违反管理制度的，责令改正、约谈负责人、罚款；对定点医药机构骗保的，责令退回、罚款、责令定点医药机构暂停相关责任部门一定期限的医药服务、解除服务协议、吊销执业资格；造成医疗保障基金重大损失或者其他严重不良社会影响的，对其法定代表人或者主要负责人给予限制从业、处分。三是个人违法的，责令改正、责令退回、暂停其一定期限的医疗费用联网结算、罚款。四是侵占、挪用医疗保障基金的，责令追回、没收违法所得、给予处分。五是医疗保障等行政部门工作人员滥用职权、玩忽职守、徇私舞弊的，给予处分。

资料来源：http://www.gov.cn/zhengce/2021-02/20/content_5587946.htm

参考文献

陈信勇. 2010. 中国社会保险制度研究. 杭州：浙江大学出版社.
邓大松. 2015. 社会保险. 北京：中国劳动社会保障出版社.
林毓铭. 2019. 社会保险经办管理与服务. 北京：社会科学文献出版社.
毛艾琳. 2021. 社会保险学. 北京：社会科学文献出版社.
史潮. 2016. 社会保险学. 北京：科学出版社.
孙炳耀. 2000. 当代英国瑞典社会保障制度. 北京：法律出版社.
孙光德，董克用. 2016. 社会保障概论. 北京：中国人民大学出版社.
孙树菡，朱丽敏. 2019. 社会保险学. 北京：中国人民大学出版社.
王延中. 2022. 中国社会保障发展报告. 北京：社会科学文献出版社.
杨波. 2010. 中国社会保险制度：基于企业的视角. 北京：中国人民大学出版社.
杨方方. 2006. 从缺位到归位：中国转型期社会保险中的政府责任. 北京：商务印书馆.
张洪涛，孔泾源. 2008. 社会保险案例分析：制度改革. 北京：中国人民大学出版社.

（山东第二医科大学 岳林琳；昆明医科大学海源学院 李芫苑）

第六章　养老保险

内容提要

本章首先界定了养老保险制度的概念，回顾了养老保险制度的发展历程，介绍了养老保险制度的主要内容；接着讨论了社会保险型、福利社会型、强制储蓄型，以及国家保险型四种代表性养老保险制度模式，并分别以这四种模式的典型代表国家——日本、瑞典、新加坡，以及计划经济时期的中国为例，分析了在不同养老保险模式下各国的养老保险制度实态。在此基础上，本章从覆盖对象、筹资方式、运行效果等角度对几种养老保险模式进行了比较，随后回顾了我国基本养老保险制度发展的历程及体系构成，最后对养老保险制度面临的挑战进行了分析，并提出了改革的方向。

第一节　养老保险概述

一、年老风险与老龄化社会

（一）年老风险

1. 普遍预期寿命提升

随着现代化的推进，各国的预期寿命逐步上升，老年人口比重持续上升，全球人口正在快速老龄化过程中。2018 年，全球 65 岁及以上人口的数量有史以来首次超过了 5 岁以下人口的数量①。人口预期寿命的提高得益于更好的营养结构、公共卫生、医疗保健体系的改善，以及大数据和人工智能等满足老龄化人口需求的技术创新。然而，这种增长不仅对家庭产生影响，同时也是我们这个时代的社会、经济和政治形态面临的最大变化之一。

2. 生育率普遍降低

全球正在经历生育率下降。1990 年平均每名妇女生育的孩子数量为 3.2，2019 年平均每名妇女生育 2.5 个孩子，而到 2050 年，预计这一数字将进一步下降至 2.2。为避免国家人口数量长期下降，生育率有必要保持在 2.1 以上。

自 2010 年以来，由于生育率持续低下，有 27 个国家或地区的人口至少下降 1%。到 2050 年，预计将有 55 个国家人口减少 1%或更多，其中近一半国家的人口将下降至少 10%。

世界人口增长减缓有助于调动更多资源用于经济发展和人民福利提高。但对部分国家而言，人口老龄化的同时人口数量减少过快将会给卫生健康和社会保障系统带来巨大压力。

中国生育率水平目前已经很低。虽然专家有不同的估计，但联合国人口司认为中国的生育水平大概在每对夫妇生育 1.6 到 1.7 个孩子的水平。2021 年公布的第七次全国人口普查数据显示中国总人口已超过 14 亿，但到 2050 年估计将减少 3100 万左右，大概减少 2%。②

3. 家庭养老功能弱化

在我国城乡间人口流动不断加速，家庭结构趋于核心化，人口不断老龄化、高龄化的背景下，

---

① 参见 https://www.shobserver.com/baijiahao/html/143909.html［2023-03-05］.

② 联合国：2050 年世界人口将达 97 亿.［EB/OL］. https://www.unachina.org/article/content/view?id=1557［2023-03-05］.

家庭的养老功能也在不断弱化。国家统计局公布的第七次全国人口普查数据显示，中国平均每个家庭户的人口为 2.62 人。回顾历次全国人口普查数据，家庭户规模呈持续下降态势，从 1982 年第三次全国人口普查的 4.41 人、1990 年第四次全国人口普查的 3.96 人、2000 年第五次全国人口普查的 3.44 人、2010 年第六次全国人口普查的 3.10 人到 2020 年第七次全国人口普查的 2.62 人，中国家庭户规模已降至 3 人以下。

4. 老年人口抚养比上升

国际上采用人口学指标“潜在支持比例”，即 25—64 岁年龄段人口与 65 岁及以上年龄段人口之间的比例，表示每一个 65 岁以上（含 65 岁）的老人约有多少工作人口支持。这一比例目前日本是全球最低的国家，为 1.6。而到 2050 年，北非、西亚、中亚、南亚、东亚和东南亚、拉丁美洲地区，这一比例将均为 2 左右，即接近日本当前水平。①

中国采用“老年人口抚养比”，即 65 岁及以上年龄段人口与劳动年龄人口（男性 16—60 岁，女性 16—55 岁）之间的比例，表示每 100 名劳动年龄人口要负担多少名老年人。老年人口抚养比越大，表明劳动力人均承担的抚养人数就越多，即意味着劳动力的抚养负担就越重，中国老年人口抚养比近年来呈现出逐年上升的趋势（图 6-1）。

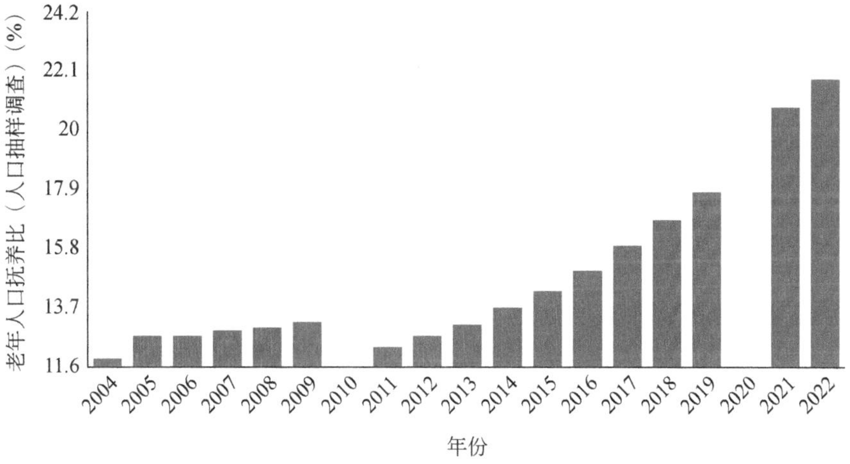

图 6-1 2004—2022 年中国老年抚养比变化趋势

资料来源：中华人民共和国国家统计局网站，

https://data.stats.gov.cn/search.htm?s=%E8%80%81%E5%B9%B4%E6%8A%9A%E5%85%BB%E6%AF%94

注：2005 年、2015 年为 1%人口抽样调查样本数据，其他年份为 1‰人口变动调查样本数据

城乡居民社会养老保险实际领取待遇人数占参保人数的比例从 2012 年的 27.03%增长至 2021 年的 29.59%（表 6-1），在一定程度上反映了近年来社会养老负担的加重。

表 6-1 2012—2023 年我国城乡居民养老保险参保人数及待遇领取人数

指标	2012 年	2013 年	2014 年	2015 年	2016 年	2017 年	2018 年	2019 年	2020 年	2021 年	2022 年	2023 年
参保人数（万人）	48 370	49 750	50 107	50 472	50 847	51 255	52 392	53 266	54 244	54 797	54 952	54 522
领取待遇人数（万人）	13 075	13 768	14 313	14 800	15 270	15 598	15 898	16 032	16 068	16 213	16 464	17 268
领取待遇人数占参保人数的比例（%）	27.03	27.67	28.56	29.32	30.03	30.43	30.34	30.10	29.62	29.59	29.96	31.67

资料来源：各年度的《人力资源和社会保障事业发展统计公报》. http://www.mohrss.gov.cn/SYrlzyhshbzb/zwgk/szrs/tjgb/.

注：2012 年 8 月起，新型农村社会养老保险和城镇居民社会养老保险制度全覆盖工作全面启动，合并为城乡居民社会养老保险。

① 数据来源：根据联合国人口司经济和社会事务部“年度老年抚养比”统计资料得出。

（二）老龄化社会

根据联合国的定义，一个国家中如果总人口中 65 岁以上的人口超过总人口的 7%，这个社会就进入了“老龄化社会”（aging society）；超过 14%就进入了“老龄社会”（aged society）；而超过了 20%，就进入了“超老龄社会”（super-aged society）。现在不仅是西方发达国家，连很多发展中国家也正在以很快的速度跨入老龄化社会，在不久的将来就会进入老龄社会，甚至超老龄社会。

联合国《世界人口展望 2019》指出，世界人口继续呈现老龄化趋势。到 2050 年，80 岁以上的人口数量将从 1.43 亿增加至 4.26 亿；同时 65 岁以上人口将成为增长最快的年龄组，从全球人口的 9%增长至 16%。2019 年，全球每 11 个人中就有一人在 65 岁及以上；到 2050 年，这一比例将增加到每 6 个人中就有一人在 65 岁及以上；在部分地区，如欧洲和北美洲，每 4 个人中将有一个人在 65 岁以上。日本是全球人口老龄化最严重的国家，2019 年 65 岁以上人口比例达到 27%，排名世界第一，而意大利（23%）、德国（21%）分别位居第二和第三。中国排在第 65 位。老龄化最低的国家是阿拉伯联合酋长国。

人口老龄化将带来诸如劳动力萎缩、养老需求增加、养老资源紧缺、社会负担加重等系列问题，对政府规划养老能力、社会抚养老人能力提出了严峻挑战。

二、养老保险概念与制度发展

（一）养老保险概念

养老保险（pension insurance）是国家和社会根据一定的法律和法规，为解决劳动者在达到国家规定的解除劳动义务的劳动年龄界限，或因年老丧失劳动能力退出劳动岗位后的基本生活而建立的一种社会保险制度。这一概念主要包含以下三层含义。

第一，养老保险是在法定范围内的老年人完全或基本退出社会劳动生活后才自动发生作用的。所谓“完全”，是指以劳动者与生产资料的脱离为特征；所谓“基本”指的是参加生产活动已不成为主要社会生活内容。

第二，养老保险以保障老年人的基本生活，满足其基本生活需求，为其提供稳定可靠的生活来源为根本目的。

第三，养老保险以法律制度为手段实现保障基本生活的目的。具体说，就是在一定范围内由国家立法强制施行的方式来保障老年人的基本生活。

（二）养老保险制度发展

1. 养老保险的产生

养老保险的产生、发展经历了自发互助和有组织的互助阶段，之后进入了国家立法阶段，迄今有一百多年的历史。

面对社会结构的变革和民众的强烈要求，西方一些国家在 19 世纪中叶试图通过国家立法的形式建立以保险为主要形式的养老保险制度。现代意义上的养老保险制度产生于德国。19 世纪 80 年代，德国首相俾斯麦为安抚社会民主党领导下的工人运动，在 1883—1889 年颁布了包括养老保险在内的一系列社会保险法律制度和政策，以此缓和社会矛盾。其中，1889 年颁布的《老年、残疾和遗嘱保险法》成为世界上第一部关于社会养老保险的立法，标志着现代养老保险制度的建立。劳动者在职时缴费，并得到承诺到老年时可以得到养老金，国家以立法形式承担着保证待遇兑现的责任。

2. 养老保险进入多元化发展阶段

继德国之后，其他欧洲国家也纷纷进行有关立法，开始推行养老保险制度。挪威于 1892 年颁布了《养老保险法》；丹麦于同年建立了世界上第一个非缴费型养老保障模式；意大利于 1898 年推行强制性老年保险；瑞典于 1901 年颁布《养老和残疾保险法》，为 18—66 岁的工资劳动者提供保险。

与欧洲各国相比，美国由于崇尚个人自由主义与社会达尔文主义的传统观念，社会保障制度建设起步较晚。20 世纪 30 年代经济大萧条后，美国总统罗斯福实行“新政”，于 1935 年颁布了《社会保障法》，又称为老遗残社会保障法，开始设置养老保险制度。

苏联建立了覆盖范围广泛的由国家承担全部责任的养老保险制度。我国在 20 世纪 50 年代参照苏联模式建立了国家养老保险制度。另外，新加坡于 1953 年以公积金形式为有工资收入的劳动者提供养老保险。养老保险制度进入多元化发展阶段。

3. 养老保险制度向着多层次、多支柱发展

20 世纪 70 年代以来，随着老龄化进程加快，政府主导的现收现付的养老保险面临着较大财政压力，责任集中、替代率居高不下、养老金支出年年大幅增长，成为各国政府普遍面临的棘手问题。1994 年世界银行出版了《防止老龄危机——保护老年人及促进增长的政策》，首次向各国政府推介建立养老金制度三支柱模式的思想和建议：第一支柱指公共养老保险，由政府主导并强制执行，通常采取现收现付制，旨在给退休人员提供最基本的养老保障；第二支柱是企业补充养老计划，是一种完全积累制的私人管理的养老金计划，可以强制执行也可以自愿实施，养老金的运营管理市场化，享有税收优惠；第三支柱主要是个人储蓄型养老计划，政府给予税收优惠。这种多支柱分担养老责任的理念很快得到广泛传播，到目前，绝大部分国家从单一政府主办养老保险的模式过渡到了（多）三支柱模式。

2005 年世界银行集多年来参与 80 多个国家养老金制度改革的经验积累，推出了第二本重要著作《21 世纪的老年收入保障——养老金制度改革国际比较》，在三支柱思想的基础上，进一步提出了五支柱的概念和建议：提供最低水平保障的非缴费型“零支柱”、与本人收入水平挂钩的缴费型“第一支柱”、不同形式的个人储蓄账户性质的强制性“第二支柱”、灵活多样的雇主发起的自愿性“第三支柱”、建立在家庭成员之间或代际非正规保障形式的“第四支柱”。

从单一由政府主办、政府负责的养老保险制度，发展到多层次、多支柱的养老金体系，成为 21 世纪世界各国养老保险制度改革的主要潮流。

（三）养老保险制度的原则

1. 基本保障原则

养老保险制度是一种国民收入再分配，是以保障因年龄离开国民收入初次分配领域的劳动者的基本生活需求为目的，以保障劳动者在退出劳动岗位后的生活质量为基本要求的制度，因此强调养老保险的基本保障原则。这一原则要求国家需要在立足于社会生产力水平的前提下，根据物价指数的变动情况，制定合理的养老保险给付待遇、给付内容和给付标准。一般而言，低收入群体的基本养老金替代率（劳动者退休时的养老金领取水平与退休前工资收入水平之间的比率）较高，高收入者基本养老金替代率较低。劳动者还可以通过参与补充养老保险、个人储蓄性保险以获得更高的养老收入。

2. 注重公平兼顾效率原则

作为社会保障制度的重要组成部分，维护和创造社会公平、缩小贫富差距是养老保险制度的基本出发点。养老保险制度的公平性要求不论每个劳动者退休前从事何种职业，领取报酬的方式和数额间存在多大差异，退休后都应该纳入相同的养老保险制度体系，且不应由于制度、政策的不同而悬殊。

多数学者认为，国民收入再分配应该强调公平优先，但不能忽视效率。养老保险制度在维护社会公平的同时，还需兼顾养老保险制度对效率的推动作用，因此退休金应与工龄长短、缴纳养老金的多少挂钩。我国的养老保险设置个人账户，实行完全积累、多缴多得，在一定程度上调动劳动者的工作积极性，促使劳动者实现更多的劳动贡献，从而能够缴纳足额的保费。

3. 权利与义务相对应的原则

养老保险制度是国家根据法律、法规强制建立和实施的一种社会保险制度，它规定了劳动者在参与养老保险后具有享受基本养老保险待遇，向所在单位要求公布个人社会保险费缴纳情况的知情权，享有对有关社会保险费征缴的违法行为进行监督举报的权利，享有当劳动者与单位缴纳养老保险费发生纠纷时申请仲裁、提起诉讼等权利。

养老保险制度的主体还具有与权利相对应的义务。享有养老保险的对象必须事先履行依法参加基本养老保险，并缴纳达到法定最低缴费年限的养老保险费。其中若劳动者在用人单位工作，许多国家要求用人单位与劳动者一起缴纳养老保险费。

4. 普遍性原则

1942 年贝弗里奇起草的《社会保险和相关服务》政策研究报告中提出：国家在确立社会保障制度时，其对象、范围不能局限于贫困阶层，而应该让全体国民均能够享受到相对应的社会保障和福利。社会保障制度的普遍性要求养老保险的普遍性，养老保险制度的覆盖范围在理论上应该包括全体居民。扩大养老保险覆盖面成为世界性的趋势，在养老保险制度比较完善的国家，养老保险覆盖人群较广，建立起了普遍性的最低国民养老金制度。

5. 与社会经济发展相适应的原则

社会发展变化决定着社会保障的结构变化，社会发展客观上决定着社会成员对社会保障的需求。在当今全球人口老龄化即将迎来高峰的阶段，需要建立与社会经济发展相适应的养老金制度和老年福利事业，满足退休人员对退休后的基本需求，降低社会问题和社会危机的发生概率。

同时，养老保险制度还需要根据社会经济的发展进行改革与完善。养老保险的覆盖对象、养老保险的筹资与给付等都需要与所处的社会经济发展水平相适应，才能让整个社会获得健康、持续的发展。

（四）养老保险制度的功能和作用

1. 有利于防范劳动者的老年风险

建立养老保险制度的目的在于保证劳动者在年老退出劳动领域之后能够获得基本的生活保障，解除其基本生存风险。老年阶段是个体劳动能力不断减弱或丧失劳动能力的阶段，人达到老年阶段退出劳动领域之后，会面临健康问题和经济压力。如果老年生活能够得到保障，有利于消除正参加工作的劳动者的后顾之忧，使其能安心工作和劳动。因此，养老保险制度的施行有利于维系社会秩序的安定稳固和社会的协调健康发展。

2. 有利于国民收入的再分配

劳动者在劳动期间创造了价值与财富，所获得的回报不仅包括在职期间的工资等形式的收入，而且还包括在解除法定劳动义务后，应该获得的生活补偿，这种补偿不但大于在职时所缴纳的税费，而且还在不同收入的劳动者之间进行再分配，在一定程度上平抑不同收入劳动者之间的差异。养老保险的再分配调节作用源于它所具有的代际再分配效应，它可以将某一代人不可预计的经济风险与后代人分担，因此，养老保险制度能够调节国民收入的再分配以及社会财富在代际之间的再分配。

3. 有利于经济的发展和调控

劳动者通过筹资渠道缴纳养老保险费，解除了养老的后顾之忧，增加了劳动的积极性。国家以立法的形式建立养老保险制度后，企业只需根据法律法规定期定量缴纳养老保险费，而无须或较少承担退休人员的养老义务，减轻了企业的经济负担，增加了企业的活力。同时，由于养老保险涉及面广，参与人数多，在运作中能够筹集到大量的养老保险基金，为资本市场提供了巨大的资金来源。对养老保险基金的运营和利用，有利于国民经济的宏观调控，维持和推动宏观经济可持续发展。

4. 有利于劳动力的代际更替

养老保险制度让劳动者达到法定退休年龄后退出劳动力市场，促进新生劳动力获得工作岗位，源源不断地补充进劳动者队伍，保证为社会再生产不断更新劳动力，推动劳动力资源的优化配置。

5. 有利于人们生育观念的转变

养老保险不仅能够解除劳动者的后顾之忧，还有利于转化生育观念。将以父母个人的得失、发展和老年生活保障、家族利益为出发点的生育观念，转变为兼顾社会、国家、个人和家庭的以发展为出发点的现代生育观念。育龄夫妇在做生育决策时，在为自己考虑的同时，也为子代未来的生存与全面发展着想。

第二节 养老保险制度的基本内容

一、覆 盖 对 象

养老保险覆盖范围是指法定的制度适应对象和适应群体。虽然养老保险制度是针对劳动者的一项社会保险制度，但不同国家的制度覆盖范围受经济社会发展水平、文化差异等多方面因素的影响，形成了不同的覆盖模式，但一般都经历从狭窄到宽泛的拓展过程。

1889年德国建立养老保险制度之初，其保障对象仅仅是生活困难的伤残老工人，范围狭窄，给付水平极低，附加很多限制条件，如参加工人运动者难以享受养老待遇等。劳动者在职时缴费，由政府承诺年老时可以获得养老金待遇。继德国之后，欧洲一些国家也纷纷建立养老保险制度，部分国家将养老金的对象扩展到全体劳动者，与其工资收入多少无关。二战后，随着贝弗里奇计划的实施以及英国福利国家的建立，以公共年金计划为特色的养老保险制度在工业化国家纷纷建立和日趋完善，在战后较长一段时间内，各国养老保险的覆盖范围不断扩展直至全体国民。

现阶段养老保险的覆盖范围归纳起来可以分为四种类型：一是全体居民，即在该国家拥有合法居住身份的全部人员，包括拥有短期和临时身份的人；二是全体国民，即具有该国国籍的人；三是全体雇员，即有合法劳动合同关系的人；四是全体就业者，即有职业的人，包括个体劳动者。各国的国情不同，养老保险覆盖范围也不同。如以英国、澳大利亚、加拿大为代表的普惠制，基本养老保险覆盖全体国民，强调国民皆有年金；以美国、法国、德国为代表的选择性制度，并不覆盖全体国民，而是选择一部分社会成员参加，主要为有工资收益的人群。如法国规定，养老保险适用于所有雇员，包括制造业、农业、矿业、铁路、公用事业和共同雇员、海员、非农业自我雇佣者等；农业自我雇佣者适用另外的专门规定；不工作的家庭妇女和照顾伤残家属的非雇员，可自愿参加保险。

二、筹 资 方 式

（一）由雇主、雇员和政府三方共同负担

这是最为经典且普遍的一种主流筹资方式，是基于责任分担或责任共担原则确立的。资金的来源渠道越多，保险系数越高，越有利于养老责任风险的分散和财务稳定，因此是大多数国家选择的筹资模式。该模式体现了劳动者权利与义务相统一的原则和养老保险基金来源多元化的特色，同时又兼具较强的互济性，更有利于制度的可持续发展。德国和意大利等国都是采取这种筹资方式。但

是，即便是采取雇主、雇员和政府三方共同负担方式，不同国家在三方分担的比例方面也存在明显差异，这取决于不同国家建立养老保险制度的价值偏好，是由具体国情决定的。

（二）由雇主和雇员双方共同负担

养老保险基金来源于雇主与雇员也是比较广泛的一种筹资方式，如法国、荷兰、葡萄牙、新加坡等国家。但不同国家在具体筹资比例的确定方面存在相当大的差异，如新加坡是雇主与雇员各自承担50%，也有国家规定在雇主和雇员承担比例方面有所倾斜，法国的雇主承担大部分费用，荷兰的参保人员承担更大比例。

（三）由雇主和政府双方共同负担

瑞典的养老保险基金筹集在2000年以前采取雇主与政府共同负担。瑞典实施高税收、高福利的社会保障模式，社会保险基金由税收部门统一征收，个人税收之高众所周知，个人所得税一般在29%—35%，而且实施累进税。因此，瑞典的养老金支出普遍由雇主和政府负担，但政府负担比例更大，个人不再缴纳养老保险税费，属于政府直接负责的养老保险制度，通常以国民年金的形式存在。这种筹资形式强调政府的责任，政府对养老保险事务实行直接监管，具有很强的普遍性和公平性。

（四）完全由个人负担

智利在20世纪80年代后推行的养老保险进行了完全私有化改革，政府强制为参保人建立自我负责的个人账户。在这种模式下，政府与雇主不负担缴费义务，养老保险基金全部来源于个人缴费，所缴纳保险费全部计入个人账户，并通过市场化的私营基金管理公司投资运营，所获得收益也充实于个人账户中，劳动者退休后领取个人账户中的资金用于养老。该基金筹集模式强调个人自我负责，政府责任很小，只负担历史债务，因而缺乏互助共济与风险分散功能。尽管对个人有一定激励作用，但无法实现和维持社会公平。

（五）完全由政府负担

完全由政府负担的养老保险基金筹集模式是指由国家包揽养老保险活动和筹集资金，实行统一的保险待遇水平，劳动者个人无须缴费，退休后可以享受退休金，但这与权利与义务相对应的原则相违，实施效果较差。新中国成立后我国机关事业单位养老保险采取的就是这种模式。

三、待遇给付条件、内容与标准

（一）养老保险待遇给付资格条件

1. 退休年龄

法定退休年龄是职工因年老或体弱多病等原因而离开工作岗位，退出劳动关系或者工作关系后，能够依照法律所规定的条件和程序享受养老保险待遇的年龄界限。法定退休年龄是享受养老保险待遇的首要条件。退休年龄过低会使具有共济性质的养老保险基金可能出现收不抵支的情况，同时失去大批经验丰富的劳动者，不利于社会财富的创造；退休年龄过高则使得劳动者在丧失劳动能力之后不得不继续从事劳动，不仅对个人不利，同时会使劳动效率下降，产出减少。规定退休年龄需要考虑以下几方面的因素：

第一，人口的平均预期寿命。平均预期寿命延长，则退休年龄应相应推后；反之亦反。

第二，人口老龄化程度。人口老龄化程度提高，表明劳动力供应减少，退休年龄应推后；反之则应提前。

第三，适龄人口的就业率。就业率高则表明就业岗位较充裕，退休年龄可推后，反之应提前。

第四，劳动者平均受教育年限。劳动者受教育年限延长表明人才培养的成本上升，为了使其创造相应的社会价值以弥补投资成本，应推迟退休年龄。

第五，生产率的变化。技术等方面的不断进步使得劳动生产率提高，国民产出增加，退休金来源更加有保障，退休年龄可以适当提前。

第六，职业的性质。有一些工作岗位会给劳动者带来一些无法避免的身体伤害，应提前退休；而某些技术性很强的岗位，新人掌握该技能的时间长、难度大，可以适当推迟退休年龄。

世界各国的法定退休年龄普遍趋于推迟，这和世界人口的平均寿命大大延长和严重的人口老龄化有直接的关系，延长退休年龄可以减缓劳动力总量减少的速度。早在 1987 年，匈牙利就修订退休养老制度，颁布《退休法》，将退休年龄延长 2—3 岁，其他东欧转型国家在面对各种经济压力，而养老金支出成为日益增长的国内生产总值（gross domestic product，GDP）的最大份额时，都纷纷实行推迟退休年龄改革。20 世纪 80 年代到 21 世纪初，部分国家如意大利、捷克、澳大利亚就已经在推迟退休年龄，几乎每个国家都在通过渐进提高的方式，预期在 21 世纪 30 年代前将退休年龄再提高 2—5 岁。

2. 工龄或缴费年限

劳动者的工龄和缴费年限是决定退休保险待遇的主要条件，体现了劳动者权利和义务的对应关系。确定退休工龄或缴费年限，主要是为了明确可以享受养老保险待遇的最低年限，以及根据工龄或缴费年限而确定的待遇水平。

筹资模式是确定退休工龄和缴费年限的一个较为重要的因素。在现收现付模式下，它的基本标准取决于养老保险基金的整体负担能力，基金负担能力强则工龄和缴费年限可降低，反之则应当延长。完全积累模式下，由于实行的是个人缴费和个人账户制度，所以退休工龄和缴费年限的标准需考虑劳动者平均预期寿命、工资增长率和缴费率等因素。另外，退休工龄和缴费年限的标准还应考虑对投保人晚年基本生活的保障程度，一般由退休金的工资替代率高低来体现。替代率越高，则其标准越高；反之，则可适当降低标准。

从各国对退休工龄和缴费年限标准的规定来看，享受养老金待遇的标准及方式主要有四种：

第一，符合最低工龄标准就可享受基本数额的退休金，待遇随工龄而增加；

第二，符合最低缴费年限就可享受基本数额退休金，待遇随缴费年限增加；

第三，同时达到最低工龄标准和最低缴费年限才可领取全额退休金；

第四，只要达到规定年龄即可领取养老金，强制储蓄模式下常见这种规定。

（二）养老保险待遇给付水平确定模式

1. 普惠给付模式

普惠给付模式（flat-rate universal pension）面向所有老年居民，只要达到领取养老保险待遇的法定资格条件，享受待遇的标准是均等的，保障水平与消费水平有关，与老年人的社会阶层、退休前收入的高低、职业是否稳定没有关系。一般而言，普惠给付模式往往都属于基础养老金或者国民年金等，注重体现公平的实现和维护，一般只保障基本生活水平，政府财政都会给予直接支持。如福利国家的国民年金基本上都是普惠给付模式。

2. 收入关联模式

收入关联模式（revenue associated pension）强调养老保险费税一般由雇主、雇员和政府三方共同负担，养老保险的缴费额度与养老保险待遇的给付标准都与劳动者在职时的工资收入关联。这是一种与个人收入水平关联的制度模式，一般只是针对工作相对稳定的劳动阶层，非工薪阶层、灵活就业者、农民等群体往往被排斥在制度之外。相比较而言，收入关联模式更为关注效率，而普惠给付模式则更为强调社会公平。

第三节 典型的社会养老保险制度模式

一、社会保险型养老保险制度（投保资助型）

（一）概念及特点

社会保险型（投保资助型）养老保险是最为经典的养老保险模式，也是一种社会共同负担和共同享有的养老保险制度安排，以德国、日本为典型代表的大多数资本主义国家的养老保险制度都属于这一类型。该模式用强制手段将雇员乃至所有公民，都无一例外地覆盖在社会保险制度之下。通过立法程序强制雇员和雇主缴纳养老保险费，建立养老保险基金并进行基金运营，以获取更高的基金收益率，同时国家在财政、税收和利息政策等方面给予适度的扶持。

在这种模式下，根据缴费及待遇给付的情况，一般会有两种形式：确定收益型和确定缴费型。目前，全世界运营公共年金制度的国家大多采用确定收益型。因为这种形式可以保证参保人在退休后能获得稳定的收入，减少由经济不稳定或其他原因造成的对个人年金收入预期的担忧。

（二）典型案例——日本的国民年金制度及雇员年金制度

日本的养老保险制度，也称为公共年金制度，最早起源于明治时代为军人、官吏建立的抚恤金制度——无缴费退休金“恩给制度”，后来逐步发展为各类“共济年金”组织。二战爆发后，为了配合战时体制下的“海运国策”，日本于 1939 年颁布了具有行业特征的《船员保险法》，实施兼带医疗和年金保险的强制船员保险。1942 年实施的《劳动者年金保险法》将 10 人以上工矿企业及运输业的男性劳动者作为强制参保人，实行雇主、雇员各缴一半费用的完全积累型年金制度。1944 年《劳动者年金保险法》更名为《厚生年金保险法》，实施对象扩大到职员、女性及 5 人以上的小企业，厚生年金制度由此得名。战后经过几十年的实践、改革，日本的养老保险形成了全民覆盖的公共年金制度。

目前日本的公共年金制度从大的方面看，可以分为国民年金、厚生年金、共济年金三种，后两者统称为雇员年金。

1. 国民年金

日本 1961 年实施的《国民年金法》，强制所有年满 20 岁且小于 60 岁的日本国民（学生和专职家庭主妇不强制），都要缴费参加国民年金，由此标志着包括农村居民以及城市低收入者阶层在内的全体国民正式被纳入了社会保险的范畴，从而实现了“国民皆保险”的全民覆盖目标。国民年金的一半收入来自收取的保险费，一半来自政府的财政补贴。历经数次改革，目前该制度将 20 岁以上、60 岁以下在日本拥有居住权的所有居民（包括外国人）均强制性纳入，低收入者可以申请全额或部分免缴；年度（2024 年 4 月至 2025 年 3 月）国民年金缴费金额为每人每月 16 980 日元；参保者缴费满 10 年，即可在他们 65 岁时获得养老金领取资格，缴满 40 年可获取满额养老金。[①]

2. 雇员年金

在基础年金之上，第二层的年金制度为雇员年金，又分为面向未满 65 周岁的企业员工的厚生年金和面向国家公务员、地方公务员、私立学校教职员等的共济年金。与国民年金不同，雇员年金

① 张乐川. 日本国民年金制度困境分析［J］. 现代日本经济，2013，（5）：39-47.

的缴费是收入关联型的，按参保人员的月标准工资和奖金乘上保险费率来计算，从 2017 年开始，固定保险费率为 18.3%，由雇主和员工各负担 50%。因此，雇员年金的缴费额和给付额与参保人员在职期间的收入挂钩。加入厚生年金和共济年金的同时，也就自动加入了国民年金，国民年金的缴费从工资中自动扣除。

3. 补充年金——私人养老金

除了上述强制参加的公共年金制度外，日本还有一些补充性的养老保障安排，主要是作为国民年金补充的国民年金基金和作为雇员年金补充的企业年金。国民年金基金是日本政府于 1991 年针对国民年金中的自由职业或弹性就业人士所设定的一项自愿参加的补充安排，参加者自愿选择参加不同的计划，不同计划对应着未来不同的收益，是一种具有政府保障且能够体现个性化的养老金安排，对个体营业者、自由职业者及农民来讲，国民年金基金相当于是第二层次的年金给付。但该项目的参与率并不高。企业年金则是对雇员年金的补充，对工薪阶层来说，企业年金意味着第三层次的给付。

二、福利社会型养老保险模式

（一）概念及特点

在福利社会型养老保险制度下，劳动者或公民无须缴纳任何费用，只要满足一定条件就可在达到一定退休年龄后获取一定数额的养老金。资金主要来源于国家一般税收，基本由国家和雇主承担，按统一水平支付，与个人收入状况无关。该模式是在北欧国家及英联邦国家普遍推行的养老保险制度。采取此类型养老保险的前提条件，必须是国家的劳动生产率水平高于国际平均水平，国民收入、国民素质和物质生活等方面具有较高的水平，并借助财政、税收、金融等经济杠杆的调节作用，以强大的社会福利刺激需求，推动经济发展。这种模式崇尚公平，强调养老保险待遇的普惠性，但同时也给国家财政带来了沉重负担，不利于经济发展。

该模式的优势在于运作简单易行，通过国民收入再分配的方式，为老年人提供基本生活保障，以抵消市场经济带来的负面影响。但是该模式直接的消极后果就是政府的负担过重。由于政府财政收入的相当一部分都用于了社会保障支出，而且要维持如此庞大的社会保障支出，政府必须采取高税收政策，从而加重了企业和纳税人的负担。另外，由于社会成员普遍享受养老保险待遇，养老金与贡献关联度比较弱，缺乏对个人的激励机制，容易形成社会成员的依赖思想。因此，对这种模式进行改革也成为采取这种模式的国家在全力推进的一项重要工作。

（二）典型案例——瑞典的多层次养老金体系

瑞典是典型的高福利国家，高工资、高税收、高福利是瑞典社会体系的最大特点。1913 年，作为老龄人口的收入保障，瑞典的老龄年金制度成为世界上最早出现的公共年金制度。在 1935 年到 1946 年之间，这种早期始于以老龄劳动者为对象的年金制度根据《基础年金法》的修订，发展为一种来源于税收，由国家进行预算，对于 67 岁以上瑞典公民或者在瑞典的居住者，无论本人是否有收入，都统一支付定额年金的基础年金（Folkpension，FP）制度。

1959 年，瑞典的年金制度发生了第二次重要变化，即导入了附加年金制度。这种被称为 ATP（Allmän Tklläggspension）的附加年金的金额是在收入保障原则的基础上，以加入者一生收入最高的 15 年内的收入为标准，即按照所谓 15/30 制度进行计算。如果加入年限不满 30 年的，则领取的年金中将会扣除不足的年数。1969 年瑞典又在 ATP 年金全额或者小额基础上导入了另外一种名为

"补充年金"（Pensionstillskott）的补助金。大部分女性和移民老龄者都被纳入了这一范围。①

20 世纪 70 年代末瑞典经济增速放缓，老龄化进程加快，高福利带来的福利依赖和激励欠缺损伤了经济的竞争力，国家财政不堪重负。为克服危机，20 世纪 80 年代初到 20 世纪 90 年代中后期，瑞典对退休金系统进行了第三次改革，这次"彻底改革"到 2001 年定型，构建了瑞典现行养老金体系的多层次框架。

第一层次是保障养老金（guaranteed pension，GP），它替代原来的 FP，也被称为国民年金。虽然它仍然是靠一般税收融资，无须缴费，充分体现了福利型强调公平性的特点，但与此前不同，这次改革后的保障养老金，是以家计调查为给付前提的最低养老金保障，面向全体国民，但主要受益者为低收入群体。保障养老金政策规定：凡年满 65 周岁、16—64 岁在瑞典居住至少 40 年的公民每年均可领取 70 000 瑞典克朗（税前）的养老金，而居住不满 40 年的，按每年 1/40 的比例递减。但与改革前所有人都享有同一待遇标准不同，改革后的保障养老金与第二层的收入养老金挂钩。以 2005 年为例，当收入养老金低于 44 000 瑞典克朗时，国家负责补足到规定的 70 000 瑞典克朗的标准，当收入养老金在 44 000—105 000 瑞典克朗时，按一定比例给予补助。随着收入增加，保障养老金不断递减，当收入养老金超过 105 000 克朗时，则不再享受任何保障养老金。这一改革，使保障养老金从普惠型变成了补缺型，兼顾了公平与效率，大大减轻了政府的养老金支出压力，又为贫困的老年人做了兜底。②

第二层次是收入养老金（income pension），这是本轮改革最重要也最受瞩目的内容。收入养老金包含两部分，一是名义账户养老金，二是实账积累制养老金。瑞典国民的工资收入高于"最低纳税收入基数"门槛时，要求以社会保障税的形式缴纳收入的 18.5%作为未来领取收入养老金的条件，雇主和雇员各承担一半。这个门槛设置较低，一般为当年社会平均工资的 5%，以保证绝大部分职业人员都能参保。其中收入的 16%进入政府为每人设置的"名义账户"，这个账户上没有钱，所缴的税款按现收现付的形式支付给了退休人员，但该账户的缴费历史和金额记录是未来个人领取名义账户养老金多少的依据，多缴多得。另外的 2.5%进入实账积累的个人账户，由养老金管理局管理，个人选择基金公司投资或储蓄，经营后的收益计入个人收入养老金中。名义账户将养老金与工作时的缴费贡献相关联，工作年限越长、缴费越多，未来养老金的替代率越高，激励功能明显。③

第三层次是职业养老金（occupational pension），又叫企业年金。与第一层次、第二层次政府主办的性质不同，企业年金是行业工会与雇主通过集体谈判达成的，由雇主按雇员工资的一定比例（3%—5%）存入专门机构，选择不同的基金公司经营，退休时的替代率为 10%—15%。据统计，现在瑞典 90%以上的雇员都有职业养老金。④

第四层次是私人养老金（private pension），由个人自愿建立，包括个人退休账户、投资性保险等。

三、强制储蓄型养老保险

（一）概念及特点

强制储蓄型养老保险也叫作完全积累型养老保险，采用这种保障方式是指国家依法要求雇主和雇员缴纳定额保险费，从而建立特别基金，专款专用，分别计入雇员的个人账户，由国家设立基金会对养老保险基金进行管理，当雇员年老或发生意外时把其全部储蓄和利息按规定返还于雇员。由

---

① 陈樱花. 韩国国民年金制度改革路径选择：瑞典、智利、日本与韩国的比较研究［M］. 镇江：江苏大学出版社，2014.

② 转引自张民省. 瑞典的多支柱养老保险金制度及启示［J］. 中国行政管理，2008，（10）：83；马红鸽. 瑞典养老保险制度政府财政责任的特点及其启示［J］. 重庆理工大学学报（社会科学），2016，（9）：84.

③ 陈樱花. 韩国国民年金制度改革路径选择：瑞典、智利、日本与韩国的比较研究［M］. 镇江：江苏大学出版社，2014.

④ 孙清香. 瑞典社会保障体系简析.［EB/OL］. http://se.mofcom.gov.cn/article/ztdy/200511/20051100899964.shtml［2024-03-04］.

于管理方式的不同，该模式又分为两种形式：公共管理储蓄积累和私营管理储蓄积累。实行公共管理储蓄积累模式的主要有新加坡、马来西亚等东南亚国家，实行私营管理储蓄积累模式的主要是以智利为代表的拉丁美洲国家。

这种模式的特点体现在以下四个方面：第一，建立个人账户，雇主与雇员的缴费（或者完全由雇员个人缴费）全部记入雇员的个人账户。第二，雇员退休时，其养老金待遇完全取决于其个人账户的积累额（缴费确定型）。第三，个人账户的基金积累可进行投资，投资回报率将极大地影响到退休后的养老金水平。第四，公共管理储蓄积累模式的个人账户养老金由政府部门集中管理和投资，私营管理储蓄积累模式的养老金由私营管理公司管理和投资，政府不直接参与管理，政府的作用是对管理公司的资格认定、最低投资回报率等进行政策性管制和监督，多个管理公司之间存在竞争，参保人可以在不同的公司之间进行选择。

1. 中央公积金模式

该模式实际上是投保资助模式的变形，所不同的是，事前事后都无须国家财政拨款，而只在税收、利率上国家提供优惠政策，实现了“自我养老”。该模式激发了劳动者的生产积极性和提高业务水平的主动性，又由于账户制要求资金不断积累，激发了投保人的主人公意识以及理财透明化。另外，养老基金由政府部门统一管理，因此为国家财政积累了一笔雄厚的社保基金，促进国家经济增长；经济的增长又有利于劳动者工资的提高，投保费用基数增长了，社保基金总额又相应增长，如此可形成一个经济水平和工资水平交替增长的良性循环，劳动者安全感日益增强。

该模式比较突出的问题是缺少社会保险制度的互济性，没有分担风险的功能；其次，退休金来源单一，由于规定了高投保费率，雇主投保费用金额比较大，往往无力再办企业补充退休制度，因此雇员开辟养老途径的方法只有购买商业保险。而对于低薪工人或年轻时丧失劳动能力使得工龄很短的投保人，由于没有足够的养老金积累额，又无余力购买商业保险，老年生活很可能难以为继。另外，这种模式下投保费率通常会逐年增加，雇主在高额的保费面前难免减弱其竞争力。

2. 私营管理储蓄积累模式

这种模式下的养老保险基金不由政府统管，由众多基金管理公司按自愿投保、自愿退保原则分别管理，各家公司为争取投保人，必须努力做好服务，降低管理费用，促进了社保基金管理行业的良性竞争。同时，由于养老保险制度透明，基金投放的多样化和渠道化，投保人真正成为股东，只要投保人善于选择基金管理公司，就能保障其退休时亨有足够的退休金数额。另外，它与中央公积金制一样对雇员的工作积极性有很大的激励作用。

该模式下的问题是由于投保仅依靠个人负担，市场经济条件下金融市场会受到各种因素的影响，基金收益会随经济状况的好坏波动，在不提高投保费率的情况下，单靠基金投资难以保障基金收益的可靠性和稳定性。另外，与中央公积金模式一样，它也缺乏互济性。

（二）典型案例——新加坡的中央公积金制度

新加坡中央公积金制度建立于 1955 年，是一种完全积累型的社会保险制度。由政府强制为劳动者建立完全私有的个人账户，并积累资金解决人们的急难问题。作为一种强制性储蓄，强调自我负责，富有激励性，既能应对养老、疾病等社会风险，又具有明显的社会经济效应。

会员公积金分为三个账户：普通账户、保健储蓄账户及特别账户。公积金会员的普通账户存款约占其全部公积金存款的 75%，该账户下会员可在中央公积金局指导下购买政府组屋或其他住房产业，也可用于投资、保险、教育及填补父母退休账户。公积金会员的保健储蓄账户约占其全部公积金存款的 15%，可用于支付住院和医药费用。随着年龄的增加，劳动者所缴纳的公积金中被纳入保健储蓄账户中的比例也在提高，从 35 岁时的 6%，逐步提高到 65 岁时的 8.5%。特别账户可用作老年和应急之用，以及投资与退休相关的金融产品。该账户在公积金会员年满 55 岁时将会取消。年满 55 岁后，其个人账户变更为退休账户和医疗账户，会员在中央公积金计划账户内的数额达到最低存款规定后，可提取部分积蓄。

在实行中央公积金制度之初，雇主和雇员按工资的 5%缴纳费用（共为 10%）。随着新加坡经济的发展，公积金的收缴率也不断提高。目前缴费率基本稳定在 33%的水平上，其中雇员缴纳 20%，雇主缴纳 13%，但雇员的年龄不同，个人及其雇主的缴费率有所差别，随着雇员年龄的增加，个人及其雇主的缴费率相应降低。

公积金会员在年满 55 岁时，除保留一笔最低存款用于养老外，其余公积金存款可全部提出。最低存款规定随着国家社会经济水平的提高而不断调高，其目的是更好地保障公积金会员的老年生活。在会员满 62 岁时，可以从公积金的最低存款中每月提取养老金以满足最基本的需求。会员如终身残疾或永久离开新加坡，可提前提取全部公积金。如果会员在规定年龄前不幸去世，其公积金存款可由指定受益人继承。医疗账户存款最低规定从 2006 年 1 月 1 日起调至 8300 新加坡元，并逐步调高至 2013 年的 25 000 新加坡元。该账户可用于支付本人及赡养人的住院支出，以及部分门诊费用，如化疗、放疗等，也可用于支付健保计划的额外部分。[①]

新加坡中央公积金由政府集中管理、运营，中央公积金局作为政府代表，负责相关制度规则的制定，其下属政府投资公司负责大部分资金的投资运营。目前新加坡政府投资公司已跻身全球最大的 100 家基金管理公司的行列，秉持市场化的管理模式和专业化的投资理念，通过 200 多名投资专家在世界范围内进行资金投资，其中大部分资金投在北美，其次是欧洲和东亚国家。此外，由公积金成员自主投资的部分，也是通过在资本市场选择相应的投资工具进行市场化的运营管理。而保险计划基金则更是外包给市场上的资产管理公司进行专业化的投资管理，无一例外，均体现了市场化和专业性特点。

但作为一种强制储蓄计划，缺乏互济性成为新加坡中央公积金制度被广为诟病的问题。虽然从形式上来看，中央公积金制度对社会成员统一对待，表面上体现出了人人平等，实际上由于不同成员之间的收入不同，包括养老在内的社会保障待遇差距也会比较大，与此相关联的是，中央公积金制度的收入再分配功能欠缺，不仅不能缩小收入差距，反而有可能进一步扩大不同群体之间的收入差距。另外，较高的公积金缴费率也直接或间接地增加了企业的成本，增加企业的负担。对于新加坡这样一个出口型经济国家，这不利于提高企业的竞争力。巨额的公积金余额，也存在贬值的风险，加强公积金的投资，促进其保值增值是中央公积金制度发展过程中的一项艰巨任务。

四、国家保险型养老保险

（一）概念及特点

国家保险型养老保险模式主要是根据马克思的社会总产品要在个人分配之前扣除社会保障费用的理论确立的模式。在国家保险型模式中，以苏联、东欧等社会主义国家为代表，最早始于苏联。这种模式的主要特点是：工薪劳动者在年老丧失劳动能力后均可享受法定的社保待遇，老年保险所需要的全部资金都来自国家财政，国家不向劳动者征收任何保险税费。从养老金领取方式来看，国家保险型养老保险模式大多规定了领取人的领取条件，必须达到退休年龄，具体方法需考量工龄和职务。

总体来看，这种模式的管理工作简单，管理成本不高，投保人负担很小，但这种保险资金全部来自财政拨款的模式给国家带来了较为沉重的财政负担。

---

① 董克用，肖金喜. 人口老龄化背景下新加坡中央公积金养老金制度改革研究与启示［J］. 东岳论丛，2021，42（3）：97-108，191-192.

（二）典型案例——计划经济时期的中国

以我国为例，我国原有的养老保险制度就其正面效应而言，在当时的条件下，它使得部分劳动者的养老问题得以解决，体现了社会主义和国营经济的强大和优越性，从制度上显示了公有制经济的力量，增强了人们对公有制制度的信心，因此对我国经济建设起到了一定推动作用。然而，这一制度的不合理性给我国经济带来的负面影响也是突出和深刻的。

这种模式追求了有限范围的过度保险，而不是广范围的普遍保险，没能真正体现设立养老保险制度的目的。具体来说，养老保险制度是为保证老年人口的生活，进而实现社会稳定而设立的。我国原有的养老保险制度强调对国民的老有所养，规定这是公民的一项权利，政府财政和企业承担全部缴费义务，个人不缴费。在计划经济前提下，事实上这是国家提供了完全保险，从这一方面讲，应是体现了很强的保险原则。然而，国家提供的这种完全保险的实施范围却有着极大的局限性，只在国家机关和事业单位、国营企业实行，而在城镇集体企业和占人口多数的农村则没有享受到这种保险待遇，这与福利型国家的普遍保险有很大差别，并没有达到设立养老保险以保证老年人口生活，从而实现社会稳定的目的。这种保险原则也使得人们都不愿在非国营企业谋生，而愿意到国营企业工作，这也造成了我国行业结构长期不合理，生产要素流通不畅。

社会保险型（投保资助型）、福利社会型、强制储蓄型、国家保险型四种养老保险模式在制度设计上各有特点，其差异大体可以从覆盖面、筹资机制和运行效果几个方面来分析（表 6-2）。

表 6-2 养老保险模式比较

养老保险模式	基本特征	资金来源	责任归属	代表国家
社会保险型（投保资助型）	权利义务对等，保基本	雇员、雇主和政府	雇员、雇主和政府三方	德国、美国、日本
福利社会型	高税收，全民保障	政府、雇主	政府	英国、瑞典
强制储蓄型	强制劳资缴费	雇主、雇员	个人	新加坡、智利
国家保险型	政府、雇主包揽工薪收入者的养老	政府、雇主	政府、雇主	苏联、中国（计划经济时期）

第四节 我国的养老保险制度

一、我国养老保险制度的发展历程

（一）养老保险制度的产生及暂时停滞阶段（1949—1978 年）

中华人民共和国成立伊始就为养老保险制度的建立奠定了法律基础，且在 1951 年就颁布了《中华人民共和国劳动保险条例》。该劳动保险条例，对职工的养老、疾病、工伤、生育，以及退休等事宜做出了规定。这是新中国成立以来第一个内容完整的社会保险法规。表 6-3 中梳理了新中国成立初期我国在养老保险的发展中出现的一些具有重大意义的事项及其内容，从中我们可以了解到养老保险发展的起步阶段的情况。

1966 年后，我国的政治、经济、文化等各项事业都遭到了严重破坏。1970 年劳动部被撤销，社会保险事业处于无人管理的状态中。

表 6-3　我国养老保险制度创建及停滞时期重要事件

时间	事件	内容
1949 年	中国人民政治协商会议通过《中国人民政治协商会议共同纲领》	提出在企业中逐步实行劳动保险制度，为在全国建立统一的劳动保险制度确立了法律依据
1951 年	颁布《中华人民共和国劳动保险条例》	新中国成立后，第一个内容完整的社会保险法规，对职工的养老、疾病、工伤、生育、退休等多项社会保险及其管理作出了规范
1953 年	政务院颁布《关于中华人民共和国劳动保险条例若干修正的决定》，劳动部发布该条例实施细则的修正草案，劳动部与中华全国总工会联合发布《关于劳动保险条例若干修正后支付劳动保险待遇的通知》	进一步扩大了劳动保险覆盖的范围，工、矿、交通事业的基本建设单位和国家经营建筑公司均实行劳动保险
1955 年	颁布《国家机关工作人员退休处理暂行办法》	建立了政府机关事业单位和民主党派工作人员的单独退休制度
1956 年	《中华人民共和国劳动保险条例》的实施范围进一步扩大	扩展到商业、外贸、粮食、供销合作、金融、石油系统、地质、水利、水产、国营农牧场及林场等
1958 年	国务院实施《关于工人、职员退休处理的暂行规定》	统一了企业和国家机关事业单位人员的退休办法，适当放宽了退休条件，提高了待遇标准，在随后的几年中，有关部门相继颁布了旨在解决军官、困难退休人员和集体企业职工养老问题的一系列法规条例通知。这些措施使养老保险制度得到了发展与完善，并形成了按所有制区分退休制度的格局
1969 年	财政部颁布《关于国营企业财务工作中几项制度的改革意见（草案）》，规定国营企业一律停止提取劳动保险金，企业的退休职工、长期病号工资和其他劳保开支，改在营业外列支	从此劳动保险失去了统筹调剂的功能，虽然还是由国家负责和政府主导，但实质上职工退休养老已由社会事务蜕变为职工所在单位的内部事务，变成了单位保险

资料来源：孙树菡. 2008. 社会保险学［M］. 北京：中国人民大学出版社：173-174，有改动。

（二）养老保险制度的恢复阶段（1978—1985 年）

1978 年 12 月十一届三中全会的召开，开启了中国历史上一个新的阶段。以养老保险为代表的中国社会保险制度也得以逐步恢复。表 6-4 列出了这一时期关于养老保险的一些重要安排。

表 6-4　我国养老保险制度恢复时期重要事件

时间	事件	内容
1978 年	国务院颁布《关于安置老弱病残干部的暂行办法》和《关于工人退休、退职的暂行办法》	国家恢复重建养老保险制度的重要标志
1980 年	国务院颁布《关于老干部离职休养的暂行规定》	再度明确了有别于退休制度的离休制度
1982 年	国务院和中央军委联合颁布了《关于军队干部离职休养的暂行规定》	确定了军队干部的离休制度
1985 年	国务院先后制定《关于发给离休退休人员生活补贴费的通知》与《关于发给离休退休人员生活补贴费的补充通知》	实际上提高了离休退休人员的养老待遇

资料来源：孙树菡. 2008. 社会保险学［M］. 北京：中国人民大学出版社：175.

（三）现代基本养老保险制度酝酿准备阶段（1986—1996 年）

这一时期中央政府及相关部门为了推进现代化的基本养老保险制度，做了一系列积极努力。其中 1986 年《国营企业实行劳动合同制暂行规定》的颁布，成为新中国劳动用工制度打破“铁饭碗”的一个重要标志，国家对劳动合同制工人退休养老实行社会保险制度的规定，在我国养老保险的发展历史上具有重要意义。

而在具体应该选择什么样的养老保险制度时，1995 年国务院同时通过了两个方案。这两个方案分别是由当时的劳动部和国家经济体制改革委员会（简称国家体改委）提出的。这两个方案虽然都选择了社会统筹和个人账户相结合的方式，但还是存在一些差别。由当时的劳动部提出的方案更侧重于社会统筹功能，而当时的国家体改委的方案则更重视个人账户（表 6-5）。

表 6-5　我国现代基本养老保险制度酝酿准备时期重大事件

时间	事件	内容
1986 年	国务院颁布《国营企业实行劳动合同制暂行规定》	明确规定，国家对劳动合同制工人实行社会统筹的养老制度
1991 年	国务院颁布《关于企业职工养老保险制度改革的决定》	对养老保险改革的原则、筹资渠道和方式、待遇标准和保险基金管理等做了明确规定，养老保险制度的改革方向是去单位化
1995 年	国务院颁布《关于深化企业职工养老保险制度改革的通知》，同时作为附件发布的还有《企业职工基本养老保险社会统筹与个人账户相结合实施办法之一》和《企业职工基本养老保险社会统筹与个人账户相结合实施办法之二》	确立了社会统筹和个人账户相结合的养老保险新模式，企业与职工分别按照一定的比例承担缴纳养老保险费的义务，其缴费被分解成两个部分分别计入社会保险经办机构的统筹基金账户和归职工所有的个人账户

（四）现代基本养老保险制度建立及改革完善期（1997 年至今）

在多方案试点的基础上，1997 年国务院颁布《关于建立统一的企业职工基本养老保险制度的决定》，统一的职工基本养老保险制度正式在全国范围实施。随后，针对实施中出现的个人账户空账运行等问题，又进行了完善试点和制度调整，在反复的探索和实践中，我国城镇企业职工基本养老保险制度日臻完善。

与此同时，我国农村居民的社会养老保险制度建设也提上日程。2009 年 9 月，国务院出台了《关于开展新型农村社会养老保险试点的指导意见》。城镇居民的养老保险制度建设也随着 2011 年 6 月《国务院关于开展城镇居民社会养老保险试点的指导意见》的发布在全国铺开。2014 年城乡居民养老保险制度实现了整合，并与城镇职工基本养老保险实现了制度衔接。

2015 年，仍然沿用着计划经济时期退休养老安排的机关事业单位养老制度，迎来了重大改革。2015 年 1 月国务院发布了《关于机关事业单位工作人员养老保险制度改革的决定》，机关事业单位与企业等城镇从业人员统一实行社会统筹和个人账户相结合的基本养老保险制度，我国城镇职工养老保险“双轨制”成为历史，统一的城镇职工基本养老保险制度正式建成并覆盖所有城镇用人单位和职工。

自 1986 年以来的 30 余年，我国的基本养老保险制度从试点到全民覆盖，从城乡分设到城乡整合，从双轨制到制度统一，形成了多层次、多支柱的全民养老保障体系。2021 年末，全国参加基本养老保险人数达到 102 871 万人[①]。表 6-6 为我国基本养老保险制度建立及改革完善时期重大事件。

表 6-6　我国基本养老保险制度建立及改革完善时期重大事件

时间	事件	内容
1997 年 7 月	国务院颁布《关于建立统一的企业职工基本养老保险制度的决定》	提出了全国统一的方案，并要求各地贯彻落实。自此，各地不同的社会统筹与个人账户相结合的模式开始走向统一
1998 年 3 月	国务院机构改革中新组建了劳动和社会保障部	结束了多个部门交叉管理社会保险事务的局面，使社会保险事业的管理体制更加规范化

① 人力资源和社会保障部. 2021 年度人力资源和社会保障事业发展统计公报［EB/OL］. http://www.mohrss.gov.cn/xxgk2020/fdzdgknr/ghtj/tj/ndtj/202206/t20220607_452104.html［2024-03-04］.

续表

时间	事件	内容
1999年1月	国务院颁布《社会保险费征缴暂行条例》	是我国进行养老保险体制改革以来颁布的第一部行政法规，标志着我国的养老保险制度开始走向法治化轨道，强化了社会养老保险费的征缴工作
2000年12月	国务院制定《关于印发完善城镇社会保障体系试点方案的通知》	强调坚持社会统筹与个人账户相结合的基本养老保险制度，社会统筹基金与个人账户基金实行分别管理。企业缴费部分不再划入个人账户，全部纳入社会统筹基金，个人账户规模由本人缴费工资的11%调整为8%，做小做实个人账户。选择辽宁省进行试点等
2005年12月	国务院制定《关于完善企业职工基本养老保险制度的决定》	将2000年试点方案中的缴费和划入比例予以明确，逐步做实个人账户；统一城镇个体工商户和灵活就业人员参保缴费政策，扩大覆盖范围；改革基本养老金计发办法，建立参保缴费的激励约束机制
2009年9月	国务院颁布《关于开展新型农村社会养老保险试点的指导意见》	个人缴费、集体补助、政府补贴相结合的新农保制度开始实施
2011年6月	国务院颁布《关于开展城镇居民社会养老保险试点的指导意见》	2011年7月1日开始在全国范围内启动城镇非从业居民的养老保险制度试点
2014年2月	国务院颁布《关于建立统一的城乡居民基本养老保险制度的意见》	整合城乡居民基本养老保险制度
2015年1月	《国务院关于机关事业单位工作人员养老保险制度改革的决定》	机关事业单位与企业的基本养老保险制度并轨

二、我国现行基本养老保险制度

（一）城镇职工基本养老保险制度

1. 适用范围

1）国家机关和事业单位及其职工

根据《国务院关于机关事业单位工作人员养老保险制度改革的决定》（国发〔2015〕2号）规定，按照公务员法管理的单位、参照公务员法管理的机关（单位）、事业单位及其编制内的工作人员都统一适用城镇职工养老保险。

2）企业、个体工商户、灵活就业人员

我国《社会保险法》第十条规定，职工应当参加基本养老保险。应当参加社会养老保险的职工从所有制形态来看包括国有企业、城镇集体企业、外商投资企业、私营企业等职工。无雇工的个体工商户、灵活就业人员可以参加城镇职工养老保险。灵活就业人员是以非全日制、临时性和弹性工作等灵活形式就业的人员，包括自由职业者和非全日制劳动者等。

2. 养老保险费的筹集和管理

我国《社会保险法》第十一条规定：基本养老保险实行社会统筹与个人账户相结合。基本养老保险基金由用人单位和个人缴费以及政府补贴等组成。第十二条规定：用人单位应当按照国家规定的本单位职工工资总额的比例缴纳基本养老保险费，记入基本养老保险统筹基金。职工应当按照国家规定的本人工资的比例缴纳基本养老保险费，记入个人账户。无雇工的个体工商户、未在用人单位参加基本养老保险的非全日制从业人员以及其他灵活就业人员参加基本养老保险的，应当按照国家规定缴纳基本养老保险费，分别记入基本养老保险统筹基金和个人账户。

目前，机关和事业单位按工资总额的20%为职工缴费参保，企业一般按照不超过企业工资总额的20%为职工缴费参保，具体比例由省、自治区、直辖市人民政府确定，少数省、自治区、直辖市因离退休人数较多、养老保险负担过重，确需超过企业工资总额20%的，应报相关部门审批。单位缴费全部进入统筹基金。职工按本人缴费工资的8%缴费，本人缴费工资高于当地职工平均工资3倍的部分不纳入缴费基数，低于平均工资60%的以当地职工平均工资的60%为基数缴费，即“300%封顶、60%托底”。个人缴费全部计入个人账户，统一计息。城镇个体工商户和灵活就业人员自己缴纳养老保险费，缴费基数统一为当地上年度在岗职工平均工资，缴费比例为20%，其中12%记入统筹账户。[①]个人账户不得提前支取，记账利率不得低于银行定期存款利率，免征利息税。个人发生死亡的，个人账户余额可以继承。

3. 待遇给付

1）给付条件

《社会保险法》第十六条规定，参加基本养老保险的个人，达到法定退休年龄时累计缴费满15年的，按月领取基本养老金，也即达到法定退休年龄和累计缴费满规定年限是享受职工基本养老保险待遇的必备条件。

退休年龄条件：①正常退休年龄（也称法定退休年龄），即男年满60周岁，女管理岗位年满55周岁、生产岗位年满50周岁；②特殊工种提前退休，即从事井下、高空、高温、特别繁重体力劳动或者其他有害身体健康工作的职工，累计工作年限符合国家规定的特殊工种年限，男年满55周岁，女年满45周岁；③因病提前退休，即职工因病完全丧失劳动能力，经劳动能力鉴定委员会鉴定符合条件的，男年满50周岁，女年满45周岁；④其他人员，城镇个体工商户、灵活就业人员和农民工，男年满60周岁，女年满55周岁。

缴费年限（含视同缴费年限）：累计达到15年。视同缴费年限是为适应我国城镇职工养老保险制度改革的现实需求而设置的。按照“老人老办法、新人新办法”的原则，实行个人缴纳养老保险费之前的、按国家有关规定计算的连续工作年限，被视同为缴费年限，在计算养老保险待遇时，将缴费年限与视同缴费年限合并计算。

参加基本养老保险的个人，达到法定退休年龄时累计缴费年限（含视同缴费年限）不足15年的，可以缴费至满15年，按月领取基本养老金；也可以转入城乡居民基本养老保险，按照国务院规定享受相应的养老保险待遇。

参加职工基本养老保险的个人达到法定退休年龄后，累计缴费和视同缴费年限不足15年（含依照规定延长缴费），且未转入城乡居民基本养老保险的，个人可以书面申请终止职工基本养老保险关系。社会保险经办机构收到申请后，应当书面告知其转入城乡居民基本养老保险的权利以及终止职工基本养老保险关系的后果，经本人书面确认后，终止其职工基本养老保险关系，并将个人账户储存额一次性支付给本人。

2）养老保险费给付标准

我国职工养老保险待遇的给付内容主要包括：基本养老金；被保险人退休后死亡的丧葬补助金和抚恤金；在未达到法定退休年龄时因病或者非因工致残完全丧失劳动能力的病残津贴。其中基本养老金由统筹养老金和个人账户养老金组成。

按照“老人老办法、新人新办法”的原则，统筹养老金的发放分为三类：对“新人”，即制度实施后参加工作、缴费年限累计满15年的人员，退休时的基础养老金月标准以当地上年度在岗职工月平均工资和本人指数化月平均缴费工资的平均值为基数，缴费每满1年发给1%。个人账户养老金月标准为个人账户储存额除以计发月数，计发月数根据职工退休时城镇人口平均预期寿命、本人退休年龄、利息等因素确定。对“中人”，即制度实施前参加工作，实施后退休且缴费年限（含

① 国务院. 国务院关于机关事业单位工作人员养老保险制度改革的决定（国发〔2015〕2号）.［EB/OL］ https://www.gov.cn/zhengce/content/2015-01/14/content_9394.htm［2024-03-04］.

视同缴费年限）累计满 15 年的人员，在发给基础养老金和个人账户养老金的基础上，按照合理衔接、新老政策平稳过渡的原则，再依据视同缴费年限长短发给过渡性养老金。对制度实施以前已经离退休的“老人”，仍按国家原来的规定发给基本养老金，同时执行基本养老金调整办法。①

4. 养老保险关系的转移接续

随着我国劳动力市场化及流动性的日益加强，养老保险跨地域转移接续困难成为制约养老保险制度自身发展，影响职工与企业参保积极性的瓶颈之一。

2008 年 1 月 1 日起实施的《中华人民共和国劳动合同法》（简称《劳动合同法》）第四十九条首次在法律层面明确规定，“国家采取措施，建立健全劳动者社会保险关系跨地区转移接续制度”。2010 年 1 月 1 日起正式实施的《城镇企业职工基本养老保险关系转移接续暂行办法》对基本养老保险的转移接续做出了具体的规定，基本养老保险关系的转移接续正式进入实际操作阶段。2011 年 7 月正式实施的《社会保险法》第十九条再次明确规定：个人跨统筹地区就业的，其基本养老保险关系随本人转移，缴费年限累计计算。个人达到法定退休年龄时，基本养老金分段计算、统一支付。具体办法由国务院规定。

（二）城乡居民基本养老保险制度

我国城乡居民基本养老保险制度安排，经历了以下几个发展阶段。

1.“老农保”阶段

1991 年，经国务院同意，民政部开始选择部分县市进行农村社会养老保险试点，在总结经验的基础上，民政部于 1992 年 1 月正式下发了《县级农村社会养老保险基本方案（试行）》，明确资金筹集坚持以个人缴纳为主，集体补助为辅，国家给予政策扶持的原则。国家的政策扶持，主要是通过对乡镇企业支付集体补助予以税前列支体现。

1995 年 10 月，国务院办公厅转发了民政部《关于进一步做好农村社会养老保险工作的意见》，要求各地加强领导，积极推进农村社会养老保险制度建设。由于是以个人缴费为主，财政没有补贴，待遇低，农民参保的积极性不高。相对于后来的农村社会保险，这一时期的农村社会养老保险就是我们现在所说的“老农保”。

2.“新农保”阶段

从 2003 年起，我国开始积极推动各地开展探索建立个人缴费、集体补助、政府补贴为筹资机制的新型农村社会养老保险试点（简称“新农保”）。2009 年 9 月，国务院出台了《关于开展新型农村社会养老保险试点的指导意见》，提出年满 16 周岁（不含在校学生）、未参加城镇职工基本养老保险的农村居民，可以在户籍地自愿参加新型农村社会养老保险。新型农村社会养老保险实行政府主导和农民自愿相结合，引导农村居民普遍参保。按照指导意见的要求，2009 年试点覆盖面为全国 10%的县（市、区、旗），以逐步扩大试点。这项政策出台后，地方政府推进的积极性非常高，推进的步伐远超过指导意见的要求，有的省（自治区、直辖市）在所有县（市、区、旗）同时推开。2010 年试点覆盖面扩大到全国 23%的县（市、区、旗）。我国从 2009 年开始进行新型农村社会养老保险的试点工作，到 2010 年全国有 27 个省、自治区的 838 个县（市、区、旗）和 4 个直辖市部分区县开展国家新型农村社会养老保险试点，参保总人数已经达到 1.03 亿人。到 2012 年底，该制度已经实现全面覆盖，比原计划 2020 年实现新农保全覆盖的既定目标提前了 8 年。②

新型农村社会养老保险是指在基本模式上实行社会统筹与个人账户相结合，在筹资方式上实行

① 国务院. 国务院关于建立统一的企业职工基本养老保险制度的决定（国发〔1997〕26 号）[EB/OL]. http://www.gd.gov.cn/zwgk/gongbao/1997/24/content/post_3358750.html [2024-03-04].

② 人力资源和社会保障部. 人力资源和社会保障部关于 2010 年扩大新型农村社会养老保险试点的通知（人社部发〔2010〕27 号）；郑秉文. 中国养老金发展报告 2011 [M]. 北京：经济管理出版社，2011：42.

个人缴费、集体补助、政府补贴相结合的社会养老保险制度。具体参保对象、资金筹集、基金管理、领取条件、待遇水平，以及与老农保的衔接问题等情况见表6-7。

表6-7 新型农村社会养老保险制度基本情况

参保对象	年满16周岁（不含在校学生），未参加城镇职工基本养老保险的农村居民，在户籍地自愿参保	
资金筹集	个人缴费	缴费标准设为每年100元、200元、300元、400元、500元5个档次
	集体补助	有条件的村集体对参保人进行补助，补贴标准由村民委员会确定
	政府补贴	缴费补贴：地方政府应当对参保人缴费给予补贴，补贴标准不低于每人每年30元；对选择较高档次标准缴费的，可给予适当鼓励。对农村重度残疾人等缴费困难群体，地方政府为其代缴部分或全部最低标准的养老保险费
		待遇补贴：中央财政对中西部地区按中央确定的基础养老金标准给予全额补助，对东部地区给予50%的补助
基金管理	个人缴费、集体补助、政府补贴全部计入个人账户。试点阶段的基金暂由县级管理。随着试点范围的扩大，逐步提高管理层次，实行“收支两条线”管理，单独记账核算	
领取条件	制度实施时已年满60周岁、未享受城镇职工基本养老保险待遇的，不用缴费，可以按月领取基础养老金，但其符合参保条件的子女应当参保缴费； 距60周岁不足15年的，应按年缴费，也允许补缴，累计缴费不超过15年； 距60周岁超过15年的，应按年缴费，累计缴费不少于15年	
待遇水平	基础养老金+个人账户养老金	
老农保衔接	凡已经参加老农保、年满60周岁且已经领取了老农保养老金的参保人，可直接享受新农保基础养老金；对已参加老农保未满60周岁没有领取养老金的参保人，将老农保个人账户资金并入新农保，按照新农保缴费标准缴费，待符合规定条件，享受相应待遇	

资料来源：《国务院关于开展新型农村社会养老保险试点的指导意见》（国发〔2009〕32号）。

3.“城居保”阶段

在城镇职工基本养老保险日臻完善，新型农村社会养老保险启动实施之后，城镇非从业人员成为我国养老保险制度覆盖的最后空白点。2011年6月《国务院关于开展城镇居民社会养老保险试点的指导意见》（国发〔2011〕18号）下发，城镇非从业居民的养老保险制度，也即城镇居民社会养老保险制度（简称“城居保”）从当年7月1日开始在全国范围内启动试点。

城镇居民社会养老保险是个人缴费、政府补贴相结合的保险制度，实行社会统筹和个人账户相结合，与家庭养老、社会救助、社会福利等其他社会保障政策相配套，以保障城镇居民老年基本生活。城镇居民社会养老保险的参保人，是年满16周岁（不含在校学生）、不符合职工基本养老保险参保条件的城镇非从业居民，符合条件的个人可以在户籍地自愿参加城镇居民社会养老保险（表6-8）。

表6-8 城镇居民社会养老保险制度基本情况

参保对象	年满16周岁（不含在校学生），不符合职工基本养老保险条件的城镇非从业人员可以在户籍地参加城镇居民社会养老保险	
资金筹集	个人缴费	缴费标准设为每年100元、200元、300元、400元、500元、600元、700元、800元、900元、1000元10个档次，地方政府可以增设缴费档次，国家根据经济发展和城镇居民人均可支配收入适当调整
	集体补助	鼓励其他经济组织、社会组织和个人为参保人缴费提供资助
	政府补贴	缴费补贴：地方政府对参保缴费补贴不低于30元/（人·年）
		待遇补贴：中央政府补贴基础养老金，东部补贴50%，中西部全额补贴
基金管理	个人缴费、地方政府的补贴及其他来源的缴费资助全部计入个人账户	
领取条件	年满60周岁且缴费年限不少于15年，待遇领取人员子女按照规定参保缴费（捆绑参保）	
待遇水平	基础养老金+个人账户养老金	

资料来源：《国务院关于开展城镇居民社会养老保险试点的指导意见》（国发〔2011〕18号）。

2014 年，中央政府将农村居民社会养老保险制度与城镇居民社会养老保险制度合并，形成了一种新的基本养老保险制度——城乡居民基本养老保险制度。

4. 城乡居民基本养老保险制度

2014 年 2 月，按照党的十八大精神和十八届三中全会关于整合城乡居民基本养老保险制度的要求，依据《社会保险法》有关规定，在总结新型农村社会养老保险和城镇居民社会养老保险试点经验的基础上，国务院决定，将上述两项制度合并实施，在全国范围内建立统一的城乡居民基本养老保险制度。《国务院关于建立统一的城乡居民基本养老保险制度的意见》（国发〔2014〕8 号）在 2014 年 2 月 26 日发布，文件指出，到“十二五”末，在全国基本实现新型农村社会养老保险制度和城镇居民社会养老保险制度合并实施，并与职工基本养老保险制度相衔接。2020 年前，全面建成公平、统一、规范的城乡居民基本养老保险制度，与社会救助、社会福利等其他社会保障政策相配套，充分发挥家庭养老等传统保障方式的积极作用，更好保障参保城乡居民的老年基本生活（表 6-9）。

表 6-9 城乡居民基本养老保险制度基本情况

参保对象	年满 16 周岁（不含在校学生），非国家机关和事业单位工作人员及不属于城镇职工基本养老保险制度覆盖范围的城乡居民，可以在户籍地参保	
资金筹集	个人缴费	缴费标准设为每年 100 元、200 元、300 元、400 元、500 元、600 元、700 元、800 元、900 元、1000 元、1500 元、2000 元 12 个档次，各地区可适当增设缴费档次，人力资源和社会保障部依据城乡居民收入增长情况，适时调整缴费标准
	集体补助	有条件的村集体经济组织应当对参保人缴费给予补助。鼓励有条件的社区将集体补助纳入社区公益事业资金筹集范围。鼓励其他社会经济组织、公益慈善组织、个人为参保人缴费提供资助
	政府补贴	缴费补贴：当地人民政府对缴费补贴不少于 30 元/（人・年），选择 500 元以上档次标准缴费的补贴不少于 60 元/（人・年）等 待遇补贴：中央政府补贴基础养老金，东部补贴 50%，中西部全额补贴
基金管理	个人缴费、地方人民政府对参保人的缴费补贴、集体补助全部记入个人账户	
领取条件	年满 60 周岁，缴费年限不少于 15 年	
待遇水平	基础养老金+个人账户养老金，有条件的地方政府可建立丧葬补贴	

到 2015 年初，随着机关事业单位养老保险制度改革的启动，以及大部分省（自治区、直辖市）已实现新农保和城居保的合并，我国覆盖全民的基本养老保险体系，从原有的城镇职工基本养老保险、机关事业单位退休制度、新型农村社会养老保险、城镇居民社会养老保险几大零碎板块，逐步整合为城镇职工基本养老保险和城乡居民基本养老保险两大板块。为了促进劳动力的合理流动，保障广大城乡参保人员的权益，两大板块之间的转移接续制度也已出台。2014 年 2 月 24 日，人力资源和社会保障部、财政部以人社部发〔2014〕17 号印发《城乡养老保险制度衔接暂行办法》首次明确城乡居民养老保险和城镇职工养老保险之间可以转移衔接，但要在参保人达到法定退休年龄后进行。该办法自 2014 年 7 月 1 日起施行。该办法规定，参加城镇职工养老保险和城乡居民养老保险人员，达到城镇职工养老保险法定退休年龄后，城镇职工养老保险缴费年限满 15 年（含延长缴费至 15 年）的，可以申请从城乡居民养老保险转入城镇职工养老保险，按照城镇职工养老保险办法计发相应待遇；城镇职工养老保险缴费年限不足 15 年的，可以申请从城镇职工养老保险转入城乡居民养老保险，待达到城乡居民养老保险规定的领取条件时，按照城乡居民养老保险办法计发相应待遇。

三、补充养老保险

构建多层次、多支柱养老保险体系是我国养老保障改革的既定制度目标。目前在我国运行的养老保险第二支柱是企业年金和职业年金制度，第三支柱是正在大力推广的个人养老金制度。

（一）企业年金

1. 企业年金的建立条件

企业年金是一种补充养老保险制度，是指在政府强制实施的基本养老保险制度之外，企业在国家政策的指导下，根据自身的经济实力和经济状况而建立的旨在为本企业职工提供一定程度退休收入保障的制度。我国企业年金制度的发展起步于 20 世纪 90 年代，国家通过税收优惠政策鼓励、支持有条件的企业建立企业年金制度，并在 2004 年 5 月 1 日起施行的《企业年金试行办法》中明确规定企业年金实行缴费确定型模式，即企业年金基金实行完全积累，采用个人账户方式进行管理。

建立企业年金必须具备以下条件：①依法参加基本养老保险，并能按时足额缴纳基本养老保险费。企业年金是对基本养老保险的补充，应以基本养老保险的建立为基础，并根据基本养老保险保障水平确定企业年金保障水平；②具有相应经济负担能力。这是建立企业年金最重要或最根本的条件。企业的经济承受能力和经济效益状况，直接决定着企业年金的条件和所建立年金保障水平的高低；③具有现代企业制度管理体系和较好的劳动关系协调机制。健全的企业内部职工代表大会和工会组织以及集体谈判制度，是建立企业年金的必要条件。

企业年金是一种辅助性养老金计划，是对国家法定基本养老保险的一种有效补充，通常以要求建立个人账户的方式，实行规定缴费制，用于提高实力雄厚企业的退休员工的退休收入，它是企业树立良好形象、增强吸引力、招揽人才的有效措施。

2. 企业年金的作用

对于劳动者个人而言，参与企业年金保险计划主要有两点作用：一是有效分散风险，改善老年生活质量，使养老责任在国家、企业和个人之间得到更加均衡合理的分担。同时能够有效弥补基本养老保险替代率不高的不足，有利于提高劳动者退休后的养老生活水平。二是保障养老资金安全。企业年金基金运作采用信托方式，通过钱权分离，能够有效降低运营管理风险，确保资金安全。同时企业年金基金专款专用，只能用作养老金待遇的给付，且不因公司管理层变更或企业破产等而改变其支付目的，有利于维护劳动者的合法权益。

对企业而言，企业年金制度有助于优化企业人力资源，首先表现在能够提高职工综合福利保障水平，有利于吸引优秀人才的加盟，增强企业竞争力；其次，差异化的福利保障体系有利于在企业内部形成良好的激励机制，充分调动职工工作的积极性；最后，企业年金制度，特别是与职工期权计划融合的企业年金计划可起到维系人才、减缓企业劳动力流动的作用，从而有利于稳定企业职工队伍，增强企业的凝聚力。

对社会和国家而言，企业年金制度的建立既能充分分散养老风险，有助于适应人口老龄化的趋势，又能完善多层次养老保障体系，有助于促进社会稳定和经济持续稳定发展；同时企业年金制度的建立有助于降低基本养老保险替代率，实现养老保障责任由国家向企业和个人的部分转移，减轻国家财政负担；最后，企业年金基金的投资运营相对自由，有助于优化资金配置，促进资本市场发展。

3. 我国企业年金的资金渠道与待遇水平

我国企业年金所需费用由企业和职工个人共同缴纳，基金实行完全积累，采用个人账户方式进行管理。企业缴费应当按照企业年金方案规定比例计算的数额计入职工企业年金个人账户；职工个人缴费额计入本人企业年金个人账户；企业年金基金投资运营收益，按净收益率计入企业年金个人账户。养老金待遇根据个人账户的积累额和投资收益来确定，采用缴费确定型支付方式。职工在达到国家规定的退休年龄时，可以从本人企业年金个人账户中一次或定期领取企业年金。职工未达到国家规定的退休年龄的，不得从个人账户中提前提取资金。

我国企业年金由企业自愿建立，为促进多层次养老保险体系的发展，我国借鉴了给予企业年金税收优惠的国际经验，在2014年1月1日实行了《财政部 人力资源和社会保障部 国家税务总局关于企业年金 职业年金个人所得税有关问题的通知》中的个人所得税递延纳税政策，即在年金缴费环节和年金基金投资收益环节暂不征收个人所得税，将纳税义务递延到个人实际领取年金的环节，具体内容包括：对单位根据国家有关政策规定为职工支付的企业年金或职业年金缴费，在计入个人账户时，个人暂不缴纳个人所得税；个人根据国家有关政策规定缴付的年金个人缴费部分，在不超过本人缴费工资计税基数的4%标准内的部分，暂从个人当期的应纳税所得额中扣除；年金基金投资运营收益分配计入个人账户时，个人暂不缴纳个人所得税。只有在个人达到国家规定的退休年龄，按月领取年金时，才全额按照“工资、薪金所得”项目适用的税率，计征个人所得税。

到2021年末我国有11.75万户企业建立企业年金，参加职工2875万人。2021年末企业年金投资运营规模2.61万亿元，当年投资收益额1242亿元。[①]

（二）职业年金

我国职业年金是机关事业单位养老保险改革的派生制度，具有“虚实结合”的制度设计特点，是并入城镇职工基本养老保险制度后的机关事业单位参保人员补充性养老保险制度，处于多层次养老保险制度的第二层次。

1. 制度形成背景

20世纪50年代，我国企业和机关事业单位退休金制度相继建立，制度模式基本统一，但20世纪90年代初开始发生分化，企业走向社会保险基金，但机关事业单位则由财政供养。2014年底，在第十二届全国人大常委会第十二次会议上，《国务院关于统筹推进城乡社会保障体系建设工作情况的报告》明确提出机关事业单位养老保险制度改革，按照“一个统一，五个同步”的思路进行，其中之一就是职业年金与基本养老保险制度同步建立。

2015年1月，《国务院关于机关事业单位工作人员养老保险制度改革的决定》出台，规定机关事业单位应当为其工作人员建立职业年金。2015年4月，《机关事业单位职业年金办法》（简称《职业年金办法》）出台，规定单位按工资总额的8%，个人按照本人工资的4%分别缴费，其中个人缴费采取实账运营，财政全额供款单位的缴费采取记账方式，至此，机关事业单位职业年金制度全面确立。

2. 职业年金的制度特征

第一，职业年金实行全覆盖。《职业年金办法》规定适用的单位和工作人员范围，与参加机关事业单位基本养老保险的范围一致，具体包括按照公务员法管理的单位，参照公务员法管理的机关（单位）事业单位及其编制内的工作人员。截至2015年全国机关事业单位在职人员约3800万人，其中参加此次改革的共约3400万人，占机关事业单位全部在职人员的约90%，这些人已全部加入职业年金体系[②]。

第二，职业年金账户虚实结合。职业年金的个人采取实际缴费，运营按市场投资收益率积累，而财政全额供款的单位则采取名义缴费，空账运行，按同一记账利率计息，这样就形成了“虚实结合”的特有账户形式，其中实账部分占1/3，虚账部分占2/3。

3. 职业年金制度存在的问题

第一，账户虚实并存，加大经办难度。《职业年金办法》规定工作人员变动工作单位时，职业年金个人账户资金可以随同转移，即人员流动时带走账户资金。但在实践中，我国基层干部轮岗和

① 人力资源和社会保障部. 2021年度人力资源和社会保障事业发展统计公报［EB/OL］. http://www.mohrss.gov.cn/xxgk2020/fdzdgknr/ghtj/tj/ndtj/202206/t20220607_452104.html［2024-03-04］.

② 郑秉文. 中国养老金发展报告2016——“第二支柱”年金制度全面深化改革［M］. 北京：经济管理出版社，2016.

交流很频繁，职业生涯中跨统筹地区流动的现象也不少见，如果按照“账户资金随人走”的原则，人员调动时，原单位需要做实账户，而在调入地区要执行记账方案。人员多次流动，则要多次出现先做实再记账的扭曲现象。对于经办机构来说，这不仅涉及账户对接难题，还有资金管理问题，手续复杂，衔接困难。

第二，空账采用统一利率会带来诸多问题。采用统一记账利率无法回避以下三个问题：一是与职业年金实账运营部分的利差会引发参与者的不满；二是统一记账利率必定给财力较弱地区的政府施以重压；三是省际记账利率的差异容易引发攀比。

第三，账户增值差别会引发利益冲突。我国财政供款与编制管理非常复杂。一些单位内既有财政全额供款编制，也有财政非全额供款编制。在建立职业年金时，对于财政全额供款编制单位缴费采取记账方式，而对于财政非全额供款编制单位则采取实账范式。这样，同一单位内部会出现两种管理体制、两类参保群体，容易引发矛盾。此外，前者按记账利率计息，后者则按实际投资收益率计息，存在利差的可能，这必定会引发两类群体的攀比和质疑。

目前，我国职业年金市场化投资运营工作稳步推进。2021 年末，职业年金基金投资运营规模为 1.79 万亿元，当年投资收益额 932 亿元[①]。未来，针对上述问题的改革和完善将持续推进。

（三）个人养老金

为推进多层次、多支柱养老保险体系建设，促进养老保险制度可持续发展，满足人民群众日益增长的多样化养老保险需要，2022 年 4 月，国务院办公厅发布《关于推动个人养老金发展的意见》；同年 10 月人力资源和社会保障部、财政部、国家税务总局、中国银行保险监督管理委员会（简称银保监会）、中国证券监督管理委员会（简称证监会）联合发布《个人养老金实施办法》。同年 11 月同时，财政部、国家税务总局发布《关于个人养老金有关个人所得税政策的公告》，明确对个人养老金实施递延纳税优惠政策。被称为养老保险第三支柱的个人养老金制度正式在我国落地实施。

1. 个人养老金制度的概念

个人养老金是指政府政策支持、个人自愿参加、市场化运营、实现养老保险补充功能的制度。

2. 参加范围

在中国境内参加城镇职工基本养老保险或者城乡居民基本养老保险的劳动者。

3. 制度模式

个人养老金实行个人账户制，缴费完全由参加人个人承担，自主选择购买符合规定的储蓄存款、理财产品、商业养老保险、公募基金等金融产品，实行完全积累，按照国家有关规定享受税收优惠政策。

参加人通过全国统一线上服务入口或者商业银行渠道，在信息平台开立个人养老金账户。个人养老金账户用于登记和管理个人身份信息，并与基本养老保险关系关联，记录个人养老金缴费、投资、领取、抵扣和缴纳个人所得税等信息，是参加人参加个人养老金、享受税收优惠政策的基础。参加人可以选择一家商业银行开立个人账户或者指定本人唯一的个人养老金资金账户，也可以通过其他符合规定的个人养老金产品销售机构指定。个人养老金资金账户与个人养老金账户绑定，用于购买符合规定的银行理财产品、储蓄存款、商业养老保险、公募基金等运作安全、成熟稳定、标的规范、侧重长期保值的满足不同投资者偏好的金融产品，参加人自主选择。

4. 缴费水平与投资

参加人每年缴纳个人养老金的上限为 12 000 元。可以按月、分次或者按年度缴费，缴费额度按

---

① 人力资源和社会保障部. 2021 年度人力资源和社会保障事业发展统计公报［EB/OL］. http://www.mohrss.gov.cn/xxgk2020/fdzdgknr/ghtj/tj/ndtj/202206/t20220607_452104.html［2024-03-04］.

自然年度累计，次年重新计算。参加人自主决定个人养老金资金账户的投资计划，包括个人养老金产品的投资品种、投资金额等。

5. 个人养老金领取

个人养老金资金账户封闭运行，参加人达到领取基本养老金年龄，或完全丧失劳动能力，或出国（境）定居，或者具有其他符合国家规定的情形，经信息平台核验领取条件后，可以按月、分次或者一次性领取个人养老金。参加人身故的，其个人养老金资金账户内的资产可以继承。

个人养老金制度的出台，搭建了与我国基本养老保险、企业（职业）年金相衔接的养老保险第三支柱，我国多层次、多支柱养老保险体系日臻完善。

第五节　养老保险制度面临的挑战及改革

一、养老保险制度面临的挑战

稳健的经济发展和稳定的人口结构是维持养老保险制度可持续发展的前提条件，是实现收入再分配、维持社会稳定的根本保证。20 世纪 70 年代后，石油危机导致西方工业化国家经济发展滞涨，人口老龄化日趋严重和养老保险覆盖人群的扩大，各个国家养老保险基金面临入不敷出的困境；对于发展中国家来说，经济发展相对落后、资金匮乏，更为主要的是农村劳动者占绝大多数的人口格局使养老保险制度的发展困难重重；而经济转型国家则充斥着高失业率和通货膨胀率，亟待社会保障制度的改革来缓和社会矛盾，减轻社会震荡。

二、养老保险制度改革方式

（一）部分型改革

1. 增加养老保险基金收入

一般来说，增加养老保险基金收入有以下五种方法：延迟退休、提高缴费率、扩大缴费基数、强化积累因素、统合方法等，具体内容如下。

第一，通过延迟退休来增加缴费人数、增加缴费金额。具体来看，包括提高领取养老金的条件和提高领取养老金的年龄两种方法。

第二，最普遍被采纳的方法是提高缴费率的方法。这种方法在短期内可以看到明显效果，但是其局限性也不容忽视。目前西方福利国家的养老金缴费率已经很高，继续使用此方法非常困难。

第三，扩大缴费基数的计入方法，以此来增加缴费收入。日本、瑞典、法国等许多国家都在使用这种方法。

第四，通过强化积累要素来强化财政基础，扩大已有积累基金和改变基金的运营方式来获取更多收益。

第五，通过统合来做大基金池。许多国家都运营有按照职业种类分类的公共年金制度。这些公共年金制度相对来说加入人数较少，缴费人数也较少，陷入财政可持续性危机的可能性相对较高。在这种情况下，通过将这种缴费人数较少的年金制度统合到加入人数较多的年金制度中的方法，也可以实现做大基金池的目标。

2. 抑制养老金的总支出

抑制养老金的总支出可以通过降低养老金水平和缩短领取养老金时段两种方法来实现。

降低养老金水平具体可以通过以下几种方式来实施。第一，通过改变测算养老金的公式来降低养老金替代率。第二，通过延长可计算的有收入时间来抑制养老金的总支出。第三，修改以往将养老金与物价水平联动的方式来抑制养老金总支出。

缩短领取养老金时段的方法主要通过以下方式实现。第一，推迟养老金领取年龄。第二，作为领取养老金的必要条件，延长缴费时间段也是一种方法。在延长缴费时间段的同时，养老金的领取时间自然就被缩短了。

（二）结构型改革

结构型改革主要包括：引入基金积累制，由现收现付的单一模式向混合模式演进；强调企业年金的作用、构建多层次的养老保险体系；引入竞争性的私营管理和市场机制等。

三、我国养老保险制度面临的挑战与改革

（一）我国养老保险制度机遇与挑战并存

1. 基本养老保险发展迅速

通过 30 余年的持续努力，我国基本养老保险覆盖范围继续扩大、基金征缴收入稳步增长。到 2021 年末全国参加基本养老保险的人数为 10 2871 万人；全年基本养老保险基金收入 65 793 亿元，基金支出 60 197 亿元，年末基本养老保险基金累计结存 63 970 亿元①。这是目前覆盖人数全球第一、收支规模全球第二的基本养老保险制度。但同时，我国基本养老保险缴费率却持续下降，维持养老金财政可持续性面临非常大的挑战。

2. 养老保险基金收支情况地区失衡严重

由于覆盖面的不断扩大和财政补贴规模的不断提高，在“十一五”期间，我国基本养老金增长率很快，财务支付能力逐步提高，但同时，各省份之间却表现出极大的差异性，各地收支情况差异很大。这种差异暗示着制度参数方面也许存在问题，潜在的财务风险已经出现苗头。而且地区不平衡现象将对由人口流动造成的养老金接转造成极大的困难。

3. 养老保险基金收入快速增长背后的基金结余率下滑趋势明显

从近些年来的基本养老保险制度参保人群来看，参保人数已经进入低速增长时期。城乡居民养老保险制度的参保人数增长十分缓慢，但领取待遇的人数却在持续增长。老龄化趋势严重影响着城乡居民养老保险制度的基金可持续性。

企业职工养老保险收入虽然以较快速度在增长，但主要是征缴收入和财政补贴的增长带来的。未来，征缴收入增长不可能有更大的上升空间。综合来看，我国基本养老保险基金增长对财政的依赖性越来越大，这是一个危险的信号。

同时，从基金结余的角度来看，尽管目前基金结余仍然在增长，但是累计结余增长率却已经呈现出了下降的趋势，累计结余的未来可支付月数随之下降。这也是一个极大的挑战。

（二）我国养老保险制度改革的方向及政策建议

1. 个人账户的存废或者向名义账户制过渡问题

无论是企业职工养老保险的个人账户，还是城乡居民养老保险的个人账户，对于参保者的待遇都很重要，但是从目前的制度运营来看，个人账户的作用发挥受到了较大的限制。企业职工养老保险的个人账户在提高基金收益率方面，表现出向瑞典式“名义账户制”（notional defined contribution，NDC）过渡的趋势，但还欠缺法律上的确认和制度上的跟进。而城乡居民养老保险

① 人力资源和社会保障部. 2021 年度人力资源和社会保障事业发展统计公报［EB/OL］. http://www.mohrss.gov.cn/xxgk2020/fdzdgknr/ghtj/tj/ndtj/202206/t20220607_452104.html［2024-03-04］.

制度的个人账户部分本来就因为金额过小、管理成本过高而显得缺乏激励效果和管理效率。其存废一直受到很多人的质疑。

究竟是废除统账结合的方式，还是将个人账户部分进行改革，向“名义账户制”转变，将个人账户做实之后，进行市场化投资，目前这一方面争论依然激烈，但不管怎么样，应该尽早做出选择。同时，中央调剂制度应该进行完善，尽早实现基础养老金全国统筹。

2. 提升基本养老保险基金收入

如何尽量加强基金运营管理以及提高基金投资的收益率成为重中之重。如前所述，鉴于目前的情况，研究基金管理政策及基金投资政策的创新是未来有效提升养老金基金收入的方向和选择。

3. 减少基本养老保险基金支出

面对养老金待遇领取者的日渐增多，养老金支出的增长趋势是不言而喻的。在这种情况下，如何选择参保者能够接受的各种方法，控制支出规模及速度是今后进行相关政策改革的重点。首先，延迟退休作为备选方案之一，“十四五”期间应该尽量推进实施，这可以在一定期间内延缓领取养老金待遇人数的过快增长。其次，控制养老金水平调整的频率与幅度是遏制基本养老保险基金支出快速增长的另一种方式。不过这一点存在很大难度，因为同时还要考虑到通货膨胀率和老年人拿到手的养老金的实际购买力问题。如果遏制过多，养老金的替代率下降较多，将严重影响退休老年人的实际生活水平。

4. 加快构建多层次、多支柱养老保险体系

我国从 1991 年发布首个建立养老保险制度文件《国务院关于企业职工养老保险制度改革的决定》时就提出：“随着经济的发展，逐步建立起基本养老保险与企业补充养老保险和职工个人储蓄性养老保险相结合的制度。”但时过 30 多年，作为第一支柱的基本养老保险仍然“一柱独大”。2021 年度统计数据显示，我国城镇职工基本养老保险执行企业制度参保人数为 42 228 万人，但我国拥有企业年金计划的职工人数仅有 2875 万人，人数增长缓慢，覆盖面窄。[①]第三支柱的个税递延型商业养老保险从 2007 年开始启动，2018 年 5 月开始试点，截至 2020 年末投保人数不足 5 万人，保费收入只有 4 亿元，规模很小，个人养老金制度刚刚起步。在老龄化背景下，“一柱独大”面临的压力是显而易见的。发展多层次、多支柱养老保险体系，大力发展企业年金、职业年金，提高企业年金覆盖率，规范发展第三支柱养老保险，推动个人养老金发展，成为“十四五”时期我国养老保障体系改革的紧要议题和主攻方向之一。

总之，我国的基本养老保险制度在新的时期，面临着各种风险与挑战，对养老保险制度改革提出了新的要求，相关政策研究亟须同步推进。

思考题

1. 什么是基本养老保险？我国养老保险体系有哪些层次？
2. 现收现付制与基金积累制对养老保险制度有哪些影响？
3. 养老保险模式有哪些？各有哪些特点？
4. 我国城镇职工基本养老保险给付的条件和标准是什么？
5. 我国城乡居民养老保险具有哪些特点？
6. 请分析日本养老保险改革取得哪些成就。
7. 新加坡的中央公积金制度主要存在哪些问题？
8. 请结合日本、瑞典、新加坡等国家的养老保险制度面临的共性问题及改革经验，谈谈对我国养老保险制度发展的启示。

---

① 人力资源和社会保障部. 2021 年度人力资源和社会保障事业发展统计公报［EB/OL］. http://www.mohrss.gov.cn/xxgk2020/fdzdgknr/ghtj/tj/ndtj/202206/t20220607_452104.html［2024-03-04］.

拓展阅读

人力资源社会保障部办公厅关于推进社会保险经办管理服务标准化规范化便利化的意见

人社厅发〔2022〕59号

各省、自治区、直辖市及新疆生产建设兵团人力资源社会保障厅（局）：

近年来，各级人力资源社会保障部门坚决贯彻落实党中央、国务院“放管服”改革、优化营商环境的决策部署，持续推进人力资源社会保障领域行风建设，建成全国统一的社会保险公共服务平台，社会保险管理服务水平不断提高。为深入贯彻落实党的二十大精神和习近平总书记关于完善覆盖全民的社会保障体系重要讲话精神，按照《国家标准化发展纲要》和国务院加强政务服务管理要求，进一步提高社会保险经办管理服务标准化规范化便利化水平，推动经办模式转型，优化群众办事体验，提出如下意见：

一、总体要求（略）

二、推进社会保险经办管理服务标准化

（四）推进服务事项目录标准化。各地区要依据全国人力资源社会保障系统公共服务事项目录，及时编制、动态调整全省实施的社会保险服务事项基本目录，在省级政务服务平台和社会保险公共服务平台发布。明确依申请办理社会保险公共服务事项政务服务属性，主动配合将相关事项纳入政务服务事项范围，实现服务事项数据同源、联动管理。适应社会保险统筹层次变化，逐步推动实现统筹区域内服务范围统一，服务事项目录同源发布。

（五）推进服务事项实施清单标准化。部级制定“跨省通办”办事指南，明确事项名称、办理方式、办理材料、结果送达、办事时间、办事机构及地点等框架性要求，各地要结合本地实际进一步细化完善。各地区要在名称、编码、依据、类型等基本要素“四级四同”基础上，推进服务事项受理条件、办理流程、申请材料、办结时限等全省统一，分批推动实现全部服务事项“省内通办”。推进社保经办数字化转型，实现流程由业务驱动向数据驱动转变，形成更加标准清晰的业务流程图、经办规程、操作手册和办事指南。加强与属地各部门协同，推动实现跨部门协作流程、数据、事项标准化，加快与政务服务平台对接和数据实时调用，有效支撑政务服务一体化。

（六）健全和推广全国统一的社会保险经办服务技术标准。实施基本公共服务标准体系建设工程，完善社会保险标准化体系，加快服务流程、设施设备、人员配备等软硬件国家、行业标准制修订。推动各地标准化机构和组织建设，鼓励各地开展社会管理和公共服务综合标准化试点，强化社会保险标准与政务服务标准协同配套，推动社会保险地方标准与国家标准、行业标准有机衔接。强化标准实施应用，建立政策实施配套标准制度，在法规和政策文件制定时积极应用标准，持续完善标准实施效果评估机制。

三、推进社会保险经办管理服务规范化（略）

四、推进社会保险经办管理服务便利化（略）

五、工作要求（略）

人力资源社会保障部办公厅

2022年12月19日

参考文献

常心怡. 2020. 人口老龄化背景下德国里斯特养老金计划的经济效应分析. 保定：河北大学.

陈静旭. 2008. 瑞典公共养老保险制度改革研究. 武汉：华中科技大学.

冯晓芳. 2016. 多支柱视角下我国城镇职工基本养老保险扩面政策研究. 武汉：华中师范大学.

郭倚铭. 2014. 我国三支柱养老保险体系存在的问题及对策. 东方企业文化，（14）：252-253.

胡黎. 2011. 公积金制度下的新加坡养老保障问题研究. 武汉：武汉科技大学.

胡淼. 2013. 美国“三支柱”模式对我国养老保障制度的启示. 开封：河南大学.
焦凯平. 2005. 养老保险（第二版）. 北京：中国劳动社会保障出版社：4-11.
金双华，杨艺. 2021. 欧盟国家养老保险制度对收入分配调节作用研究. 经济社会体制比较，（1）：33-39.
梁君林，汪朝霞. 2011. 社会保障理论. 合肥：合肥工业大学出版社：22-24.
龙玉其. 2018. 英国职业年金制度的现状、改革及其启示. 北京行政学院学报，（6）：93-99.
鲁全. 2020. 中国养老保险法制建设：法律性质、现状与未来发展. 探索，（3）：52-61.
牟海侠. 2018. 国外养老保险制度的侧重点有何不同. 人民论坛，（28）：110-111.
邵国栋. 2008. 基于生命周期理论的延迟退休年龄合理性研究. 北京：中国人民大学.
孙树菡，朱丽敏. 2012. 社会保险学（第二版）. 北京：中国人民大学出版社.
图日班. 2018. 俄罗斯养老保险制度现状、问题及其对策研究. 呼和浩特：内蒙古大学.
王金环. 2008. 我国基本养老保险扩大覆盖面问题研究——以济南市为例. 济南：山东师范大学.
吴慧琼. 2009. 英国养老保险制度研究. 武汉：武汉科技大学.
徐宏伟. 2009. 中国养老保障制度改革研究. 北京：中共中央党校.
徐清. 2021. 欧洲福利制度主要模式的比较与借鉴. 现代经济探讨，（3）：126-132.
杨斌，丁建定. 2019. 发达国家养老保险制度中财政责任的基本经验及启示. 经济纵横，（10）：110-115.
曾煜. 2003. 新编养老保险实用指南. 北京：中国建材工业出版社：19，23-25.
张丽娜. 1995. 人口代际更替过程的老龄化因素分析及对策. 南京人口管理干部学院学报，（2）：38-41.
郑秉文. 2014. 中国养老金发展报告 2014——向名义账户制转型. 北京：经济管理出版社.
郑秉文. 2016. 中国养老金发展报告 2016——“第二支柱”年金制度全面深化改革. 北京：经济管理出版社.
郑秉文. 2019. 中国养老金发展报告 2019——非缴费型养老金的中国道路与国际实践. 北京：经济管理出版社.
郑功成. 2005. 社会保障学. 北京：中国劳动社会保障出版社：27-31.
郑绍庆. 2007. 在社保领域中应坚持“公平优先、兼顾效率”原则. 理论导刊，（5）：54-56.
Holzmann R，Hinz R. 2005. Old Age Income Support in the 21st Century：An Internationa Perspective on Pension System and Reform. Washington：World Bank Group.
Palmer E. 2001. The New Swedish Pension System. Washington：The World Bank Working Paper.
Tajika E. 2002. The Public Pension System in Japan：The Consequences of Rapid Expansion. Washington：World Bank Group.
The World Bank. 1994. Averting the Old Age Crisis：Policies to Protect the Old and Promote Growth. Washington：World Bank Group.

（江苏大学　陈樱花；南方医科大学　陈江芸）

第七章　失 业 保 险

内容提要

失业保险是我国社会保险的重要组成部分。本章阐述了失业保险的相关概念及原则、功能等；从制度的覆盖对象、筹资、待遇给付、预防失业和促进就业等方面阐述了制度的基本内容，并就典型的失业保险制度模式进行了介绍。重点对我国失业保险制度的发展历程和我国现行的失业保险制度，以及当前失业保险制度面临的问题与挑战做了系统阐述。

第一节　失业保险概述

一、失业、失业类型与失业率

（一）失业

失业是市场经济运行和价值规律发挥作用下，与就业相对的必然产物，有广义和狭义之分。广义的失业是生产资料与劳动者相分离的状态下，劳动者的生产潜能和主观能动性无法发挥，从而造成社会资源的浪费，并且给社会经济发展带来一定的负面影响。狭义的失业强调的是具有劳动能力、在法定劳动年龄范围，并且具有就业意愿的劳动者，失去工作岗位或者没有得到有报酬的工作岗位的社会现象。根据国际劳工组织统计标准，凡是在规定年龄内一定期间内（如一周或一天）满足以下三个条件的可以定义为失业人口：①没工作，即在调查期间没有从事有报酬的劳动或自我雇佣；②能工作，即具有工作能力，如果有就业机会，可以工作；③找工作，即有工作意愿，且近期内采取了具体措施积极寻找工作，如在公共的或私人的就业服务机构登记求职、直接去企业求职以及刊登求职广告等方式。从这个角度来看，无工作人口并不一定属于失业人口，如全职家庭主妇、没有工作意愿的流浪汉、不在法定劳动年龄范围内的退休老人和儿童，以及丧失劳动能力的人，这些都不是失业人口。在席卷全球的新冠疫情期间，很多失去工作的人暂时不找工作或不能去工作，也不能定义为失业人口。国际劳工组织发布的《世界就业和社会展望：2022 年趋势》称，由于疫情持续对全球劳动力市场产生重大影响，2022 年失业人数估计为 2.07 亿，并预计至少到 2023 年，全球失业人数仍将高于疫情前 2019 年 1.86 亿的水平。

我国对失业较为一致的定义是，在法定劳动年龄范围内，有劳动能力，且有就业要求的人口，没能就业的社会经济现象；或者虽然从事一定的社会劳动，但劳动报酬低于当地城乡居民最低生活保障标准的，也视同失业。现阶段我国失业的原因主要来自两大方面：一是劳动力有效供给不足，表现为科技进步对劳动力的挤出效应，以及失业人员的劳动技能、择业观念难以适应现有岗位；二是在我国经济结构调整进程中，劳动力结构调整的时滞造成的劳动力供给过剩，进一步地，在劳动力流动和结构调整过程中由于信息不对称造成劳动力市场的供需失衡。

（二）失业类型

根据不同的划分标准，失业可以分为不同的类型。

1. 根据就业意愿的不同，分为自愿性失业和非自愿性失业

自愿性失业是指劳动者所要求的实际工资超过其边际生产率，或者说不愿意接受现行的工作条件和收入水平，主动放弃工作机会所造成的失业。由于这种失业是劳动人口主观不愿意就业而造成的，所以被称为自愿性失业。

非自愿性失业是指有劳动能力、愿意接受现行工资水平，但因其他原因仍然找不到工作的情况。这种失业是由客观原因所造成的被迫失去工作机会。

2. 根据失业的程度，分为完全失业和部分失业

完全失业，是指失业者有劳动能力但找不到合适的工作岗位，完全没有任何工作及薪资收入的状态。

部分失业也称为不充分就业，是指就业的不稳定、不连续状态，即工作报酬达不到法定的工资标准，工作时间达不到正常工作时间的1/3。

3. 根据失业的表现形式，分为显性失业和隐性失业

显性失业又称为公开失业，是指劳动力人口有劳动能力和就业愿望，但处于无工作从而没有薪资收入的状态，在我国，一般指登记失业。

隐性失业又称潜在失业或在职失业，从形式上看，一方面隐性失业者一般都有自己的工作单位或劳动岗位，被政府或企业视为就业者；另一方面他们的劳动能力并没有得到充分发挥，劳动愿望没有得到最大满足，从而经常处于失业或半失业的闲置状态，造成实际生产率低于潜在的生产率，是一种劳动力资源未被充分利用的情况。

4. 按照失业原因的差异，分为摩擦性失业、季节性失业、技术性失业、结构性失业、周期性失业、等待性失业和制度性失业

（1）摩擦性失业。摩擦性失业是在劳动力流动过程中，由于市场关于劳动力供求信息不全或不及时，用人单位找不到本可能找到的人，劳动力找不到本应该找到的用人单位所造成的失业。摩擦性失业是在生产过程中劳动力市场的动态属性、不完善的信息流动、失业者与潜在的雇主之间相互寻找的时间滞差等造成的短期、局部的失业。摩擦性失业在劳动力供求总量上是平衡的，这种失业在性质上是过渡性的或短期性的。

（2）季节性失业。季节性失业是指某些行业受气候条件、季节轮换、社会风俗或购买习惯的影响较大，对劳动力的需求出现季节性变化而导致的员工失业。这种失业具有规律性、行业性以及失业持续期的可预知性等特点。

（3）技术性失业。技术性失业是指由于使用新设备和新材料，出现机器排挤工人，或由于采用新的管理方式，劳动力过剩而失业。可以从两个角度进行观察，从长远角度看，劳动力的供求总水平不因技术进步而受到影响；从短期看，先进的技术、生产力和完善的经营管理以及生产率的提高，必然会取代一部分劳动力，从而使一部分人失业。

（4）结构性失业。结构性失业是指由于产业结构、职业结构、生产方式和生产规模的急剧变动，原有劳动力结构不能或来不及进行相应调整而产生的失业。其特点是既有失业，又有空缺职位，失业者或者没有合适的技能，或者居住地不当，因此无法填补现有的职位空缺。结构性失业劳动力的供求在总量上可能平衡，但人员素质与岗位要求已经不能匹配。一般来说，技术性失业是结构性失业的先导，结构性失业是技术性失业的最大表现。

（5）周期性失业。周期性失业是指由于周期性的经济波动而引发的失业现象。经济危机周期性发生时，失业率也会周期性达到高潮。

（6）等待性失业。等待性失业是指求职者因有更高的工作期望而产生的一种失业类型。失业者只有“等待”到期望的工资水平可以满足时，才愿意就业。

（7）制度性失业。制度性失业是指某种特殊的经济制度安排或制度变革所导致的失业。

（三）失业率

失业率一般用失业人数占经济活动人数（就业人数+失业人数）的百分比来表示，是反映一个国家或地区劳动力市场供需情况的指标。失业率是与经济增长率、物价指数和国际收支平衡状况并行的四大宏观经济指标之一，对监测宏观经济运行和反映就业失业状况具有重要作用。

根据数据来源的不同，国际上有登记失业率和劳动力抽样调查失业率两种统计方法。二者均为政府决策的重要依据。登记失业率，是指在公共就业服务机构进行失业登记的失业人员数量占比。由于各国公共就业服务和社会保障发展水平不一，登记失业率往往不能全面反映一个国家或者地区的实际失业率水平，并且无法进行国际比较，因而多数国家采用劳动力抽样调查失业率。我国在2018年前采用的是城镇登记失业率，其公式为：城镇登记失业人数/（城镇就业人数+城镇登记失业人数）×100%。2018年4月，我国首次正式公开发布基于劳动力调查获得的失业率即城镇调查失业率，是通过劳动力调查或相关抽样调查推算得到的失业人口占全部劳动力人口（就业人口和失业人口之和）的百分比，这一标准与国际劳工组织标准相一致，具有国际可比性。

失业是市场经济运行和价值规律作用的必然产物，从整个经济来看，任何时候都会有一些正在寻找工作的人，因此自愿性失业、摩擦性失业、季节性失业、结构性失业都是难以避免的，这种失业与社会经济总需求水平、经济周期无关，因此也被统称为自然失业。经济学家把这些情况下的失业率称为自然失业率，是充分就业条件下的失业率，是劳动力市场供求平衡，但不是没有任何失业的状态，即失业和岗位空缺同时存在。失业率控制在适度水平（自然失业率水平）是现代宏观经济政策的目标之一，既是出于对产业结构调整过程中劳动力储备的需要，又是提高劳动力素质和劳动生产率的要求。但失业必然会带来失业者正常收入的减少甚至中断，从而影响到失业者及其家庭的基本生活保障，过高的失业率更是会对社会经济发展带来危害，从而影响国家的长期稳定、健康发展。因此，关注失业风险、采取措施缓解失业带来的负面影响已经成为各国政府的共识。

二、失业保险概念与制度发展

（一）失业保险

1. 失业保险的概念

失业保险（unemployment insurance，UI）是指国家（或政府）通过立法实施的，由社会各方筹资建立基金，旨在当法定范围的劳动者因失业暂时中断收入来源时，为其提供基本生活保障和相关服务来增强劳动者抵御失业风险能力的一项社会保险制度。世界上最早实施强制失业社会保险制度的国家是英国。

2. 失业保险的特性

失业保险除了具备社会保险的强制性、保障水平的基本性及普遍性等特征外，还具有自己的特性。

（1）保障对象是在法定劳动年龄范围内、有劳动能力的非自愿性失业者。失业保险与其他社会保障项目不同，它的实施前提是非自愿失去工作机会，并正在寻找工作的劳动者，随着失业保险制度的逐渐完善其保障范围正逐渐向新生劳动力人口覆盖。而且，失业保险的保障对象是具备正常的劳动能力的劳动者，丧失劳动能力的人只能享受其他社会保障而不能享受失业保险。

（2）保障风险是社会经济风险。医疗保险、养老保险、工伤保险、生育保险以及长期护理保险所保障的风险往往与人的生理变异等人身风险有关，而失业保险所保障的风险是由一定时期的社会和经济因素等引起的，与人身风险不相关，而且在一定程度上，它也与国家在一定时期的宏观经济政策相关，并且难以通过商业保险的方式进行风险分散。

（3）保障目标的多元性。失业保险不仅保障保险对象的基本生活需要，即保障失业者生理再生产的功能和目标，还需要通过专业培训、就业培训、职业介绍等形式帮助失业者提高文化素质和业务素质，以便实现再就业，即保障劳动力再生产的功能和目标。

（二）失业保险制度的发展

失业是工业社会和市场经济的产物，技术性失业和周期性失业在市场经济条件下不可避免。从微观上看，生产力发展推动技术进步，实现了劳动力的替代，劳动者被迫失业，即“技术性失业”。从宏观上来看，经济周期波动，可能出现生产过剩，供求失衡，从而产生失业。失业风险不仅使劳动者个人及其家庭失去生活来源，更直接关系到社会稳定和经济发展。

失业保险制度的发展经历了从失业救济、失业互助到失业保险，从单纯关注基本生活保障的消极失业保险到强调就业促进的积极失业保险等不同阶段。

1. 失业救济

16—17 世纪，欧洲在进入工业社会以前，就有少数既没有土地也没有所属领主的流浪汉，工业社会初期也大量产生失去土地又找不到工作的“平民失业群”，解救这些人最初的办法就是慈善救济。

2. 失业互助

19 世纪，工业社会已经初步发展，欧洲各国工人在工会的领导下开始成立互助组织，如法国的“互济会”、德国的“劳动者福利中心”、英国的行业工会等，以互助的方式缓解失业风险，提供失业补贴。但由于经费有限，覆盖面窄，很难提供有效的保障。

3. 失业保险

20 世纪以前，受“供给创造需求”“市场机制的自动调节可以达到生产要素均衡”等西方经济理论的影响，对失业者的救助仅仅停留在事后的、零碎的“补残”措施上。但频发的经济危机使失业变得日益普遍和严重，导致了大规模的工人运动，要求改善失业者困境的呼声日益高涨。为了缓解社会冲突，各国政府加强了对失业问题的干预。

20 世纪初，欧洲大陆的一些城市，为非工会会员提供自愿性失业保险项目。但参保人数较少，实施效果不理想。此后部分地方实施政府为工会提供补贴、工会建立和管理的失业保险金项目。1901 年，最早的政府资助的失业保险起源于比利时的根特市，地方财政资助工会，职工会员自愿参加，工会互助会负责资金管理和失业补助金的发放，政府对非会员职工给予失业救济金。1905 年，法国首次颁布了《失业保险法》，最早以国家立法的形式建立非强制性失业保险制度。随后，挪威（1906 年）、丹麦（1907 年）也建立了类似于法国的非强制性失业保险制度。

1911 年英国政府颁布《国民保险法》，建立了世界上第一个强制性失业保险制度。英国的失业保险制度是一个真正较完整的失业保险制度雏形，该制度规定雇主、雇员均要缴纳固定金额的保险金，同时国家财政也要出资，建立全国性失业保险基金；覆盖范围从最初的失业率较高的行业，到 1920 年扩大到除农业工人、家庭雇工、公务人员、铁路工人和其他公共机构就业人员以外的所有工人；失业保险金的发放和待遇水平与缴费挂钩，同时国家财政出资为不符合失业保险金领取要求的失业者提供需要接受以家计调查为条件的过渡性给付；失业保险制度的管理职能由地方就业服务机构承担。

一战后，各国经济遭受巨大破坏，失业问题凸显，为了恢复经济和保持社会稳定，意大利、奥地利、德国、西班牙等国家陆续建立了强制性失业保险制度。1927 年德国通过的《职业介绍与失业保险法》，率先把失业保险与职业介绍结合起来。

20 世纪 30 年代初，世界性经济危机造成了大规模失业，美国的失业率一度达到 25%，主要资本主义国家的失业率亦超过 20%[①]。世界性经济危机带来了大规模失业危机，失业保险制度的保障

① 劳动保障部国外失业保险研究课题组，刘燕斌，陈玉萍，等. 从创建到完善——世界失业保险制度的改革与发展［J］. 中国人力资源社会保障，2007（11）：61-62.

和稳定功能得以显现，从而推动了失业保险制度在欧洲、北美、大洋洲等工业化国家的普及。

发展中国家在二战后也开始陆续建立失业保险制度，保障目标逐渐从保障失业人员及其家庭的基本生活需要发展到预防失业、促进就业。相对于其他社会保险项目，失业保险建制起步较晚，发展也相对缓慢。享有失业保险待遇的失业者多集中在中高收入国家，这反映出失业保险制度的建立发展与经济发展水平密切相关。

4. 从消极失业保险到积极失业保险

20 世纪 70 年代开始的经济滞胀，推高了世界范围内的失业率，不断提高的失业津贴给付水平也抑制了失业者寻找工作的积极性，产生了消极影响。发达国家开始对失业保险制度进行修订改革，失业保险制度的促进就业功能受到空前关注。尤其是 20 世纪 90 年代后失业保险制度的改革定位更为清晰明朗，除了保障基本生活之外，失业预防与就业促进成为失业保险制度的重要目标取向，对各国失业保险制度的改革发展产生了重要影响。有些国家更是用就业保险取代了失业保险。日本就在 1975 年颁布了《就业保险法》，从而取代了已经实行了 28 年的《失业保险法》。《就业保险法》更加注重就业保障，在保障失业职工基本生活的基础上通过为员工提供稳定的就业环境，优化雇佣结构，提升员工技能，增进工人福利以实现预防失业。1996 年，加拿大也颁布了《就业保险法》，相比于先前的《失业保险法》更注重就业促进和失业预防。迄今，各国政府已经将失业保险制度作为劳动力市场促进就业、预防失业积极政策的重要组成部分，并逐渐达成“以保障基本生活为基础，以促进就业为核心，以预防失业为终极目标”的发展共识。

国际劳工组织在失业保险制度的建设与完善过程中发挥了重要的作用，国际劳工组织先后制定了《失业公约》（1919 年）、《失业补贴公约》（1934 年）、《失业补贴建议书》（1934 年）、《社会保障（最低标准）公约》（1952 年），《促进就业和失业保护公约》（1988 年）、《促进就业和失业保护建议书》（1988 年）、《全球就业议程》（2003 年）。这些公约与议定书不仅明确保护失业劳动者的生存权益，也要求组织成员注重失业保护和就业政策相协调，关注失业者的就业保障问题。除国际劳工组织外，联合国制定的许多国际公约中，也涉及失业保险问题，如第三届联合国大会通过的《世界人权宣言》就提出：“人人有权工作、自由选择职业、享受公正和合适的工作条件并享受免于失业的保障。”

三、失业保险制度的原则、功能与作用

（一）失业保险制度的原则

1. 给付的期限性原则

规定失业保险金的给付期的上限，促进失业者积极就业。

2. 给付标准的有限性原则

给付标准的制定既要维持失业者及其家庭成员的生存和发展，又不能高于失业者在职期间的工资水平。在为失业者及其家庭提供基本生活保障的同时，避免出现失业陷阱，使失业者失去寻找工作的动力。

3. 权利与义务对等原则

失业保险金的给付金额和给付期限一般要与失业者的工作年限、缴费年限及在职期间收入水平成正比。

（二）失业保险制度的功能与作用

一是保障失业者及其家庭基本生活需要。通过失业保险金的给付保障劳动者失业期间的基本生活需求，平滑失业者失业期间的收入损失，从而保护劳动力，保障劳动力再生产的进行。

二是促进就业，预防失业。失业保险制度为失业者提供求职的缓冲时间，通过职业培训、就业指导，帮助失业者重新就业。

三是维护社会经济稳定。通过改善失业的社会成本分配，建立稳定的雇佣关系，保护熟练劳动力，从而有利于社会稳定，促进经济发展。失业保险制度作为宏观经济的自动稳定器，是逆周期调节的重要工具。当经济出现过热时，失业人数减少，失业保险金等福利性支出下降，从而减少了个人的可支配收入和消费需求，有助于抑制社会有效需求的增加；而当经济出现衰退时，失业人数增加，政府往往降低失业保险缴费率来减轻企业负担，进而增加企业对劳动力的需求以防止大规模失业；政府还可以提高替代率、延长给付期，提高对失业人员的保障水平，增加失业者的可支配收入，来稳定失业者的消费，调节有效需求，平滑经济波动。

第二节　失业保险制度的基本内容

一、失业保险的覆盖对象

失业保险是为遭遇失业风险、收入暂时中断的失业者设置的一道安全网。理论上，它的覆盖范围应包括所有劳动者，但在各国的实践中往往根据用人单位或者企业性质的不同而有所差异。具体而言，大多数国家的失业保险最初仅覆盖失业风险较大的行业，如机械工业、建筑业、造船业，而把季节工、临时工、家庭雇工、农业工人和自我雇佣等职业不稳定的个体劳动者排除在外，同时对公务员实行单独的失业保障制度。

随着社会经济的发展、就业形式的多样化以及国际社会对失业理解的变化，失业保险的范围呈现逐步扩大的趋势，发达国家的失业保险制度现已基本覆盖所有全日制工薪雇员。以法国为例，早在20世纪60年代以前就建立了覆盖机械、建筑等行业雇主协会的失业保险制度；20世纪60年代扩大到所有工商部门；进入20世纪70年代中后期失业保险的覆盖范围进一步扩大到农业部门、家政雇员等；20世纪80—90年代则将地方行政机构、管理性公益单位、大学和公益性科研单位也涵盖其中。美国在1935年建立起失业保险制度，制度保障范围不断扩大，其覆盖面占劳动者失业总人数的90%；但是，小企业的雇员、员工人数在4人以下且年工作时间少于20周的非营利性机构的雇员，仍然不在失业保险保障范围内。同样作为发达国家的日本则将失业保险覆盖范围分为强制参加和自愿参加两类，即规定除农、林、水产业可以暂时自愿加入失业保险外，其他一切行业和所有规模的企业均强制参加失业保险制度。对于无法获得失业保险金的非全日制雇员，有的国家则规定可以享受国家财政支持的失业救济。①

国际劳工组织建议，失业保险制度应首先覆盖那些“能工作、找工作”的完全失业者，并逐步扩大到工作时间不充分而导致收入减少的半失业者；并且进一步明确失业保险参保人数占工资劳动者的比例，有条件的国家应达到85%，其他国家不应低于50%。如德国就将工作负荷和收入达不到一定标准（每周18小时）的半失业者纳入失业保险保障范围。

二、失业保险基金的筹集

失业保险基金是国家立法建立的用于化解失业风险，保障失业人员失业期间基本生活需要，鼓励失业者再就业的专项基金。

一般而言，失业保险基金主要来源于四个渠道：雇主缴纳失业保险费（税）、雇员缴纳失业保险费（税）、政府财政补贴以及基金运营收益。但是不同参与主体的负担方式和负担比例在不同国

① 何军，王兰芳. 劳动与社会保障（第二版）［M］. 大连：东北财经大学出版社，2007.

家有很大差异，一是取决于政府、雇主、雇员个人对失业责任的认知以及参与主体的经济承受能力；二是各国的失业政策。以德国、加拿大、日本、丹麦、瑞典等为代表的是政府、雇主、雇员三方共担模式；以法国、荷兰为代表的是雇主与雇员双方共担模式；美国的“政府+企业”共担强制失业保险，主要由雇主缴纳失业保险税，只有少数几个州向雇员征收失业保险税，政府在必要时提供资金援助。

在失业保险费率或税率的厘定上，大多数国家选择统一的费（税）率模式，但为了稳定就业、预防失业，也有部分国家选择浮动费（税）率模式。浮动费（税）率分为两种：一种是实行企业差别费（税）率，根据不同企业的雇佣记录来调整其应缴的费（税）率，典型国家如美国。美国实行“经验税率”，即企业缴纳的失业保险税税率与企业裁减人员的多少挂钩。如果公司裁员增多，税率就提高，但是到达一定上限后，就不再提高；反之，公司裁员减少，税率就降低。在美国有些州，企业的最高税率与最低税率之间相差可以达到 10 倍。另一种是行业差别费（税）率，典型国家如瑞典、日本和韩国。行业差别费（税）率主要根据不同行业的失业风险确定，失业风险高的，失业保险费（税）率水平就高；失业风险低的，失业保险费（税）率水平就低。如芬兰的行业费率在 0.1%—22%，其中建筑业 0.5%，钢铁业 0.35%。挪威行业差别费率在 0.66%—6.63%，其中最低的是银行业，费率为 0.66%，最高的是临时就业人员多的公司，浮动费率为 6.63%，费率每年调整一次。韩国的行业差别费率在 0.7%—1.3%。[①]实行行业差别费（税）率可以在一定程度上体现行业差别性和制度相对公平性，但也削弱了失业保险基金的风险共担机制，实行的国家往往有其管理模式、文化传统、就业保护措施等方面的背景和缘由。我国为了进一步降低用人单位社会保险成本，更好地发挥失业保险稳定岗位、预防和减少失业的作用，在 2015 年发布了《人力资源社会保障部 财政部关于调整失业保险费率有关问题的通知》，部分省市开始试点浮动费率制，对一定时期内不减员或者少减员的用人单位，适当下调费率。

三、失业保险金给付条件与标准

（一）给付条件

失业保险制度最传统、最基本的功能是保障失业者的基本生活，失业保险金是失业保险待遇给付的重要内容，各国在失业保险金享受条件上有不同的规定。

1. 达到法定劳动年龄

将未达到法定劳动年龄的未成年人，以及达到法定退休年龄的老年人排除在给付范围外。

2. 非自愿性失业

非本人原因引起的失业，才有申请失业保险的资格，以此防范劳动者形成惰性依赖，尤其是对于自动辞职者、拒绝工作机会者、涉及劳动纠纷而失业的失业者不予给付失业保险金；并通过设置给付失业保险金等待期促进失业者尽快寻找工作，同时减少短期、频繁的失业保险金给付，提高失业保险基金的运营效率。

3. 有劳动能力和就业意愿

失业者须在指定期限内到失业管理部门登记失业，有就业要求，并接受合适的就业安置、职业指导、职业培训等。

4. 履行缴费义务和劳动的义务

一是投保或缴纳保险费时间达到规定最低期限，或者达到缴费限额；二是达到本国规定的居住年限或就业年限。有些国家要求同时满足两个条件，有些国家则要求达到其中一个条件即可。

---

① 费平. 国外实施失业保险浮动费率的研究［J］. 中国劳动，2015（1）：38-41.

（二）失业保险金给付标准

在确保失业者基本生活和有利于促进再就业的基础上，失业保险金的给付标准既要使失业者的收入损失得到部分补偿，又要避免对在职者和再就业产生负面影响，即给付标准要有适度性。对这一给付原则，1988 年国际劳工大会第 75 届会议《促进就业和失业保护公约》第 6 项第 15 条做了较为详细的说明："1.在全失业和因临时解雇而收入中断但就业关系未发生中断，并且这种意外情况属于保护之列的情况下，应以定期支付的方式提供津贴，其计算方法如下：（a）当津贴数额以受保护人所缴纳费用或以其名义缴纳的费用或以前的收入为依据时，其数额应定为以前收入的 50%以上。对津贴的数额和所考虑的收入可定出最高限额，这一限额可与如技术工人的工资或有关地区工人的平均工资挂钩。（b）当津贴数额不以所缴纳费用或以前的收入为依据时，应按不少于法定最低工资或一个普通工人工资的 50%，或按基本生活费用的最低额确定，以其中最高者为准。"

依据基数和比例两个要素来确定失业保险金的给付标准，基数主要有以下四种不同选择。

（1）薪资比例制，将失业者失业前的本人工资作为基数，按照一定百分比计算失业保险金。不同国家和地区对失业前本人工资有不同的界定标准：①失业前最后一个月的工资；②失业前一定时期内的最高月工资；③失业前一定时期的平均月工资；④受保护期内的平均工资；⑤失业工人最近一个时期平均周工资。

（2）均一制，以社会平均工资作为基数，不考虑失业者本人过去工资的多少及其他情况。如白俄罗斯，按最后就业处全部雇员平均工资的 70%（头 13 周）或 50%（后 13 周曾经的全职就业者或在过去 12 个月期间至少就业 12 周）作为统一标准计发失业保险金①。

（3）直接按照法定最低工资作为基数。如吉尔吉斯斯坦，按法定最低工资的 100%发给失业津贴②。

（4）以最低生活保障标准作为基数。我国根据《社会保险法》第四十七条规定：失业保险金的标准，由省、自治区、直辖市人民政府确定，不得低于城市居民最低生活保障标准。

一些国家对计算失业保险金的工资基数往往规定最高限额，或规定失业保险金最高给付限额；并将最低生活标准作为参考制定失业保险金最低限额标准。失业保险金给付金额一般略高于贫困线水平，维持在失业前工资的 50%—75%。很多国家按失业保险参保时间长短分设不同给付档次，参保时间与失业保险金数额成正比。

（三）失业保险金给付期限

在失业保险金给付的时间问题上，一般涉及两个概念：一是失业者何时可以开始领取失业保险金，也即有无等待期；二是领取失业保险金的时间可以延续多久，即给付期限。

1. 给付等待期

等待期是指劳动者失业之日至领取失业保险金之间的期限，即劳动者失业后不是立即支付其失业保险金，而是必须等待一个时期。国际劳工组织《促进就业和失业保护公约》（第 168 号公约）规定，"如果成员立法规定，在全失业的情况下，只有在等待期满后才能开始支付津贴时，这一等待期不得超过 7 天"。之所以有等待期的规定，一方面可以避免频繁短期申领，从而将期限很短的给付和金额较小的失业保险金申请排除在外，既可以减轻管理工作量，又可以节约管理费用；另一方面有助于防范失业者的道德风险，包括失业保险金冒领、故意制造非自愿失业，从而为失业保险管理机构调查情况、核实失业情况留出时间。

---

① 吕丹，曲展. 典型国家失业保险制度［J］. 中国劳动，2014：29-33.

② 翁仁木. 国外失业保险制度覆盖范围研究［J］. 人事天地，2014（198）：26-31.

2. 给付期限

失业者可以请领失业保险金的时间即为失业保险金的给付期限。失业保险金给付期限长短的确定需要平衡以下两个因素：一是失业保险基金的财务和行政因素；二是生存保障和就业促进的平衡。此外，给付期的长短与就业状况有密切的联系，就业状况恶化，失业率上升时，可以相应地延长失业保险金的给付期限。国际劳工组织《社会保障（最低标准）公约》（第102号）规定，“收入津贴和失业补助的给付期每年至少支付 13 周”。具体而言，失业保险金的给付期限主要可以分为均一期限制和差别期限制两种：①均一期限制，代表国家是英国，即对于所有符合条件的失业人员提供相同期限的失业保险金给付，不考虑失业者的工资、工龄以及投保期限的长短。②差别期限制，即在规定的最高期限内，失业保险金给付期限与缴纳保费期限、工龄的长短以及工资水平等条件挂钩。如日本就根据失业保险投保期限的长短，给予 17 周至 52 周不同期限的失业保险金。

在此基础上，有些国家还根据其他相关因素，如参保缴费记录、大龄失业者、失业率等把失业津贴给付期分为几个档次，通常的做法有以下几种：①根据失业前缴纳保险费的持续时间或参保时间长短分档，分别规定领取的连续时间上限。②在参保和缴费时间规定的基础上，对安置难度大的大龄失业者适当延长给付期。③考虑到失业的严重程度，将失业保险金给付期依据失业率做出相应调整。例如美国就对正常时期和非正常时期失业津贴给付期设置差异化标准，非正常时期是指经济不景气或失业率超过规定标准的时期。美国的失业保险由联邦政府和各州政府共同管理，正常时期的给付期上限由各州规定，分别为20—36 周不等；非正常时期的给付期，联邦政府规定为 52 周①。

失业保险金设置给付标准和给付期限的主要目的是避免失业陷阱，防止失业者失业期间享受的失业保险金收入和其他补助与找到工作后的净收入相比具有较高替代率，而使得失业者宁愿选择失业而不愿再就业。为了防止失业陷阱，有些国家实行待遇阶梯递减机制，即失业保险金给付水平随着给付期增加而逐渐降低。

四、预防失业与促进就业

失业保险作为社会保险制度的重要组成部分，也是积极就业政策的重要内容。预防失业、失业保险和促进就业，共同构成的就业保障安全网能够在一定程度上缓解潜在失业者和失业者的紧张，并减轻失业保险的负担。自 1988 年国际劳工大会通过《促进就业和失业保护公约》与《促进就业和失业保护建议书》，失业保险制度就从侧重失业收入损失补偿转向预防失业与促进就业，并推动失业保险制度与国家及地区的就业政策协同推进。

（一）预防失业

2003 年国际劳工组织通过的《全球就业议程》指出，主动的失业治理政策要保护并且增强劳动者的劳动能力，以应对失业风险及收入损失风险，采取就业促进的措施。

1. 对劳动力供给方的职业培训

通过职业培训，员工可以实现知识不断更新和技术调整，以提升他们适应社会、适应市场的素质，进而减少摩擦性失业和结构性失业。企业如果不重视职业培训，就可能在与同行的竞争中处于劣势，市场份额萎缩，进而导致削减员工数量。基于此，各国都把强化在职培训作为预防失业的重要举措，运用失业保险基金为在职培训提供补偿和支持。1969 年，德国颁布《劳动促进法》和《职业培训法》，用立法推动职业培训等一系列预防性措施，使劳动力结构跟上产业结构、生产结构的变化，尽可能消除技术进步和产业结构变化带来的就业方面的消极后果。日本政府制定了完善的职业培训计划，资助企业开办技能培训学校，提供培训设施并鼓励企业自办培训基地；对在职员工积

① 梅一帆. 美国失业保险制度研究［D］. 武汉：武汉科技大学，2022.

极组织内部培训、讲座、技能竞赛等活动的企业进行资金奖励；职工在完成并通过职业培训后，超出一定金额的培训费用可以申请补贴。2019 年中国《政府工作报告》明确提出要实施职业技能提升行动，“从失业保险基金结余中拿出 1000 亿元，用于 1500 万人次以上的职工技能提升和转岗转业培训”。

2. 对劳动力需求方的约束和奖励

雇佣关系属于劳动立法的范畴，为了保障劳动者的就业权益，防止雇主随意解雇雇员，预防失业发生，很多国家立法约束劳资关系中的解雇行为，明确规定没有正当理由，不得随意解雇雇员；解雇行为必须通知政府相关部门或者法院、工会以及雇员本人，事先征得上述三方的同意，并要支付一定数额的解雇费等。大多数发达国家对集体解雇的法律约束更为严格，解雇程序更为复杂。比如美国对解雇员工多的企业征收较高的失业保险税，即实行“经验税率”。韩国则通过补助的形式鼓励面临困难的企业不解雇员工，同时为转岗员工所在的企业提供长期低息贷款。中国政府通过企业稳岗补贴政策鼓励困难企业尽量不裁员或少裁员，2020 年人力资源和社会保障部与财政部联合出台《人力资源社会保障部 财政部关于实施企业稳岗扩岗专项支持计划的通知》稳定企业用工岗位，明确失业保险基金、职业技能提升行动专账资金，可用于职工生活补助、缴纳社会保险费、转岗培训、技能提升培训等，通过加大稳岗返还力度、拓宽以工代训范围，实现企业稳岗扩岗。我国的《中华人民共和国劳动合同法实施条例》中，明确规定了用人单位不能随意解除无固定期限劳动合同。失业保险从失业后的基本生活保障走向失业前的积极干预，在预防失业方面发挥了重要作用。

（二）促进就业

就世界范围来看，失业发生后各项促进就业的措施主要集中在劳动力供给质量的提升、劳动力市场的修复以及经济活动水平的提高。具体而言包括如下几个方面。

1. 再就业培训

各国都出台了鼓励失业者积极参与再就业培训的政策。英国将失业保险待遇水平与技能培训资格等级挂钩，规定对参加技能培训并取得资格证书的失业人员依所获资格等级相应提高待遇给付水平。美国则通过延长失业保险金给付期限奖励参加职业培训并取得一定成效的失业人员。德国对失业人员发放培训券，用以支付培训费用。中国通过补贴的形式鼓励失业者接受职业培训和职业介绍。日本的再就业培训在注重多样化、高品质的培训课程安排的基础上，会针对失业者的求职需求量身定制培训计划，并在培训期间提供交通、住宿等补贴。

2. 鼓励企业招聘失业人员

利用失业保险基金对吸纳失业人员的企业给予补贴。英国政府对企业雇用失业青年 6 个月以上并给予培训的，提供工资补贴和一次性培训补贴①。德国对向失业者提供就业机会的雇主给予一定的补助，这种补助以贷款或津贴的形式发放，补助期限最长为 2 年，最高补助数额可以达到被聘用失业者工资的 50%②。日本单独征收促进就业费用，以筹集资金来补贴雇用失业人员的企业，并特别设立奖励性补贴以激励就业特别困难地区吸纳就业，增加就业岗位，创造再就业机遇③。

3. 就业扶助

政府直接指导和干预就业市场，通过政策优惠和就业服务推动失业者再就业。德国通过经济补助扶持失业者创业，允许创业的失业者多领取 9 个月的失业保险金，并每月额外资助一定金额的创业补助。法国则通过创业技术支持、失业保险基金担保、银行贷款优惠的方式扶持自创微型企业的

---

① 李志刚. 英国促进青年就业的措施及对我国的启示［J］. 青年探索，2008（6）：89-93.

② 丁建定. 德国就业保障与就业促进政策［J］. 中国社会保障，2003（5）：22-23.

③ 张威超. 失业保险制度促进就业功能之主要症结及国际经验分析［J］. 呼伦贝尔学院学报，2019，27（4）：18-22.

失业人员。此外各国政府也积极探索促进再就业的措施，如组织失业者从事社区服务，开辟家政服务员就业岗位，公益性岗位安置，鼓励劳动力跨地区流动，实行职业轮换制度，提供全方位就业服务等。

第三节 典型的失业保险制度模式

一、强制性失业保险

强制性失业保险制度是指凡在制度覆盖范围内的雇主、雇员都被强制要求参保。世界上第一个强制性失业保险制度是英国政府于 1911 年建立的。目前强制性失业保险成为世界失业保险制度的主流，美国、加拿大、比利时、意大利、俄罗斯、韩国等都实行强制性失业保险制度。

以美国为例，其失业保障是以强制性失业保险为核心、以失业救助为补充的多层次保障。美国在 1935 年的《社会保障法》中明确建立强制性失业保险制度，要求雇主和雇员强制参保，联邦政府与州政府共同为非因自身原因而失业的劳动者提供保障。该制度的核心要点如下。

第一，私营企业、州和地方政府机构及非营利性组织的雇员必须无条件参加失业保险制度，由雇主投保。联邦政府负责设定全国统一的失业保险制度框架，州政府负责制定本州内的政策细节和日常管理。

第二，以税收形式筹集失业保险基金，并实行浮动税率。失业保险税除少数几个州对雇主、雇员同时征收外，多数州只对雇主征收。各州政府结合本州的需要与特色自行立法实施，确定各自的资格标准、待遇水平、领取期限和基金筹集等。失业保险税由联邦税和州税两部分构成。联邦税全国统一，雇主需按雇员工资总额的 0.6%进行缴纳，各州政府负责征收并缴纳给联邦政府，形成联邦失业保险基金。联邦失业保险基金的主要用途包括：①各州和联邦政府失业保险经办管理费的支付；②支付紧急状态下（经济不景气时期、高失业率阶段）延长期的失业保险金；③用于失业保险基金入不敷出的州的有息贷款。各州实行浮动的“经验税率”，对雇主而言其负担的失业保险税与其雇佣记录挂钩，有良好记录、解雇率低的雇主可以得到失业保险税率优惠，甚至可以免除全部州失业保险税，只需缴纳统一的联邦失业保险税。非营利性单位不必缴纳失业保险税，但失业保险经办机构为这些单位的失业人员发放的失业保险金，需由该单位偿还。州失业保险基金负责支付常规失业保险津贴。

第三，申领失业保险金的资格条件：①上一年工资收入达到一定标准；②非自愿性失业，不包括自愿性失业或因过失被雇主辞退；③在失业期间积极寻找工作。同时满足上述条件方能领取失业保险金，领取人群约占全部失业者的 30%。

第四，给付期限标准：美国失业保险规定等待期一般是 10—14 天，给付期一般最长 26 周，待遇标准与失业者失业前工资收入水平相关，各州略有差异。总体而言，大多数州失业保险金平均替代率大约为 30%，一般不超过 50%，且各州均有每周失业保险金的最低与最高限额的规定。①

第五，多层次保障。美国的失业保障体系包含四个层次的制度安排：第一层是强制性失业保险制度，由联邦政府指导、各州具体管理运营，是美国失业保障体系的核心；第二层是延长津贴计划（Extended Benefits Program），由联邦和州两级政府共同融资建立永久性基金；第三层是紧急失业补偿计划（Emergency Unemployment Compensation Program），是联邦政府在经济衰退期间建立的，具有临时性质；第四层是联邦政府管理的失业救助计划。

美国失业保障制度具有典型的四维双重体制（表 7-1），表现为：联邦政府与州政府的双重管

① 梅一帆. 美国失业保险制度研究［D］. 武汉：武汉科技大学，2022.

理、常规与应急待遇的双重支付、永久与临时的逆周期双重调节、失业保险与失业救助的双重保障。

表 7-1 美国四维双重多层次失业保障制度

双重保障	失业保障制度	管理运营	
失业保险计划（联邦和州政府）	常规失业保险计划（Regular Unemployment Insurance Program，RUI）	由联邦政府指导、各州具体管理运营	
	应急失业保险计划（Emergency Unemployment Insurance Program，EUI）	延长津贴计划	1970 年美国国会通过《联邦—州政府延长失业补偿法案》，该法案属于永久性立法。当某州的参保者失业率或总失业率超过一定标准后，失业者可以领取更长期限的失业保险金（延长 13 周或 7 周两个标准），联邦和州政府各承担延长津贴计划 50%的费用
		紧急失业补偿计划	自 20 世纪 50 年代以来，当全国平均失业率上升到 6%时，联邦政府可以根据《紧急失业补偿方案》，延长失业保险金领取期限，由联邦政府提供融资
失业救助计划（联邦政府）	灾害失业救助（Disaster Unemployment Assistance，DUA）	当美国总统宣布某一地区发生灾害时，任何在灾区居住、工作或者计划去工作的失业者或者自雇人员都可以申请灾害失业救助	
	贸易调整救助（Trade Adjustment Assistance，TAA）	主要面向贸易调整导致失业的制造业工人，向他们提供失业保险金和再就业服务	
	自雇者失业救助（Self-employed Unemployment Assistance，SEAP）	符合常规失业保险金领取标准、失业具有长期性而不是暂时离开工作岗位、被政府部门确认可能耗尽常规失业保险津贴、愿意参加州政府劳动部门要求的培训项目的自雇人员。各州政府自愿实施	

资料来源：孙守纪，杨一. 2020. 美国失业保险逆周期调节机制研究［J］. 经济社会体制比较，（3）：19.

美国这种四维双重多层次失业保障制度使得失业保险的宏观经济自动稳定器的功能得到有效发挥，实现了四维双重多层次逆周期调节机制，在稳定失业人员消费、缓解 GDP 下降、减少贫困等方面都发挥了关键作用。2020 年的新冠疫情导致失业率急剧上升的情况下，美国通过了《新冠病毒援助、救济和经济保障法案》（CARES Act），为因疫情暴发陷入困境的企业和家庭提供一揽子救助方案，其中约 11%的支出与失业保险相关。通过该法案联邦政府赋予各州更加灵活的政策制定权以及更多的资金支持来帮助受疫情影响的失业者。法案中应对失业的三个项目包括：①联邦重大疫情失业补偿计划（Federal Pandemic Unemployment Compensation Program，FPUC），核心内容是失业者在领取常规失业保险金的基础上，每周将额外获得联邦政府支付的 600 美元失业保险金，时间从 2020 年 3 月 29 日到 2020 年 7 月底）；②重大疫情紧急失业补偿计划（Pandemic Emergency Unemployment Compensation Program，PEUC），紧急失业补偿计划的疫情版本，核心是延长失业保险金领取期限到 39 周，延长了 13 周；③重大疫情失业救助计划（Pandemic Unemployment Assistance Program，PUA），将失业保险金领取资格扩大到大约 1600 万名以前不符合条件的失业者，如个体劳动者、独立承包商、自由职业者等。尽管这一揽子纾困方案保障力度高，但政府财政压力巨大，而且容易引发道德风险、失业陷阱等问题。值得肯定的是，在 2020 年疫情期间，美国的强制失业保险+失业救助多层次的失业保障制度安排，发挥了逆周期调节机制的积极作用，对社会经济的稳定起到了关键作用。

二、自愿失业保险

自愿失业保险制度下雇员可以根据自己的情况权衡利弊，自由选择参加或不参加失业保险。法国 1905 年建立的世界上第一个失业保险制度就是非强制性失业保险制度。自愿失业保险往往由政府支持工会举办，采取国家资助，工会组织失业保险基金会，个人自愿参加，为失业会员提供失业津贴的保障方式。这种模式主要出现在北欧，如丹麦、瑞典和芬兰等。

瑞典在 1997 年颁布了《失业保险法》和《失业保险基金法》，明确规定瑞典失业保障制度的基本框架是“国家补助的收入关联的自愿失业保险+基本失业保险（失业援助）”双重保障制度。瑞典失业保险的覆盖范围广，自愿失业保险的参保率达到 75%—85%，并且始终保持很高的失业保险工资替代率，20 世纪 80 年代曾高达 90%，以后虽有降低，但仍然维持在很高水平上。①瑞典的失业保障保险的主要特点如下。

第一，自愿失业保险与工会关系紧密。工会在保护劳动者权益、扩大失业保险覆盖面、促进就业方面发挥了巨大作用。1893 年，瑞典印刷商协会设立了第一支失业保险基金——“互助基金”，以会员费筹集基金，向满足条件的失业会员支付失业保险金。随后，其他许多工会也陆续建立了类似的基金。这个时期的互助保险组织由工会主持和管理，政府并不给予财政资助。世界资本主义经济大危机时期，失业率居高不下对工会主导的失业保险基金产生巨大冲击，限制了失业互助组织作用的发挥，在这一背景下，1935 年瑞典通过了有关自愿失业保险的第一个法案，明确允许工会组建的失业保险基金到政府进行登记，并获得国家的承认和资助，并规定：①收入关联的自愿失业保险享受待遇的资格条件：年龄在 65 岁以下，参加了工会的雇员或者参加了自营劳动者组建的失业保险基金的自营劳动者。劳动者可以根据自己所在的行业自愿选择参加不同的基金会。②自愿失业保险的资金来源：员工缴纳的会费和政府资助，不同行业和团体之间实行差异化会费。

第二，基本失业保险（失业援助）与“福利国家”政策紧密相关。“社会民主党”长期致力于推行“福利国家”政策，为了保障没有参加自愿失业保险、不满足自愿失业保险基金会员条件、失业保险受益期已满以及年满 60 岁的失业者，瑞典社会民主党于 1974 年引入了针对失业者的政府福利——劳动力市场现金援助（KAS）制度，为非自愿失业保险基金会员的劳动者提供保障。此后，这项福利色彩浓厚的失业援助计划经历了改革调整，引入了更多的就业导向。1974 年政府开始主办和实施基本失业保险（basic unemployment insurance），保障对象是所有在瑞典工作或生活在瑞典而在欧洲联盟（简称欧盟）或欧洲就业战略范围内工作的人，雇主按雇员工资总额的 4.45%缴纳失业保险费，以税收形式由税务部门征收。雇员无须缴纳失业保险费。凡符合相关基本条件和工作条件，以及年龄超过 20 周岁、低于 65 周岁的人员，都可以获得基本失业保险范围内的失业津贴。

第三，就业导向的积极失业保障安排。瑞典的“国家补助的收入关联的自愿失业保险+基本失业保险（失业援助）”双重保障覆盖范围广，不但充分体现了福利国家周全保障的特色，而且强调就业导向而非消极的高待遇给付，实行积极的劳动力市场政策，这也是现代瑞典失业保障制度的鲜明特点。在就业导向目标下瑞典的基本失业保险规定，失业者领取失业津贴的条件是在失业之前的 12 个月里至少 6 个月工作不少于 80 时/月，或者过去连续 6 个月累计工作时间不少于 480 小时且每月工作不少于 50 小时。失业者在享受待遇期间要积极寻找工作并付诸行动，包括：制定个人活动计划、提交活动报告、拜访就业服务机构、申请服务机构安排的合适工作、积极寻找工作、接受合适的工作等。失业津贴申领人员没有积极寻找工作，或者公共就业服务机构有理由相信申请者不愿意或者不能够承担一份合适的工作的，直接降低甚至中止其失业津贴。对于自愿失业保险的参与人参加基金会未满一年，或者申领者自愿离职、不当操作、介入劳资纠纷或拒绝接受合适工作而造成的失业，同样不能享受失业津贴。

在给付期限上，瑞典基本失业保险和自愿失业保险的津贴领取时间通常都为 300 天，每周支付 5 天。如前所述，失业者拒绝就业服务机构提供的合适工作，并且没有很合理的原因，津贴将会减少甚至终止，同时受益期将会减少 40 天且必须在 180 天内结束。

在待遇水平上，基本失业保险的津贴固定，全职工作者最低 320 瑞典克朗/天，不考虑津贴领取人员原来的工资水平；自愿失业保险的津贴水平与失业前的工资正相关，最低 320 瑞典克朗/天，但不能超过 680 瑞典克朗/天，并且规定失业保险津贴不得超过失业前工资的 80%，且随失业时间递减，即受益期的前 200 天，津贴水平为原工资的 80%，之后减少至原工资的 70%。对于首次拒绝提供的工作，日津贴减少 25%。对于同一受益期第二次拒绝提供的工作，日津贴将减少 50%。当同一

① 人力资源和社会保障部失业保险考察团. 瑞典失业保险考察报告（节选）[J]. 中国就业，2010（5）：57-59.

受益期第三次拒绝提供的工作，则受益期将终止。①

瑞典将失业津贴发放与就业服务紧密结合，开展有针对性的职业指导、职业介绍和技能培训，为失业人员提供岗位实习补贴，为雇主提供雇佣补贴，为世界各国就业导向型失业保险制度的完善提供了很好的借鉴。

除了强制和自愿失业保险制度外，还有一些国家采用失业救济模式，由政府或雇主为雇员承担失业风险，个人无须缴费，一旦失业发生，失业者满足一定条件的情况下政府或雇主必须承担救助责任，或者一次性支付失业保险金或解雇费，或者根据失业者申请，经过家计调查，对符合救助条件者予以失业救助。失业救济往往对失业保险起着补充作用，只有少数几个国家和地区如澳大利亚、新西兰、中国香港等实行纯粹的失业救济模式。失业救济模式与失业保险模式相比保障范围更广，可以覆盖到所有劳动者，但同时可能增加国家和企业的负担，容易造成劳动者的惰性依赖。

第四节　我国的失业保险制度

一、我国失业保险制度的发展历程

（一）失业救济时期（20世纪50年代中后期）

我国的失业保险工作可以追溯到新中国成立初期。1949年末城镇失业人数为472.2万人，城镇失业率为23.6%。为解决失业人口生存问题，中央人民政府政务院于1950年6月发布了《关于救济失业工人的指示》，同年劳动部发布了《救济失业工人暂行办法》，明确了救济办法、救济范围、工作机构、救济基金的管理和使用、登记办法、救济金的规定和教育工作等内容。1950年11月《中共中央关于失业救济问题的总结及指示》对《救济失业工人暂行办法》规定的救济范围进行了调整，进一步完善了失业工人救济制度。1952年8月，《政务院关于劳动就业问题的决定》制定了对劳动力实行“统一调配、限制农村劳动力流入”的政策。对于城镇的就业问题，1955年，劳动部召开第二次全国劳动局长会议，提出“统一管理，分工负责”原则，开始了劳动力统一调配制度，劳动部门统筹、单位禁止辞退。总的来说，这一阶段的失业保险工作被政府强有力的就业安置工作所湮没，并不能算我国严格意义上的失业保险制度的开始，实质上只是一种临时救急的过渡性措施。1951年我国第一部社会保险法规《中华人民共和国劳动保险条例》颁布，确定了养老、工伤、疾病、生育等保障项目，但并未将失业列入其中。

（二）失业淡化时期（20世纪50年代中后期到20世纪70年代末期）

1956年劳动部、内务部联合发布《关于失业工人救济工作由民政部门接管的联合通知》，将原由劳动部门管理的失业人员救济工作移交民政部门管理，失业救济基金停止征收，纳入社会救济。至此，旨在解决旧社会遗留问题的失业救济制度停止，零散的失业问题被纳入民政部门的社会救济工作中。1959年4月18日第二届全国人民代表大会第一次会议国务院政府工作报告中指出：“当资本主义世界到处闹着失业的时候，社会主义制度却不仅从根本上消灭了我国旧社会长期遗留下来的失业现象，并且还保证我国六亿多人民的生活水平随着生产发展而逐步提高。”失业问题逐渐淡化。但是由于“大跃进”片面追求经济快速增长的严重失误，城市人口就业压力增大，就业形势逆转，为解决城镇职工过剩的问题，1962年中共中央、国务院出台《关于进一步精减职工和减少城镇人口的决定》，动员精减职工返乡务农。“文化大革命”开始后，由于许多企业停止招工，而大中

① 杨伟国，李光耀，李欣. 瑞典失业保障政策：历史、现状与述评［J］. 教学与研究，2015（1）：26-34.

专院校停止招生，约400万初高中毕业生“待业”在家，“统包统配”政策不足以解决大量的“待业”问题，1968年中央开展知识青年“上山下乡”活动成为解决就业的主要方式。1973年中央下发《关于知识青年上山下乡若干问题的试行规定（草案）》等，各省份也纷纷制定相关政策，大量劳动力向农村转移。总的来说，在计划经济时期，我国在城镇实行统一分配的劳动就业政策，通过劳动力的统一分配，各用人单位严格按照政府制定的计划或相应的政策接受和调配人员，企业无自由裁员权，劳动者也不能自由选择职业，这种统包统配的劳动就业政策，造成表面基本消除了失业的现象。因此，失业保险也就没有存在基础，传统社会保障体系内也一直没有失业保险的概念。

（三）待业保险时期（20世纪70年代末期到20世纪90年代初期）

1978年中共十一届三中全会作出了改革开放的决定，1980年中共中央转发全国劳动就业工作会议通过的《进一步做好城镇劳动就业工作》文件，明确“三结合”就业方针，即“在国家统筹规划和指导下，劳动部门介绍就业、自愿组织起来就业和自谋职业相结合”，就业政策从“统包统配”模式向多元模式转变。1983年，根据国有企业改革的用工需要，劳动人事部发布了《关于积极试行劳动合同制的通知》《关于招工考核择优录用的暂行规定》等文件，劳动用工“双轨制”建立。1986年7月国务院颁布《国营企业实行劳动合同制暂行规定》《国营企业招用工人暂行规定》《国营企业辞退违纪职工暂行规定》等重大劳动制度改革措施。1986年12月第六届全国人民代表大会常务委员会第十八次会议通过《企业破产法（试行）》，国有企业的“铁饭碗”被打破，长期存在的隐性失业开始显性化，相应的保障逐渐变得重要。在此背景下，为了保障国营企业待业职工的基本生活，国务院1986年7月12日颁布《国营企业职工实行待业保险暂行规定》，为初创期的失业保险勾画了制度框架，对构成该制度的一些最基本内容做出了原则规定，也标志着我国失业保险制度的初步建立。但该规定只适用于国营企业，适用范围主要包括宣告破产的企业的职工，濒临破产的企业法定整顿期间被精减的职工，企业终止、解除劳动合同的工人，企业辞退的职工四类人员。1993年4月12日，国务院正式颁布《国有企业职工待业保险规定》，取代原来的《国营企业职工实行待业保险暂行规定》，把实施范围从原来的四类扩大到七类九种人员，并对保险待遇的参考标准、统筹层次等方面做了调整。

（四）失业保险时期（20世纪90年代中期以后）

1993年11月，党的十四届三中全会通过的《中共中央关于建立社会主义市场经济体制若干问题的决定》，在第五部分“建立合理的个人收入分配和社会保障制度”中首次提出“失业保险制度”，至此“失业”与“失业保险”开始在我国法律法规和政府文件中普遍使用。1997年，国务院召开全国国有企业职工再就业会议，朱镕基指出要大力推广再就业工程。1998年，中共中央、国务院发布《关于切实做好国有企业下岗职工基本生活保障和再就业工作的通知》，建立了下岗职工基本生活保障制度，各国有企业纷纷建立再就业服务中心。该通知要求，为了完善失业保险机制，提高失业保险基金的支付能力，从1998年开始将失业保险基金的缴费比例由企业工资总额的1%提高到3%，由企业单方负担改为企业和职工个人共同负担，其中个人缴纳1%，企业缴纳2%。1999年1月22日，国务院正式颁布《失业保险条例》，制度正式被称为“失业保险”，对失业保险待遇的定义也从1986年以来的“待业救济金”改为“失业保险金”。覆盖范围从国有企业扩大到企事业单位，确立了个人与单位共同缴纳失业保险费的机制，统筹层次提高到地市级。《失业保险条例》被视为我国失业保险制度正式全面确立和完善的标志，我国失业人员的社会保障在法治化轨道上向前迈出了重大一步，我国的失业保险制度建设取得了突破性进展。

失业保险制度建立后，以再就业服务中心为载体的下岗职工基本生活保障制度完成历史使命，逐步退出历史舞台。2000年底国务院制定《关于完善城镇社会保障体系的试点方案》，提出“推动国有企业下岗职工基本生活保障向失业保险并轨”。2007年时任国务院总理温家宝在十届全国人大五次会议上作《政府工作报告》时强调，经过多年努力，国有企业下岗职工基本生活保障向失业保险并轨基本完成。这标志着失业人员的基本生活保障完全由失业保险制度接手，我国失业保险制度进入了崭新发展期。2000年劳动和社会保障部发布《失业保险金申领和发放办法》，对失业保险金的申领、发放和失业保险关系的转迁做了规定，进一步完善了失业保险制度。2002年，中共中央、国务院颁布《关于进一步做好下岗失业人员再就业工作的通知》，要求积极稳妥做好下岗职工再就业服务中心向失业保险并轨工作，到2005年底，基本实现了并轨。2005年国务院下发《关于进一步加强就业再就业工作的通知》，对失业保险制度提出了促进再就业等要求。2010年十一届全国人大常委会第十七次会议通过《中华人民共和国社会保险法》，自2011年7月1日起施行，是目前我国通过的第一部关于社会保障的立法。《社会保险法》对失业保险的覆盖范围、资金来源、享受待遇条件、失业保险金标准、领取期限和申领程序、失业人员医疗保险和遗属待遇、失业保险关系转移接续等作出了相关规定。

近年来，我国失业保险发展成就巨大，失业保险参保人数由2012年的15 225万人增加到2021年末的22 958万人。2021年末全国领取失业保险金人数为259万人，同比减少11万人。2021年全年共为608万名失业人员发放了不同期限的失业保险金，延续实施阶段性扩大失业保险保障范围政策一年，向当年新发生的426万名参保失业人员发放失业补助金。2021年全年发放稳岗返还惠及职工9234万人，发放技能提升补贴惠及179万名职工。

二、我国现行失业保险制度

我国现行失业保险法律法规和政策文件主要有：国务院于1999年1月22日发布并实施的《失业保险条例》；2010年10月28日中华人民共和国第十一届全国人民代表大会常务委员会第十七次会议通过的《中华人民共和国社会保险法》，自2011年7月1日起施行；2000年10月26日劳动和社会保障部令第8号公布的《失业保险金申领发放办法》，该办法分别于2018年、2019年和2024年予以修订；2019年9月11日人力资源社会保障部等三部门发布《关于失业保险基金省级统筹的指导意见》；2020年5月29日人力资源社会保障部失业保险司发布的《人力资源社会保障部 财政部 关于扩大失业保险保障范围的通知》；2021年11月9日人力资源社会保障部办公厅 财政部办公厅发布的《关于畅通失业保险关系跨省转移接续的通知》；2022年4月25日人力资源社会保障部 财政部 国家税务总局发布的《关于做好失业保险稳岗位提技能防失业工作的通知》；2023年3月29日人力资源社会保障部 财政部 国家税务总局发布的《关于阶段性降低失业保险、工伤保险费率有关问题的通知》。

（一）失业保险的覆盖范围

《失业保险条例》规定，城镇企业事业单位及其职工都要参加失业保险，缴纳失业保险费，享受失业保险待遇。也就是说，国有企业、城镇集体企业、外商投资企业、城镇私营企业以及其他城镇企业和各类事业单位都在参加失业保险的范围之内。同时，省、自治区、直辖市人民政府可以根据当地实际情况，决定本省（自治区、直辖市）范围内的社会团体及其专职人员、民办非企业单位及其职工、有雇工的城镇个体工商户及其雇工是否要参加失业保险。

在实际执行中，很多省份的覆盖对象已经扩展，比如广东省规定，社会团体、民办非企业单位、基金会、律师事务所、会计师事务所等组织及其职工、有雇工的个体经济组织及其雇工，都属于失业保险的参保对象。重庆市规定国家机关中事业编制人员、劳动合同制工人和其他工勤人员也属于制度覆盖对象。

（二）失业保险基金

1. 失业保险基金的构成

《失业保险条例》规定，失业保险基金由下列各项构成：①城镇企业事业单位、城镇企业事业单位职工缴纳的失业保险费；②失业保险基金的利息；③财政补贴；④依法纳入失业保险基金的其他资金。《失业保险条例》规定：城镇企业事业单位按照本单位工资总额的 2%、职工按本人工资的 1%缴纳失业保险费。省、自治区、直辖市人民政府根据本行政区域失业人员数量和失业保险基金数额，报经国务院批准，可以适当调整本行政区域失业保险费的费率。城镇企业事业单位招用的农民合同制工人本人不缴纳失业保险费。实际执行中，很多省份已经取消了现行条例农民合同制工人个人不缴费，失业后领取一次性生活补助的特殊规定，农民工和城镇职工参保缴费和待遇享受办法一致，在制度上实现了城乡统筹和公平。

为了减轻企业和个人负担，促进就业稳定，自 2015 年以来，我国失业保险总费率连续三次降低，由 3%普降至 1%。同时，为了稳定就业，有些省市开始尝试实行浮动费率，对一定时期不裁员、少裁员的用人单位实行较低的费率档次。如广州市 2021 年出台政策，从 2019 年 10 月 1 日起调整失业保险的浮动费率，分为 0.32%、0.48%和 0.8%三个档次，个人费率为 0.2%。该浮动费率适用对象为在广州地区参加失业保险满五年的用人单位。对于在广州地区参加失业保险不满五年的用人单位（含新参保的用人单位），单位费率按 0.48%征收，个人费率为 0.2%，政策执行期到 2022 年 4 月 30 日。①失业保险费率动态调整机制开始逐步完善。

2. 失业保险基金的统筹和调剂金

《失业保险条例》规定，失业保险基金在直辖市和设区的市实行全市统筹，其他地区的统筹层次由省、自治区人民政府规定。省、自治区可以建立失业保险调剂金。失业保险调剂金以统筹地区依法应当征收的失业保险费为基数，按照省、自治区人民政府规定的比例筹集。统筹地区的失业保险基金不敷使用时，由失业保险调剂金调剂、地方财政补贴。失业保险调剂金的筹集、调剂使用以及地方财政补贴的具体办法，由省、自治区人民政府规定。

2019 年，《关于失业保险基金省级统筹的指导意见》指出，失业保险基金在直辖市实行全市统筹。省、自治区人民政府决定实行省级统筹的，人力资源社会保障部门要在省（自治区）内统一失业保险参保范围和参保对象，统一失业保险费率政策，统一失业保险缴费基数核定办法，统一失业保险待遇标准确定办法，统一失业保险经办流程和信息系统。未实行失业保险基金省级统筹的，要提高到市级统筹，力争在 2023 年底前全面实现省级统筹。

3. 失业保险基金的支出范围

根据《失业保险条例》和《人力资源和社会保障部 财政部关于领取失业保险金人员参加职工基本医疗保险有关问题的通知》的规定，失业保险基金用于下列支出。

（1）失业保险金。

（2）领取失业保险金人员参加职工医保应缴纳的基本医疗保险费。

《失业保险条例》中规定为“领取失业保险金期间的医疗补助金”，但是，2011 年 7 月 1 日起实施的《中华人民共和国社会保险法》规定“失业人员在领取失业保险金期间，参加职工基本医疗保险，享受基本医疗保险待遇”。为贯彻落实《中华人民共和国社会保险法》，做好领取失业保险金期间的失业人员（以下简称领取失业保险金人员）参加职工基本医疗保险工作，接续基本医疗保险关系，保障其合理的医疗待遇水平，《人力资源和社会保障部 财政部关于领取失业保险金人员参加职工基本医疗保险有关问题的通知》明确规定领取失业保险金人员应按规定参加其

---

① 参见 http://guangdong.chinatax.gov.cn/gdsw/gzswwwsbfyhzc/2021-06/01/content_4a96cb17f5d040358cea41710b8547be.shtml［2024-03-04］.

失业前失业保险参保地的职工基本医疗保险，由参保地失业保险经办机构统一办理职工基本医疗保险参保缴费手续。领取失业保险金人员参加职工基本医疗保险应缴纳的基本医疗保险费从失业保险基金中支付，个人不缴费。领取失业保险金人员参加职工基本医疗保险的缴费率原则上按照统筹地区的缴费率确定。缴费基数可参照统筹地区上年度职工平均工资的一定比例确定，最低比例不低于60%。失业保险经办机构为领取失业保险金人员缴纳基本医疗保险费的期限与领取失业保险金期限相一致。

（3）领取失业保险金期间死亡的失业人员的丧葬补助金和其供养的配偶、直系亲属的抚恤金。

（4）领取失业保险金期间接受职业培训、职业介绍的补贴，补贴的办法和标准由省、自治区、直辖市人民政府规定。

（5）国务院规定或者批准的与失业保险有关的其他费用。

1999年实施的《失业保险条例》，强调失业保险制度“保生活、促就业”的功能。但随着经济结构进入深度调整，全世界范围内生产技术水平加速提高，支持职工提升职业技能，提高其就业竞争力，支持企业完成结构调整和转型升级，成为预防失业、稳定就业的必然选择，中国的失业保险积极做出调整。2014年，《人力资源社会保障部 财政部 国家发展和改革委员会 工业和信息化部关于失业保险支持企业稳定岗位有关问题的通知》发布后，“稳岗补贴”政策开始实施，面向不裁员、少裁员、稳定就业岗位的企业，按不超过该企业及其职工上年度实际缴纳失业保险费总额的50%给予稳岗补贴，所需资金从失业保险基金中列支。2018年援企稳岗“护航行动”扩大了援企稳岗政策覆盖范围，对符合条件的统筹地区实施政策全覆盖，对符合申领条件企业实施主体全覆盖。

2017年4月，国务院下发《关于做好当前和今后一段时期就业创业工作的意见》（国发〔2017〕28号），规定依法参加失业保险3年以上、当年取得职业资格证书或职业技能等级证书的企业职工，可申请职业技能提升补贴，所需资金从失业保险基金中列支。后又明确取得初级、中级、高级职业资格证书或职业技能等级证书的企业职工，可分别申领1000元、1500元、2000元的职业技能提升补贴。2018年失业保险支持技能提升“展翅行动”在全国实施。2019年《人力资源社会保障部 财政部 国家发展改革委 工业和信息化部关于失业保险支持企业稳定就业岗位的通知》下发，要求放宽技术技能提升补贴申领条件，加大对深度贫困地区的倾斜支持力度，对深度贫困地区的失业保险参保企业，将企业稳岗返还标准提高到该企业及其职工上年度实际缴纳失业保险费总额的60%。同时要求继续落实价格补贴联动机制，当居民消费价格指数（CPI）单月同比涨幅达到3.5%或CPI中的食品价格单月同比涨幅达到6%，对失业保险金领取者发放价格临时补贴。这一系列提升保障水平、支持稳岗、增加培训的支出安排，丰富了我国失业保险基金的支出内容，将制度受益对象从失业人员扩大到参保职工和参保企业，从源头上降低失业风险、稳定就业，有力完善了失业保险制度“保生活、防失业、促就业”三位一体的功能。

4. 失业保险基金的其他相关规定

失业保险基金必须存入财政部门在国有商业银行开设的社会保障基金财政专户，实行收支两条线管理，由财政部门依法进行监督。存入银行和按照国家规定购买国债的失业保险基金，分别按照城乡居民同期存款利率和国债利息计息。失业保险基金的利息并入失业保险基金。失业保险基金专款专用，不得挪作他用，不得用于平衡财政收支。失业保险基金收支的预算、决算，由统筹地区社会保险经办机构编制，经同级劳动保障行政部门复核、同级财政部门审核，报同级人民政府审批。失业保险基金的财务制度和会计制度按照国家有关规定执行。

（三）失业保险待遇

1. 失业保险待遇及标准

失业保险待遇由失业保险金、基本医疗保险待遇、丧葬补助金和抚恤金、职业培训和职业介绍补贴、生育补助等多部分构成。

（1）失业保险金。按月领取的失业保险金是指失业保险经办机构按照规定支付给符合条件的失业人员的基本生活费用。失业保险金的标准，由省、自治区、直辖市人民政府确定，不得低于城市居民最低生活保障标准。各地失业保险金的标准，往往根据失业人员累计缴费年限和年龄确定，缴费年限较长、年龄较大者，一般给付标准相对较高。确定失业保险金发放标准时应考虑以下因素：第一，我国的社会经济发展水平和现阶段社会承受能力；第二，失业保险金的给付数额能够保障失业人员基本生活；第三，有利于促进失业人员重新就业；第四，失业保险金发放标准的确定应当体现社会保险权利与义务对等的原则，与失业人员的工龄、缴费年限、工资相联系；第五，正确处理失业保险金与最低工资保障制度、城市居民最低生活保障线之间的关系。

我国失业保险的统筹层次较低，各省份在失业保险金的标准上，各有不同。江苏省规定失业保险金最高不得超过当地最低工资标准，最低不得低于当地城市居民最低生活保障标准的 1.5 倍。云南省由省人民政府按照高于当地城市居民最低生活保障标准、低于当地最低工资标准以及失业人员的缴费时间、缴费数额来确定失业保险金的标准。黑龙江则按照低于当地最低工资标准、高于当地城市居民最低生活保障标准 20%的原则来确定失业保险金。

（2）基本医疗保险待遇。失业人员在领取失业保险金期间，参加职工基本医疗保险，享受基本医疗保险待遇。失业人员应当缴纳的基本医疗保险费从失业保险基金中支付，个人不缴纳基本医疗保险费。

（3）丧葬补助金和抚恤金。失业人员在领取失业保险金期间死亡的，参照当地对在职职工死亡的规定，向其遗属发放一次性丧葬补助金和抚恤金。所需资金从失业保险基金中支付。个人死亡同时符合领取基本养老保险丧葬补助金、工伤保险丧葬补助金和失业保险丧葬补助金条件的，其遗属只能选择领取其中的一项。

（4）职业培训和职业介绍补贴。为失业人员在领取失业保险金期间开展职业培训、介绍的机构或接受职业培训、介绍的本人给予补偿，帮助其再就业。《失业保险条例》第十条第（四）款规定，失业保险基金可用于“领取失业保险金期间接受职业培训、职业介绍的补贴，补贴的办法和标准由省、自治区、直辖市人民政府规定”。

（5）生育补助。失业期间生育的情况下，由于处于失业状态不符合生育保险的领取条件，可由失业保险提供相应待遇。各地做法不同，有些省份规定，领取失业保险金人员符合计划生育政策规定的生育或计划生育，可按女职工生育医疗费用结算办法规定享受生育医疗费用报销待遇，由失业保险基金列支。有些省份规定女性失业人员在领取失业保险金期间生育，并符合国家计划生育规定的，经当地社会保险经办机构批准，一次性发给本人 3 个月失业保险金的生育补助金。

2. 领取失业保险金的资格条件

（1）履行缴费义务满 1 年。按照规定参加失业保险，所在单位和本人已按照规定履行缴费义务满 1 年。

（2）非因本人意愿中断就业。即失业人员不愿意中断就业，但因本人无法控制的原因而被迫中断就业。原劳动和社会保障部发布的《失业保险金申领发放办法》对非因本人意愿中断就业的情形做了规定，主要包括：终止劳动合同的；被用人单位解除劳动合同的；被用人单位开除、除名和辞退的；用人单位以暴力、威胁或者非法限制人身自由的手段强迫劳动的；用人单位未按照劳动合同约定支付劳动报酬或者提供劳动条件的；法律、行政法规另有规定的。

（3）已办理失业登记并有求职要求。办理失业登记是为了掌握失业人员的基本情况，确认其资格。须有求职要求，是考虑到失业保险的一个重要功能是促进失业人员再就业。这是享受失业保险待遇的一个前提，也是失业人员应尽的义务。

值得关注的是，2020 年新冠疫情期间，为保障基本民生，发挥失业保险逆周期调节机制的功能，我国出台阶段性失业补助金政策。《人力资源社会保障部 财政部 关于扩大失业保险保障范围的通知》规定，2020 年 3 月至 12 月，领取失业保险金期满仍未就业的失业人员、不符合领取失业保险金条件的参保失业人员，可以申领 6 个月的失业补助金，标准不超过当地失业保险金的 80%。领取失业补助金期间不享受失业保险金、代缴基本医疗保险费、丧葬补助金和抚恤金。失业人员领取失业补助金期满、被用人单位招用并参保、死亡、应征服兵役、移居境外、享受城镇职工基本养老保险或城乡居民养老保险待遇、被判刑收监执行的，停发失业补助金。领取失业补助金期限不核减参保缴费年限。失业补助金按月发放，从失业保险基金“其他支出”科目列支。失业补助金虽然是阶段性政策，但这一做法将保障范围扩展至所有参保失业人员，拓展了现行法律法规的受益范围，在关键时期兜牢兜实民生底线，为未来完善失业保险政策做了有益的尝试。

3. 停止领取失业保险金的情形

根据《社会保险法》的规定，失业人员在领取失业保险金期间有下列情形之一的，停止领取失业保险金，并同时停止享受其他失业保险待遇：

（1）重新就业的；

（2）应征服兵役的；

（3）移居境外的；

（4）享受基本养老保险待遇的；

（5）无正当理由，拒不接受当地人民政府指定部门或者机构介绍的适当工作或者提供的培训的。

4. 失业保险金给付期限

（1）给付等待期。失业保险等待期指在劳动者失业之后，并不能马上得到失业保险金，而是必须经过一个等待期。失业保险等待期的设立在不同国家或地区时长是不同的，与国情相关。我国《失业保险条例》规定，城镇企业事业单位应当及时为失业人员出具终止或解除劳动关系的证明，告知其按照规定享受失业保险待遇的权利，并将失业人员的名单自终止或解除劳动关系之日起 7 日内报社会保险经办机构备案。城镇企业事业单位职工失业后，应当持本单位为其出具的终止或解除劳动关系的证明，及时到指定的社会保险经办机构办理失业登记。失业保险金自办理失业登记之日起计算。可见，在我国劳动者失业后，不是立即给付失业保险金，而是有一个等待期。

（2）给付期限。我国《失业保险条例》规定，失业人员失业前所在单位和本人按照规定累计缴费时间满 1 年不足 5 年的，领取失业保险金的期限最长为 12 个月；累计缴费时间满 5 年不足 10 年的，领取失业保险金的期限最长为 18 个月；累计缴费时间 10 年以上的，领取失业保险金的期限最长为 24 个月。重新就业后，再次失业的，缴费时间重新计算，领取失业保险金的期限可以与前次失业应领取而尚未领取的失业保险金的期限合并计算，但是最长不得超过 24 个月。

根据 2020 年 5 月《人力资源社会保障部 财政部 关于扩大失业保险保障范围的通知》，自 2019 年 12 月起，延长大龄失业人员领取失业保险金期限，对领取失业保险金期满仍未就业且距法定退休年龄不足 1 年的失业人员，可继续发放失业保险金至法定退休年龄。

三、失业保险的管理、经办和监督机构

劳动保障行政部门管理失业保险工作，履行下列职责：①贯彻实施失业保险法律、法规；②指导社会保险经办机构的工作；③对失业保险费的征收和失业保险待遇的支付进行监督检查。

社会保险经办机构具体承办失业保险工作，履行下列职责：①负责失业人员的登记、调查、统计；②按照规定负责失业保险基金的管理；③按照规定核定失业保险待遇，开具失业人员在指定银行领取失业保险金和其他补助金的单证；④拨付失业人员职业培训、职业介绍补贴费用；⑤为失业人员提供免费咨询服务；⑥国家规定由其履行的其他职责。社会保险经办机构所需经费列入预算，由财政拨付。

财政部门和审计部门依法对失业保险基金的收支、管理情况进行监督。

第五节 失业保险制度面临的问题与挑战

一、经济增速放缓与就业优先

2020 年中国《经济蓝皮书》报道，2019 年全球经济贸易增速显著放缓。主要发达经济体增速一直下行，经济增速均不及 2018 年。美国、欧元区经济增速降幅比较大，新兴经济体下行压力加大，印度的经济增速也远不如预期，中国经济下行压力也很大。

自新冠疫情暴发以来，疫情对中国经济与就业的冲击也引起国家高度重视。随着疫情的发展，如何调整相关政策，确保各项经济社会发展目标顺利实现，兜牢就业这个最大的民生底线，成为迫切需要面对的问题。国家在此背景下多次强调“要实施好就业优先政策”。

二、我国失业保险制度面临的问题与改革完善

（一）我国失业保险制度面临的主要问题

1. 失业保险统筹层次低，覆盖面较窄

失业保险制度的运行和其他保险一样，要遵循“大数定律”，统筹层次的高低与失业保险抵御风险的能力关系密切。统筹层次高，覆盖面广，失业保险的稳定性、抗风险能力相对较强，反之亦然。

2019 年 9 月人力资源社会保障部、财政部、国家税务总局《关于失业保险基金省级统筹的指导意见》下发时，我国大部分省份的失业保险仍然是市级统筹，甚至有些地区还处于县级统筹水平。统筹层次较低，影响失业保险基金使用效率、影响失业保险的风险分担能力，也严重影响到制度的便携性。此外，我国的失业保险覆盖范围主要局限于城镇经济范围内的企业事业单位，在这些单位内又主要侧重正规就业群体，失业风险相对较低。虽然从总数看，参加失业保险的人数从 2000 年的 10408 万人，发展到 2010 年的 13376 万人，到 2023 年底参保人数已经达到 24373 万人，但相对于城镇就业人数来说，失业保险参保人数占比仍较低。2023 年城镇就业人口为 47032 万人，城镇就业人口中参加失业保险占比为 51.82%，失业保险还有很大的扩面空间。①

2. 制度瞄准度不高，失业保险基金积累过高，未能充分发挥其应有功能

2010 年全国失业保险基金累计结余为 1749.8 亿元，2011 年累计结余 2240.2 亿元，此后一直逐年递增，至 2018 年上升至 5817.0 亿元。按当年 915.3 亿元的支出规模看，这个结余的备付能力超过了 6 年。2019 年、2020 年由于降低了费率、减免了缴费，扩大了支出范围，滚存结余才有所回落，2019 年滚存结余为 4625.4 亿元，2020 年末累计结存 3354.1 亿元，2021 年末累计结存 3312.5 亿元。②

失业保险基金积累过高，究其原因，一方面在于供求关系不对称，制度参保群体和失业高风险群体不匹配，加入失业保险制度的多是就业稳定、失业率低的群体，而农民工等失业风险大的人群，因参保的比例过小，需求无法得到满足。灵活就业群体、应届大学生却都不在制度的覆盖范围之内。2020 年末我国失业保险参保人数为 21689 万人，但 2020 年末领取失业保险金的人数为 270 万人，

---

① 数据来源于《2000 年度劳动和社会保障事业发展统计公报》《2010 年度人力资源和社会保障事业发展统计公报》《2023 年度人力资源和社会保障事业发展统计公报》。

② 数据来源于《中国劳动统计年鉴 2022》。

占参保人数的 1.24%；2021 年末全国参加失业保险人数为 22958 万人，年末领取失业保险金的人数为 259 万人，占参保人数的 1.13%[①]。这意味着制度覆盖到的人群失业风险较低，大部分登记的失业人口无法从失业保险制度中受惠，制度的受益面较窄。另一方面，失业保险金给付水平较低。失业保险的功能，一是保基本，二是促就业防失业。从《失业保险条例》第十八条规定来看，我国失业保险金的标准，按照低于当地最低工资标准、高于城市居民最低生活保障标准的水平，由省、自治区、直辖市人民政府确定。《中国统计年鉴》的数据显示，截至 2017 年，我国失业保险金工资替代率仅达到 10%左右，远低于国际一般的失业保险替代职工工资的水平。为进一步提高失业人员基本生活保障水平，2017 年 9 月，财政部、人力资源和社会保障部发布《关于调整失业保险金标准的指导意见》，指出各省要在确保基金可持续前提下，随着经济社会的发展，适当提高失业保障水平，分步实施，循序渐进，逐步将失业保险金标准提高到最低工资标准的 90%。2021 年我国月人均失业保险金水平为 1585 元，比上年增长 5.2%，失业保险工资替代率约为 20%，仍较低。1988 年，国际劳工大会在第 75 届会议《促进就业和失业保护公约》的报告中指出，失业津贴的给付以缴费职工缴纳的失业保险费或以失业前的工资为依据时，其给付额应确定在职工失业前工资水平的 50%以上；失业津贴给付不以缴费职工缴纳的失业保险费或失业前的工资为依据时，应不少于法定最低工资或一位普通工人工资的 50%。我国目前在失业保险金标准上，并不以缴费职工缴纳的失业保险费或失业前的工资为依据，这虽能基本保障失业人员的最低基本生活，但对失业人员个人的生存和发展及再就业的促进作用仍有限，不利于失业人员个人的生存和发展，更难促进失业人员的再就业。从我国失业保险基金收支结构看，基金的收入来源主要是用工单位、劳动者共同承担，支出主要集中在失业人员的基本生活保障方面，但是在职业培训和职业介绍方面的基金支出所占比例仍然相对较低。这些都造成了失业保险制度促进就业的功能难以得到有效发挥。国家应以“促进就业”为新目标，提高给付水平，缩短给付期，一方面提高失业者的基本生活保障水平，另一方面促进失业者积极寻找工作。这样做，能更好地激励失业人员寻求新的工作机会。国家也看到了问题所在，正逐步释放失业保险的促就业功能。2019 年 4 月 30 日，时任国务院总理李克强主持召开国务院常务会议，确定使用 1000 亿元失业保险基金结余实施职业技能提升行动的措施，提高劳动者素质和就业创业能力；讨论通过高职院校扩招 100 万人实施方案，加快培养各类技术技能人才促进扩大就业。再一方面，与缴费率也有一定的关系。我国失业保险费率实行的一直是固定制，伴随着参保人数的增多，失业保险基金结余越来越多。从 2015 年开始，由于失业保险费结余量大，为减轻企业负担，我国连续几年通过临时政策对失业保险费率进行了下调。为进一步发挥失业保险的作用，进一步分散风险，可以考虑在政策中构建灵活的缴费率变更机制。如对于失业风险较大的企业，适当提高其缴费率，对于解雇率高的企业，其缴纳的失业保险金适当提高。

3. 现行失业保险制度的立法层次较低，需要进一步完善修订

目前全世界大多数国家的失业保险制度都是用法律的形式将其确定，确立了相关的权利、义务以及责任。我国现在适用的《失业保险条例》，是国务院于 1999 年 1 月 22 日发布实施的，立法层次相对较低。自实施以来，《失业保险条例》对于保障失业人员基本生活，促进其再就业，维护就业局势总体稳定，服务经济社会发展大局发挥了积极作用。但是，随着经济社会的发展和有关法律、政策的调整，现行条例已不能完全适应经济社会发展的需要。2017 年，人力资源社会保障部就《失业保险条例（修订草案征求意见稿）》已向社会公开征求意见，并发布《关于失业保险条例修订情况的说明》，在此说明中明确表示了修订原因：一是十九大明确提出要完善失业保险制度，十八大、十八届三中全会提出要增强失业保险制度预防失业促进就业功能，都需要依法落实。按照中央要求，近年来，制定出台了稳岗补贴、技能提升补贴等一系列防失业促就业的政策。实践表明，这些探索

① 数据来源于 2020、2021 年度《人力资源和社会保障事业发展统计公报》。

行之有效，社会广泛认可，制度功能日趋完善，需要及时提升到立法层面。二是2010年出台的《社会保险法》对现行条例部分内容已经作出修改，如将领金人员的医疗补助金改为领金期间参加基本医疗保险应当缴纳的医疗保险费等，需要根据上位法规定进行调整。三是现行条例实施中反映的一些新问题新期盼需要解决。如覆盖范围偏窄，未能充分反映我国城镇化进程的需求和就业形式多样化的实际；缴费水平偏高，中央减税降费支持实体经济发展的决策部署需要加快落实；失业保险基金支出范围偏窄，参保职工和参保企业希望进一步提升保障水平，扩大受益范围等。因此，有必要尽快修订现行条例，使之更加符合经济社会发展的要求，更加符合人民群众的新期盼，切实发挥好保障作用。

（二）我国失业保险制度面临的改革完善

1. 提高统筹层次、继续扩大失业保险的覆盖面

失业保险制度运行过程中要遵循“大数定律”，因此，制度的统筹层次越高、覆盖面越大，抵御风险的能力就越强。2019年9月人力资源社会保障部、财政部、国家税务总局下发《关于失业保险基金省级统筹的指导意见》，要求失业保险基金在直辖市实行全市统筹。省、自治区人民政府决定实行省级统筹的，要在省（自治区）内统一失业保险参保范围、参保对象、失业保险费率政策、失业保险缴费基数核定办法、失业保险待遇标准确定办法、失业保险经办流程和信息系统。未实行失业保险基金省级统筹的，要提高到市级统筹，并力争在2023年底前全面实现省级统筹。在失业保险制度的改革完善过程中，应该扩大制度的覆盖面和受益面，将那些没有被纳入制度范围的人群纳入进来，为他们提供失业保障。2020年，应对新冠疫情冲击，我国政府创新实施失业保险扩围政策，对不符合领取失业保险金条件的参保失业人员发放失业补助金、临时生活补助，首次将保障范围扩展至城乡所有参保失业人员，保障范围大幅扩大。更多的人参保、更多的人受益，不仅可以提高失业保险制度的保障能力，在经济下行的背景下，也可以充分发挥失业保险金双向调节有效需求、平滑经济波动的功能。

2. 完善失业保险待遇制度

建立合理的失业保险金标准。科学合理的失业保险金标准，既要充分体现社会保险制度权利与义务相一致的原则，同时还要考虑到保障失业者本人的基本生活和失业者家属的最低生活保障，即失业者的赡养系数问题，真正发挥失业保险制度保障基本生活的功能，这样才可以提高失业保险制度的效率，也可以吸引更多的劳动者参保，提高缴费积极性。

建立灵活的失业保险待遇给付期限。灵活的失业保险待遇给付期限，可以增加制度的弹性。根据不同地区确定不同的失业保险待遇给付期限，经济发达地区，劳动力市场比较活跃，劳动力需求较为旺盛，失业者的劳动供给积极性较强，可以相应地缩短失业保险金给付期限，激励失业者积极寻找就业机会；经济欠发达地区，劳动力需求较弱，失业者劳动供给性较弱，可以适当延长失业保险金的给付期限，充分保障劳动者的基本生活。

总的来说，我国现行的失业保险制度，待遇给付期过长，未实行待遇阶梯递减机制，失业人员领取失业保险金期间缺乏义务性规定，这些问题都应在未来逐步完善。

3. 提高失业保险立法层次，细化失业保险管理制度

进一步提高失业保险立法层次，细化失业保险管理制度，完善失业保险统计指标体系。应该建立以劳动时间为基础的就业统计制度，建立隐性就业者的信息鉴别机制，为调控失业保险制度的实施提供准确数据。通过对失业保险统计指标的信息化运作，及时监控失业及基金的变动，动态调整失业保险费率、给付期等参数指标。加强失业保险的外部监管机制。完善的外部监管机制应从经济、法律、行政、社会四个方面进行监管。增强基金管理程序的公开性、透明性，强化基金的信息化披露机制，赋予公众知情权，增强公众对决策的参与权。

4. 建立失业保险制度与就业保障制度的联动机制

好的失业保险制度要做到既能避免失业给人们带来的巨大冲击，促使人们尽快重新就业，又要使其在职时避免适度的失业风险，使失业保险制度成为一项积极的保障制度，在社会保障制度和社会政策的整体框架中，促进失业保险制度与就业保障制度之间的相互作用，发挥各自应有的功能。

失业保险基金作为一项社会保险基金，在使用上应遵循权利与义务相对等的原则，扩大基金使用范围也应遵循这一原则；而就业促进资金来自财政拨款，是一项普惠资金，是基于国民身份享受的“国民待遇”。失业保险基金的使用范围和就业促进资金的使用范围应清晰划定各自界线，按照权利与义务相对等的原则，失业保险基金用于参保人员的基本生活保障支出和促进就业、预防失业支出；就业促进资金则用于具有普惠性的促进就业项目，如小额担保贴息贷款、高校毕业生求职补贴、人力资源信息平台建设等。同时，鉴于我国不同地区中央划拨就业促进资金的差异，赋予地区一定的灵活度，允许就业促进资金不足的地区由失业保险基金调剂资金，作为“封闭”资金用于指定的项目。总之，通过建立失业保险制度与就业保障制度的联动机制，达到以促进就业来预防失业的目的。

思考题

1. 失业保险的概念。
2. 失业保险制度的基本内容。
3. 典型的失业保险制度模式。
4. 我国的失业保险制度的发展历程和现行失业保险制度。
5. 我国失业保险制度面临的主要问题。

拓展阅读

人力资源社会保障部办公厅 财政部办公厅关于畅通失业保险关系跨省转移接续的通知

人社厅发〔2021〕85 号

各省、自治区、直辖市及新疆生产建设兵团人力资源社会保障厅（局）、财政厅（局）：

为进一步规范个人申请失业保险关系跨省（自治区、直辖市）（以下简称“跨省”）转移接续，畅通失业保险待遇申领渠道，保障劳动者的失业保险权益，现就有关事项通知如下：

一、关于参保职工和参保失业人员跨省转移接续

（一）参保职工跨省就业的，失业保险关系应随之转迁，缴费年限累计计算。

（二）参保失业人员符合领取失业保险金条件的，在最后参保地申领失业保险金及其他相关待遇，也可以选择回户籍地申领，待遇发放期间不得中途变更发放地。选择户籍地申领的，须办理失业保险关系转移。

（三）对不符合领取失业保险金条件、符合领金条件但未申领，以及正在领金期间的参保失业人员，跨省重新就业并参保的，失业保险关系应随之转移至新参保地，缴费年限累计计算。

（四）失业保险关系跨省转迁的，失业保险费用应随失业保险关系相应划转。但在转出地参保缴费不满 1 年的，只转移失业保险关系，不转移失业保险费用。

二、关于需划转的失业保险费用计算方法及待遇发放标准

（一）需划转的失业保险费用包括失业保险金，领金期间基本医疗保险费，领金期间接受职业培训、职业介绍的补贴。其中，基本医疗保险费和职业培训、职业介绍补贴按参保失业人员应享受失业保险金总额的一半计算。

（二）转入地经办机构按照本统筹地区规定和标准，为参保失业人员核定失业保险金发放期限和各项失业保险待遇。

（三）转出地划转的失业保险费用，不足待遇支付部分由转入地失业保险基金支付，超出待遇支付部分并入转入地失业保险基金。

三、关于转移接续办理流程

失业保险关系跨省转移接续既可线下通过经办窗口进行，也可依托金保工程在线上进行。

（一）转移失业保险关系包括以下内容：姓名、社保卡号、就业失业状态、参保缴费记录（已核定失业保险金缴费记录和未核定失业保险金缴费记录）、应当领取而尚未领取的失业保险金记录、失业原因、失业保险待遇标准、基金转移金额、转入地和转出地经办机构信息及其他必要信息。

（二）参保职工或参保失业人员可先到转出地经办机构开具转移凭证，之后到转入地经办机构办理关系转入。对符合条件的，转出地经办机构收到申请后应在 5 个工作日内办理转出，转入地经办机构收到转出地开具的失业保险关系转移接续联系函后，应在 5 个工作日内办理转入。对不符合条件的，要说明理由。

（三）参保职工或参保失业人员也可直接到转入地经办机构申请转移失业保险关系，转入地经办机构不得要求申请人再到转出地开具相关证明。对符合条件的，转入地经办机构在收到申请后，应在 5 个工作日受理并向转出地经办机构发出失业保险关系转移接续联系函，转出地收到联系函后，应在 5 个工作日内办理转出。对不符合条件的，要说明理由。

（四）转出地经办机构应在失业保险关系转出后的 1 个月内向转入地划转失业保险费用。失业保险费用划转期间，不影响转入地经办机构按规定为参保失业人员发放失业保险待遇。转入地经办机构不得以费用未划转到位为由，拒发失业保险待遇。

四、其他事项

（一）本通知中涉及的人员身份以申请人失业保险关系转移前的状态确定。

（二）转出地经办机构将参保单位、参保职工和参保失业人员有关信息转出后，仍需保留信息备份，注明失业保险关系转入地信息和失业保险费用划转金额及明细。

（三）本通知适用于参保职工和参保失业人员跨省转移失业保险关系。省内跨统筹区失业保险关系转移及费用划转的办法由各省、自治区自行制定。

（四）经办机构依法主动办理和参保单位成建制跨省转移失业保险关系的，仍按现行规定执行。

（五）各地人力资源社会保障部门应加强失业保险关系转移接续信息化建设。

（六）现行规范性文件与本通知规定不一致的，以本通知规定为准。

各地要高度重视，加强组织协调，精简手续，压缩环节，加快办理，方便参保职工和参保失业人员办理关系转移接续，同时，加强信息化管理，防范基金骗领、冒领，确保基金安全。

人力资源社会保障部办公厅　财政部办公厅

2021 年 11 月 9 日

资料来源：http://www.mohrss.gov.cn/xxgk2020/fdzdgknr/zcfg/gfxwj/shbx/202112/t20211210_430066.html

参考文献

安仲文，高丹. 2020. 社会保障学（第四版）. 大连：东北财经大学出版社.

从春霞，刘晓梅. 2019. 社会保障概论（第四版）. 大连：东北财经大学出版社.

封进. 2019. 社会保险经济学. 北京：北京大学出版社.

郭宇畅. 2018. 我国失业保险基金存在的问题及完善对策. 劳动保障世界，（9Z）：29.

劳动保障部国外失业保险研究课题组，刘燕斌，陈玉萍，等. 2007. 从创建到完善——世界失业保险制度的改革与发展. 中国人力资源社会保障，（11）：61-62.

劳动和社会保障部考察团. 2005. 美国的失业保险制度. 中国就业，（11）：33-35.

梁祖彬，肖萌. 2009. 香港的失业问题与对策——“工利”视角. 中国公共政策评论，（1）：145-161.
吕志杰. 2019. 论我国失业保险制度的完善. 法制与社会，（4）：33-34.
马瑄. 2020. 劳动与社会保障法（第三版）. 大连：东北财经大学出版社.
邵文娟，奚伟东. 2016. 社会保险理论与实务. 北京：清华大学出版社：225-241.
孙守纪，费平，李晓雯. 2020. 疫情期间美国失业保险逆周期调节机制及其启示. 中国社会保障，（8）：33-35.
孙守纪，杨一. 2020. 美国失业保险逆周期调节机制研究. 经济社会体制比较，（3）：18-27.
孙树菡，朱丽敏. 2019. 社会保险学（第三版）. 北京：中国人民大学出版社.
王桑成. 2021. 失业救助制度：国际经验与中国道路. 中国公共政策评论，（1）：203-224.
夏敬. 2011. 社会保险理论与实务（第二版）. 大连：东北财经大学出版社.
杨伟国，李光耀，李欣. 2015. 瑞典失业保障政策：历史、现状与述评. 教学与研究，（1）：26-34.
虞萍. 2016. 中国失业社会保险制度改革探讨. 时代金融，（36）：245.

（贵州中医药大学　刘维蓉；锦州医科大学　张卓）

第八章　工 伤 保 险

内容提要

本章主要介绍工伤保险的内涵、原则、功能与作用，工伤保险的基本内容，工伤保险的筹资、认定、待遇及其标准，工伤保险的典型模式，我国工伤保险的历史沿革及当前制度，工伤保险制度面临的问题及挑战等内容。

第一节　工伤保险概述

一、工作意外伤害、职业病、工伤

工作意外伤害指职工在工作过程中因安全事故、意外事故以及自然灾害等突发事故而导致的人体器官及其生理机能受损，如地震、厂区失火、车间房屋倒塌以及单位其他设施不安全等事故造成的人身伤害。

职业病分为广义和狭义两种。广义职业病是指在生产或工作环境中，由于工业毒害、不良气候条件、生物因素及一般卫生条件恶劣等职业性原因而引起的疾病，其特征为形成时间长，大多数表现为身体器官生理功能损伤，很少有痊愈的可能，属于不可逆性损伤。狭义职业病是指国家主管部门明文规定的职业病。工伤保险承保的职业病是指狭义职业病。

工伤亦称职业伤害，是指职工在工作过程中因工作原因而引发的或与之相关的人身伤害，包括事故伤残和职业病以及因这两种情况造成的死亡。

二、工伤保险概念及制度发展

（一）工伤保险概念

工伤保险是社会保险制度的重要组成部分，亦称工作伤害保险、因工伤害保险、职业伤害赔偿保险，是由国家通过立法建立，用社会统筹的方式建立基金，为在生产、工作中遭受事故伤害和患职业病的劳动者及其亲属提供医疗救治、生活保障、经济补偿、医疗和职业康复等物质帮助的一种社会保障制度。

工伤保险的保障对象是职业人群，其所保障人群虽然不及养老保险和医疗保险广泛，但这些人群一旦受到伤害，给个人、家庭乃至社会带来的影响往往远大于事故直接损失，而且是引发劳资争议和冲突的重要原因，因而在大多数国家工伤保险都是最早建立的社会保险险种之一。

（二）工伤保险制度发展

1. 工伤保险制度建立之前的工伤赔偿

（1）自负责任。在欧洲工业化早期，劳动过程中的职业伤害时有发生，但对于在工作中出现的由工伤造成的伤害、死亡事故，一般由劳动者自负责任。当时的学者认为劳动者接受工资报酬，理应负担其工作过程中发生事故而蒙受的一切损失。英国著名经济学家亚当·斯密提出的风险承担理论认为：给工人的工资中包含了对工作岗位风险性补偿，而工人自愿与雇主签订劳动合同，也就意味着他们接受了补偿这种劳动风险的收入，从而应当自负责任。这一观点风行于早期资本主义时代，成为雇主推卸工伤责任的理论依据。

（2）雇主过失赔偿。伴随着工业化程度加深，机器生产造成的伤害事故日渐增多。随着工人运动的蓬勃发展，劳资冲突与矛盾斗争激化，开始有雇员因为工伤事故起诉雇主要求赔偿的案件，以追究雇主的过失责任。在工伤事故民事索赔阶段，劳动者要证明雇主存在明显过失才能获得补偿，但在当时安全生产的法定标准尚未健全的背景下，证明雇主存在过失对劳动者而言显然处于不利地位，再加上起诉雇主要承担雇用律师费用以及面临失业等困境，决定了这种民事索赔的成功率很低，绝大多数劳动者受到职业伤害后只能自己承担一切后果。

（3）雇主责任补偿。伴随着经济社会发展进步，立法理念发生了深刻变化，在侵权法领域，越来越多的国家认可职业风险原则和无过错责任原则：凡是使用机器或雇员体力从事经济活动的雇主或机构，都有可能造成雇员受到职业危害；意外事故无论是由雇主疏忽还是雇员过失造成，都由雇主进行补偿；赔偿金应该是企业所承担的管理费用的一部分。无过错责任原则代表雇主责任制的开始，该主张认为雇主及其财产有受法律保障的权利，自然相应地雇主必须负担起应有的义务。因此，劳动者所受的伤害，无论是由于雇主的过失还是由于劳动者自身的过失，均属于职业本身发生的，都应由雇主负担其损失，进行赔偿。简言之，即雇主无论对于工伤事故有无责任，均应依法赔偿工人的损失。同时，在工业社会中工伤风险不可避免，工伤预防也只能谋求把事故减少到最低的程度。对劳动者而言，风险仍不能完全避免，故工伤事故的补偿应由企业经营者或雇主完全负责。

初期的雇主责任补偿有雇主自保或者向商业保险公司投保两种情况。雇主自保是指受到职业伤害者或其遗属直接向雇主要求索赔。雇主对职业受害者的补偿有些是雇主个人行为，有些是雇主群体（雇主协会或雇主联合会等）行使，当出现争议时一般由法院或国家机构出面解决。购买雇主责任商业险的一般要向商业保险公司索赔。

雇主责任补偿原则的确立尽管有较大进步，但依然存在缺陷。如工伤事故发生后，一旦雇主因欠债、破产失去补偿责任能力，劳动者的权益就无法得到保障。即便是雇主为雇员购买商业保险，但私营保险公司在趋利驱使下会拒绝为风险较高行业承保，在支付赔偿金时又会想方设法降低补偿标准，尽可能逃避赔付责任，保障很难到位。

2. 工伤保险制度的建立

工业革命后，机器广泛运用，生产设备、技术日益复杂，新材料、新能源、新工艺不断出现，劳动者的职业危险系数增大，工伤事故发生概率和严重程度不断增加，受伤害的劳动者不仅面临临时或永久性的身体损伤、劳动能力丧失，甚至还面临死亡威胁，给个人和家庭带来巨大风险，也使企业因意外灾害而遭受巨大损失。由于职业伤害的特殊性、严重性，以及法律观念和社会意识的变革、工人运动的推动，对工伤事故的补偿从工伤民事索赔、雇主责任补偿走向了工伤社会保险阶段。

1884 年德国俾斯麦政府颁布了《工伤事故保险法》，明确规定劳动者受到工业伤害而负伤、致残、死亡，无论过失或责任在何方，雇主均有义务赔偿劳动者的收入损失，伤残者均有权获得经济补偿，世界上第一部工伤保险法就此在德国诞生，开创了以国家立法形式强制实行工伤保险的先河。这部法律规定：①矿山等重工业以及工厂工作的工人及企业职员为制度的覆盖对象。②雇主承担全部的保险费用，金额按照企业的危险级别来确定。③给付内容包括：工伤的治疗和康复费用、不同伤残程度的赔偿金、工亡丧葬费赔偿、工亡者遗属的抚养和赡养费。④事故预防：企业因为违反规定使用相关设施而被预估处于较高的危险级别中，或者最近已经被认为处于最高的危险级别，可以要求其额外缴费，最高可以达到其应缴费额度的两倍；可以对违反规定的企业处以罚款。⑤工伤保险的经办机构是不隶属于任何政府机构的、具有独立法人地位的同行业工伤事故保险联合会。

德国的立法具有开创性意义，该法明确了预防、康复与补偿的工伤保险三大原则，在保险费用上雇员不承担任何费用而由雇主单方缴纳；保险基金实行差别费率管理，并将保险费率与事故率挂钩以减少事故发生。这些前瞻性的做法被后来进行工伤保险立法的国家广泛借鉴，成为工伤保险立法的普遍原则和标杆。

3. 工伤保险制度的发展

德国建立世界上第一个工伤保险体系，对世界各国产生了广泛而深远的影响，成为各工业化国家竞相效仿和学习的对象。继 1884 年德国立法之后，1897 年英国颁布了《不列颠雇工赔偿法》，法国、意大利和丹麦于 1898 年，荷兰于 1901 年，瑞典于 1903 年，比利时于 1905 年先后建立了自己的工伤保险体系；大洋洲的新西兰于 1900 年通过了《工伤事故赔偿法》；美国各州相继通过了工伤补偿法，美国联邦政府在 1935 年颁布了《社会保障法》，与各州工伤补偿法一起成为雇主责任保险的法律依据。国际劳工组织先后通过的 12 个关于工伤保险的公约和建议书，也为推进世界各国工伤保险制度的发展发挥了重要作用。当前，全世界有 160 多个国家建立了工伤保险制度。伴随全球社会保险乃至整个社会保障制度的发展与完善，在全世界实行社会保险的国家和地区中，几乎都把工伤保险作为其社会保险制度的重要组成部分。

自工伤保险诞生以来的一百多年间，工伤保险的覆盖对象从最初的部分高风险行业和员工逐渐扩大，一些国家扩展到了所有靠工资生活的雇工，包括农业工人、家庭雇工、自营者，有些国家甚至不以雇佣关系为依据，只要劳动行为存在，无论劳动者是什么国籍，所从事的是什么职业，都被囊括在工伤保险的覆盖对象之内。而工伤保险的事故范围，也从最初的工作意外事故扩展到了职业病。1906 年，英国通过的《职业补偿法修正案》最早将职业病纳入工伤保险补偿范围，如今世界各国都已将职业病纳入工伤保险之内，受保障的职业病种类也大大增加。1921 年国际劳工大会《关于工人赔偿（包括农业工人）公约》（第 12 号）中，把工伤事故定义为“由于工作直接或者间接引起的事故为工伤事故”，非直接的工伤事故也逐渐被很多国家纳入了保险范围。随着社会经济的发展及制度的不断完善，工伤保险的目标也发生了改变。现代意义上的工伤保险，不仅包括对因工致伤、致残、死亡者的经济补偿和物质帮助，而且还包括促进企业安全生产、降低事故率及职业病发生率，并通过现代康复手段，使受害者尽快恢复劳动能力，促进其与社会融合的目标。工伤预防、工伤补偿、工伤康复成为工伤保险的三大支柱。

三、工伤保险制度的原则、功能与作用

（一）工伤保险制度的原则

1. 强制实施原则

强制实施原则是指由国家通过立法手段强制工伤保险制度实行，强制雇主对雇员的工伤事故和职业病负责，要求雇主为全体雇员参加工伤保险并缴纳工伤保险费，对于不按法律规定参加工伤保险的企业，不按法定的标准和时间缴纳保险费，不按法定的项目、标准和方式支付待遇的行为，要依法追究法律责任。

2. 无责任补偿原则

无责任补偿原则又称补偿不究过失原则，始于 1884 年德国的《工伤事故保险法》，它是指劳动者在工作过程中遭遇工伤事故或患职业病，无论责任属于本人、企业或第三方，只要不是劳动者犯罪或故意所为，均按照法律规定的标准支付劳动者相应的工伤保险待遇。该原则要求待遇给付与责任追究相分离，工伤事故的原因即便完全出在劳动者一方，也应对负伤者给予极大的关注、爱护和经济补偿，不能因为事故责任的追究影响待遇给付的时间和额度。

3. 个人不缴费原则

工伤保险费是指无论是直接支付保险待遇还是缴费投保，全部费用由企业或雇主缴纳，劳动者个人不缴费。工伤保险费不实行分担方式，是由工伤保险的补偿性质所决定的。因为，工伤事故属于职业性伤害，对工伤职工而言，这种伤害是在生产劳动过程中为企业创造财富而付的代价；对企业而言，工伤伤害成本是一种制造成本，具有明显的“劳动力修复与再生产投入”性质，属于企业成本的特殊组成部分。因此，按照国际惯例，工伤保险费不实行职工和企业分担制，而是由企业全部负担，也是工伤保险与其他社会保险险种的主要区别之一。

4. 行业差别费率与企业浮动费率相结合原则

工伤保险产生和发展的过程，也是一个不断促进工伤预防、减少工伤事故的过程。工伤保险对事故预防的促进作用，主要通过行业差别费率和企业内部浮动费率来体现。工伤保险的行业差别费率和企业浮动费率机制也是有别于其他社会保险项目的重要特征之一。

5. 保障与补偿相结合原则

社会保障制度的一项基本原则就是保障原则。当劳动者在暂时或永久丧失劳动能力时，或是虽有劳动能力而无工作的情况下，亦即丧失生活来源的情况下，通过调剂社会力量，维持劳动者基本的生活水平，以保证劳动力扩大再生产和社会的稳定。工伤保险还遵循补偿（赔偿）原则，这是工伤保险与其他社会保险的显著区别。工伤保险不仅要考虑劳动者维持原来本人及家庭基本生活所需要的收入，还要根据伤害程度、伤害性质及职业康复等因素进行适当的经济补偿。这种补偿按伤残等级和劳动能力丧失情况，或工亡后有无供养对象等情况，给予一次性补偿或长期补偿。

6. 补偿与预防、康复相结合原则

工伤保险的首要任务是进行工伤补偿，工伤事故发生后，及时对受伤者予以医治并给予经济补偿，使伤者本人或其家庭成员生活得到一定的保障，是工伤保险制度的基本功能。但现代工伤保险已不仅限于对工伤职工给予经济补偿，而是把经济补偿、工伤事故预防与职业康复训练紧密地联系起来，构成了工伤保险制度的三个支柱，以更好地发挥其维护社会安定、保护和促进生产力发展的积极作用。这种“补偿与预防、康复”三位一体的现代工伤保险制度，已成为国际工伤保险制度发展的普遍趋势。

7. 一次性补偿与长期补偿相结合原则

对工伤职工或是因工死亡职工的遗属，工伤保险待遇实行一次性补偿与长期补偿相结合的办法。如对高伤残等级的职工、因工死亡职工的遗属，工伤保险机构一般在支付一次性补偿金的同时，还按月支付长期待遇。这种一次性补偿与长期补偿相结合的补偿办法，可以长期、有效地保障工伤职工及工亡职工遗属的基本生活。这是工伤社会保险不同于商业保险的重要特征之一。

8. 严格区别工伤和非工伤原则

劳动者受伤害，一般可以分为因工和非因工两类。前者是由执行公务或在工作生产过程中，为社会或为集体奉献而受到职业伤害所致，与工作和职业有直接关系；后者则与职业无关，完全是个人行为所致。因工负伤与非因工负伤的性质不同，所享受的待遇也是不同的。所以，在工伤保险制度中，对于“因工”与“非因工”所致伤害有明确的界定。职业伤害与工作环境、工作条件、工艺流程等有直接关系，因而医治、医疗康复、伤残补偿、死亡抚恤待遇等，均比其他社会保险待遇相对较高，享受的条件也比较宽，只要是“因工”受到伤害，待遇上不受年龄、性别、缴费期限的限制。这对工伤职工不仅是生活上的照顾，而且在精神上也是一种鼓励与安慰。相比较而言，“因病”或“非因工”伤亡，以及与劳动者本人职业因素无关的事故补偿待遇，要根据年龄、缴费年限、工资水平等情况确定。

9. 确定伤残与职业病等级原则

工伤保险待遇是根据伤残和职业病等级而分类确定的，不同的工伤伤残和职业病等级，所享受的工伤保险待遇是不同的。各国在制定工伤保险制度时，都划分了伤残和职业病等级，并通过专门的鉴定机构和人员，对受工伤事故或职业病伤害职工的受伤害程度予以确定，区别不同伤残和职业病状况，给予不同标准的待遇。

（二）工伤保险制度的功能与作用

1. 保障工伤职工的合法权益

工伤保险保障了劳动者在工作中遭受事故伤害和患职业病后，及时得到医疗救治及基本生活待遇、伤残抚恤、体能康复及生活辅助器具、职业康复和转业训练等经济补偿与物质帮助的权利，在一定程度上解除了职工及其家属的后顾之忧，是维护职工合法权益的必要措施，也有利于增强劳动者的工作积极性。

2. 促进安全生产，保护和发展社会生产力

工伤保险与生产单位改善劳动条件、防病防伤、安全教育、医疗康复、社会服务等工作紧密相连。工伤预防、康复、补偿三位一体的制度目标，对提高生产经营单位和职工的安全生产意识，防止或减少工伤、职业病，保护职工的身体健康，至关重要。

3. 分担企业风险，保障企业的正常生产

工伤事故尤其是重大事故的发生，使企业的正常生产和工作受到影响，给企业带来严重损失，一些企业甚至因此走向倒闭，此类情形下，即使是对受伤害劳动者的赔偿也无法保障。而工伤保险制度具有互助共济性质，能够在统筹地区内分散风险，弥补企业资金的不足，为企业提供保障，从而减轻企业由工伤事故带来的沉重负担，有利于企业经营的持续性和稳定性。

4. 调节劳资关系，维护社会稳定

工伤保险保证了工伤劳动者或其遗属的基本生活需要，防止少数人陷入贫困，有利于妥善处理事故和恢复生产，减少劳动争议，缓解工伤造成的社会矛盾与劳资对立，维护正常的生产、生活秩序，最终将有利于调节社会关系、维持社会稳定。工伤保险的实施是人类文明与社会发展的标志和成果。

第二节 工伤保险制度的基本内容

一、工伤保险覆盖对象

工伤保险的覆盖对象在不同国家、不同时期各不相同，但都从最初的部分高风险行业和员工逐渐扩大到所有靠工资生活的雇员。1884 年德国立法之初，明确规定有固定工资和养老金的公务员以及农林工人不在保障范围。现在，德国的工伤保险已覆盖所有工业及商业部门内的雇员，包括工人、管理人员、学徒培训人员、实习人员等，雇主及其配偶、大多数类别的自我雇佣者、家庭雇工以及公共雇员都按规定享有工伤保险，充分体现了普遍性原则。日本的《劳动者灾害补偿保险法》规定只要是雇佣了员工的企业都适用该法，将与企业或事务所有劳动关系且领取报酬的人，包括正式工、临时工、打工的学生、非法滞留的外国人等都覆盖在内。另外还出台了针对国家公务员、地方公务员的灾害补偿制度。

二、工伤保险基金筹集

工伤保险基金是运用于工伤保险事业开支的专项基金，它是以社会保险的大数定律为依据的，即通过工伤保险机构向用人单位广泛筹集资金，实现基金在参保人员、参保单位和地区之间调剂使用，以保证参保职工在工伤事故发生或罹患职业病时，能够从保险机构获取相应的工伤保险待遇。工伤保险基金是工伤保险制度顺利实施的物质前提。

目前建立了工伤保险制度的大多数国家，都由用人单位按照无责任补偿原则和按风险程度征收原则，向社会保险机构缴纳一定的工伤保险费。筹集工伤保险基金要充分考虑三方面的因素：一是筹集的资金要能满足工伤保险给付的需要；二是要充分考虑企业或雇主负担工伤保险费的承受能力，不影响行业效率和企业竞争力；三是要适当兼顾企业、行业公平，以利于企业强化工伤预防。

在筹集工伤保险基金的过程中，还应遵循以下原则。

1. 强制性

工伤保险基金是工伤保险制度的重要组成部分和物质基础。其筹资的强制性主要表现在，通过法律或法规的形式对工伤保险基金的来源、筹集范围和办法、基金管理和运作方式等做出具体规定，以确保工伤保险制度的正常运行。在法律规定参保范围内的用人单位，必须依法按时足额缴纳工伤保险费，否则就是一种违法行为。

2. 以支定收、收支基本平衡、适当储备

工伤保险基金一般按照现收现付制筹集，以年度短期平衡为主，兼顾一定程度、统筹范围内的适度储备，多数制度都建有一定规模的储备金。由于工伤事故的发生有很大突发性、偶然性，所以在工伤保险基金的使用上应该留有余地，以应对突发性、大型恶性工伤事故发生后对资金的集中支付需求。当然，适当储备并非多多益善，合理确定工伤保险基金内部的各项专项基金的比例，防止基金的过度节余，也是工伤保险管理工作的重要内容。

3. 实行行业差别费率和企业浮动费率相结合的费率机制

这是 1884 年世界上第一部工伤保险立法中就确立的原则和做法，被后来大多数实行工伤保险制度的国家所遵循。由于各行业在产业结构、生产类型、生产技术条件、管理水平等方面存在差异，表现出不同的职业伤害风险。为了体现保险费用公平负担，促使事故多的行业改进生产条件、提高生产技术、搞好安全生产，许多国家在确定工伤保险费率时，会根据不同行业、产业的事故风险和职业危害程度的类别及发生工伤事故和职业病的频率，确定不同费率，即行业差别费率。在实行行业差别费率的国家，各行业的费率幅度为单位工资总额的 0.2%—21%，相差较大。例如，德国工伤保险费率最低为 0.71%，最高为 14.58%；美国的工伤保险费率为 0.6%—6%；日本的工伤保险费率最低为 0.5%，最高为 14.8%；意大利为 0.6%—16%；巴西为 0.4%—2.5%；等等。[①]我国目前实行的也是这种费率。浮动费率是在差别费率的基础上，对参保单位的安全生产状况、工伤发生率和工伤保险费用使用状况进行分析评价，根据评价结果，由工伤保险管理机构决定该参保单位的工伤保险费率应该适当上浮或下调。对于那些安全生产情况好的企业，在达到一定标准后，社会保险机构可以将其应缴的工伤保险费率降低，以达到奖励和鼓励工伤预防的作用。而那些安全生产情况差、工伤事故多的企业，则通过提高工伤保险费率，达到惩罚和督促其加强预防的目的，以此促进企业提升安全生产意识，并切实建立、完善和落实安全生产措施。

4. 用人单位缴费

工伤伤害是在劳动过程中发生的，职工为本单位的生产付出了血和汗的代价，所以由用人单位负担全部的工伤保险费用。用人单位缴纳工伤保险费，也为自身减轻了工伤保障和工伤发生后支付职工工伤费用的负担，有利于更好地开展工伤预防和推动单位的生产经营活动。

---

① 《工伤保险条例》条文释义［EB/OL］. https://www.docin.com/p-2339367214.html［2024-03-05］.

三、工 伤 认 定

工伤认定是对职工所受的伤害是否属于工伤范围的情形做出判断，是职工能否享受工伤保险待遇的前提条件，直接关系到职工及其家属的权益。

从工伤保险的发展历程看，各国在法律上都曾对工伤做出过规定，多认为工伤是执行职务所受的伤害，但各国的具体解释及认定范围各不相同且不断发展，从最初将工伤认定为在工作时间、工作场所、因工作所受的伤害，逐渐扩展到上工（去雇主家干活）、散工、往返途中等发生的伤害。

目前国际通行的工伤及其范围认定一般包括如下主要情形，在下述任一情况下发生的伤残、死亡，一般被认定为工伤：①在正常工作时间内，在工作场所从事本职生产活动，不幸负伤、中毒、致残、死亡；②在工作时间内，临时从事非本职但确属必要的工作，而不幸负伤、中毒、致残、死亡；③因本人职业关系，长期接触职业性危害因素，不幸罹患职业病；④在工作场所内，突然遭受不可抗力的意外伤害，而不幸负伤、致残、死亡；⑤为抢救他人生命和公共财产而不幸负伤、中毒、致残、死亡；⑥在出发地和工作地点之间的途中，按正常路线乘车、骑车、行走，因发生交通事故而不幸负伤、死亡；⑦出差外地由于工作原因遭受意外伤害，而不幸负伤、致残、死亡。各国对上述情况的表述和解释不尽相同，我国工伤认定范围大致与国际公约中的规定相同。

除了上述国际上普遍认可的工伤情形，各国对工伤认定的主体、对象、范围、时限等也有相应的要求和规定，体现各国制度的不同特色和与国情相适应的要求。

四、劳动能力鉴定

劳动能力鉴定是指劳动功能障碍程度和生活自理障碍程度的等级鉴定。具体地讲，劳动能力鉴定是指劳动者因工负伤或者患职业病，导致本人劳动和生活能力受到影响，由劳动能力鉴定委员会根据劳动者本人或其亲属的申请，组织劳动能力鉴定医学专家，根据国家制定的评残标准，按照工伤保险的有关政策，运用医学科学技术的检查方法和手段，确定劳动者劳动功能障碍程度和生活自理障碍程度的一种综合评定制度。

劳动能力鉴定工作在各国由来已久，已然成为工伤保险中的一项制度性建设。劳动能力鉴定是合理确定工伤保险待遇的基础。职工可否享受工伤保险待遇、标准如何，可否办理工残退休或享受定期伤残津贴，可否享受工残生活护理费等，必须有科学、准确的劳动能力鉴定结论做依据。劳动能力鉴定，对维护用人单位和劳动者的合法权益，促进企业正常生产、维护社会和谐稳定具有重要意义。

通过劳动能力鉴定制度，依据科学的评残标准，准确评定伤残程度，有利于切实保障工伤职工的合法权益。所谓评残标准是指丧失劳动能力程度的鉴定标准，也称失能等级标准。事实上，各国的评残标准并不统一，日本工伤保险的工伤失能等级表共有 14 个等级，1—7 级是部分或全部丧失劳动能力的，必须按时发给工伤保险年金，8—14 级是不影响劳动能力的，只发给一次性赔付；英国把伤残程度按 1%—100%排列，分 55 个等级；我国的工伤致残程度分级标准，是以器官损伤、功能障碍、医疗依赖程度及护理依赖程度等四个方面为主要依据进行的综合评定，划分为 10 个等级，从一级到十级伤残程度由重到轻排列，最重为第一级，最轻为第十级。

五、待遇给付条件、内容与标准

工伤保险的给付待遇从优，没有特别的条件限制，不限制最低投保年限、保费缴纳年限及就业时间等，凡符合法律规定的被保险人，自投保之日起，均有享受工伤保险待遇的资格。概括而言，工伤保险待遇给付主要包括以下几项。

1. 医疗待遇

工伤医疗待遇是一种服务性给付，指劳动者因工受伤或罹患职业病时，由医疗机构提供医疗门诊或者住院服务，保险基金为其承担相关费用。综观世界各国所实行的工伤保险制度，其医疗给付方式共有三种：①直接给付，它是由保险人自设医疗机构，直接为被保险人提供医疗服务，如美国、智利等；②间接给付，即由社会保险机构事先约定的医疗机构为工伤事故受害者或职业病受害者提供医疗服务后，直接向社会保险机构申请支付医疗费用，实行这种给付方式的主要有德国、瑞典、日本等；③医疗费用偿还，这种给付方式是指由被保险人先行自付医疗费用，事后据相关凭证向保险人申请偿还，实行这种给付方式的国家主要有法国、挪威、比利时等。

2. 工伤康复待遇

工伤职工经治疗伤情相对稳定后，存在肢体、器官功能性障碍或缺陷，可以通过医疗技术、物理治疗、作业治疗、心理治疗、康复护理与职业训练等综合手段使其达到功能完全或部分恢复的，可以申请康复治疗，享受配置辅助器具待遇，保险基金为其承担相关费用。

3. 暂时性伤残给付

暂时性伤残给付又称工伤津贴，是指劳动者因工伤事故而损失的工资收入，由社会保险经办机构或保险人给予相应的补偿，以维持其基本生活。暂时性伤残给付涉及给付标准、给付等待期和给付期等问题，由于各国情况各不相同，其具体规定也有所不同。首先是给付标准问题，世界各国在考虑工伤津贴给付标准时，一般有两个问题必须考虑，一是要考虑劳动者原有的生活水平，二是要考虑各关系方的负担能力。从各国执行情况来看，一般处在本人平均工资的60%—75%的水平，1964年国际劳工组织规定为60%。其次是给付等待期问题，各国一般都有等待期的规定，即劳动者在受伤后，必须经过一段时间才能获得暂时性伤残给付，一般为3—7天，1952年国际劳工组织规定等待期不能超过3天，1964年修改了公约，要求各国从劳动者丧失劳动能力的第一天起就必须支付暂时性伤残金，不需要任何等待期，目前多数国家接受了这一规定。最后是关于给付期的问题，绝大多数国家规定为26周，但是最长也有超过52周的，同时许多国家规定医疗期满后如需继续治疗的可以延期。

4. 永久性伤残给付

永久性伤残给付，指职工因工受伤或者患职业病医疗终结后经劳动能力鉴定机构作出劳动能力鉴定结论后，根据伤残程度和劳动能力下降程度而享受的社会保险待遇。根据残疾程度又区分为永久性局部残疾给付和永久性全部残疾给付两种。给付内容包括：一次性伤残补助金、根据伤残等级按月支付的伤残津贴，对于生活完全不能自理和需要日常护理的失能人员而言，护理金也是永久性伤残给付中重要的支出部分。

5. 死亡给付

死亡给付是指劳动者因工伤事故或职业病死亡，由保险基金或相关部门支付的丧葬补助金、供养亲属抚恤金和一次性工亡补助金。丧葬费通常是一次性给付。供养亲属抚恤金或遗属给付，从理论上来讲，应该能够维持到其子女成年、其赡养人去世、其配偶死亡或改嫁为止。通常规定死亡给付最低不得低于工资最高限额的33%—50%，最高不得超过被保险人的工资金额。目前国际劳工组织的规定是，遗孀给付为死者工资的30%—50%，子女为15%—20%，总的限额不超过工资的75%。

在工伤保险待遇给付中，待遇水平是一个关键问题，它关系到受伤害职工的权益保障程度，影响到整个工伤保险制度的有效性。工伤保险待遇水平的确定应适应一国经济社会发展水平。一般而言，暂时性伤残待遇水平要低于工伤前工资水平，既体现出公平性，不至于引起在职职工的不平衡感，又有利于节约保险基金。发展中国家的给付水平一般在收入的90%左右，从标准上来看高于发达国家，主要是由于发展中国家的平均薪资水平较低，给付水平太低难以保障工伤职工及其家属的基本生活。

六、工伤预防与工伤康复

（一）工伤预防

工伤预防是指采用经济、管理和技术等手段，改善和创造有利于安全、健康的生产环境和劳动条件，避免或减少工伤事故和职业病的发生，有效保障职工的生命安全，降低工伤风险和经济损失，促进经济发展和社会稳定的一种手段。建立工伤保险制度的目的是保护劳动者和分散用人单位工伤风险。对职工最好的保护、最大的爱护就是不发生或少发生工伤事故。做好工伤预防工作，可以从源头上减少或避免工伤事故的发生，从而达到工伤保险制度实施的目的。

国际公约和我国法律法规赋予了工伤预防以法律地位。国际劳工组织第 121 号公约《工伤事故和职业病津贴公约》要求：每个成员必须把制定工业安全与职业病预防条例写入工伤保险条款；实施工伤保险制度的国家，必须采取工伤预防的措施，并将工伤预防作为政府的重要职责。我国《中华人民共和国安全生产法》第三条提出“安全生产管理，坚持安全第一、预防为主的方针”，从而明确了我国工伤预防的法律地位。《工伤保险条例》第一条即赋予工伤预防与工伤补偿、工伤康复同等的法律地位；第十二条规定工伤预防的宣传、培训等费用从工伤保险基金支付，以法律形式保障了工伤预防的经费来源。

1. 工伤预防的作用

历经百余年的发展，工伤保险制度从初期主要用于补偿的作用方式，逐步走向控制事故源头、预防为先的积极的工伤保险。建立工伤保险预防机制，对于改善劳动条件，保护劳动者在生产、工作环境中的安全与健康，减少工伤事故和职业病的发生具有重要作用。

加强工伤预防可以降低工伤事故和职业病的发生，保障劳动者的安全健康。在工业化时代，企业进行生产活动就存在发生伤亡事故和职业病的风险，而事先的预防工作有助于减少工伤事故和职业病的发生，保障劳动者在生产过程中的安全健康。加强工伤预防可以减少工伤保险基金的支出和社会物质财富的损失，降低社会成本。据国际劳工组织估计，全球每年发生工伤事件 3.17 亿件，约 3.39 亿工人受到伤害，其中死亡达 230 万人，由此造成的经济损失相当于世界各国国内生产总值(GNP)的 4%①。国际通行的损失控制理论表明，在前期投入少量资金开展工伤预防工作，可大大降低事后的赔偿支出。做好工伤预防工作，有助于减少工伤事故，降低工伤职工的救治、康复及经济补偿费用，节约工伤保险基金的支出。同时，工伤事故下降，还可以减少相关部门工伤认定、劳动能力鉴定和待遇核付等一系列环节的工作量和管理费用，从而降低管理成本。

加强工伤预防有利于用人单位生产经营，促进社会和谐稳定。工伤预防是分散单位风险，强化社会责任，改善作业环境条件，保护劳动者安全健康的重要手段。一方面，通过工伤预防，消除事故隐患，减少和避免工伤事故和职业病的发生，降低工伤事故和职业危害给单位带来的损失，保证单位生产经营的顺利进行；另一方面，做好工伤预防工作，降低工伤事故发生率，可以减少由此引发的劳资争议，有利于建立和谐的劳动关系，促进社会和谐稳定。

2. 工伤预防的措施

（1）费率机制预防措施。费率机制预防措施，是指在筹集工伤保险基金的过程中，采取工伤保险行业差别费率和企业浮动费率机制，根据用人单位的工伤风险和工伤事故发生情况，调整缴费费率，利用经济杠杆的作用，促使用人单位改善劳动条件，减少事故发生，保护职工的身体健康，促进安全生产管理工作。对用人单位进行奖励或惩罚主要考虑以下指标：用人单位的安全生产情况、工伤事故和职业病发生率、工伤保险支缴率、工亡人数、伤残人数等指标。

---

① 符传东，何永华，廖哲安，等. 职业伤害经济负担研究现状及展望［J］. 中国工业医学杂志，2013，26（4）：312-315.

（2）安全意识宣传。安全教育是指利用工伤保险基金开展工伤预防的宣传、教育与培训活动，贯彻“安全第一、预防为主”的方针，普及安全生产和工伤保险知识，提高工伤预防能力，以减少和避免工伤事故和职业病发生。工伤事故和职业病的发生，除生产技术、工艺落后，安全设施不完善等原因之外，生产经营管理人员与职工的法律意识、劳动防护意识和职业危害意识不强也是其重要原因。通过开展工伤预防的宣传、教育与培训活动，普及安全生产和工伤保险知识，强化用人单位的法治理念和劳动保护理念，增强职工的自我保护意识和工伤预防意识，提高工伤预防能力，以减少和避免工伤事故和职业病的发生。

（3）技术措施。技术措施是指利用工伤保险基金补助用人单位开展伤亡事故和职业病预防的技术活动，引导用人单位对其设备、设施和生产工艺等从工伤预防和职业安全卫生的角度进行设计、改造、检测和维护，开发工伤预防新技术、新产品，从而改善职业安全生产状况，减少工伤事故和职业病的发生。

（4）管理机制预防措施。管理机制预防措施，主要是通过制定安全生产及工伤预防的法律、法规和规章，完善相关安全规程和标准，建立安全生产责任制，加强安全生产的监督检查，提高用人单位的安全管理水平，从而防止或减少工伤事故和职业病的发生。

（二）工伤康复

工伤康复是指利用现代康复手段和技术，为工伤残疾人员提供医疗康复、职业康复和社会康复等服务，最大限度地恢复和提高他们的身体功能和生活自理能力，尽可能地恢复或提高他们的职业劳动能力，从而促进伤残职工重返工作岗位和全面回归社会。工伤康复是“预防、补偿、康复”三位一体工伤保险体系的重要组成部分，是降低工伤所造成的损失和保障工伤职工基本权益的重要措施。

工伤康复涵盖的内容非常广泛，包括工伤残疾预防、医疗康复、职业康复、社会康复和康复辅助器具配置等专业技术性工作，以及工伤康复政策、康复标准的制定和工伤康复管理等社会工作。

工伤残疾预防主要是改善工伤职工的身心、社会、职业功能，预防残疾的发生、发展和各种严重并发症，保持现有功能或延缓功能衰退，使工伤职工在某种意义上像正常人一样过着积极的有生产性和创造性的生活。

工伤医疗康复主要是利用各种临床诊疗和康复治疗的手段，改善工伤职工的身体功能、提高其生活自理能力。其内容包括康复评定、康复治疗和康复辅助技术，以及手术、药物等促进功能恢复的临床诊疗技术。

工伤职业康复主要是围绕工作能力的保持与再造这个核心，通过专业化的职业康复评估与训练程序，使工伤残疾职工重新恢复职业劳动能力。其主要内容包括职业评定、职业咨询、职业训练以及就业指导等。

工伤社会康复主要是运用社会学的理论和方法研究解决残疾人康复问题，通常采用个案管理的工作模式，提供政策咨询、残疾适应辅导、社区资源协调、家庭康复指导等服务。

第三节　典型的工伤保险制度模式

一、建立工伤保险基金的社会保险类型

社会保险作为社会的“安全网”“减震器”，在一战前，逐步在欧洲少数国家开始实行。其主要做法是由国家立法，政府有关部门或根据法律成立的公共机构具体经办工伤保险事务，确立对所有提出支付待遇要求的事件进行审核和评估的明确程序；凡是参加工伤保险的雇主，都必须向前述

机构按照法律规定的比例缴纳工伤保险费，形成工伤保险基金，风险共担。在劳动者遭受工伤的情况下，由该经办机构按照法定标准支付工伤待遇。这一模式具有如下特点：①强制性，雇主均需通过缴纳工伤保险费的方式来转移生产过程中劳动者受伤的风险。除国家规定某些行业、某些较大规模企业可以实行自我保险外，国家立法强制要求雇主参保。②贯彻无责任补偿这一现代工伤保险制度的基本原则，在雇员发生工伤的情况下，无论雇主是否对造成这一伤害存在过错，也无论劳动者对造成自身的伤害有无过错（自杀、自残除外），劳动者均有权从工伤保险基金处获得工伤保险待遇。③社会性，由政府指定的公共机构来管理统一筹集的工伤保险基金，工伤保险基金负责对某一地区、某一行业的工伤事故进行赔付，表现为雇主集体对行业可能发生的伤害承担责任，而不再由单个雇主对自己员工发生的工伤事故承担责任，基金的互济功能突出。基金一般采取“现收现付”的方式，根据大数定律，在一定的范围内，预测各行业或地区综合性的工伤保险费用需求，在所有参加工伤保险的企业之间实行合理分担费用、横向平衡调剂，当年提取，当年使用。

这一模式通过强制性筹集资金来分担风险，既保证受伤害者及其家属得到相应的待遇，又避免工伤保险成为雇主个人承担的保险，最大限度分散了风险，使其成为工伤保险制度的主流形式。大部分国家的工伤保险都采用了这一模式。

二、雇主责任制模式

雇主责任型工伤补偿制度也称为雇主责任保险。国际劳工组织专家对雇主责任保险的定义是：受伤害的工人或者其遗属直接向雇主要求赔偿，雇主直接向他们支付工伤补偿待遇。这种模式下，雇主需要承担补偿责任，但不存在政府指定的工伤保险机构，也不建立社会统筹基金来共同承担责任。雇主或者自担风险，或者向保险公司投保。这种模式又分为两个发展阶段。

（一）雇主过失责任工伤补偿

雇主责任工伤补偿由来已久。社会化大生产后，工伤事故日益增多，慈善机构已难以解决这个问题，而工伤已成为工业化国家的社会问题。此时民法规定，工人在工作中受到伤害，可以向法院申诉，要求雇主赔偿损失。但 18 世纪工业革命到 19 世纪 80 年代的早期雇主补偿是一种过失责任型补偿。工伤事故的受害人要获得赔偿，必须证明雇主存在过失，如 1871 年德国《责任保险法》规定，雇主对其因过失而给雇员造成的损害承担赔偿责任。但实际上，工人在绝大多数情况下是很难得到赔偿的。迫于工人运动的压力，各国对雇主过失责任工伤赔偿制度逐步进行了一些改进，如规定了安全生产的强制性标准，雇主违反了这些标准即构成过失，以及强制雇主购买工伤赔偿责任保险等。英国在 1969 年制定了雇主责任（强制保险）法，规定每个雇主都必须向经政府指定的保险人购买责任保险。如果由于雇主的过失或者违反安全生产标准，雇员受到伤害或患职业病，雇员可以向雇主请求赔偿，该赔偿由保险公司承担。英国的这一制度一直沿用至今，成为与工伤社会保险制度并行的一项制度。

经过改进的雇主过失责任工伤补偿制度，在当代一些国家和地区的工伤补偿体系中仍然存在，只是一般不再作为唯一的工伤补偿模式，而更多地作为雇主无过失责任工伤补偿制度或者社会保险工伤补偿制度的补充。

（二）雇主无过失责任工伤补偿

雇主无过失责任工伤补偿制度，以“补偿不究过失”为原则，雇主无论对于工伤事故有无责任，均应及时对受伤害者及其家属给予补偿。这一原则自 1884 年德国工伤社会保险立法以来成为工伤补偿的一个普遍原则，既被社会保险型工伤补偿采用，也被雇主责任型工伤补偿模式所采用。后者一般有两种类型。

（1）选择性雇主责任保险。雇主面对工伤风险，可以选择购买商业保险来分散风险，也可以选择自担风险。这种制度有可能由于赔偿额巨大，雇主破产，结果赔偿难以落实，引发更多的社会问题。在世界范围内，采取这一模式的国家和地区较少。

（2）强制性雇主责任保险。国家立法明确雇主的责任，规定赔偿最低标准，并规定雇主必须向商业保险公司投保，为雇员购买责任保险，以涵盖雇主在雇员遭受工伤事故伤害或罹患职业病时根据相关法律所需承担的责任。这是对雇主的强制性要求，如果雇主没有购买与工伤事故相关的责任保险，就不能招录雇员，否则即构成犯罪，受到惩罚。新加坡和中国香港地区实行的就是这种典型的强制性雇主责任保险。这种模式下，雇员在遭遇工伤时，从保险公司获得补偿，获得的赔偿及医疗康复等待遇不会受到雇主经济状况的影响，但也会出现保险公司拒绝为风险较高行业承保、出险后保险公司可能降低补偿标准、逃避补偿责任等问题。

总的来说，雇主责任制模式强调雇主承担全部工伤赔偿责任，容易出现一些问题。一是没有风险分担，雇主工伤赔偿的负担较重，容易影响正常生产活动，尤其是中小企业更是难以承受巨额的经济赔偿责任，一旦雇主因欠债、破产失去补偿责任能力，劳动者的权益就无法得到保障。二是受伤害雇员的利益难以保障或赔偿数额较低，影响雇员及其家庭的正常生活。三是雇主和雇员之间的纠纷较多，为此付出的时间、精力及经济成本较大。

三、兼有社会保险和雇主责任保险两种特征的混合型

在有些国家和地区，工伤保险业务既不全部交由政府主管部门或依法设立的公共机构经办，也不完全交由作为市场主体的保险公司来经办，而是这两种形式并存，相互竞争，雇主可以任选其一来转移和分散相关风险。这种模式下，雇主被强制要求参保，但对于是参加政府办的社会保险型工伤保险，还是参加商业保险公司的雇主责任险，雇主有选择权。在保险公司以雇主的风险程度高等为由拒绝承保的情况下，社会保险往往负有“兜底”的义务，为无法从保险公司获得雇主责任险的雇主提供工伤保险。美国的有些州采用这种工伤赔偿模式。

第四节　我国的工伤保险制度

一、我国工伤保险制度的发展历程

1951 年 2 月政务院公布了《中华人民共和国劳动保险条例》，这部劳动保险综合法规对各项劳动保险待遇做了明确规定，并将工伤保险列在各保险项目之首，对其实施范围、资金来源、待遇项目和给付方式等做了较为详细的规定，确立了雇主单方面出资、待遇由劳动保险基金与雇主分担等原则。该条例的实施，标志着我国工伤保险制度正式建立。1953 年发布的《政务院关于中华人民共和国劳动保险条例若干修正的决定》以及《中华人民共和国劳动保险条例实施细则修正草案》，在扩大实施范围的基础上，进一步细化了“因工负伤、致残、死亡待遇”的相关规定，并涉及安装辅助器具，举办疗养院、休养所等一些康复性质的工作。与此同时，国家机关事业单位的工伤保险制度也以单项法规的形式逐步建立起来。

随着国家工业的迅速发展，职业病问题日益突出。1957 年 2 月卫生部颁布《职业病范围和职业病患者处理办法的规定》，首次将危害职工健康比较严重的 14 种与职业有关的疾病正式引入职业病的范围，并首次将其列入工伤保险的范畴，享受因工伤残和死亡的相关待遇。上述一系列法规的颁布，构建起了与我国计划经济体制相适应的、“国家负责，企业包办”的工伤保险制度的基本框架，在保障企业职工劳动权益、安定社会和促进经济发展方面发挥了积极作用。但这一时期的制度安排也存在诸如工伤认定范围过窄，待遇标准偏低，伤残等级鉴定缺乏统一标准，鉴定机构不健全，

以及缺乏工伤补偿与工伤预防、职业康复的有机结合等一系列问题。

1966—1976 年的十年间，随着负责企业职工社会保险管理的中华全国总工会停止活动，我国职工工伤保险费的管理和调剂使用被迫中止，工伤保险由国家保险退化为企业保险，这种状态一直持续到 20 世纪 80 年代末。

1978 年改革开放之后，工伤保险制度滞后于经济社会发展所带来的问题日益突出，国家在工伤保险制度建设上开始酝酿大的变革。1993 年中共十四届三中全会通过的《中共中央关于建立社会主义市场经济体制若干问题的决定》强调要“普遍建立企业工伤保险制度”；1994 年《中华人民共和国劳动法》（简称《劳动法》）出台，该法律第七十三条规定了劳动者在因工伤残或者患职业病情况下，可以享受工伤保险待遇。这一文件以国家法律的形式保障了工伤者及其亲属享受工伤保险待遇。为了使劳动者切实享受到工伤保险待遇，劳动部于 1996 年公布了中国历史上首部针对工伤保险的专项立法《企业职工工伤保险试行办法》。该试行办法确立了工伤保险作为风险分散机制的功能，建立了社会统筹的工伤保险基金池，“企业负责”的管理体制过渡到国家主管的社会统筹属地管理体制，工伤保险从企业保险转变为社会保险，回归了工伤保险制度的本来属性。这一时期，国家还制定实施了《职工工伤与职业病致残程度鉴定标准》的国家标准（1992），发布了《关于印发〈职工非因工伤残或因病丧失劳动能力程度鉴定标准（试行）〉的通知》（2002），并颁布了《中华人民共和国职业病防治法》（2001）、《中华人民共和国安全生产法》（2002）、《使用有毒物品作业场所劳动保护条例》（2002）等法律法规，初步形成了工伤保险与事故预防、职业病危害防治相结合的一整套法律法规体系。

2003 年 4 月国务院出台了《工伤保险条例》，并于 2004 年 1 月 1 日起正式实施，工伤保险制度成为五大保险中立法层次最高、最早得以定型的项目之一，标志着中国工伤保险制度进入法治化阶段。该条例将建立统一的、健全的工伤社会保险体系设定为中国工伤保险制度的发展目标，把工伤预防、康复与补偿一并列为中国工伤保险制度的三大职能。

随着《社会保险法》的实施，面对工伤保险制度面临的新情况、新问题，2010 年 12 月 8 日，国务院第 136 次常务会议通过了《国务院关于修改〈工伤保险条例〉的决定》，并于 2011 年 1 月 1 日起施行，扩大了工伤保险的适用范围，调整了工伤认定情节，缩减了处理程序，提高了待遇标准，减轻了用人单位的赔付负担等，我国的工伤保险制度日臻完善。

二、我国现行工伤保险制度

我国现行工伤保险制度主要是依据 2010 年国务院修订的《工伤保险条例》制定的。以该条例为基础，结合人力资源社会保障部相关政策法规、最高人民法院相关司法解释，构筑了我国的现行工伤保险制度。

（一）工伤保险制度的管理主体

国务院社会保险行政部门负责全国的工伤保险工作。县级以上地方各级人民政府社会保险行政部门负责本行政区域内的工伤保险工作。社会保险行政部门按照国务院有关规定设立的社会保险经办机构具体承办工伤保险事务。

（二）工伤保险的覆盖对象

《工伤保险条例》规定：中华人民共和国境内的企业、事业单位、社会团体、民办非企业单位、基金会、律师事务所、会计师事务所等组织和有雇工的个体工商户应当依照本条例规定参加工伤保险，为本单位全部职工或者雇工缴纳工伤保险费。上述职工或者个体工商户的雇工均有依照条例的规定享受工伤保险待遇的权利。公务员和参照公务员法管理的事业单位、社会团体的工作人员因工作遭受事故伤害或者患职业病的，由所在单位支付费用。具体办法由国务院社会保险行政部门会同国务院财政部门规定。实际上，很多省市在实施工伤保险制度的过程中，已逐步将国家机关和参照公务员法管理的事业单位纳入了工伤保险参保范围。

（三）工伤保险基金筹集

目前我国工伤保险实行省级统筹，工伤保险基金由用人单位缴纳的工伤保险费、工伤保险基金的利息和依法纳入工伤保险基金的其他资金构成，职工个人不缴纳工伤保险费。用人单位缴纳工伤保险费的数额为本单位职工工资总额乘以单位缴费费率之积。对难以按照工资总额缴纳工伤保险费的行业，其缴纳工伤保险费的具体方式，由国务院社会保险行政部门规定。

国家根据不同行业的工伤风险程度确定行业的差别费率，并根据工伤保险费使用、工伤发生率、职业病危害程度等因素在每个行业内确定若干费率档次。行业差别费率及行业内费率档次由国务院社会保险行政部门制定，报国务院批准后公布施行。

根据 2015 年《人力资源社会保障部 财政部 关于调整工伤保险费率政策的通知》，按照《国民经济行业分类》对行业的划分，我国根据不同行业的工伤风险程度，将各行业按照行业风险由低到高，依次划分为一类至八类。各行业工伤风险类别对应的全国工伤保险行业基准费率为，一类至八类分别控制在该行业用人单位职工工资总额的 0.2%、0.4%、0.7%、0.9%、1.1%、1.3%、1.6%、1.9%左右，并按照“以支定收、收支平衡”的原则适时调整（表 8-1）。

表 8-1 我国工伤保险行业风险分类表

类别	行业	工伤基准费率（%）	浮动范围
一	软件和信息技术服务业，货币金融服务，资本市场服务，保险业，其他金融业，科技推广和应用服务业，社会工作，广播、电视、电影和影视录音制作业，中国共产党机关，国家机构，人民政协、民主党派，社会保障，群众团体、社会团体和其他成员组织，基层群众自治组织，国际组织	0.2	一类行业分为三个档次，即在基准费率的基础上，可向上浮动至 120%、150%；二类至八类行业分为五个档次，在基准费率的基础上，可分别向上浮动至 120%、150%或向下浮动至 80%、50%
二	批发业，零售业，仓储业，邮政业，住宿业，餐饮业，电信、广播电视和卫星传输服务，互联网和相关服务，房地产业，租赁业，商务服务业，研究和试验发展，专业技术服务业，居民服务业，其他服务业，教育，卫生，新闻和出版业，文化艺术业	0.4	
三	农副食品加工业，食品制造业，酒、饮料和精制茶制造业，烟草制品业，纺织业，木材加工和木、竹、藤、棕、草制品业，文教、工美、体育和娱乐用品制造业，计算机、通信和其他电子设备制造业，仪器仪表制造业，其他制造业，水的生产和供应业，机动车、电子产品和日用产品修理业，水利管理业，生态保护和环境治理业，公共设施管理业，娱乐业	0.7	
四	农业，畜牧业，农、林、牧、渔服务业，纺织服装、服饰业，皮革、毛皮、羽毛及其制品和制鞋业，印刷和记录媒介复制业，医药制造业，化学纤维制造业，橡胶和塑料制品业，金属制品业，通用设备制造业，专用设备制造业，汽车制造业，铁路、船舶、航空航天和其他运输设备制造业，电气机械和器材制造业，废弃资源综合利用业，金属制品、机械和设备修理业，电力、热力生产和供应业，燃气生产和供应业，铁路运输业，航空运输业，管道运输业，体育	0.9	一类行业分为三个档次，即在基准费率的基础上，可向上浮动至 120%、150%；二类至八类行业分为五个档次在基准费率的基础上，可分别向上浮动至 120%、150%或向下浮动至 80%、50%
五	林业，开采辅助活动，家具制造业，造纸和纸制品业，建筑安装业，建筑装饰和其他建筑业，道路运输业，水上运输业，装卸搬运和运输代理业	1.1	
六	渔业，化学原料和化学制品制造业，非金属矿物制品业，黑色金属冶炼和压延加工业，有色金属冶炼和压延加工业，房屋建筑业，土木工程建筑业	1.3	
七	石油和天然气开采业，其他采矿业，石油加工、炼焦和核燃料加工业	1.6	
八	煤炭开采和洗选业，黑色金属矿采选业，有色金属矿采选业，非金属矿采选业	1.9	

工伤保险基金存入社会保障基金财政专户，用于《工伤保险条例》规定的工伤保险待遇，劳动能力鉴定，工伤预防的宣传、培训等费用，以及法律、法规规定的用于工伤保险的其他费用的支付。工伤预防费用的提取比例、使用和管理的具体办法，由国务院社会保险行政部门会同国务院财政、卫生行政、安全生产监督管理等部门规定。

（四）工伤认定

工伤认定是劳动行政部门依据法律的授权对职工因事故伤害（或者患职业病）是否属于工伤或者视同工伤给予定性的行政确认行为。

1. 工伤认定的主体

我国工伤认定的主体是统筹地区的社会保险行政部门。我国对工伤认定机构有以下规定：第一，工伤认定是一种行政行为，社会保险行政部门是工伤认定的主体；第二，工伤认定机构的层次与工伤保险基金的统筹层次应一致；第三，工伤认定应当严格遵守法律法规及相关政策规定，不得将不符合条件的认定为工伤，也不得将符合条件的排除在工伤之外。

2. 工伤认定的对象

《工伤保险条例》和《工伤认定办法》规定，工伤认定的对象一般包括具备下列条件的职工：一是存在受到事故伤害或者患职业病的事实；二是与用人单位存在劳动关系（包括事实劳动关系）；三是要有相关的医疗诊断证明或职业病诊断证明。

3. 工伤认定范围

我国《工伤保险条例》明确了应当认定为工伤的七种情形、视同工伤的三种情形，以及不得认定或视同为工伤的三种情形。

（1）应当认定为工伤的七种情形。职工有下列情形之一的，应当认定为工伤。

其一，工作时间和工作场所内，因工作原因受到事故伤害的。

这里的工作时间，是指法律规定的或单位要求职工工作的时间。工作场所，是指职工日常工作所在的合理区域，以及领导临时指派其所从事工作的场所。比如《劳动法》规定职工每日工作时间不超过 8 小时，平均每周工作不超过 44 小时。但是如果单位在合法的前提下对职工的工作时间有特殊要求的，比如实行不定时工作制的职工，单位明确他们应该工作的时间，则属于该职工的工作时间。此外，加班时间也属于职工的工作时间。

其二，工作时间前后在工作场所内，从事与工作有关的预备性或者收尾性工作受到事故伤害的。

该情形中的“预备性或者收尾性工作”是指：法律、法规规定的或本单位要求的，在工作开始前或工作结束后一段合理的时间内，职工从事与本职工作有关的预备性或收尾性工作。如职工上班点完名后前往工作岗位途中不慎崴脚，有污染的工作岗位职工工作完后到单位浴池洗澡时摔伤等。在实际工作中，有时预备性和收尾性工作与实际工作很难分开，在具体认定中应当根据实际情况来判定。

其三，在工作时间和工作场所内，因履行工作职责受到暴力等意外伤害的。

一是因履行工作职责受到他人的暴力伤害。主要是指职工在履行本岗位职责行为时，使某些人的不合理或不合法的目的没有达到，从而受到他人的暴力报复而造成的人身伤害。如火车站安检人员对进站上车的旅客携带的包裹进行安全检查时，个别旅客不配合，出手打伤安检人员。二是在履行工作职责时受到的意外伤害。主要是指职工在履行工作职责过程中受到的非人为意外伤害。如火灾、车间房屋倒塌等。在现实生活中职工“因履行工作职责受到暴力等意外伤害”的情形比较复杂，在实际认定中应当综合各方面情况进行判断。如果没有证据证明职工受到的伤害与履行工作职责没有必然联系，并且能够排除其他非履行工作职责的因素，则应当认定为工伤。

其四，患职业病的。

在我国，职业病是指企业、事业单位和个体经济组织等用人单位的劳动者在职业活动中，因接触粉尘、放射性物质和其他有毒、有害因素而引起的疾病。《中华人民共和国职业病防治法》（简称《职业病防治法》）规定的职业病，必须具备以下四个条件：第一，患病主体是企业、事业单位或个体经济组织的劳动者；第二，必须是在从事职业活动的过程中产生的；第三，必须是因接触粉尘、放射性物质和其他有毒、有害物质等职业病危害因素引起的；第四，必须是国家公布的职业病分类和目录所列的职业病。四个条件缺一不可。

根据 2013 年 12 月 23 日修订的《职业病分类和目录》，我国的法定职业病包括职业性尘肺病和其他呼吸系统疾病、职业性皮肤病等十大类、132 种职业病。劳动者可以在用人单位所在地、本人户籍所在地或者经常居住地依法承担职业病诊断的医疗卫生机构进行职业病诊断。一旦诊断为患职业病的，应当认定为工伤。当事人对职业病诊断有异议的，可以向做出诊断的医疗卫生机构所在地的地方人民政府卫生行政部门申请鉴定。

其五，因工外出期间，由于工作原因受到伤害或者发生事故下落不明的。

“因工外出期间”属于“工作时间”的一种特殊形式。“受到伤害或者发生事故下落不明”是指因遭受生产事故、意外事故或自然灾害等各种形式的事故而失去音讯的情况。职工因工外出期间因为事故下落不明的，很难确定职工是在事故中死亡了，还是由于事故暂时无法取得联系。其工伤认定不以宣告失踪为要件。工伤认定后，一旦下落不明的人员又被发现，要撤销工伤认定结论。

其六，在上下班途中，受到非本人主要责任的交通事故或者城市轨道交通、客运轮渡、火车事故伤害的。

关于上下班途中，《最高人民法院关于审理工伤保险行政案件若干问题的规定》明确为“在合理时间内往返于工作地与住所地、经常居住地、单位宿舍的合理路线”。关于“非本人主要责任”的认定，根据《人力资源社会保障部关于执行〈工伤保险条例〉若干问题的意见》规定，应当以有关机关出具的法律文书或者人民法院的生效裁决为依据。

其七，法律、行政法规规定应当认定为工伤的其他情形。

（2）视同工伤的三种情形。职工有下列情形之一的，视同工伤。

其一，在工作时间和工作岗位，突发疾病死亡或者在 48 小时之内经抢救无效死亡的。

其二，在抢险救灾等维护国家利益、公共利益活动中受到伤害的。

其三，职工原在军队服役，因战、因公负伤致残，已取得革命伤残军人证，到用人单位后旧伤复发的。

这种情形享受《工伤保险条例》规定的“除一次性伤残补助金以外的工伤保险待遇”。这主要是考虑职工在部队服役期间，因公、因战致残后，已经按照军人的有关规定享受了各项待遇，工伤保险基金应该支付的是伤残军人旧伤复发后，新发生的费用及相应的长期待遇。

（3）不得认定为工伤或者视同工伤的三种情形。职工符合上述认定或视同为工伤的规定，但是有下列情形之一的，不得认定为工伤或者视同工伤。

其一，故意犯罪的。

《中华人民共和国刑法》规定，明知自己的行为会发生危害社会的结果，并且希望或者放任这种结果的发生，因而构成犯罪的，是故意犯罪。对故意犯罪的认定应当以审判机关的生效法律文书或者刑事侦查机关、检察机关的结论性意见为依据。

其二，醉酒或者吸毒的。

其三，自残或者自杀的。

对于是否醉酒或吸毒、自残或自杀，都应当以有关机关出具的事故责任认定书结论性意见和人民法院的生效裁决等文书为依据。

4. 工伤认定的时限和程序

职工发生事故伤害或者按照《职业病防治法》规定被诊断、鉴定为职业病，所在单位应当自事故伤害发生之日或者被诊断、鉴定为职业病之日起30日内，向统筹地区社会保险行政部门提出工伤认定申请。如遇特殊情况，经报社会保险行政部门同意，申请时限可以适当延长。用人单位未按规定提出工伤认定申请的，工伤职工或者其近亲属、工会组织在事故伤害发生之日或者被诊断、鉴定为职业病之日起1年内，可以直接向用人单位所在地统筹地区社会保险行政部门提出工伤认定申请。

社会保险行政部门应当自受理工伤认定申请之日起60日内作出工伤认定的决定，并书面通知申请工伤认定的职工或者其近亲属和该职工所在单位。社会保险行政部门对受理的事实清楚、权利义务明确的工伤认定申请，应当在15日内作出工伤认定的决定。

提出工伤认定申请应当提交下列资料：工伤认定申请表；与用人单位存在劳动关系（包括事实劳动关系）的证明材料；医疗诊断证明或者职业病诊断证明书（或者职业病诊断鉴定书）。申请工伤认定的职工或者其近亲属、该职工所在单位对工伤认定申请不予受理的决定不服的，或对工伤认定结论不服的，有关单位或者个人可以依法申请行政复议，也可以依法向人民法院提起行政诉讼。

（五）劳动能力鉴定

职工发生工伤，经治疗伤情相对稳定后存在残疾、影响劳动能力的，应当进行劳动能力鉴定。劳动能力鉴定是指劳动功能障碍程度和生活自理障碍程度的等级鉴定。劳动能力鉴定标准由国务院社会保险行政部门会同国务院卫生行政部门等部门制定。劳动能力鉴定由用人单位、工伤职工或者其近亲属向设区的市级劳动能力鉴定委员会提出申请，并提供工伤认定决定和职工工伤医疗的有关资料。

2015年1月1日起实施的《劳动能力鉴定职工工伤与职业病致残等级》，根据器官损伤、功能障碍、医疗依赖及护理依赖四方面，将工伤、职业病致残等级分为5个门类，划分为10个等级共572个条目（表8-2）。

表 8-2 职工工伤与职业病致残程度鉴定分级原则表

级别	级别划分依据
一级	器官缺失或功能完全丧失，其他器官不能代偿，存在特殊医疗依赖，或完全或大部分护理依赖
二级	器官严重缺损或畸形，有严重功能障碍或并发症，存在特殊医疗依赖，或大部分护理依赖
三级	器官严重缺损或畸形，有严重功能障碍或并发症，存在特殊医疗依赖，或部分护理依赖
四级	器官严重缺损或畸形，有严重功能障碍或并发症，存在特殊医疗依赖，或部分护理依赖或无护理依赖
五级	器官大部分缺损或明显畸形，有较重功能障碍或并发症，存在一般医疗依赖，无护理依赖
六级	器官大部分缺损或明显畸形，有中等功能障碍或并发症，存在一般医疗依赖，无护理依赖
七级	器官大部分缺损或畸形，有轻度功能障碍或并发症，存在一般医疗依赖，无护理依赖
八级	器官部分缺损，形态异常，轻度功能障碍，存在一般医疗依赖，无护理依赖
九级	器官部分缺损，形态异常，轻度功能障碍，无医疗依赖或存在一般医疗依赖，无护理依赖
十级	器官部分缺损，形态异常，无功能障碍，无医疗依赖或者存在一般医疗依赖，无护理依赖

以上分级原则与《工伤保险条例》对劳动能力丧失程度的划分保持一致，即一至四级为完全丧失劳动能力，五级、六级为大部分丧失劳动能力，七至十级为部分丧失劳动能力。生活自理障碍分为三个等级：生活完全不能自理、生活大部分不能自理和生活部分不能自理。

劳动能力鉴定结论与工伤待遇水平紧密挂钩，申请鉴定的单位或者个人对设区的市级劳动能力鉴定委员会作出的鉴定结论不服的，可以在收到该鉴定结论之日起 15 日内向省、自治区、直辖市劳动能力鉴定委员会提出再次鉴定申请。省、自治区、直辖市劳动能力鉴定委员会作出的劳动能力鉴定结论为最终结论。

（六）工伤待遇

认定为工伤和视同工伤的，完成劳动能力鉴定，享受《工伤保险条例》规定的相关待遇，所需资金按规定由工伤保险基金或用人单位承担。主要的待遇项目如下。

1. 工伤医疗、康复待遇

工伤医疗、康复待遇主要包括下列三项：一是职工在签订服务协议的医疗机构就医，所需费用符合工伤保险诊疗项目目录、工伤保险药品目录、工伤保险住院服务标准的，从工伤保险基金支付；二是职工住院治疗工伤的伙食补助费，以及经医疗机构出具证明，报社会保险经办机构同意，工伤职工到统筹地区以外就医所需的交通、食宿费用从工伤保险基金支付；三是工伤职工到签订服务协议的医疗机构进行工伤康复的费用，符合规定的，从工伤保险基金支付。

2. 停工期间工资福利待遇

职工因工作遭受事故伤害或者患职业病需要暂停工作接受工伤医疗的，在停工留薪期内，原工资福利待遇不变，由所在单位按月支付。停工留薪期一般不超过 12 个月。伤情严重或者情况特殊，经设区的市级劳动能力鉴定委员会确认，可以适当延长，但延长不得超过 12 个月。工伤职工评定伤残等级后，停发原待遇，按照有关规定享受伤残待遇。工伤职工在停工留薪期满后仍需治疗的，继续享受工伤医疗待遇。生活不能自理的工伤职工在停工留薪期需要护理的，由所在单位负责。

3. 辅助器具配置待遇

辅助器具配置待遇是指工伤职工因日常生活或者就业需要，经劳动能力鉴定委员会确认，可以安装假肢、矫形器、假眼、假牙和配置轮椅等辅助器具，所需费用按照国家规定的标准从工伤保险基金支付。

4. 伤残待遇

伤残待遇主要包括下列四项：

一是生活护理费。工伤职工已经评定伤残等级并经劳动能力鉴定委员会确认需要生活护理的，从工伤保险基金按月支付生活护理费，目的是减轻伤残职工及其家庭因护理而产生的经济负担。生活护理费按照生活完全不能自理、生活大部分不能自理或者生活部分不能自理三个不同等级支付，其标准分别为统筹地区上年度职工月平均工资的 50%、40%、30%。

二是一次性伤残补助金。一次性伤残补助金是对工伤职工因工负伤或者患职业病对身体造成伤残所给予的补偿，补偿金额根据工伤职工不同的伤残等级而确定。工伤保险基金按伤残等级支付一次性伤残补助金，标准最高为 27 个月的本人工资（一级伤残），最低为 7 个月的本人工资（十级伤残）。

三是伤残津贴。伤残津贴是指工伤职工完全丧失劳动能力或者大部分丧失劳动能力时，由社会保险经办机构或用人单位为保障其基本生活，按月支付的保障待遇。这项待遇支付到退休年龄或未到退休年龄但死亡为止。一级至四级伤残的，保留劳动关系，退出工作岗位，工伤保险基金按月支付本人工资 90%—75%不等的伤残津贴。五级、六级伤残的，若难以安排工作，由用人单位按月发给伤残津贴，标准分别为本人工资的 70%、60%。

四是工伤医疗补助金和一次性伤残就业补助金。五、六级伤残的职工，若本人提出，该职工可以与用人单位解除或者终止劳动关系，由工伤保险基金支付一次性工伤医疗补助金，由用人单位支付一次性伤残就业补助金。七至十级伤残的职工，劳动、聘用合同期满终止，或者职工本人提出解除劳动、聘用合同的，由工伤保险基金支付一次性工伤医疗补助金，由用人单位支付一次性伤残就业补助金。

5. 死亡待遇

职工因工死亡，其近亲属按照规定从工伤保险基金领取丧葬补助金、供养亲属抚恤金和一次性工亡补助金。丧葬补助金为 6 个月的统筹地区上年度职工月平均工资。供养亲属抚恤金按照职工本人工资的一定比例发给生前提供主要生活来源、无劳动能力的因工死亡职工亲属，标准为：配偶每月 40%，其他亲属每人每月 30%，孤寡老人或者孤儿每人每月在上述标准的基础上增加 10%。一次性工亡补助金标准为上一年度全国城镇居民人均可支配收入的 20 倍。为了能够保持供养亲属的基本生活水平，国家规定供养亲属抚恤金标准，由统筹地区社会保险行政部门根据本地区职工平均工资和生活费用变化等情况，适时进行调整。

工伤职工有下列情形之一的，停止享受工伤保险待遇：①丧失享受待遇条件的；②拒不接受劳动能力鉴定的；③拒绝治疗的。

第五节 工伤保险制度面临的问题与挑战

一、新业态与职业伤害保障

（一）新业态的界定及范畴

新业态是指基于不同产业间的组合或企业内部价值链和外部产业链环节的分化、融合、行业跨界整合，以及嫁接信息及互联网技术所形成的新型企业、商业乃至产业的组织形态。

2015 年我国首次提出了“新经济”的概念，明确要加快改造提升传统产业，着力培育战略性新兴产业，积极培育新业态和新商业模式，构建现代产业发展新体系。“三新”经济概念应运而生。国家统计局为科学界定新产业新业态新商业模式范围，以《国民经济行业分类》（GB/T 4754—2017）为基础，重点体现先进制造业、“互联网+”、创新创业、跨界综合管理等“三新”活动，制定了《新产业新业态新商业模式统计分类（2018）》，进一步明确了“三新”活动范围包括：现代农林牧渔业、先进制造业、新型能源活动、节能环保活动、互联网与现代信息技术服务、现代技术服务与创新创业服务、现代生产性服务活动、新型生活性服务活动、现代综合管理活动。

“三新”的出现，改变了人们的工作方式，对职业危害的类型和程度都产生了新的影响。近年来，随着科技的发展，以平台经济、共享经济为代表的新业态催生了大量新的就业形态，成为农民工就业的主渠道，例如快递员、外卖员等从业人员，他们属于职业伤害易发多发人群，对职业伤害保障需求十分迫切。2020 年中央一号文件提出新业态从业者的职业伤害保障问题，也彰显了解决问题的急迫性和重要性。因此，亟待建立新业态从业人员职业伤害保障制度，为这个群体提供必要的职业安全保障，同时以此为契机构建全民职业伤害保障制度。尤其在 2020 年新冠疫情期间，新业态对稳就业、保民生发挥了重要作用。但新业态从业人员权益保障尤其是职业伤害保障也引发广泛关注。工伤保险需要与新业态的出现相匹配，服务于国家和社会发展。

（二）新业态对职业伤害保障的影响

1. 劳动力流动性增强，职业危害界定难

随着我国互联网经济的发展与人民生活水平的提高，新业态一直呈现蓬勃发展的态势。新业态成长速度快，岗位流动性强。由于职业危害往往具有一定的累积效应，频繁的工作变动给职业危害的界定带来了挑战。

2. 非正式就业增多，公私界定难

以家政服务人员为例，2021 年官方数据显示，我国有 3000 万家政服务人员，大多数都是灵活就业[①]。随着平台经济的兴起，以众包方式参与平台用工的灵活就业人员大规模快速增加，更为重要的是，外卖送餐、城市闪送等典型平台用工形态的职业风险外溢到公共交通风险中。从历史脉络看，灵活就业以往是零散、小规模分布，但在移动互联网技术的赋能下，其在平台经济中形成了行业性、大规模的新业态，在平台下工作的人员是自我择业还是为单位打工，界定存在一定的困难。

3. 劳动关系弱化，用人单位界定困难

由于新业态的出现，传统的劳动关系边缘被弱化，外延被拓宽，《中华人民共和国劳动合同法》难以应对越来越多的劳资关系纠纷个案，这一类从业人员的劳动关系一直无法得到法律上的确认。并且由于工作种类的特殊性，如快递配送从业人员及外卖配送人员的工作范围基本在路途中，安全隐患较大，受到工伤的概率往往较大。值得注意的是，在现行制度体系的社保五险中，新业态从业人员仍然可以以灵活就业人员的身份自行缴纳养老保险和医疗保险。但在工伤保险参保方面，新业态从业人员的职业风险保障问题尚未有效解决。

（三）基于新业态的职业伤害保障

我国在 2020 年初发布的《中共中央 国务院关于抓好“三农”领域重点工作确保如期实现全面小康的意见》（2020 年中央一号文件）中，中央首次提出“开展新业态从业人员职业伤害保障试点”。国务院办公厅《国务院办公厅关于促进平台经济规范健康发展的指导意见》强调，要抓紧研究完善平台企业用工和灵活就业等从业人员社保政策，开展职业伤害保障试点。

目前，各地试点以及平台企业自身建立的从业人员职业伤害保障制度主要是三种模式。商业保险模式，即部分平台为从业人员购买商业保险，这种模式保障水平不足，免赔事项多，且没有长期待遇；纳入工伤保险模式，即部分试点地方将平台从业人员纳入工伤保险，然而，该模式欠缺上位法的依据，并且涉及行业职业伤害发生概率的测算以及缴费的公平性问题；按照社会保险的方式，单独建立职业伤害保险，该模式的负担能力将受到参保人数的规模以及缴费情况的影响。上述三种模式均是构建平台从业人员职业伤害保障制度的有益尝试，但各有利弊。

工伤保险制度本身相对复杂，而新就业形态又完全不同于传统就业形态，因此解决新就业形态人员的职业伤害保障问题更是难度很大。新业态从业人员职业伤害保障是世界各国面临的共同难题，同时由于我国工伤保险统筹层次以及工伤保险待遇责任划分等较为特殊，问题更为复杂，设计难度更大。

对职业伤害保障制度的总体原则应当是，从有利于新经济新业态健康规范发展、有利于从业人员权益保障、有利于工伤保险制度长远发展等角度出发，遵循工伤保险发展规律，平衡各方利益，尽快达成共识，出台试点方案，在试点中不断完善。

二、我国工伤保险制度面临的问题与改革完善

（一）我国工伤保险制度面临的问题

1. 面临新业态就业的挑战

目前，虽然参加工伤保险的职工比例逐年上升，但我国参保对象主要集中在国有企业和传统企业，新兴业态企业的覆盖率很低。从制度设计上看，工伤保险已经覆盖了所有有劳动关系的劳动者（雇员）。但大量的没有稳定劳动关系或没有劳动关系的灵活就业人员、自由职业者的工伤问题日益突出，如网络作者、销售平台工作人员、家庭保姆等，出现工作伤害后无法得到保障，社会反响

① 数据来源：中国政府网，https://www.gov.cn/xinwen/2021-10/21/content_5643972.htm［2024-03-05］.

强烈。由于参加工伤保险的前提是建立劳动关系，工伤的责任实行雇主责任制，工伤保险由雇主缴费，个人不缴费，因此这部分无雇主的劳动者无法参保。2019 年末相比于全国就业 7.7 亿人而言，我国参加工伤保险的人数仅为就业人数的 1/3 左右，仍有 5 亿多就业人员游离在工伤保险保障之外。从国际发展情况看，工伤保险的适用范围不断扩大，在很多国家灵活就业人员、自由职业者，甚至学校的学生已经纳入了工伤保险，有的由个人缴费，有的由国家为其缴费（如学生）。从我国实际情况看，这部分劳动者人数众多，在生产经营或工作过程中的职业伤害也存在着一定的概率，对工伤保险制度提出了挑战。

2. 参保状况差异大

2010 年农民工参保人数为 6300 万人，2019 年增加至 8616 万人，但是 2010—2019 年农民工参保人数在总参保人数中所占比例逐渐降低，相应的，城镇职工参保比例则由 2010 年的 61.02%增长至 2019 年的 66.18%。尽管近年来我国为扩大工伤保险制度的覆盖人数做出了一系列努力，但在覆盖人数上城镇职工还是远高于农民工。农民工是我国安全事故和职业病的高发人群，相对于 2019 年全国的 2.9 亿农民工而言，29.63%的农民工参保率是远远不够的①。此外，这些参保对象主要来自国有企业，而发展相对薄弱的中小型集体企业、私营企业等的参保率相对偏低。在我国，中小企业数量多、安全事故和职业病多发，但参保率相对偏低。国家统计局发布的 2018 年我国各省份工伤保险参保情况的数据显示，我国东部地区参保人数多于中西部地区，经济发达地区参保人数多于经济欠发达地区。

3. 基金收支不平衡

东部发达地区不仅参保人数多，而且有充足的盈余基金，而在中西部欠发达地区，不仅参保人数较少，而且工伤保险基金结余情况不佳。国家统计局发布的 2010—2019 年我国工伤保险基金收支情况的数据显示，我国享受工伤事故补偿的人数在不断增加，2010 年全国有 147.5 万人享受到工伤保险待遇，到 2019 年人数已达到 194.0 万人，增幅达 31.53%。从数据中也可以看出：2010—2019 年我国工伤保险基金收入逐年增多（2016 年和 2019 年除外），由 2010 年的 284.9 亿元增长到 2019 年的 815.7 亿元，增长约 2 倍；在基金支出方面，由 2010 年的 192.4 亿元增长到 2019 年的 817.4 亿元，增长约 3 倍。这反映了国家和企业对工伤保险基金投入越来越多，工伤职工的待遇水平也越来越高。此外，从基金收入与支出的数据来看，除 2019 年收支相对平衡，其他年份两者相差数额均较大，这表明我国工伤保险存在着收支比例不合理、基金存在大量结余等问题。

4. 工伤预防和工伤康复发展落后

目前我国的工伤保险仍是以工伤补偿为主。关于工伤预防，虽然在制度上有所规定，但工伤预防的落实工作中还存在诸多问题，部分地区虽然出台了工伤保险行业基准费率具体标准和费率浮动相关的规定，但是目前差别费率与浮动费率仍存在缺陷，如行业工伤风险等级划分不够细且不合理，使得风险等级不同的行业处在同一费率档次，造成了“高风险低费率，低风险高费率”的现象，且各等级对应的基准费率差别较小。同时，浮动费率的档次少且不易上下浮动。此外，还存在着工伤预防试点工作执行情况不理想、预防费用偏低且费用投入不合理等问题。2016 年中华人民共和国审计署发布的工伤保险基金审计结果表明，浮动费率机制落实不够，35 个抽审地区中，未出台工伤保险费率浮动办法的有 11 个地区；工伤预防制度执行不到位，在审计的 17 个省份所属全部 224 个地级以上城市中，仅有 115 个城市（51.34%）使用工伤保险基金开展工伤预防工作。在我国大部分地区，工伤预防费用主要用于工伤事故和职业病的宣传和培训。

我国工伤保险基金支出存在重补偿和医疗轻康复的现象，主要用于工伤补偿，工伤补偿约占工伤保险基金支出的 55.00%，其余主要用于报销医疗费，只有很少一部分真正用于工伤康复。我国

---

① 数据来源：国家统计局《2019 年农民工监测调查报告》《中华人民共和国 2019 年国民经济和社会发展统计公报》。

工伤康复政策未完全落实到位且执行情况不理想。有的地方还未开展工伤康复工作；部分开展康复工作的地方也存在工伤康复投入费用较少的问题。而且还存在康复医护人员短缺、床位少、设备陈旧落后和服务积极性不高等问题。康复机构多集中于中东部发达地区，导致有的地区有康复需求但无机构，有的地区有康复机构但需求不足。由于人们对工伤康复费用报销的不了解及工伤康复的宣传和落实度不高，人们对工伤康复存在认知不足和错误认识，进而错过康复机会。

（二）我国工伤保险制度的改革完善

1. 根据就业新形势进一步扩大覆盖面

针对新业态领域就业的灵活性、非正规性、雇主的不明朗性、职业伤害的隐蔽性等特点，探索新就业形势下工伤保险的范畴，使工伤保险真正做到名实相符。

2. 调整工伤保险制度保障重点

当前我国工伤保险主要以工伤补偿为重心，但工伤保险更要提前进行事故的预防，减少工伤事故发生，降低职工职业伤害最为重要。因此，我国工伤保险的保障重点应进行调整，应把预防、补偿、康复相结合，从被动补偿变为主动预防，在此基础上加大工伤康复的投入力度。

3. 完善运行机制

注重发挥浮动费率的作用，低保费起步，逐步实现收支平衡。规范工伤预防费用的使用范围和比例，以及工伤预防项目的确定和实施。推进形成更高水平、更高效率的多部门协作机制。按项目参加工伤保险工作涉及多部门职责，必须协调联动，合力推进。建立联席会议、联合督查、信息共享、经办对接等部门协作机制。

4. 规范与优化工伤认定程序

规范工伤认定和职业病鉴定、劳动能力鉴定的规则和标准，利用人工智能、大数据、5G 技术，优化工伤认定程序，包括工伤认定、劳动能力鉴定、职业病的认定。在机构设置上要增加诊断和鉴定机构的数量和质量，赋予法院最终认定权。对工伤认定的监督要进一步加强，可以引入听证制度，加大对用人单位的监督力度。

5. 健全相关法律法规

工伤作为一种社会问题，要从根本上解决处理工伤认定案件遇到的各种问题，必须完善细化有关法律法规。特别是建筑行业非法转包、个人挂靠其他单位对外经营、交通事故责任无法划分、突发疾病死亡视同工伤的认定问题，是目前争议和分歧最大的地方。需要扩大相关条款法律解释，统一工伤认定的操作标准，明确各方法律责任及奖惩措施。通过完善工伤保险的各项制度，保障工伤保险的公平性、发展的均衡性，以及收支的平衡。

1. 工伤保险实施过程中应遵循哪些基本原则？
2. 如何理解工伤保险的无责任赔偿原则？
3. 工伤保险包括哪些基本内容？
4. 我国工伤保险认定范围主要包括哪些情形？
5. 我国工伤保险制度面临哪些方面的问题与挑战？

拓展阅读

工伤保险工伤认定流程

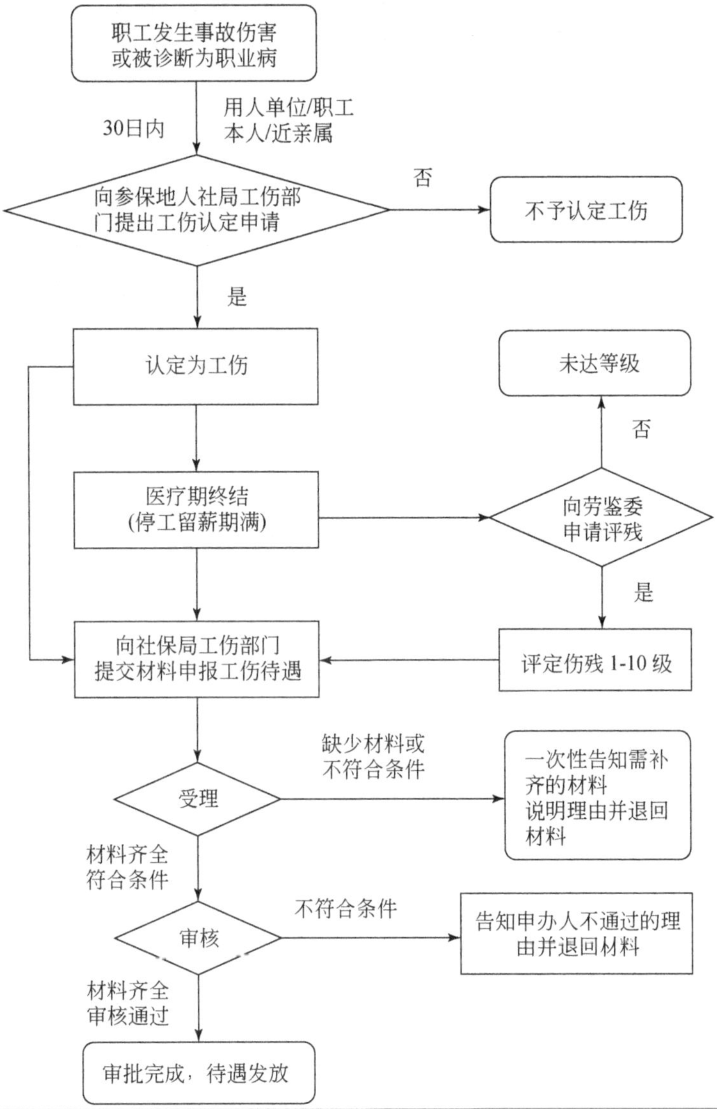

参考文献

董一丹，何丽华. 2020. 我国工伤保险制度的发展与现状. 伤害医学（电子版），（4）：46-53.

李满奎. 2014. 强制性工伤保险制度研究. 重庆：西南政法大学.

孙树菡，朱丽敏. 2009. 新中国工伤保险制度六十年的发展变迁. 河北学刊，（6）：1-6.

孙树菡，朱丽敏. 2019. 社会保险学（第三版）. 北京：中国人民大学出版社.

（华北理工大学　聂怀勇；南京中医药大学　张瑞利）

第九章　医 疗 保 险

内容提要

本章分为五节，第一节主要介绍医疗保险的相关概念，包括疾病风险的特征和医疗服务的分类及特征，医疗保险的概念与发展，医疗保险的原则、功能与作用。第二节主要介绍医疗保险制度的基本内容，包括医疗保险的覆盖对象、医疗保险基金的筹集、医疗服务提供、医疗保险待遇给付与费用控制。第三节主要介绍典型的医疗保险制度模式，包括社会医疗保险模式、国民健康保险模式、强制储蓄型医疗保险模式、商业医疗保险模式和国家保险型医疗保险模式。第四节主要介绍我国的基本医疗保险制度，包括城镇职工基本医疗保险制度、农村合作医疗制度、城镇居民基本医疗保险制度以及中国基本医疗保险制度的发展趋势。第五节主要介绍我国基本医疗保险制度面临的挑战与进展。

第一节　医疗保险概述

一、疾病风险与医疗服务

（一）疾病风险的共性特征

疾病风险（disease risk）指人类由于患病和意外损伤所产生的风险。疾病风险一方面具有可保风险的共同特征，同时还具有区别于其他风险的特殊性。

1. 疾病风险的客观性

疾病风险在一定程度上可以被认识、管理和控制，但不能完全排除，总是按其自身的规律发生和存在。

2. 疾病风险的损失性

疾病风险会给个人、家庭以及社会造成损失和伤害，包括躯体、精神、经济等诸多方面的损害。

3. 个体疾病的不确定性

从纵向上看，人的一生中总会患有这样或那样的疾病；从横向上看，人与人之间由于存在个体差异以及生存环境不同，会遭受各种各样的疾病风险。因此难以对个体疾病发生的具体时间、空间、类型、严重程度进行准确预测。

4. 某些群体疾病风险的可测性

就人群总体而言，有些疾病风险是一种随机现象，服从概率分布。根据数理统计的原理，可以对特定时期人群疾病风险的频率和损失等进行推测。

5. 疾病风险的发展性

疾病风险的发展性包含了两个方向的变化：一方面，随着医疗技术水平的提高，某些疾病的风险大大降低甚至消除；另一方面，随着政治、经济、文化、自然环境的发展变化以及人类生活方式的改变，会出现新的疾病风险，人类疾病谱也会发生变化。

（二）疾病风险的特殊性

1. 疾病风险影响因素的复杂性

与其他风险相比，影响疾病风险的因素不仅类型多样，而且类型之间存在交互作用；疾病风险的发生不仅与个体生理、心理和生活方式有关，而且受自然、社会、政治和经济等多种因素的影响。

2. 疾病风险的外部性和社会性

疾病风险不仅直接危害个人健康，同时疾病风险的外部性和社会性可导致对他人和社会整体利益的损害。比如某些流行病的暴发，其社会性危害远大于个人疾病风险带来的危害。

3. 疾病风险补偿数额的不确定性和补偿方式的多样性

其他风险（如财产风险）在出险后可以采取经济上定额补偿的办法，减轻或消除风险损失。但疾病风险危害的对象是人，在出险后不能采取定额补偿的办法。原因有两个：一是健康损失难以用货币来衡量；二是在发生疾病风险后每个人的损失主要是在治疗过程中所花费的医疗费用，而费用的发生由于个体差异和疾病的不同存在很大的不确定性。因此为了避免道德风险（moral hazard）、降低医疗费用支出，医疗风险的补偿方式与其他风险相比更为复杂。

根据疾病风险的特点，降低疾病风险需要个人和社会共同努力，需要卫生部门、劳动和社会保障部门等多部门共同配合。从医学的角度看，健康的生活方式、积极的预防保健和及时的治疗康复是降低和消除疾病风险的最根本措施；从劳动保障的角度看，要使疾病风险降到最低水平，必须针对社会人群建立完善的社会医疗保险体系，保障人群的基本医疗需求，降低疾病损失；从全局的角度看，降低疾病风险要具备两个基本前提：一是要拥有充足的提供预防保健和医疗康复的卫生服务机构和卫生资源，这是必需的物质技术供给条件；二是卫生服务需要拥有获得这些物质技术的能力，这是必需的物质技术需求条件。历史的经验和各国的实践表明，医疗保险制度是满足这两个条件的有效制度，它可以实现从供给到需求的均衡结合，优化卫生资源配置，可以有效地依靠国家、单位和个人的经济力量，筹集卫生费用，积极发展各类卫生保健事业，加强重大疾病的防治，降低疾病风险。

（三）医疗服务的分类及特征

医疗服务是医疗机构提供给市场的用于满足人们医疗保健需要的、以服务形式存在的消费品，属于无形产品。医疗服务的具体内容包括医疗服务机构对患者进行检查、诊断、治疗、康复和提供预防保健、接生、计划生育方面的服务，以及与这些服务有关的提供药品、医用材料器具、救护车、病房住宿和伙食等业务。医疗服务可以分为基本医疗卫生服务和特需医疗服务。基本医疗卫生服务包括两大部分：一是公共卫生服务范围，包括疾病预防控制、计划免疫、健康教育、卫生监督、妇幼保健、精神卫生、卫生应急、急救、采血服务以及食品安全、职业病防治和安全饮水等 12 个领域；二是基本医疗，即采用基本药物，使用适宜技术，按照规范诊疗程序提供的急慢性疾病的诊断、治疗和康复等医疗服务。基本医疗卫生服务由政府、社会和个人三方合理分担费用，特需医疗服务由个人付费或通过商业健康保险机构支付。

与物质产品不同，医疗服务具有四个基本特征：①无形性（intangibility），服务在很大程度上是抽象的和无形的；②变异性（variability），服务在很大程度上又是非标准化和高度变异的；③不可分割性（inseparability），典型服务的生产和消费过程总是同时进行的，并有顾客参与这一过程，医生替患者治病的过程也是患者消费的过程；④不可储存性，服务是具有消逝性的产品，会随时间消逝而逝去，通常是无法储存的。

（四）医疗服务的产品属性

公共经济学理论根据经济资源效用的可否分割性、消费是否具有竞争性和受益是否具有排他性及其程度三个角度，把经济资源划分为公共产品、私人产品和介于两者之间的准公共产品。非竞争性是指增加一个人对该物品的使用，所增加的边际成本为零；非排他性指的是限制他人使用该物品的成本过大或者理论上可行但实际无法做到。完全具备这两个特征的物品为公共产品，现实中此类物品较少；具有完全竞争性和排他性的物品为私人产品；还有较多的物品介于公共产品和私人产品之间，我们称之为准公共产品。根据产品的经济特性可以将医疗服务产品分为公共产品、准公共产品和私人产品。

医疗服务与其他行业服务相比存在着显著差异，具有不可选择性、不可逆转性和信息不对称性，而且医疗消费具有或然性，这些差异性和特殊性导致医疗服务的提供具有垄断性。

1. 医疗服务的不可选择性

对患者而言，医疗服务即医疗消费。在一般商品和服务消费中，消费者可以依据市场供求情况和自己的需求欲望、经济状况，理性选择合适的消费时间段或具体的消费时间。该时间段或时间一般要做到价格、需求欲望与经济承受能力的平衡。尽管需求欲望强烈，但如果经济上承受不了，消费者就会压抑自己的消费冲动而延迟到合适的时间消费或选择价格低廉的替代性消费品。在医疗服务消费中，消费者（患者或患者的亲属）对消费的时间和替代性消费品的选择余地较小，有时基本上没有选择余地，此即为医疗服务的不可选择性，医疗服务消费基本上都可以看成是人的生理需求，只要生了病就必须得到满足，没有选择的余地，这又加重了医疗服务卖方市场的特性，而进一步弱化了消费者的地位。同时这也使医疗服务市场的价格机制发生扭曲，医疗服务消费的价格弹性较小。可见，单靠市场机制很难形成医疗服务市场中较为公平的价格机制，需要政府采用指令性与指导性相结合的手段来形成适合当前经济发展水平与人们消费水平的医疗服务价格。

2. 医疗服务的不可逆转性

对于一般商品与消费服务，消费者具有主导权，如果不满意可以按照合同约定要求退货（或换货）或重新提供服务，具有明显的可逆转性。而医疗服务消费过程与生产过程不可分离，消费者不能试用，医疗服务消费者一旦接受了医疗服务，就要承担已发生的治疗后果，因为已吃进胃里的药吐不出来，已实施手术的身体不可能恢复如初；即使消费者因发现没有得到满意的治疗而更换医生或医院，但是最佳的治疗时机已过或原先的治疗造成的严重后果已不可消除，这就是医疗服务的不可逆转性。为降低机会成本，医疗服务消费者或潜在的医疗服务消费者都会背离一般商品与服务消费中的“市场需求与市场供给的层次性对应规律”，而在生病时都会选择最优与最安全的治疗。源于医疗服务的技术性，医疗服务市场的准入门槛较高，程序较为烦琐，医疗服务的供给是有限的，而最优医院与最优医生的供给就更为有限。可见，完全竞争情况下医疗服务市场必然形成畸高的均衡价格，并且最优供给永远处于拥挤状态。无疑，人们在选择医院和医生时，会特别在意医院和医生的质量。这样，医疗卫生资源极易发生错配，即最有经验的医生给了最有购买力的高收入者，却治疗了最简单的病；最没有经验的医生却给了最没有购买力的低收入者，需要面对的是最复杂的病。以上分析表明，针对医疗服务市场，特别是优质市场的供给有限性，一方面需要政府通过多种途径去增加医疗服务的供给，另一方面需要政府去诱导医疗服务消费者形成理性的消费需求，避免过度和畸高的医疗服务消费而导致医疗卫生资源的浪费。

3. 医疗服务的信息不对称性

在一般商品与服务消费中，供给者与消费者之间地位差异性的主要表现之一即信息的不对称性。鉴于信息收集与传递需要成本，加之信息的拥有者为了维持自己的信息优势而人为封闭信息，可以说信息不对称是任何市场的常态，也是任何商品与服务消费中的常态，人们只能尽量消减信息的不对称程度，而不能完全消除信息不对称性。医疗服务中包含着高科技内容，医疗服务消费者对医疗服务的相关信息知之甚少，加之医患双方委托代理关系的特点与疾病发生、疾病治疗的不确定性，服务的提供者与消费者之间信息的不对称程度远远超过一般商品与服务消费。由于医疗服务市场的卖方市场特性，对于信息极度不对称性的消减，仅仅借助医疗服务提供者的自律作用是极其有限的，需要政府通过立法强化医疗服务提供者的信息传递义务，强制医院将医疗服务单项价格、单病种所需检查与费用、医疗方案选择等直接涉及患者利益的信息公开，并加大对欺骗医疗服务消费者行为的查处力度。

（五）医疗服务市场的特殊性

医疗服务市场是医疗服务产品交换的场所或领域的总称，是各相关经济主体之间全部交换关系的总和，更是一种卫生经济资源配置的调节机制和手段。无论从市场构成或运行机制来看，医疗服务市场均具备一般商品市场的共性。同时，由于医疗服务产品不同于一般的商品或服务，这使得医疗服务市场是一个不完全市场，也有其本身的特殊性。

1. 医疗服务市场与一般商品市场的比较

经济学效用理论表明，在一般商品及服务市场环境下，消费者可以根据自己的知识、经验，按照自己的意愿有针对性地购买商品或服务，从而获得最大效用。但是，这种情形并不能简单移植到医疗服务市场中。经济学家约瑟夫·斯蒂格利茨（Joseph Stiglitz）把医疗服务市场和一般商品市场进行比较后，发现医疗服务市场具有较强的特殊性，认为信息不对称是医疗服务市场的主要特征之一。医疗服务市场的特殊性主要表现在信息、供给、产品、目标和费用五个方面，具体见表 9-1。

表 9-1　医疗服务市场与一般商品市场的属性比较

比较项目	一般商品市场	医疗服务市场
信息	需求方信息比较充分	需求方信息不充分，高度不对称
供给	存在很多供给方	医院数量受到限制
产品	具有同质性	有异质性
目标	利润最大化	大多数医院是非营利性医院
费用	消费者支付	消费者可能仅支付一部分费用

资料来源：Stiglitz J E. 1988. Economics of the Public Sector. 2nd ed. New York. W. W. Norton & Company, Inc.: 290.

2. 医疗服务市场的非完全市场化

（1）从医疗服务产品来看，由于存在非排他性和非竞争性的典型特征，大多数医疗服务产品具有公共产品属性。公共卫生服务是一类不适宜私人占有或提供的服务，因而通常由公众共同占有、使用、消费和生产。因此，公共卫生服务的供给不能以追求最大化利润为市场导向，而应把追求社会效益最大化放在首位，谋求社会效益和经济效益的统一。

（2）从医疗服务的公平性看，生命权和健康权是人的基本权利，而医疗服务为这种基本权利提供了保障。如果缺乏公共干预，医疗服务完全市场化，则会形成社会收入状况的差距决定卫生服务利用的差距，相应地决定健康水平差距，并由此决定收入状况差距的耦合共生关系。在缺乏有效的政府干预和社会保障机制的情况下，市场竞争的结果可能导致收入分配的两极化，而收入分配的两极化又必然造成严重的卫生服务、健康乃至社会公平问题。

（3）从医疗服务供求效益的外部性看，对于存在外部正效应的医疗服务，如预防保健，由于其社会效益通常大于医疗卫生机构的效益，且大于消费者的私人效益，因此这类服务的消费需求价格弹性较大。而在市场化环境下，医疗卫生机构的产量决策主要基于机构利益和财务可持续性，可能会导致其不愿意或较少生产供给此类高社会效益的医疗服务，使这类医疗服务的供给少于社会需要量或最优产量。医疗服务市场的外部性是市场机制本身难以解决或不能解决的问题，需要强有力的公共干预。

3. 医疗服务市场的非完全竞争性

市场竞争的完全性或充分性，既表现为市场主体数量的充足性和结构的多元性，又表现为市场主体间的充分、自由竞争的实现。在西方经济学中，从亚当·斯密的“看不见的手”的原理一直到目前的完全竞争模型，都在强调竞争的有益作用。但是，卫生经济学表明，医疗服务市场与一般商品市场有明显不同，它不是完全竞争行业。在医疗服务市场中，因为医疗卫生行业的进入门槛较高，加之配套性优惠政策和措施的缺乏、投资回报率低，社会资本进入医疗服务市场步履维艰，很难形成与公立医院相抗衡的民营医院，导致市场主体数量不充足，结构较为单一，满足不了医疗服务市场需求，属于明显的卖方市场。

4. 医疗服务市场的非普遍性

市场的不普遍主要表现为价格机制的缺位。在医疗服务市场中，往往会出现医院越多，医疗服务价格越高的现象，似乎竞争带来的不是医疗服务价格的下降而是价格的持续上扬，这就是医疗服务市场的特殊性所导致的价格形成机制的缺失。医疗服务的高科技性，加之医患双方的委托人与代理人的关系特点，反映到医疗服务市场就表现为信息的严重不对称性。通常，由于消费者具备的医疗服务信息不完全，对医疗服务的数量、种类、质量乃至价格缺乏了解，很难事先作出正确判断和理性选择，使消费的盲目性和选择成本增加。同时，由于供方拥有足够的信息从而居于主导地位，并以需求者“代理人”和“服务提供者”的身份对服务作出需求选择，并可能创造需求或诱导需求，从而使医疗服务需求存在明显的被动性和求助性；另外，由于医疗服务产品是非物质产品，医疗服务的生产与消费过程具有时空同一性，从而决定了医疗服务产品的生产既不能提前进行，也不能运输或储存，这就增加了消费者的选择成本和被动性。

市场中的竞争过程表现为利益群体的博弈过程。在医疗服务市场中，药商和医院之间形成了一个紧密的利益共同体，二者在博弈过程中可能会共同应对医疗服务的买方。“以药养医”现象本质上反映了上下游企业之间形成的排他性合作关系。与此同时，各类医疗保险的运作主要通过限制患者的报销范围和项目来控制医疗费用，这一机制进一步削弱了患者在医患关系中的地位，导致医疗服务中的第三方购买者缺位，使供方诱导患者过度消费成为可能，如医疗服务提供过程中的不必要检查和过度治疗等。在政府投入不足的情况下，医院与医生也容易结成利益共同体，医院形成了内部管理层控制的局面，基于“经济人”对自身利益最大化的追求，管理处往往对医生增加患者医疗成本的行为采取默许态度，甚至通过下达创收指标鼓励医生进行利益寻租。在现行的医院管理体制中，公立医院由卫生行政管理部门代表政府出资和监督，但这种“管办不分”的体制使得不少公立医院的乱收费等违法违规行为屡查屡犯。综合以上因素，不难解释为何医疗服务市场存在价格畸高和价格形成机制缺失的问题。

二、医疗保险的概念与发展

（一）医疗保险的概念

就一般定义而言，医疗保险是指由特定的组织或机构经办，按照强制性或自愿原则，在一定区域的参保人群中筹集医疗保险基金，当参保人（被保险人）因病、受伤或生育接受了医疗服务时，由保险人（特定的组织或机构）提供经济补偿的一系列政策、制度与办法。

从医疗保险所承保的范围来看，可分为狭义的医疗保险和广义的医疗保险。狭义的医疗保险（medial insurance），是指劳动者在发生疾病、负伤或生育时获得的医疗费用的补偿。广义的医疗保险，不仅补偿疾病给人们带来的直接经济损失（医疗费用），也补偿间接经济损失（如误工工资），甚至还包括疾病预防、卫生保健、宣传教育等一系列工作。因此，将这种广义的医疗保险称为健康保险（health insurance）更为准确。从目前国际上的改革来看，医疗保险呈现向健康保险转变的趋势，这也应成为我国医疗保险制度的未来变革方向。

医疗保险遵循大数定律，通过保险的方式分散个人患病所造成的经济损失。对单个人来说，生病和受伤存在一定的偶然性，不可预测；而对一个群体来说则是可以预测的。医疗保险是一个比较宽泛的概念，既可以指专门由政府组织的社会医疗保险，也可以指由市场提供的商业医疗保险。本书所讲的医疗保险指的是社会医疗保险，即由国家组织的一项制度安排。

（二）医疗保险的形成与发展

西方国家社会保险制度的建立，大多从医疗保险起步。社会医疗保险的建立始于 1883 年德国颁布的《疾病保险法》，其中规定某些行业中工资少于限额的工人应强制加入医疗保险基金会，基金会强制性征收工人和雇主应缴纳的保险费。这一法令标志着医疗保险作为一种强制性社会保险制度的产生。20 世纪上半叶，这项政策逐渐在整个欧洲推广开来，奥地利、挪威、法国等不少国家也都相继有了医疗保险的立法。特别是 1929—1933 年资本主义世界经济危机发生之后，医疗保险立法进入全面发展时期。这个时期的立法，不仅规定了医疗保险的对象、范围和待遇项目，而且对与医疗保险相关的医疗服务也进行了立法规范。其中，英国颁布的《国民保险法》是这一制度全面发展的典型，并为美国、德国、法国等国家所效仿。1927 年国际劳工组织通过了第 24 号公约《工商业工人及家庭佣工疾病保险公约》和第 25 号公约《农业工人疾病保险公约》，分别要求在工商业和农业实行强制疾病保险制度，这对各国制定相关的政策和立法具有指导意义。1944 年国际劳工组织通过的第 69 号建议书《医疗保健建议书》呼吁各国政府满足公民对医疗服务和设施的需要，以便恢复健康和预防疾病进一步恶化，减轻疾病所带来的痛苦，进一步保护和改善健康状况。这项建议表达了社会医疗保险的新观念，即综合地、普遍地保护健康。这一观念被许多国家采纳，并在本国通过立法付诸实践。此后，1969 年，国际劳工组织通过了《医疗护理与疾病津贴公约》，旨在确保各国为所有工人提供医疗护理和疾病津贴等社会保障。随之，该组织提出了《医疗护理与疾病津贴建议书》，以作为对《医疗护理与疾病津贴公约》的补充，这份建议书旨在为各国更好地实施该公约提供具体的指导和建议。一战后至 20 世纪 70 年代是医疗保险在全球普遍发展时期，尤其是在西方发达国家，实施范围不断扩大，标准不断提高，社会医疗保险的支付比例不断扩大。目前法定医疗保险已覆盖德国 90%以上的人口，而日本的国民医疗保险覆盖率也达到了 99%，近乎全部覆盖。中国和其他一些社会主义国家，以苏联的医疗保障模式为样板，发展起了与计划经济体制相配套的医疗保障安排。随着 20 世纪 70 年代以来西方社会进入经济衰退和停滞时期，中国开始酝酿市场经济体制改革，再加上人口老龄化的加剧，传统的医疗保险制度遇到了许多问题，各国政府纷纷采取措施，对以前的医疗保险制度进行改革，在努力解决扩大医疗保险覆盖面、提高医疗服务质量以及控制医疗卫生费用上涨等老问题的同时，积极应对医疗技术和信息技术发展以及人口老龄化所带来的新问题和挑战。由于经济发展水平、政治制度、社会制度、文化传统等方面存在差异，各国在医疗保险制度的改革中结合自身的特点采取不同的对策。

三、医疗保险的原则、功能与作用

（一）医疗保险的基本原则

1. 社会化原则

在传统农业社会，医疗保障以家庭为主体。而社会化大生产中的劳动者不仅是家庭的劳动力，更是社会的劳动力。劳动者的身体状况和家庭经济状况直接影响着劳动力再生产，而劳动力再生产又是社会再生产的重要条件之一。因此，劳动力的修复也应该依靠社会力量。就个体而言，仅靠个人、家族或小型团体难以抵御重大疾病风险，只有依靠社会筹集的雄厚资金才足以化解部分人的巨额疾病损失。在现代社会，企业的规模、经营状况、职工健康状况等都存在差异，企业的医疗费用负担轻重不一，通过社会医疗保险可以加强企业间的互助共济，减轻单个企业负担，使现代化企业能将更多力量集中在生产和创新领域。

2. 广泛覆盖，强制参保原则

从经济学角度看，医疗保险如果采用自愿参保的方式将难以避免“逆向选择”的难题，即风险越大的人员越希望参加保险，从而造成赔付率过高，出现经营风险。为了解决这个难题，最简单的途径是采用广泛覆盖、强制参保的原则。采用这项原则可以避免“逆向选择”难题，同时参保人员越多，风险池越大，抵御风险的能力越强。

广泛覆盖、强制参保原则有三层含义：一是无论单位性质、经济状况如何，凡是政策规定的用人单位都必须参保；二是所有职工和居民都必须参保，用工形式（正式工、固定工、临时工、离退休职工等）和户口类型（常住户口、临时户口等）都不应该成为划分是否参保的根据；三是无论身体状况和年龄如何，凡是规定的职工和居民都必须参保，即无论是患者还是健康人、老年人还是年轻人，都必须参加社会医疗保险。

3. 保障基本医疗需求原则

对于个体来说，基本医疗是指个体为了挽救生命、延长寿命、提高生存质量从而使个人效用最大化所最需要利用的和最优先利用的医疗服务或医疗措施。对于整个社会来说，基本医疗是指对改善全体社会公民健康、提高国民素质、推动社会发展贡献最大、最应该为全体公民所享受的医疗服务或医疗措施。

基本医疗对于医疗服务供方来说，应该是有能力提供的；对医疗服务需方（患者）来说，它应该是必需的；对保险方来说它应该是有能力支付的。从政策的执行层面上看，对基本医疗的界定主要体现在政策规定的基本用药、基本诊疗技术、基本设施和基本服务上。但是在不同经济状况或不同时期，基本医疗的标准会随着社会的发展而改变，它与经济和社会发展水平相适应。

4. 公平和效率相结合的原则

公平和效率相结合的原则是制定社会医疗保险制度的基本原则。社会医疗保险既要体现效率，又要兼顾公平。公平可以理解为：参保人无论年龄、职业、职位、用工形式以及身体状况如何都按相同比例缴纳医疗保险费用，并享有同等医疗保险待遇。效率主要体现在社会医疗保险费的筹集、使用和对卫生服务的利用等方面。参保单位和个人缴纳医疗保险费的积极性越高，筹集医疗保险基金的效率越高；医疗卫生机构执行因病施治、合理检查、合理用药、合理治疗等原则越严格，医疗保险基金使用的效率越高。公平和效率相结合，要求在保证公平的前提下，提高效率。

5. 财政专户管理、专款专用原则

财政专户管理、专款专用原则是我国社会医疗保险基金管理的重要原则。基本医疗保险基金纳入财政专户管理，实行“收支两条线”，基金的收支必须经过财政预算的编制、审批、执行、检查等过程，严格审核基金的预算执行情况。

6. 费用三方分担原则

费用三方分担原则是我国城镇职工基本医疗保险筹资的基本原则，即国家、单位、个人三方共同筹资。其原因在于：第一，医疗费用的迅速上涨使医疗保健支出成为居民生活开支的重要方面，单由某一方（国家与单位或个人）难以承担医疗费用之重负；第二，有利于扩大保险基金的筹集渠道；第三，有助于培养患者的费用意识，个人参与筹资对减少不合理医疗消费有一定的积极作用。

7. 以支定收，量入为出，收支平衡，略有结余原则

以支定收，量入为出，收支平衡，略有结余原则是社会医疗保险基金运作的基本原则。第一，征收社会医疗保险费应根据“以支定收”的原则，往年医疗费用的实际支出，尤其是医疗费用的上涨速度等因素是综合确定筹资标准的重要依据。第二，基金的使用应遵循“量入为出”的原则，社会医疗保险机构一定要根据筹集到的基金数量、基金的偿付能力来决定偿付标准。第三，“收支平衡”是社会医疗保险基金运营的基本条件，无论是支付医疗费，还是制定保值增值方案，都必须以基金的安全为前提，不能透支。第四，“略有结余”是社会医疗保险基金运作的计划目标，积累部分结余资金，一方面是防备疾病暴发、流行等突发事件，另一方面是出于医疗费用不断上涨等因素的考虑。

8. 权利与义务对等原则

权利与义务对等是我国社会医疗保险费需方支付的重要原则，是贯穿医疗保险的一条主线，谁参加了医疗保险，谁就享受相应的医疗保险待遇。谁缴费谁受益，早参保早享受，这是权利与义务对等的充分体现。权利和义务需要在五个方面都对等：一是缴费和收益之间；二是在缴费水平和统筹待遇上；三是在筹资基数与比例上；四是在职时缴费基数与退休后划拨个人账户基数之间；五是在基金的列支渠道上，要体现公平原则。谁参保、谁受益原则要求加强基金管理，采取措施杜绝社会保障卡转借他人的现象，防止冒名就诊、住院，从而减少医疗保险基金的流失，使医疗保险基金真正用到参保的患者身上。

9. 属地化管理原则

属地化管理原则是社会医疗保险管理的重要原则。它将社会医疗保险由单位自管转化为社会管理，法律或政策规定的单位及其职工必须参加所在统筹地区的基本医疗保险。统筹地区执行统一的政策，实行基金的统一筹集、使用和管理。

社会医疗保险属地化管理的作用在于：第一，明确了政府和单位对职工医疗保障所承担的责任，有利于保证基金及时足额给付。第二，避免了行业统筹的弊端，减轻了用人单位的负担。有些效益好的单位希望参加行业统筹而不参加地方保险，主要原因是其收入水平和医疗消费水平普遍高于当地其他行业，如果参加地方社会统筹，必然要增加支出，降低待遇水平。而困难企业筹集的资金数额少且不稳定，难以化解疾病风险。因此，只有在统筹地区实行统一筹集、使用和管理基本医疗保险基金，才能保证基本医疗保险实现广覆盖，均衡所有企业的负担，提高基金的共济能力。第三，有利于加强统筹区域内职工就医管理，方便职工就近就医。

（二）医疗保险的功能与作用

医疗保险是社会保险中最早产生的一个险种，由于其保障内容的特殊性，医疗保险对社会发展的作用和功能可以从两个方面来分别探讨：一是从社会保障和经济发展的角度来看待其基本功能；二是从医疗卫生的角度来看待其所具有的特殊功能。

1. 社会医疗保险的基本功能

社会医疗保险是社会保险的一种，具备社会保险的基本功能。

（1）稳定社会经济生活。社会医疗保险制度的建立和实施，集聚了政府、企业和个人的经济力量，对患病的劳动者给予物质上的帮助，为他们提供基本医疗保障，其社会化程度高，有利于劳动力流动，减轻企业社会负担，促进企业体制改革，建立现代企业制度，适应市场经济体制要求。与此同时，社会医疗保险制度还可以解除劳动者的后顾之忧，激励劳动者积极工作，有助于消除社会不安定因素，稳定社会秩序，从而保证经济体制改革的顺利进行和社会生活的稳定。

（2）促进公平和效率的统一。医疗保险并不与劳动者的劳动数量、劳动质量直接挂钩，而是保障劳动者在患病后有均等的就医机会，并依据其病情提供基本医疗服务、给予必要的医疗保障。社会医疗保险制度强调被保险人的受益以缴纳社会医疗保险税（费）为前提，积累大量社会资金，然后根据被保险人是否发生医疗消费以及该消费是否符合医疗保险范围，支付医疗费用。这在一定程度上具有个人收入再分配的功能。在医疗保险税（费）按个人收入一定比例征缴的前提下，医疗保险的实施有利于缩小贫富差别、促进社会公平，从而有助于合理调节社会分配关系，实现效率与公平的结合和统一。

（3）扩大有效需求。社会医疗保险是医疗需求管理的重要工具。当有效医疗需求不足时，医疗保险部门支付保险金会增加医疗服务的利用，进而带动医药行业的发展。而且，由于低收入人群的医疗消费倾向比高收入人群高，社会医疗保险作为一种再分配制度可以将高收入人群收入的一部分转移给低收入人群，从而提高低收入人群的有效医疗需求。

（4）保障社会再生产。劳动力是社会生产的基础，是社会生产力中最活跃的因素。医疗保险制度的实施，可以有效保障劳动者身体健康，提高劳动者身体素质，从而对于提高劳动生产率，促进生产的发展发挥着重要作用。医疗是劳动力再生产的必要条件，医疗费用是劳动力再生产的必要费用。医疗保险制度的实施，为劳动者减少疾病、生病后得到及时治疗、尽快恢复健康并以健康的体魄投入生产劳动提供了重要保证。

2. 社会医疗保险的特殊功能

与其他项目相比，社会医疗保险具有一些特殊的功能：

（1）降低或消除疾病经济风险，保障居民健康。当参保人患病需要医疗卫生服务时，利用医疗卫生服务的重要制约因素——经济因素的限制作用明显减小，这有利于提高医疗卫生服务的可获得性，保障参保人的健康。

（2）规范医疗卫生服务供方和需方的行为。与其他医疗保障制度相比，社会医疗保险对医疗卫生服务供方和需方有较强的规范管理力度，这有利于合理使用医疗卫生资源，提高医疗卫生服务效率。在发达国家，由于社会医疗保险部门在医疗服务管理上发挥着重要作用，卫生行政部门便将工作重点放在公共卫生，而不是医疗服务管理上。

（3）促进医疗卫生服务社会化。医疗卫生服务社会化是现代医学的发展方向，社会医疗保险促进医疗卫生服务社会化的作用主要体现在两个方面：第一，有利于聚集社会医疗卫生经济资源，促进医疗卫生事业的发展；第二，有利于社会化的医疗保健服务的开展，如预防保健服务、重大疾病的控制等。

第二节　医疗保险制度的基本内容

一、覆 盖 对 象

最理想的医疗保险制度应当覆盖所有的人，但是各国医疗保险模式、经济发展水平等不同，制度的覆盖范围也大不相同。采用全民健康保险的国家如北欧、西欧各国，因为经济发展水平比较高，而且主张建立福利国家模式，其医疗保险覆盖了全体国民。而采用商业医疗保险的国家如美国，尽管经济非常发达，但是受自由主义的影响，其社会医疗保险制度覆盖范围却非常有限。

中国的医疗保险在不同时期，其覆盖对象也有所不同。计划经济时期，以企业责任为主的劳保医疗和以财政责任为主的公费医疗组成了城市的医疗保障体系。劳保医疗的覆盖对象为城市企业职工，公费医疗的覆盖对象主要是国家机关、事业单位的工作人员。在农村，农民自发探索了合作医疗的保障方式，其覆盖对象自然是参合农民。

改革开放以来，我国基本医疗保险制度历经一系列改革和探索，构建起了城镇职工基本医疗保险、城镇居民基本医疗保险和新型农村合作医疗（简称“新农合”）的“三纵”保障格局。2016年，国务院发文，要求各地合并城镇居民基本医疗保险和新农合为统一的城乡居民基本医疗保险。时至今日，各地的合并已经基本完成。因此，我国现行的基本医疗保险制度由城乡居民基本医疗保险制度和城镇职工基本医疗保险制度两大系统构成。

城镇职工基本医疗保险制度覆盖所有城镇中各类各级单位的员工，包括企业、机关、事业单位、社会团体、民办非企业单位及其职工，灵活就业人员、农民工、非公有制经济组织员工也要按照相关规定参保。所以，城镇职工基本医疗保险实际上覆盖了城镇全体从业人员。城乡居民基本医疗保险制度覆盖人群主要包括：第一，尚未参加城镇职工基本医疗保险或尚未参加公费医疗的达到退休年龄的老年人；第二，尚未参加城镇职工基本医疗保险或公费医疗的学龄前儿童、中小学生、大学生及研究生等；第三，尚未参加城镇职工基本医疗保险或公费医疗的无业人员；第四，全国范围内所有农村居民。

二、筹 资

（一）筹资原则

从世界各国的实践经验来看，社会医疗保险在资金筹集上一般会坚持以下原则。

1. 法治化原则

医疗保险系统涉及多方利益关系，如医疗服务提供方、保险方、被保险方等，他们追求的目标并不相同，所以国家必须通过立法手段实施强制性政策来筹集医疗保险基金，以增强基金抗风险能力并有效化解国民的疾病风险。

2. 共同负担原则

基本医疗保险的性质决定了医疗保险费用应由国家、雇主和个人三方（或其中两方）共同负担，而不是单纯由一方负担。

3. 基本保障原则

基本医疗保险保障的是社会成员的基本医疗需求，而不是全方位的健康需求或者是高水平的医疗需求。

4. 统一费率原则

基本医疗保险基金在同一个统筹地区内按统一的费（税）率筹集。这有利于在统筹区域内均衡所有参保人的保险费用负担，促进企业间公平竞争，也有利于国家治理公平目标的实现。

5. 相对稳定原则

该原则要求基本医疗保险费（税）率一旦确定，在短期内应保持相对平稳，不要频繁调整变动，以免影响基本医疗保险制度的稳定发展。

（二）筹资来源

一般来讲，社会医疗保险有以下三种主要筹资来源。

1. 国家补贴

国家补贴是医疗保险基金筹集的一个重要来源。国家补贴多少取决于该国的医疗制度、福利政策、经济发展水平及社会价值观念等因素。英国、加拿大以及北欧国家实行的是国家医疗保险制度，医疗保险基金中的绝大部分都来源于国家补贴。在我国实行的社会医疗保险制度中，国家补贴也占据了相当大的比例。如山东省潍坊市城乡居民基本医疗保险政府补贴额度，2015—2021 年度分别为 360 元、380 元、420 元、450 元、520 元、520 元和 550 元。

2. 雇主（单位）缴费

雇主（单位）缴费是指由雇员所在单位按照雇员工资的一定比例为雇员缴纳一定的医疗保险费。在大部分实行社会医疗保险的国家，如德国、日本、韩国，医疗保险费用的缴纳由雇主和雇员各分担一半。按我国城镇职工基本医疗保险缴费的有关规定，用人单位的缴费比例为职工工资总额的 6% 左右（各统筹地区缴费比例不尽相同）。

3. 雇员（个人）缴费

雇员（个人）缴费是医疗保险基金的一个重要组成部分。雇员（个人）缴费数额通常是其年平均工资总额的一定比例。不同国家雇员（个人）的出资比例有所不同，我国城镇职工基本医疗保险政策规定职工缴费率一般为本人工资的2%。

此外，基本医疗保险基金的筹资来源还包括医疗保险基金的利息收入、投资收益、社会福利彩票的发行、参保人或用人单位缴纳的滞纳金等。

三、医疗服务提供

在社会医疗保险中，社会医疗保险经办机构并不直接向参保人提供医疗服务，而是借助于医疗机构向参保人提供服务。例如，英国的医疗服务由总医院、普通医院、诊疗所、卫生中心，精神病院、传染病院等专科医院，以及社区保健、家庭医生提供；德国的医疗服务主要由住院医生（专科医生）和诊所医生（开业医生）提供。在我国，社会医疗保险医疗服务的提供主要来源于定点医疗机构和定点零售药店。定点医疗机构和定点零售药店均需通过资格审定，并与社会医疗保险经办机构签订协议，才能为社会医疗保险参保人提供服务。定点医疗机构和定点零售药店在为参保人提供服务后，从社会医疗保险经办机构那里获得偿付。之所以实行定点管理，是为了提高医疗卫生资源的利用效率，促使医疗机构合理竞争，提高医疗服务质量，降低医疗服务成本，从而更好地控制医疗费用的过快增长。

四、待遇给付与费用控制

（一）医疗保险待遇给付概念

1. 医疗保险待遇给付的定义

医疗保险待遇给付是指医疗保险机构依照保险合同的约定给付被保险人因患病而发生的医疗费用，或者补偿医疗服务提供者为参保人提供适宜服务所产生的医疗卫生资源耗费。医疗保险待遇给付是医疗保险分担疾病风险、发挥保障作用的重要手段和形式，也是医疗保险制度最重要和最基本的职能之一。

2. 医疗保险待遇给付的作用

（1）实现医疗保险制度的补偿职能。通过医疗保险费用支付，减轻被保险人由疾病造成的经济负担，从而实现医疗保险制度的补偿职能。

（2）维持医疗保险基金收支平衡。通过确定合理的支付方式、支付标准和支付水平，有效控制医疗保险基金的流动，从而维持医疗保险基金的收支平衡。

（3）调节供需双方行为。不同的支付方式对医疗服务供需双方的行为具有不同的影响，从而产生不同的调节作用。

（4）优化医疗卫生资源配置。例如，提高参保人员在社区医疗机构接受服务时的补偿水平，则医疗卫生资源就会由高层次医疗机构流向社区卫生服务机构，从而优化医疗卫生资源配置。

（二）医疗保险待遇给付的方式分类

1. 按给付时间分类

（1）后付制。后付制是指在医疗服务发生以后，按照一定的收费标准，根据医疗服务的数量和质量确定医疗费用偿付额度的方法。在后付制下，患者对医疗服务有较多的选择，同时能够调动医疗服务供方的积极性，但容易产生供方诱导需求，医疗费用控制效果较差。

（2）预付制。预付制一般是指在医疗服务发生之前，医疗保险机构根据事先确定的偿付标准，向医疗服务供方或参保人支付医疗保险费用。由于医疗服务供方需要承担超过预付额度时的经济风险，所以相比后付制，预付制对医疗服务供方的约束作用较大，医疗费用控制效果较好，而且偿付时操作简单。但确定合理的预付费用标准的难度较大，如果选择预付的方式和标准不合理，容易影响到医疗服务供方的积极性和医疗服务质量。

2. 按给付水平分类

（1）全部偿付。全部偿付是指医疗保险机构偿付全部的医疗费用，参保人享受免费医疗。全额偿付的保障水平高、公平性好，但是由于参保人几乎不需要支付任何费用，所以缺乏费用节约意识，容易导致医疗费用失控，医疗卫生资源浪费。

（2）部分偿付。部分偿付是指医疗保险机构只承担部分医疗费用偿付责任，参保人需要按照一定的标准自己承担一部分医疗费用。部分偿付有利于形成有效的需方费用约束机制，但保障水平比全部偿付要低，且确定合理的费用分担标准和比例难度较大。

3. 按给付对象分类

（1）供方费用偿付。供方费用偿付又称直接偿付，是指由医疗保险机构向为参保人提供医疗服务的供方直接偿付医疗费用，即参保人就诊结束后，只需按照规定支付自付部分医疗费用，剩余费用由医疗保险机构与医疗服务供方结算。供方费用偿付方式对参保人而言操作简单，管理成本相对较低，同时对供方医疗服务行为约束作用明显。

（2）需方费用偿付。需方费用偿付又称间接偿付，是指参保人接受医疗服务供方的服务之后，先行支付所有医疗费用，事后持就诊材料和费用凭证向医疗保险机构申请费用补偿。这种方式操作复杂、结算工作量大、管理成本高，虽然对需方有较好的约束作用，但是对供方约束作用有限，费用控制效果较差。

（三）参保人医疗费用给付方式

1. 起付线

起付线（deductible）又称扣除保险，是指医疗保险机构全部或部分承担一定额度即起付线标准以上部分的医疗费用，起付线以下部分的医疗费用由参保人自付或由其他途径获得补偿。

起付线一般分为三种类型：年度累计费用起付线、单次就诊费用起付线、单项目（一般为特殊医疗项目）费用起付线。

起付线的优点包括：第一，有利于增强参保人费用意识，减少浪费和控制医疗费用过度上涨；第二，减少小额补偿工作，使医疗保险机构工作量大大减少，降低管理成本；第三，减少小额费用补偿，有利于提高保障更大医疗费用风险的能力，提高基金使用效率。

2. 比例共担

比例共担（proportional-sharing）又称按比例补偿，是指医疗保险机构和参保人按照事先约定的比例共同承担医疗费用。比例共担可以采取固定的比例，也可以采取变动比例的方式。

比例共担的优点：第一，简单直观、容易操作；第二，对医疗服务需方有一定约束作用，有利于调节医疗服务消费，控制医疗费用。

3. 封顶线

封顶线（ceiling）又称最高限额，是指医疗保险机构只偿付封顶线以下的医疗费用，超出封顶线的医疗费用由参保人自付或从其他途径获得补偿。

封顶线的优点包括：第一，体现基本医疗水平保障，扩大参保人受益范围；第二，有利于限制高额医疗需求以及过度的医疗服务资源耗费；第三，有利于参保人重视自我身体保健，提高参保人的身体素质水平。

4. 混合制

以上三种待遇给付方式虽然各有优点，但同时也存在缺点。例如过高的起付线或过低的封顶线，参保人自付比例太高，可能会使参保人保障水平受限，加重参保人经济负担，无法发挥医疗保险制度的保障作用；而过低的起付线或过高的封顶线，又有可能导致参保人自付比例过低而失去费用约束作用，使医疗费用失控。因此，在医疗保险实际操作中，往往是将以上三种费用偿付方式结合一起使用，形成优势互补，更加有效地控制需方就诊行为，限制医疗费用的过度增长。

（四）保险方医疗费用给付方式

1. 按项目付费

按项目付费（fee for service）是指对医疗服务过程中的每一个服务项目都制定价格，参保人在接受医疗服务时逐一对服务项目付费或计费，然后由医疗保险机构向患者或医疗机构偿付费用。

按项目付费是产生最早、使用最广泛的费用偿付方式。其优点：第一，计算方法简单，操作简便，社会医疗保险各方容易理解，所以适用范围广；第二，对医疗服务供方补偿较完全，有利于调动供方积极性，有利于服务质量的改善；第三，参保人选择自由度较高，一般较满意。其缺点：容易刺激供方诱导需求，医疗保险机构管理成本较高。

2. 按病种付费

按病种付费又称为按疾病诊断分类定额预付制，即医疗保险机构通过协议沟通的方式，预先确定各个病种或病组的费用支付标准，对医疗服务提供者进行医疗费用结算的方式。实践中，该类支付方式又分为三种：单病种付费、按疾病诊断相关组（diagnosis related groups，DRG）付费和基于大数据的病种（big data diagnosis-intervention packet，DIP）分值付费。

DRG 实质上是一种病例组合分类方案，即根据年龄、疾病诊断、合并症、并发症、治疗方式、病症严重程度及转归和资源消耗等因素，将患者分入若干诊断组进行管理的体系。DRG 付费是对各疾病诊断相关组制定支付标准，预付医疗费用的付费方式。在 DRG 付费方式下，依诊断的不同、治疗手段的不同和病人特征的不同，每个病例会对应进入不同的诊断相关组。在此基础上，保险机构不再是按照病人在院的实际费用（即按服务项目）支付给医疗机构，而是按照病例所进入的诊断相关组的付费标准进行支付。DRG 付费是目前世界公认的较为先进和科学的支付方式之一，是有效控制医疗费用不合理增长，建立公立医院运行补偿新机制，实现医保患三方共赢和推进分级诊疗促进服务模式转变的重要手段。但该支付方式对病案首页质量、编码分组、费率测算等技术要求较高，管理成本较高，也存在“低码高编”（将轻症编码为重症）、推诿重症患者等问题。

DIP 付费是基于中国国情、利用大数据优势建立的完整医保费用支付与管理体系。DIP 通过对“疾病诊断+治疗方式”的共性特征进行统计分析，对历史病例进行客观聚类形成病组，在总额预算机制下计算出各个病组的分值、点值，最后确定支付标准对医疗服务提供者进行支付。DIP 的分组更细，与临床实际更加契合；同时对历史病案数据的质量要求相对不严苛，在推行的时候难度相对较小；医疗机构运用新技术、新手段开展诊疗，也能在支付标准中得到及时体现。目前，中国正在同步推进 DRG/DIP 医保支付方式改革。

3. 按服务单元付费

按服务单元付费，也叫按平均费用付费或定额支付。服务单元是指医疗服务过程中按照特定的参数所划分的若干相同部分，如一个门诊人次、一个住院人次或一个住院床日等。根据参保人就医时间长短可将医疗服务分为门诊服务和住院服务两部分。对门诊服务费用给付一般按服务人次给付，对住院医疗服务费用偿付一般采用按住院床日数给付。

（1）按服务人次给付。按服务人次给付又称按平均定额偿付制，是指医疗保险机构事先制定每一门诊人次或每一住院人次的费用给付标准，再根据医疗服务供方实际提供的门诊人次数或住院人次数向供方给付医疗费用。按服务人次给付的优点：一是促使医疗服务供方降低每一服务人次成本，费用控制效果较好；二是有利于缩短住院时间，提高病床利用率；三是计算简单，审核与监管简便。缺点：一是费用给付标准离散程度较高，对供方补偿不完全；二是容易导致供方分解服务人次；三是供方在控制成本过程中，可能出现降低医疗服务质量，恶化医患关系，影响医院长远发展。

（2）按住院床日数给付。按住院床日数给付（pay according to the number of hospital bed days），是指医疗保险机构预先确定每一住院床日给付标准，然后根据供方提供的实际总住院床日数，计算出总给付金额。这种方式一般较适合床日费用相对稳定的病种和医疗机构。按住院床日数给付的优点：一是易于操作，管理成本相对较低；二是属于预付制，每床日费用控制效果较好。缺点：一是可能导致供方故意延长住院床日数，病床利用率低；二是给付标准离散程度大，可能导致供方倾向于接收病情较轻的患者。

4. 按人头付费

按人头付费（capitation）又称为“小包干”，是指医疗保险机构按合同规定的时间，根据供方服务的人口数和每一服务对象的给付定额标准，定期支付一笔固定的费用，在此期间，供方所提供合同规定的服务均不再另行收费。

按人头付费的优点：一是操作简单，监督审核较容易，管理费用较低；二是有利于减少供方诱导需求，费用控制效果较好；三是促使供方开展预防保健。缺点：一是按人头付费实行定点医疗，降低了医疗服务需方的就诊自由度，也不利于供方的竞争；二是可能导致出现就医等待、服务效率低下等问题。

5. 总额预付制

总额预付制（global budget）又称“大包干”，是指由医疗保险机构与医疗机构协商，事先确定每一年度对医疗机构的偿付总额。总额预付制的关键在于确定合理的总偿付额，一般考虑医疗机构的等级、规模、医疗设施与设备、服务能力、覆盖人口数、上年度收支情况以及医疗价格变化等因素。

总额预付制的优点：第一，能够较好地控制医疗费用总量，是所有费用偿付方式中效果最好的方法之一；第二，有利于降低医疗服务成本，提高资源利用效率。缺点：第一，一般全民医保的国家或地区偿付总额确定才更准确，所以适用范围窄；第二，可能会影响到医疗机构提高医疗技术、更新医疗设备的积极性和主动性，影响医疗机构和医疗事业的发展。

6. 以资源为基础的相对价值标准偿付制

以资源为基础的相对价值标准偿付制（RBRVS），是指根据医疗机构在医疗服务中所投入的各类资源消耗成本，计算医生的医疗服务或技术的相对价值，来确定医生偿付标准的方法。

RBRVS 的优点：一是使各项服务得到合理的补偿；二是刺激医生提供诊断和管理性服务；三是改变各专业服务补偿水平不公平现象。RBRVS 的缺点也很明显，主要是未考虑医生能力、病情的严重程度和治疗效果。

总之，医疗保险付费方式是不断进行改革的，这不仅是一个防范医疗质量风险的过程，也是一个医疗保险费用控制的过程。

第三节　典型的医疗保险制度模式

一、社会医疗保险模式

（一）定义

社会医疗保险（social medical insurance）模式，是指国家通过立法形式强制实施，由雇主和雇员按一定比例缴纳保险费，建立医疗保险基金，当雇员及其家属因患病、受伤或生育而需要医治时，由社会医疗保险机构提供保障的一种医疗保险制度。社会医疗保险模式是被采用最多的医疗保险模式。目前，世界上有德国、法国、日本、芬兰等 100 多个国家采取这种模式。

（二）特征及优缺点

1. 特征

社会医疗保险模式的特征为：一是采取多渠道筹集医疗保险基金，主要来自雇主和雇员按工资的一定比例缴纳的保险费，政府酌情给予补贴；二是医疗保险基金统筹使用，疾病风险互助分担效果好；三是采取现收现付的财务机制，保证当年收支平衡，一般不留积累；四是一般采取两种方式对参保对象进行保障：直接提供医疗服务；患者垫付医疗费后由社会医疗保险机构补偿。

2. 优点

社会医疗保险模式的优点：一是权利与义务相对应，费用共担，体现互助共济；二是医疗保险经办机构与医院建立契约关系，促使医院提供优质服务，对控制供方垄断行为有效。

3. 缺点

社会医疗保险模式的缺点是：一是现收现付财务机制，不能解决代际转移问题；二是基金没有积累，抗风险能力较弱。

（三）典型代表：德国医疗保险制度

1. 基本情况

1883 年德国颁布《疾病保险法》，成为世界上第一个以立法的方式实施社会保险制度的国家。经过 100 多年的发展，德国已经拥有了比较完善的社会医疗保险体系，其医疗保险体系主要由三部分组成：法定医疗保险、私人医疗保险和其他医疗保险。法定医疗保险的对象主要包括：第一，义务参保人，即有收入但每月税前收入低于法定缴费义务标准的雇员及其雇主，以及退休人员、失业者、自雇人员、大学生和就业前实习生等；第二，自愿参保人，主要包括收入超过一定上限的人；第三，连带参保人，主要指义务参保人的配偶和子女。私人医疗保险对象主要是根据法律或者申请免除基本医疗保险义务的人，包括公共服务行业中享受政府医疗补贴的就业者，如公务员、法官、军人、自由职业者以及每月税前收入高于法定义务标准的雇员。公民在就业之后可根据收入水平情况，在法定医疗保险和私人医疗保险之间进行选择，也可以在参加法定医疗保险的同时参加私人医疗保险作为补充。其他医疗保险主要有护理保险、工伤事故保险等制度。

2. 主要存在的问题

由于德国医疗保险体系完全在国家监控下运转，存在着内部竞争不足，资源浪费、效率低下、费用增长压力大等缺点。德国是世界上医疗成本最高的国家之一，仅次于美国和瑞士。

3. 主要改革措施

德国自 20 世纪 90 年代起多次进行医疗保险制度改革，目的是将医疗保险支出和保险费率控制在合理范围内。20 世纪 90 年代的医疗保险制度改革使保险基金管理部门、参保人按比例共同承担医疗费用，提高了自费的比例，限制以创收性处方为营利方式的医院行为。2003 年德国政府通过了《法定医疗保险现代化法》的改革方案，改革的主要举措体现在以下几个方面：一是降低缴费率；二是减少法定医疗保险覆盖的项目；三是取消病假补贴；四是规定参保人必须支付的额外费用。2006 年 7 月，德国政府医疗保险改革最核心的内容是设立一个健康基金。该基金成为新医疗保险制度的主要资金来源。自 2008 年起，德国公民每人每月所应缴纳的保险金由法律规定，雇主和雇员维持现有的缴费比例。总之，德国医疗保险体制改革的主要目的在于降低保险费用支出、控制保险成本、稳定保险收入，并适当提高参保人的责任比例。

二、国民健康保险模式

（一）概念

国民健康保险（national health insurance，NHI）模式又称为国家医疗保险模式、政府医疗保险模式或福利型医疗保险模式，是指政府直接举办医疗保险事业，通过税收形式筹措医疗保险基金，采取预算拨款给国立医疗机构的方式，向本国居民直接提供免费或低收费的医疗服务。这种模式通过直接提供医疗服务的方式达到保障社会成员健康的目的。目前，实施这一医疗保险模式的国家主要有英国、瑞典、加拿大、丹麦、爱尔兰等。

（二）特征及优缺点

1. 特征

国民健康保险模式具有以下特征：一是医疗保险基金绝大部分来源于税收，政府可以根据资金投入量来控制医疗费用总量；二是政府卫生部门直接举办医疗卫生服务机构，医院基本建设与日常运行经费通过各级财政下拨给医疗机构（或由政府购买民营机构、私人医生的医疗服务），医疗服务具有国家垄断性；三是为全体公民提供免费或低收费的医疗服务，体现社会公平与福利照顾；四是医疗卫生资源配置、医疗服务价格调控等主要通过计划体制和行政手段，市场机制的作用相对不明显。

2. 优点

国民健康保险模式的优点：一是医疗费用增长由政府控制，有利于初级卫生保健实施和实行有计划的疾病预防措施；二是较好地体现了医疗卫生服务的公平性和福利性特征，最大限度地满足社会成员的医疗需求。

3. 缺点

国民健康保险模式的缺点：一是供需双方都缺乏费用意识，医疗费用增长速度快，政府财政压力大；二是医疗机构运行缺乏活力，服务效率低，医疗服务供需矛盾突出。

（三）典型代表：英国国民健康服务体系

1. 基本情况

英国是最早实行全民医疗保健制度的国家，也是实施国民健康保险模式的典型代表国家。英国在 1911 年颁布并实施《健康保险法》，首次对医疗保险制度立法。在《贝弗里奇报告》的影响下，英国于 1945 年颁布了《家庭补贴法》，1946 年颁布了《国民保险法》《工业伤害保险法》《国民卫生服务法》，1948 年颁布了《国民救助法》，建立起国家卫生服务制度（national health service，NHS）。英国的医疗机构实行国有化，医疗机构的工作人员属于国家公职人员；除急诊外，任何患者住院都必须有全科医生的转诊证明；政府统一进行医疗卫生资源配置；NHS 覆盖所有国民，规定范围内的医疗服务一律免费，按照医生处方提供免费药品。在英国，只有两种费用需要患者自付：一是门诊处方和牙科门诊费；二是享受较高档次的服务，如单间病房、套间病房等。

2. 主要存在的问题

英国的国民健康保险模式注重公平性，有效地保障了国民医疗服务需求。但这种大包大揽式的制度，在面对社会成员日益增长的医疗需求和日新月异的医疗高科技的普及应用时，英国政府的财政负担越来越重，一度让财力雄厚的英国政府捉襟见肘，难以为继。此外，这种体制由于缺乏激励机制，医护人员的工作效率低下，服务态度不好，患者候诊时间较长。

3. 主要改革措施

为了解决以上问题，从 20 世纪 90 年代起，英国持续不断地进行医疗保险体制改革。改革逐步导入市场机制，推行“管”与“办”分离政策。鼓励私人资本和私营医疗机构进入医疗服务领域。政府通过招标方式，逐步将各类医疗机构经营管理权移交给专门医院管理公司和基金组织，然后由政府出钱购买服务，通过各医院之间的竞争，达到降低医疗费用和压缩管理成本，促进医疗服务质量和效率提高的目的。

三、强制储蓄型医疗保险模式

（一）定义

强制储蓄型医疗保险（saving medical insurance）模式，是指由国家立法强制劳动者或劳资双方出资，在指定机构以雇员的名义开设个人账户，保证劳动者本人或其家庭成员生病时能获得补偿的一种医疗保险形式。这种模式以新加坡为典型代表，属于中央公积金制度的一部分，国际上采取这种模式的国家目前比较少见。

（二）特征及优缺点

1. 特征

强制储蓄型医疗保险模式具有以下特征：一是采取法律强制储蓄的方式筹集医疗保险基金，而不是强制性纳税，也不是强制性缴费或自愿购买；二是筹资以个人责任为主，强调公民个人的自我保障意识和费用控制意识；三是从财务机制角度来看，强制储蓄型医疗保险模式采取的是纵向积累方式。

2. 优点

强制储蓄型医疗保险模式的优点：一是个人健康责任感和费用控制意识强，有利于减少医疗卫生资源浪费；二是纵向积累的基金运作方式，避免了代际转移压力。

3. 缺点

强制储蓄型医疗保险模式的不足：一是没有横向的风险分散机制，互助共济作用弱，社会公平性差；二是基金存在保值和增值的压力。

（三）典型代表：新加坡强制储蓄型医疗保险制度

1. 基本情况

新加坡是强制储蓄型医疗保险制度的创始国和典型代表。其医疗保险账户是中央公积金主要组成部分之一。新加坡的医疗保险体系实际上由三个部分构成，除了保健储蓄（medisave）计划外，还有健保双全（medishield）计划和保健基金（medifund）计划。第一部分是保健储蓄计划，设立于1984年，是新加坡医疗保险制度的主体，储蓄所占工资比例根据年龄不同而不同。可用于支付本人和家庭成员的住院费用及部分昂贵的门诊费用。第二部分是健保双全计划，设立于1990年，采取非强制的实施方式建立统筹基金，主要目的是帮助解决参保者患大病或慢性病的医疗费用问题，是保健储蓄计划的补充。第三部分是保健基金计划，开始于1993年，是由政府设立救济基金，向无力支付住院医疗费用的低收入人群提供保障。

2. 存在的问题及改革措施

新加坡以保健储蓄为主体的医疗保险模式，也就是纵向积累基金的模式能很好地应对老龄化问题；而且个人储蓄的方式也能够增强个人责任和意识，有效减少浪费。但是，由于缺乏社会成员之间的互济性，并且对于低收入人口来说，个人账户资金不足，患病后经济负担大，所以该制度公平性较差。为有效解决这一问题，新加坡政府通过建立健保双全计划和保健基金计划来进行补充，形成了多层次的医疗保险制度安全网，提高了新加坡医疗服务的公平性和可及性。另外，新加坡对公立医院的管理方式进行了改革，采用国有民营的管理方式。同时，还鼓励私人保险公司参与医疗保险管理，以创造良好的竞争环境。

四、商业医疗保险模式

（一）定义

商业医疗保险模式，是指按照市场等价交换的原则，对自愿投保并满足一定参保条件的对象提供多层次、多类型医疗保险服务的一种医疗保险模式，所以也称自愿保险。在这种模式下，医疗保险费的筹集、医疗服务的提供、对医疗保险机构和医疗服务机构的管理，都遵循市场机制，政府干预程度比较低。提供医疗保险服务的机构，主要是以营利为目的商业保险公司。美国为商业医疗保险模式的典型代表国家。

（二）特征及优缺点

1. 特征

商业医疗保险模式具有以下特征：一是采取自愿投保方式，医疗保险基金主要来源于参保对象所缴纳的保险费；二是提供医疗保险服务的机构一般为私营机构，且大多数以营利为目的；三是医疗保险机构与参保对象通过商业保险合同来约束双方权利义务关系，并且遵循权利与义务严格对等的原则；四是商业医疗保险模式下，保障形式多样，保障水平可根据参保个人实际需求而定。

2. 优点

商业医疗保险模式的优点：一是自由、灵活、多样化，适应社会成员多层次的需求；二是医疗保险机构之间的竞争，会带来医疗保险服务效率和质量的提高。

3. 缺点

商业医疗保险模式的不足：一是不同参保对象之间因收入水平不同造成医疗保障待遇差距较大，社会公平性较差；二是由于医疗服务供求关系完全由市场调节，容易出现市场失灵，如供方的诱导需求，导致医疗消费膨胀，社会医疗总费用失控。

（三）典型代表：美国医疗保险模式

1. 基本情况

与美国的经济制度一样，美国的医疗体制也以高度市场化为主要特征。美国政府也实施公共医疗保险制度，如老年人医疗照顾（medicare）计划、贫困者医疗援助（medicaid）计划、工伤补偿制度及特殊人群的免费医疗制度，但这些制度仅覆盖数量有限的人口，大部分居民参加的是商业医疗保险。美国大多数企业为雇员购买商业医疗保险，由于是非强制的，小企业雇员没有医疗保险的现象较为突出。另外，美国的商业医疗保险分为非营利性和营利性两种，前者的代表有医生发起的蓝盾（Blue Shield）组织和由医院联合会发起的蓝十字（Blue Cross）组织，此类组织可以享受税收优惠待遇。

2. 存在的主要问题

在美国，对医疗服务供需双方缺乏有效的制约机制，导致医疗费用上涨较快，同时，由于没有社会化医疗保险制度或全民性健康保险，政府仅为特殊人群（退伍军人、老年人、残疾人、低收入者等）提供医疗费用补助，所以整个美国医疗保障体制效率不高、资源浪费严重，公平性较差。

3. 主要改革措施

为了解决上述问题，美国从 20 世纪 70 年代开始尝试通过建立管理式医疗组织，如健康维护组织（Health Maintenance Organization，HMO）、优先医疗服务组织（Preferred Provider Organization，PPO）、定点医疗服务组织（Point-of-Service，POS）和专有提供者组织（Exclusive Provider

Organizations，EPO）来进行改革，并取得了一定成效。管理式医疗实际上是一种集医疗服务提供和经费管理为一体的医疗模式，医疗保险组织直接参与医疗服务机构管理。2010 年 3 月，奥巴马政府启动新一轮医改，提出要在 10 年内，使美国医疗保险制度覆盖 96%的人口。同时，努力降低医疗费用，减轻公民就医负担，并计划通过新的医疗保险制度削减财政赤字。

五、国家保险型医疗保险模式

（一）定义

国家保险型医疗保险模式是以公有制为基础，与高度集中的计划经济体制相适应，由国家负责，面向全体国民的医疗保险模式。在这种模式下，所有的医疗卫生工作全部由国家负责，除免费的医疗救助外，所有医疗费用由国家承担。医保项目支出金额主要来自税收，资金由政府管理并按比例拨款给相关机构。该模式下的医保制度主要包括医疗服务制度、疾病预防保护制度及起促进康复作用的疗养制度三部分。

（二）特征及优缺点

1. 特征

一是医保项目支出金额主要来自税收，资金由政府管理并按比例拨款给相关机构；二是医疗保健制度包括医疗服务制度、疾病预防保护制度、疗养制度三个组成部分；三是医疗保健事业强调预防，其目的不仅限于治疗疾病，也涉及改善人民群众健康状况和预防、消除传染病。

2. 优点

国家保险型医疗保险模式的优点：一是人人都可享受免费的医疗和药物补助，具有公平性和普遍性；二是医疗保健制度多样化，包括医疗服务制度、疾病预防保护制度和疗养制度，以满足人们各方面需求。

3. 缺点

国家保险型医疗保险模式的不足：一是医疗卫生服务高度计划性，使医疗卫生资源配置、医疗服务提供失去市场调节的灵敏性；二是医疗服务机构效率低，医务人员工作积极性差，服务效率低；三是政府财政压力大，容易导致严重的经济问题和财政危机。

（三）典型代表：苏联医疗保险模式

1. 基本情况

十月革命胜利后不久俄国共产党就提出，在医疗保健方面的主要任务是保证人人都可享用免费的、熟练的医疗和药物补助。苏联医疗保健制度建立在劳动者都能享受免费医疗的原则之上，医疗保健事业由国家经营，所有费用由国家负担。除了免费的医疗救助外，苏联还有少数的各医学院和研究院附设的付费诊疗所。苏联医疗保健事业强调预防，其目的不仅限于治疗疾病，也涉及改善人民群众的健康状况及体格，降低死亡率，预防、消除传染病。苏联的医疗卫生保健制度包括医疗服务制度、劳动保护制度（包括改善生产的卫生条件、安全技术）和疗养制度三个组成部分。

2. 存在的主要问题

虽然苏联的医疗保健事业取得了一定的成就，但是在医疗卫生保健方面存在着医疗服务质量差、效率低等问题。医疗保健事业经费不足，在整个医疗水平上，包括医疗器械的先进程度上都落后于世界先进国家；其管理制度不合理，有许多极有前途的科研成果不能及时推广，无法成批生产，因而也就不能及时有效地为医疗卫生事业服务。

3. 主要改革措施

苏联改革医疗保健制度的核心思想是改革它的组织管理方法，即对一切医疗保健机构的管理应从行政方法转向经济方法；坚决实行“按劳付酬”的原则，对医务人员以医治患者的多少、医疗质量的高低来评定他们工资水平的高低，在组织管理方法上要给各医疗保健机构以更大的自主权，使它们能更加灵活地支配拨给它们的款项。在改革的总方针上，苏联继续坚持以预防为主，但这种预防不仅局限于“打预防针”和“做保健操”，而应包括更广泛的内容，即包括提高居民的物质文化生活水平、改善劳动条件、进行环境保护、发展群众性体育运动等，总之，要为“健康人的健康而奋斗”。上述一系列改革措施取得了一定成效，但随着东欧剧变、苏联解体，苏联的国家保险型医疗保险模式也随之结束。

第四节 我国的基本医疗保险制度

一、城镇职工基本医疗保险制度

（一）传统城镇职工基本医疗保险制度

20 世纪 50 年代初，我国在城镇职工范围内建立起了医疗保险制度，这种传统的职工医疗保障体制由公费医疗和劳保医疗两部分构成，是与当时高度集中的计划经济体制相适应的，以城镇有工资收入的职工为主要对象，并惠及亿万城镇居民。这一阶段，大体完成了传统医疗保障制度的基本立法，其框架体系沿袭至今。

1. 公费医疗制度

公费医疗是对国家机关、事业单位工作人员实行的免费治疗和预防疾病的一种福利制度。1952 年 6 月，政务院颁布《中央人民政府政务院关于全国各级人民政府、党派、团体及所属事业单位的国家工作人员实行公费医疗预防的指示》，确立了公费医疗制度。同年 8 月，政务院批准发布了《国家工作人员公费医疗预防实施办法》，进一步明确了享受公费医疗待遇人员的范围，公费医疗主要面向劳动年龄内的机关事业单位工作人员，具体包括：全国各级人民政府、党派、团体在编制的人员，全国各级文化、教育、卫生、经济建设事业单位工作人员，经中央人民政府政务院核定之各工作队人员，享受长期抚恤的在乡革命残疾军人和住荣军院、校的革命残疾军人。随后，1953 年卫生部颁布《关于公费医疗的几项规定》，1956 年卫生部又颁布了《关于办理各国在华专家公费医疗预防几项规定》、与国务院人事局和内务部联合颁布《国务院人事局、卫生部、内务部为国家机关工作人员退休后仍应享受公费医疗待遇的通知》等政策性文件，将公费医疗的保障对象范围进一步扩大至机关事业单位的退休人员。1954 年根据《中央人民政府政务院关于各级人民政府工作人员福利费掌管使用办法的通知》，家属生活补助费、家属医药补助费等，均纳入工作人员福利费，由政府财政负担，这意味着公费医疗自此惠及国家机关工作人员家属。至此，公费医疗制度的政策设计基本稳定。在费用筹集上，由国家根据职工对医疗服务的实际需要和国家财力，确定每人每年享受公费医疗待遇的预算定额，将经费拨交地方财政管理使用，超支部分由地方财政补贴。在资金管理与使用上，由国家财政拨付给各级卫生行政部门，实行专款专用、单位统一使用的原则，一般不能将公费医疗经费平均地、直接地分给个人支配，也不能由个人自行购药等。各级卫生行政部门设立公费医疗管理机构统管，或享受单位自管，个人实报实销。在待遇支付上，医疗费用由医疗机构统一向有关单位结算。按服务项目支付门诊、住院的检查费、药品费、治疗费、手术费、床位费、计划生育手术的医药费，以及因公负伤、致残的医药费用等。

2. 劳保医疗制度

劳保医疗制度是我国对实行劳动保险的企业职工及其家属规定的伤病免费医疗及预防疾病医疗的保险制度。1951 年 2 月 26 日，政务院发布了《中华人民共和国劳动保险条例》，标志着劳保医疗制度的正式建立。1951 年公布的《中华人民共和国劳动保险条例》中第十三条规定：“工人与职员疾病或非因工负伤，在该企业医疗所、医院、特约医院或特约中西医师处医治时，其所需诊疗费、手术费、住院费及普通药费均由企业行政方面或资方负担；贵重药费、住院的膳费及就医路费由本人负担，如本人经济状况确有困难，得由劳动保险基金项下酌予补助。患病及非因工负伤的工人职员，应否住院或转院医治及出院时间，应完全由医院决定之。”1953 年 1 月劳动部公布的《中华人民共和国劳动保险条例实施细则修正草案》则进一步细化了医疗保障的相关政策设计。在保障对象方面，劳保医疗覆盖的是城市具有一定就业规模企业的职工和退休人员。在资金筹集方面，主要来源是劳保医疗卫生费，在企业生产成本项目中列支，按照企业工资总额的一定比例提取，而补充性资金渠道有企业自留的劳动保险金和按规定提取的福利费，体现的均是企业负责的融资特色。在待遇支付方面，1966 年以前，职工和退休人员患非职业病或非因工负伤，其所需诊疗费（含挂号费和出诊费）、住院费、手术费和普通药费均由企业负担；贵重药费原则上由本人负担，也可由企业劳动保险基金酌予补助或由企业福利费负担；住院的膳食费及就医路费由职工和退休人员本人负担，如本人经济状况确有困难，可由企业酌情予以补助。1966 年 4 月 15 日，劳动部、全国总工会颁发了《关于改进企业职工劳保医疗制度几个问题的通知》，规定企业职工患病就诊时要自付挂号费和出诊费；规定所需贵重药品费用准予报销；住院期间（因工负伤和职业病）膳食费自付三分之一。另外，患者一般是在指定的门诊部或医院就诊、住院；经过用人单位的批准，方可转院和报销医药费。与此同时，劳保医疗同样有针对参保职工家属的相关规定，即职工和退休人员供养的直系亲属患病时，可以在该企业医疗所、医院、特约医院或特约中西医师处免费诊治，手术费和普通药费由企业负担 50%；贵重药费、就医路费、住院费、住院时的膳食费及其他一切费用，均由本人自理。这种以家庭为参保单位的覆盖策略基本上能够实现城市就业人口及其家庭的“全覆盖”。可见，劳保医疗是面向城镇企业职工并惠及家属的制度安排，它由单位直接负责，但国家承担着最终责任，从而是典型的国家—单位保障制。

3. 传统城镇职工基本医疗保险制度的评价

我国于 20 世纪 50 年代初建立的公费医疗、劳保医疗制度，全面保障了城镇劳动者及其家属的基本医疗。一方面，它彻底改变了旧中国缺医少药的历史，地方病及传染病得到了有效控制，推动了医疗卫生事业的迅速发展，提高了职工的健康水平。另一方面，公费医疗、劳保医疗制度的实施，解除了职工的后顾之忧，极大地调动了职工的生产积极性，促进了经济建设，维护了社会稳定。

但是，随着社会主义市场经济体制的确立以及国有企业改革的不断深化，这一带有计划经济体制下浓厚的“大锅饭”特征和高福利色彩的制度显示出越来越多的缺陷。首先，医疗费用的筹资手段不合理，医疗经费完全由国家和企业负担费用的做法导致个人的权利和义务脱节，而且没有科学的经费提取标准、提取办法和调整机制。其次，医疗保险覆盖范围窄，严重滞后于市场经济的发展。再次，医疗保险管理和服务的社会化程度低，公费医疗、劳保医疗两大系统各自为政，既不利于劳动力的合理流动，容易滋生新的社会矛盾，也造成资源的浪费。最后，一直沿用第三方事后按服务项目付费的方式支付医疗费用，对医疗服务供方（医院和医生）缺乏有力的约束，造成医疗需求不足和医疗资源浪费并存的现象。

（二）中国城镇职工基本医疗保险制度的改革与发展

1. 20 世纪 80 年代初至 90 年代初的改革探索

随着经济体制改革的不断深化，中国医疗保险制度于 20 世纪 80 年代开始了一系列改革探索，不少地方的劳保医疗在原有制度框架中引入对供需双方的制约机制，进行参数性的改革。从最初的部分企业和单位自发改革探索到地方政府介入，再到中央政府全面主导医疗保险的改革试点，中国医疗保险制度经历了三个不同层次的责任主体主导变革阶段。从内容上看，主要是改革公费医疗管理制度和经费管理办法，职工就医需要适当负担部分医疗费用，部分省市开展了离退休人员的社会统筹和职工大病医疗费用的社会统筹。

从1986年到1993年，地方自发推进医疗费用社会统筹试点，但建立什么样的新型医疗保障制度和如何建立这一制度还在摸索。如山东省即墨市（今山东省青岛市即墨区）、辽宁省锦西市（今辽宁省葫芦岛市）根据“以支定筹”原则确定当年统筹基数，对离退休人员的医疗费用实行社会统筹。1990年11月，劳动部召开首次全国部分省、市劳保医疗制度改革工作座谈会，离退休人员医疗费用社会统筹进入大面积试点阶段。1992年5月，广东省深圳市市政府颁发了《深圳市社会保险暂行规定》，在全国率先对公费医疗、劳保医疗进行全面、综合的改革，实行全市统一的社会医疗保险，从而拉开了中国城镇职工医疗保险制度全局性和根本性改革的序幕。1993年10月8日劳动部印发《关于职工医疗保险制度改革试点意见的通知》，提出把单一的大病统筹基金变为医疗保险基金，医疗保险基金由个人专户、单位调剂金和大病统筹金组成。自此，建立新型医疗保障制度逐渐成为共识。

1993年11月，党的十四届三中全会通过了《中共中央关于建立社会主义市场经济体制若干问题的决定》，明确提出了“城镇职工养老和医疗保险金由单位和个人共同负担，实行社会统筹和个人账户相结合”的要求，这标志着中国医疗保险制度改革步入了建立统账结合的医疗保障制度的新阶段。1994年国家体改委、财政部、劳动部、卫生部共同制定了《关于职工医疗制度改革的试点意见》，经国务院批准，在大病医疗费用社会统筹试点较好的江苏镇江市、江西九江市进行社会统筹和个人账户相结合的医疗保险制度改革试点，目标是在原有的大病医疗费用社会统筹的制度模式基础上，进一步探索社会统筹和个人账户相结合的医疗保险的制度结构、机制以及制度设计中的关键参数的设定问题，如费率水平、账户结构、待遇水准等。这一阶段在全国形成了三大类具有代表性的“统账结合”改革模式：镇江市、九江市为代表的“三段通道”模式（个人账户→自费段→社会统筹段），海南省、广东省深圳市为代表的“板块”模式（个人账户+社会统筹基金），青岛市、烟台市为代表的“三金”模式（个人账户+社会统筹基金+企业调剂基金）。

2. 中国城镇职工基本医疗保险制度的建立

1998年12月，国务院召开全国医疗保险制度改革工作会议，在总结试点工作经验的基础上发布了《国务院关于建立城镇职工基本医疗保险制度的决定》，确立了统账结合的医疗保险制度模式，提出了建立职工基本医疗保险制度、多层次医疗保障体系和医药管理体制配套改革的任务和原则。它标志着计划经济体制下的国家—单位保障的公费医疗和劳保医疗向社会医疗保险模式的转轨。该决定确定了新的城镇职工基本医疗保险制度的大致框架，奠定了未来统一的全国医疗保险制度的基础，便于各地在制定改革方案时有所遵循。同时，也给各地留下了根据实际情况做出具体规定的空间。主要内容如下。

第一，城镇职工医疗保险制度改革的任务和原则。改革的主要任务是：建立城镇职工基本医疗保险制度。改革的基本思路是：低水平、广覆盖、双方负担、统账结合。根据这一思路，建立城镇职工基本医疗保险制度的基本原则是：基本医疗保险水平要与社会主义初级阶段的生产力相适应，城镇所有用人单位及职工都要参加基本医疗保险并实行属地管理，基本医疗保险费由用人单位和职工双方共同负担，基本医疗保险基金实行社会统筹和个人账户相结合。

第二，基本医疗保险制度的主体框架。覆盖范围涵盖城镇所有的用人单位和职工。企业（国有企业、集体企业、外商投资企业、私营企业等）、机关、事业单位、社会团体、民办非企业单位及其职工，都要参加基本医疗保险。但对于乡镇企业及其职工、城镇个体组织业主及其从业人员是否参加，该决定未作要求，由各省、自治区、直辖市人民政府决定。在筹资机制方面，实行基本医疗保险费由单位和个人共同负担。用人单位缴费率控制在单位职工工资总额的 6%左右，职工个人缴费率一般为本人工资的 2%，但事实上一些地区的单位缴费率已经超过了 6%的上限。

第三，实行社会统筹和个人账户相结合的管理模式。用人单位按工资总额 6%缴纳的医疗保险费一部分进入统筹基金，一部分进入个人账户（一般为用人单位缴费的 30%左右），职工个人缴费全部计入个人账户。统筹基金和个人账户划定各自的支付范围，分别核算，不得互相挤占。个人账户主要支付门诊和小病医疗费，统筹基金主要支付住院或大病医疗费。

第四，基本医疗保险实行属地化、社会化管理。原则上实行地市级统筹，所有单位及其职工都要按照属地化管理原则，参加所在统筹地区的基本医疗保险，执行统一的政策、统一的待遇标准和统一的社会化管理，社会保险经办机构负责基本医疗保险基金的筹集、管理和支付，真正走向社会化和专业化。

第五，健全医疗保险基金的基金管理和监督机制，基本医疗保险基金要纳入财政专户，专款专用，任何单位和个人不得挤占和挪用。建立健全基金的预决算制度、财务会计制度和社会保险经办机构的内部审计制度。另外，统筹地区要设立由政府有关部门代表、用人单位代表、医疗机构代表、工会代表和有关专家参加的医疗保险基金监督组织，加强社会监督。

第六，加快医疗、医药体制改革，强化医疗服务管理。要确定基本医疗服务范围和标准，制定基本医疗保险药品目录、诊疗项目和医疗服务设施标准以及相应的管理办法，对提供基本医疗服务的医疗机构和药店实行定点管理；对医疗机构进行调整、改革，分流富余人员，并在经济运行分析和成本核算的基础上，合理提高医疗技术的收费价格，体现医疗技术的价值：实行医药分开核算、分开管理；积极发展社区卫生服务，将社区卫生服务中的一些项目纳入基本医疗保险范围。

第七，对特殊人员的医疗待遇采取特殊政策。离休人员、老红军、二等乙级以上革命伤残军人的医疗待遇不变，医疗费用由原渠道解决；退休人员参加基本医疗保险，个人不缴纳基本医疗费，对退休人员个人账户的计入金额和个人负担医疗费比例给予适当照顾；国家公务员在参加基本医疗保险的基础上享受医疗补助政策，允许特定行业的企业建立职工补充医疗保险，国有企业下岗职工的基本医疗保险费（包括单位缴费和个人缴费），由再就业服务中心以当地上年度职工平均工资的 60%为基数缴纳。

二、农村合作医疗制度

我国的农村合作医疗制度从萌芽到产生直至在全国迅速发展，再到后来的逐渐衰落以及合作医疗的重建，经历了曲折的历程。

（一）早期的农村合作医疗制度

农村合作医疗是在各级政府的支持下，按照参加者互助共济的原则组织起来的，为农村地区人群提供基本医疗卫生保健服务的医疗保健制度。农村合作医疗萌芽于 20 世纪人民公社化运动，并在“文化大革命”期间达到高潮，成为我国农村一项重要的医疗保障制度。到 1976 年，全国实行合作医疗制度的生产大队（行政村）的比重高达 93%，覆盖了全国农村人口的 85%[①]。

农村合作医疗曾经为保障当地农民健康发挥了重要作用。“农村合作医疗”、“合作社保健站”和“赤脚医生”在 20 世纪 60—70 年代成为解决我国农村医疗卫生问题的三大法宝。人民公社制度下的集体经济模式为农村合作医疗提供了主要的资金。

1978 年，以家庭联产承包责任制为主体的农村经济改革在全国开始推广。随着集体经济的逐渐

---

① 王绍光. 学习机制与适应能力：中国农村合作医疗体制变迁的启示［J］. 中国社会科学，2008（6）：111-133，207.

瓦解，加上制度本身在控制道德风险和医疗需求以及资金筹集等方面存在的缺陷，农村合作医疗覆盖面急剧缩减。曾经被世界银行和世界卫生组织高度赞誉为“发展中国家解决卫生经费的唯一范例”的农村合作医疗制度面临解体的危险。

为了恢复和重建农村合作医疗制度，国家相继发布了一系列文件，1985 年国务院批转卫生部《关于卫生工作改革若干政策问题的报告》，规定村卫生机构可以承包给乡村医生和卫生员集体办，结果很多乡村就把尚未停办的合作医疗站承包给赤脚医生经营，并改名为大队医疗室。据 1988 年统计，村或群众集体办的村医疗点占 35.7%，个体办的村医疗点占 45.8%①。农村合作医疗制度恢复和重建的效果并不够理想，在全国的村覆盖率仍然很低。1997 年 1 月，中共中央、国务院在《关于卫生改革与发展的决定》中，提出要积极稳妥地发展和完善合作医疗制度，并确定了合作医疗的原则。1993 年的合作医疗人口覆盖率达到 9.9%，而到了 1998 年合作医疗人口覆盖率仅有 6.6%，5 年间下降 1/3②。

恢复和重建农村合作医疗困难的原因主要在于筹资方面，根据“以个人投入为主、集体扶持、政府适当支持”的筹资原则难以筹集到足够的资金，因此政府迈出了财政为农村合作医疗筹资的步伐，新型农村合作医疗制度随之产生。

（二）新型农村合作医疗制度

2001 年国务院办公厅转发了国务院体制改革办公室（简称国务院体改办）等部门《关于农村卫生改革与发展的指导意见》，强调继续完善与发展合作医疗制度。2002 年 10 月，中共中央、国务院发布《关于进一步加强农村卫生工作的决定》，要求“各级政府要积极组织引导农民建立以大病统筹为主的新型农村合作医疗制度，重点解决农民因患传染病、地方病等大病而出现的因病致贫、返贫问题”。2003 年 1 月 16 日，国务院办公厅转发卫生部、财政部和农业部《关于建立新型农村合作医疗制度的意见》，要求从 2003 年起，各省、自治区、直辖市至少要选择 2—3 个县（市）先行试点，同年首先确定了浙江、湖北、吉林和云南四个试点省份，同时要求各省、自治区、直辖市至少要选择 2—3 个县（市）先行试点，取得经验后逐步推开。2004 年 1 月，国务院办公厅转发卫生部等部门《关于进一步做好新型农村合作医疗试点工作的指导意见》，对新型农村合作医疗试点的原则、组织管理、筹资标准、资金管理、医疗服务管理、组织实施等问题做出了原则性的规定。2006 年 1 月，卫生部等 7 部门联合下发《关于加快推进新型农村合作医疗试点工作的通知》，在总结和肯定试点经验的基础上，要求各部门加大力度，加快进度，积极推进新型农村合作医疗试点工作。2007 年 9 月，卫生部、财政部、国家中医药管理局联合发布《关于完善新型农村合作医疗统筹补偿方案的指导意见》，专门完善了新型农村合作医疗统筹补偿方案。2009 年国务院启动了新医改，将巩固和发展新型农村合作医疗作为一个重点，同年 7 月卫生部、民政部、财政部、农业部、国家中医药管理局联合发布《关于巩固和发展新型农村合作医疗制度的意见》，要求大力加强制度建设，巩固和发展与农村经济社会发展水平和农民基本医疗需求相适应的、具有基本医疗保障性质的新型农村合作医疗制度，逐步缩小城乡居民之间的基本医疗保障差距。到 2010 年实现在全国建立基本覆盖农村居民的新型合作医疗制度的目标，以减轻疾病给农民带来的负担。

新型农村合作医疗制度是由政府组织、引导、支持，农民自愿参加，个人、集体和政府多方筹资，以大病统筹为主的农民医疗互助共济制度，重点解决农民的因病返贫、因病致贫问题。新型农村合作医疗制度采取个人缴费、集体扶持和政府资助相结合的筹资机制。2003 年的《关于建立新型农村合作医疗制度的意见》试点政策规定，农民个人每年的缴费标准不应低于 10 元，经济发达地

① 赵斌. 中国医改这些年［EB/OL］. http://finance.sina.com.cn/roll/20150601/223022319766.shtml［2023-03-04］.

② 魏众. 中国农村的健康和养老保障［J］. 首都经济，2003（4）：11-14.

区可以相应提高缴费标准；有条件的乡村集体经济组织应对本地新型农村合作医疗制度给予适当扶持，鼓励社会团体和个人资助新型农村合作医疗制度；中央财政为中西部地区除市区以外的参加新型农村合作医疗的农民人均补助 10 元，地方省、市、县级财政再补助不低于人均 10 元。2006 年，卫生部等 7 部门联合下发《关于加快推进新型农村合作医疗试点工作的通知》，其中提到：从 2006 年起，中央财政对中西部地区除市区以外的参加新型农村合作医疗的农民由每人每年补助 10 元提高到 20 元，地方财政也要相应增加 10 元。

新型农村合作医疗基金实行县（市）级统筹，按照以收定支、收支平衡的原则进行管理，做到专款专用、专户储存，由农村合作医疗管理委员会及其经办机构进行管理，基金主要补偿参保农民的大额医疗费用或住院医疗费用，有的地方实行大额医疗费用补助与住院医疗费用补助相结合的办法。在开展新型农村合作医疗试点的同时，政府对“五保户”和农村贫困家庭实行了医疗救助，通常采取资助其参加当地合作医疗和支付医疗费用补助的形式。医疗救助的资金来源于政府投入和社会各界的自愿捐助。2000 年，国务院发布《关于完善城镇社会保障体系的试点方案》，提出要逐步建立多层次的医疗保障体系，其中的关键措施之一就是建立社会医疗救助制度。2001 年 11 月，国务院办公厅发出《关于进一步加强城市居民最低生活保障工作的通知》，要求各地方政府“要认真落实最低生活保障对象在住房、医疗、子女教育、税收、水、电、煤气等方面的社会救助政策”，各地纷纷在这一文件的指导下，开始进行社会医疗救助制度方面的新探索。2005 年 3 月，国务院转发民政部、卫生部、劳动和社会保障部、财政部《关于建立城市医疗救助制度试点工作的意见》，要求从 2005 年开始，用 2 年时间在各省、自治区、直辖市部分县（市、区）进行试点，之后再用 2 至 3 年时间在全国建立起管理制度化、操作规范化的城市医疗救助制度。2005 年 6 月，财政部和民政部联合发布《关于加强城市医疗救助基金管理的意见》，对资金筹集渠道、救助标准、救助程序、救助基金管理等做了更加详细的规定。在农村，医疗救助晚于新型农村合作医疗制度试点。2003 年 11 月，为贯彻落实中共中央、国务院《关于进一步加强农村卫生工作的决定》的精神，民政部、卫生部、财政部联合发布了《关于实施农村医疗救助的意见》，全国各地陆续开展农村医疗救助制度试点，此后逐渐发展，成为政府负责并针对低收入困难群体的一项医疗保障制度。统计数据显示，2010 年新型农村合作医疗的参保人数已达到 8.35 亿人，占农村人口总数的 96.3%①。

新型农村合作医疗虽然取得了一定成绩，但是实施时间尚短，而且在实践中遇到了一些问题。比如，有的地方起付线、封顶线和补偿比例的设计不尽合理，难以形成吸引农民参加的激励机制；有的地方基金管理不规范，出现透支趋势；管理成本列入同级财政预算，不能从基金中提取，地方财政往往不堪重负等。其中“自愿原则”和“出资博弈”问题较为突出。由于新型农村合作医疗实行自愿参加的原则，农民对制度不甚了解，参加的积极性不高，而参保人数少导致基金筹资水平低、抵御风险能力不足，而且疾病风险较高的人更倾向于参加新型农村合作医疗，这就使得新型农村合作医疗陷入“自愿性困境”。在出资问题上，中央财政的转移支付是以地方政府和农民筹资到位为前提的，中央政府、地方政府和农民之间在合作医疗筹资问题上存在“出资博弈”，导致产生合作医疗基金到位的不确定性。

三、城镇居民基本医疗保险制度

建立城镇居民基本医疗保险制度，是我国在建立城镇职工基本医疗保险制度和新型农村合作医疗制度之后的又一重大举措，保障目标为城镇非从业居民。2005 年 5 月，吉林省人民政府办公厅转发吉林省劳动保障厅、财政厅、发改委等部门《关于进一步完善我省城镇职工基本医疗保险制度的意见》，要求“在城镇职工基本医疗保险制度基础上，进一步完善城镇居民住院医疗保险办法，解

① 中国基本医保覆盖逾 12 亿人群成世界最大医疗保障制度[EB/OL]. http://news.cntv.cn/china/ 20110910/103836.shtml[2023-03-04].

决城镇居民低收入群体的医疗困难和困难企业职工参保问题”，这标志着地方自发的城镇居民医疗保险试点启动。随后，江苏、浙江、河南等地在其部分县市也开始尝试建立城镇居民基本医疗保险。2006 年中共十六届六中全会通过的《中共中央关于构建社会主义和谐社会若干重大问题的决定》提出，要逐步“建立以大病统筹为主的城镇居民医疗保险”。2007 年国务院出台《关于开展城镇居民基本医疗保险试点的指导意见》，决定实行城镇居民基本医疗保险试点。根据指导意见，2007 年在有条件的省份选择 2—3 个城市启动试点，2008 年扩大试点，争取 2009 年试点城市达到 80%以上，2010 年在全国全面推开，逐步覆盖全体城镇非从业居民。城镇居民基本医疗保险坚持低水平起步、自愿参保、属地管理和统筹协调原则，基本实施政策如下。

参保范围：不属于城镇职工基本医疗保险制度覆盖范围的中小学阶段的学生（包括职业高中、中专、技校学生）、少年儿童和其他非从业城镇居民都可自愿参加城镇居民基本医疗保险。

保障范围：基金重点用于参保居民的住院和门诊大病医疗费用支出，有条件的地区可以逐步试行门诊医疗费用统筹。

筹资水平：试点城市应根据当地的经济发展水平以及成年人和未成年人等不同人群的基本医疗消费需求，并考虑当地居民家庭和财政的负担能力，恰当确定筹资水平；探索建立筹资水平、缴费年限和待遇水平相挂钩的机制。

缴费和补助：城镇居民基本医疗保险以家庭缴费为主，政府给予适当补助。参保居民按规定缴纳基本医疗保险费，享受相应的医疗保险待遇，有条件的用人单位可以对职工家属参保缴费给予补助。国家对个人缴费和单位补助资金制定税收鼓励政策。对试点城市的参保居民，政府每年按不低于人均 40 元给予补助。

费用支付：城镇居民基本医疗保险基金重点用于参保居民的住院和门诊大病医疗费用支出，有条件的地区可以逐步试行门诊医疗费用统筹。城镇居民基本医疗保险基金的使用要坚持以收定支、收支平衡、略有结余的原则，要合理制定起付标准、支付比例和最高支付限额，完善支付办法，合理控制医疗费用。

组织管理：对城镇居民基本医疗保险的管理，原则上参照城镇职工基本医疗保险的有关规定执行。鼓励有条件的地区结合城镇职工基本医疗保险和新型农村合作医疗管理的实际，进一步整合基本医疗保障管理资源。

服务管理：对城镇居民基本医疗保险的医疗服务管理，原则上参照城镇职工基本医疗保险的有关规定执行，具体办法由试点城市劳动和社会保障部门会同发改委、财政、卫生等部门制定。

充分发挥城市社区服务组织等的作用。整合、提升、拓宽城市社区服务组织的功能，加强社区服务平台建设，做好基本医疗保险管理服务工作。

2009 年 3 月，中共中央、国务院发布《关于深化医药卫生体制改革的意见》，标志着我国医疗保障制度改革进入了新阶段。其中明确 2009 年全面推开城镇居民基本医疗保险，重视解决老人、残疾人和儿童的基本医疗保险问题。根据《医药卫生体制改革近期重点实施方案（2009—2011 年）》，3 年内城镇居民基本医疗保险的参保率要达到 90%以上。在扩大覆盖面的同时，城镇居民基本医疗保险的制度优化与管理改善工作也进展很快。2010 年颁布、2018 年修正的《社会保险法》第二十五条对该制度专门作出规定：国家建立和完善城镇居民基本医疗保险制度；城镇居民基本医疗保险实行个人缴费和政府补贴相结合；享受最低生活保障的人、丧失劳动能力的残疾人、低收入家庭六十周岁以上的老年人和未成年人等所需个人缴费部分，由政府给予补贴。

四、中国基本医疗保险制度的发展趋势：城乡统筹

城镇职工基本医疗保险、新型农村合作医疗、城镇居民基本医疗保险的相继建立，标志着我国基本医疗保险体系的初步形成。这为缓解“看病难、看病贵”的现象，保障广大群众的身体健康发

挥了非常重要的作用。但是随着医疗保障制度建设的发展，这种城乡分割的管理体制因管理分离、资源分散而显现出越来越多的弊端，不仅增加了管理成本，降低了效率，而且固化了城乡二元结构，限制了自由流动，对于实现社会公平、促进和谐发展都造成了严重障碍和负面影响。

为了解决这些问题、实现基本医疗保险制度的全面协调可持续发展，中共中央、国务院于2009年发布的《关于深化医药卫生体制改革的意见》指出，要“有效整合基本医疗保险经办资源，逐步实现城乡基本医疗保险行政管理的统一”。为此，国务院相关部门在推进医疗保险体制改革的过程中切实注意统筹规划、整体设计和协调安排各项制度，并采取了五个方面的措施：第一，在参保管理上，尽可能地打破城乡界限，以农民工为重点，明确了跨制度、跨地区的转移接续办法；第二，在政府的补贴标准上，对城乡居民医保规定了相同的政策；第三，在待遇水平上注意三项制度水平的统筹安排，逐渐缩小报销水平差距；第四，在相关的管理服务上，加强城乡衔接，比如推进门诊统筹，实现居民医保和新农合同步安排；第五，初步建立了城乡政策一致的医疗救助制度。

整合城镇居民基本医疗保险和新型农村合作医疗两项制度，建立统一的城乡居民基本医疗保险制度，是推进医药卫生体制改革、实现城乡居民公平享有基本医疗保险权益、促进社会公平正义、增进人民福祉的重大举措，对促进城乡经济社会协调发展、全面建成小康社会具有重要意义。2016年1月，国务院发布《关于整合城乡居民基本医疗保险制度的意见》。按国务院的统一要求，各省（区、市）要于2016年6月底前对整合城乡居民医保工作作出规划和部署，明确时间表、路线图，健全工作推进和考核评价机制，严格落实责任制，确保各项政策措施落实到位。各统筹地区要于2016年12月底前出台具体实施方案。综合医改试点省要将整合城乡居民医保作为重点改革内容，加强与医改其他工作的统筹协调，加快推进。至此，中国现行的基本医疗保险制度由城镇职工基本医疗保险制度与城乡居民基本医疗保险制度构成，再辅之兜底性的医疗救助，以及其他补充性医疗保障。

第五节　我国基本医疗保险制度面临的问题与改革完善

一、基本医疗保险制度面临的问题

（一）老龄化带来的挑战

根据第七次全国人口普查公布的数据，我国60岁及以上人口约为26 402万人，占18.70%，其中，65岁及以上人口约为19 064万人，占13.50%，两项指标都显示出我国老龄化现象严重。与2010年第六次全国人口普查相比，0—14岁、15—59岁、60岁及以上人口的比重分别上升1.35个百分点、下降6.79个百分点、上升5.44个百分点，在未来的15年间，我国劳动人口（15—59岁）会明显减少。[①]这给现有的基本医疗保险体系带来了严峻挑战。

现有的城镇职工基本医疗保险中，由于个人账户的存在，企业征缴保费的30%左右会划入个人账户，退休后的人群不再缴纳保险费，但是仍然会向其个人账户划拨经费，而且年龄越大，对应的划拨比例就越高。在老龄化程度越来越严重的情况下，退休人群所占比例在上升，劳动人口的比例在下降，这对医疗保险基金造成的压力也就越大。

除了个人账户问题，老年人口的增多，对统筹基金形成的压力也是非常明显的。老年人本身的

---

① 统计局：全国人口中60岁及以上人口为264018766人，占18.70%［EB/OL］. https://baijiahao.baidu. com/s?id=1699426584405317080&wfr=spider&for=pc［2023-03-04］.

发病率就高于其他年龄段，而且所患疾病的严重程度较劳动人口要高出很多，其产生的卫生费用远远多于劳动人口，相应地对医疗保险基金的需求也就多出很多。以西部某大城市为例，城镇职工基本医疗保险每年新增退休年龄段参保人员的增加值和增幅已经连续多年大于在职参保人员的增加值和增幅，退休人员医疗资源和医保基金支出占有率远远高于在职人员。城乡居民基本医疗保险虽然不存在个人账户问题，但其统筹基金同样面临老龄化的威胁，而且由于其在筹资水平上远低于城镇职工医疗保险，基金本身的抗风险能力并不是很强。

目前，我国已实施三孩生育政策，但人口结构改善并不是短期之内就能见效的，因此在未来一段时间内，我国基本医疗保险要着重考虑老龄化对医疗保险基金的影响。

（二）医药卫生体制改革对医疗保险制度的影响

启动于 2009 年的医药卫生体制改革（俗称“新医改”）提出了 5 个大的改革方向，加快推进基本医疗保险制度建设是其中之一。经过多年的发展，我国的基本医疗保险制度已全面建立，覆盖了绝大多数人口。参保人口的增多，对基本医疗保险的管理提出了新的要求。

目前，国家已经取消了定点医疗机构和定点零售药店资质的行政审批，这就意味着对定点医疗机构和定点零售药店的监督管理方式发生变化，更多的药店、医院会成为参保人的选择，这对医疗机构的用药、用医行为的监督及对药店销售的监督提出了更高的要求。对医院、药店的考核要引入更加精细化的质量评价体系，加强监管，严格按照服务质量进行支付。

对信息化管理平台的建设需要继续加快。我国的城市基本医疗保险目前以市级统筹为主，根据国家的部署，2016 年开通跨省异地就医费用结算系统，这对信息化管理平台的建设提出了新的要求。在我国，医院没有统一的医院信息系统（hospital information system，HIS），各地的医保政策也有所不同，医疗保险信息化管理平台需要与各种各样的 HIS 相连接，难度非常大；另外更多的医疗机构和更多药店的加入，从监督管理的层面也对信息化管理平台提出了新的要求，对信息化管理平台的开发和利用将是医疗保险管理的核心问题之一。

要结合信息化管理平台的建设，推动经办管理的流程进一步优化。通过整合信息资源、创建数据仓库，打造数字医保，使医保经办管理从传统医保经办管理模式向智能医保服务体系转变。依托信息化技术手段，深度利用数据资源，从而实现医保业务远程经办、远程监督、远程服务、远程存储，为参保单位和群众提供数字化、标准化、人性化的智能医保服务，实现医保经办管理“互联网化”。

二、基本医疗保险制度的改革完善

（一）扩大基本医疗保险制度的覆盖范围

2021 年 3 月 8 日，国家医保局官网发布的《2020 年医疗保障事业发展统计快报》数据显示，截至 2020 年底，我国基本医疗保险的参保覆盖面已稳定在 95%以上，贫困人口参保率稳定在 99.9%以上，基本医疗保险覆盖超过 13.6 亿人，2020 年末医保基金累计结存 31 373.38 亿元。2020 年，各项医保扶贫政策减轻贫困人口医疗费用负担 1188.3 亿元。我国已建立起世界上规模最大的基本医疗保障网。

（二）科学合理地使用统筹基金和个人账户

我国城镇职工基本医疗保险实行社会统筹和个人账户相结合的模式，对于统筹基金和个人账户的使用范围，国家规定不得互相挤占，但没有对具体的范围作出规定。从实践中看，大部分地区个人账户可以支付门诊费用、住院起付线以下的部分或统筹基金中个人自付的部分及从定点零售药店购买药品和康复、保健品。

目前我国统筹基金和个人账户主要有两种结合方式：板块式和通道式。在板块式模式中，个人账户分担门诊费用，统筹基金承担住院费用，两种服务的支付方式“分道”而行；一些地区将大额门诊费用划入统筹基金，以减轻个人负担。个人在门诊就诊时，使用个人账户支付，个人账户不足时，由个人自付；发生住院费用时，统筹基金按补偿方案对患者本人进行支付，剩余部分由个人自付。在通道式模式中，个人账户和统筹基金使用相通，无论是哪种医疗服务，首先由个人账户支付，然后个人自付一定比例的费用，再由统筹基金支付。

相比之下，板块式模式能更好地约束个人就医行为，通道式模式更容易刺激医疗服务的产生，但板块式模式的补偿水平没有通道式模式高，而且对于年轻或相对健康的人群而言，板块式模式更容易造成个人账户资金的沉淀，降低医疗保险基金的使用效率。

为了进一步完善统账结合的模式，对医疗保险中的待遇缺陷进行弥补，政府鼓励多种补充保险的建立，在一定程度上将板块式转化为通道式，来更好地减轻患者的负担。比如上海市建立了附加保险，可以用于支付门诊大额费用，当个人账户用完、支付社会平均工资的10%以后，可报销50%—70%。

2021年，国务院办公厅发布的《关于建立健全职工基本医疗保险门诊共济保障机制的指导意见》指出，调整统账结构后减少划入个人账户的基金主要用于支撑健全门诊共济保障，提高门诊待遇。文件规定，拓宽个人账户使用范围，允许家庭成员共济，个人账户可用于支付在定点医疗机构就医，以及在定点零售药店购买药品、医疗器械和医用耗材发生的个人负担的医疗费用，探索个人账户用于家属参加城乡居民基本医保等的个人缴费，拓宽了个人账户的使用范围。

（三）改革基本医疗保险支付方式

城镇职工基本医疗保险在启动初期实行按项目付费的支付方式，这种方式的优点在于操作方便，易于理解，能够充分调动医疗服务提供方的积极性。但它的缺点也很明显，即此种支付方式会刺激医疗机构提供过多的医疗服务，使医疗费用难以控制。

近年来，我国卫生总费用一直呈快速上升趋势，按项目付费作为一种传统的支付方式，很难控制卫生费用中不合理增长的部分，这不仅是我国面临的问题，也是全球卫生服务共同面临的问题。为此，国家对城镇职工基本医疗保险支付方式做了相应的调整。

2011年，国家提出结合基金收支预算管理加强总额控制，探索总额预付。在此基础上，结合门诊统筹的开展探索按人头付费，结合住院、大病的保障探索按病种付费。建立和完善医疗保险经办机构与医疗机构的谈判协商机制与风险分担机制，逐步形成与基本医疗保险制度发展相适应，激励与约束并重的支付制度。

2012年，人力资源社会保障部等部门联合出台了《人力资源社会保障部 财政部 卫生部关于开展基本医疗保险付费总额控制的意见》，提出了按照“结合基金收支预算管理加强总额控制，并以此为基础，结合门诊统筹的开展探索按人头付费，结合住院、门诊大病的保障探索按病种付费”的改革方向，要求用两年左右的时间，在所有统筹地区范围内开展总额控制工作。结合医疗保险基金收支预算管理，合理确定统筹地区总额控制目标，并根据分级医疗服务体系功能划分及基层医疗卫生机构与医院双向转诊的要求，将总额控制目标细化分解到各级各类定点医疗机构。逐步建立以保证质量、控制成本、规范诊疗为核心的医疗服务评价与监管体系，控制医疗费用过快增长，提升基本医疗保险保障绩效，更好地保障人民群众基本医疗权益，充分发挥基本医疗保险对公立医院改革等工作的支持和促进作用。

从支付方式发展的趋势看，城镇职工基本医疗保险的支付方式正从原有的单一的、事后支付方式向混合的、事前预付的支付方式转变，按人头付费、按病种付费、按住院床日付费等方式都属于事前预付。实践证明，通过事前对医疗保险基金的预算分配，能够比较有效地控制不合理医疗费用的快速上涨，有效控制医疗保险基金的支出。

很多地区城镇职工基本医疗保险已经陆续开展了多种支付方式，从 2001 年起，江苏镇江、北京、上海就开始试点在部分病种中实行按病种付费，厦门从 2005 年起在部分病种中开展按病种付费试点，四川省城镇职工基本医疗保险对精神病住院采用了按住院床日付费的方式。通过针对不同医疗服务方式、不同病种开展多种支付方式，逐步完善我国医疗保险基金的支付体系。

2020 年医疗保险支付方式改革取得了重大进展，30 个 DRG 试点城市正式进入模拟运行阶段；DIP 试点则正式拉开序幕，国家出台了试点政策文件，确定了 71 个试点城市，更大范围的 DIP 地方试点工作在国家的指导下积极有序开展[①]。2021 年，DRG/DIP 均全面进入实际付费操作阶段，门诊支付方式改革也已提上议程，有理由相信今后医保支付方式改革将会取得重要进展，支付方式改革将在控制医疗费用增长特别是促进医疗改革方面发挥越来越重要的作用。

（四）健全基本医疗保险管理制度

城镇职工基本医疗保险实行属地管理，即参保人群在工作单位所在地参加医疗保险，在城镇职工基本医疗保险运行之初，由于参保人主要来自国有企业、机关、事业单位等部门，工作地点、居住地点和户籍均一致，参保人群具有较高稳定性；参保人在当地定点的各级医疗机构发生了医疗服务费用，由当地的医疗保险管理部门按照当地医疗保险的规定进行报销。

但近年来随着人口流动的加快，“异地就医”问题开始凸显，参保人群选择到外地就医，外来务工人员可以选择参加当地的城镇职工基本医疗保险，一些退休人员退休后到异地安置等，由此产生的“异地就医”问题对城镇职工基本医疗保险的管理提出了新的挑战。

针对“异地就医”问题，国家提出了“三步统筹”计划，首先完善市（地）级统筹，然后规范省（自治区、直辖市）内异地就医结算，再推进跨省异地就医结算，着眼城乡统筹，以异地安置退休人员和异地住院费用为重点，依托社会保险信息系统，分层次推进异地就医结算服务。通过对各级医疗保险制度的完善和信息平台的建设，加快解决“异地就医”给群众带来的“报账难”“衔接难”等问题。

截至 2014 年底，城镇职工基本医疗保险基本实现市级统筹，北京、天津、上海、海南、重庆、西藏 6 个省（区、市）实现了省级统筹，28 个省份建立了省内异地就医结算系统或利用省级大集中系统支持省内异地就医结算；90%的新农合统筹地区实现了省内异地就医即时结算。[②]

2020 年，跨省异地就医直接结算进一步推进。一方面，住院费用跨省直接结算的定点医疗机构范围进一步扩大，从 2019 年的 2.76 万家大幅增加到 2020 年的 4.44 万家，增长了 60.87%。直接结算的人次、费用和基金支出也同步大幅度增加。国家平台累计直接结算的医疗费用、基金支付分别从 2019 年的 648 亿元、383 亿元增加到 2020 年的 1759 亿元、1038.43 亿元。此外，门诊费用直接结算试点也稳步推进，京津冀、长三角、西南五省（区、市）门诊费用跨省直接结算继续推进，联网定点医疗机构、药店分别达到 1.02 万家、1.18 万家。[③]

（五）加强对定点医疗机构和定点零售药店的管理

对定点医疗机构和定点零售药店的管理是医疗保险的一项重要工作，对定点医疗机构的医疗行为进行监督、抽查，审核发生的医疗费用，剔除违规费用，保证参保人的利益，是医疗保险管理定

---

① 国家医保局：30 个 DRG 付费试点城市进入模拟运行［EB/OL］. https://baijiahao.baidu. com/s?id=1693806157779212936&wfr=spider&for=pc［2023-03-04］.

② 参见《国务院办公厅关于印发深化医药卫生体制改革 2014 年工作总结和 2015 年重点工作任务的通知（国办发〔2015〕34 号）》。

③ 参见《2020 年医疗保障事业发展统计快报》。

点医疗机构的目的。对定点零售药店要规范其服务行为，提高医疗资源的利用效率，使群众得到更实惠的医疗保障服务。

值得一提的是，2015 年 10 月 14 日，国务院宣布取消 62 项中央指定地方实施的行政审批事项，其中包括基本医疗保险定点零售药店资格审查和基本医疗保险定点医疗机构资格审查，原则上在 2015 年底全部取消。这就意味着，医疗机构和药店进入基本医疗保险变得更加容易，一方面群众有更多的医院和药店可以选择，另一方面加大了控制医保基金使用的难度，促使医疗保险管理机构需要制定更加明确的医疗服务质量管理评价体系来指导基金的使用和支付。

2020 年基金监管进一步加强，全年监督检查定点医药机构 62.74 万家，查处违法违规违约机构 40.07 万家，比 2019 年（26.4 万家）有了较大幅度的增加。其中解除医保协议 6008 家、行政罚款 5457 家、移交司法机关 286 家；共查处参保人员 2.61 万人，暂停医保卡结算 3126 人，移交司法机关 2062 人，追回医保基金 223.11 亿元，追回基金比 2019 年增加了近 1 倍。[①]可见在疫情影响下医保基金监管仍然持续推进，全方位监管形成的高压威慑作用进一步加强。随着《医疗保障基金使用监督管理条例》的正式实施，今后的医保基金监管将进一步加大力度，基金监管在提升医保基金使用效率、规范医药服务行为、打击欺诈骗保方面将发挥更大作用。

（六）加强药品价格改革

药品支付是医保基金支付的一个重要项目，药费在卫生费用中的比例很高，因此药品的报销水平直接关系到参保人群的受益程度。从 1997 年开始，我国药品价格一直处于政府管制时期，由国家发改委对药品规定最高限价，医保建立基本药物报销目录，规定报销药品的种类。

从 2015 年开始，国家取消对药品实行最高限价，由医保部门确定药品支付标准，医保基金在卫生费用中占有重要位置，因此其制定的药品支付标准对药品的市场价格会产生不可忽视的影响。这对于引导药品价格趋于理性，控制药品费用的快速攀升，具有重要意义。

自 2017 年起，国家医保部门每年都常规开展医保目录准入谈判，越来越多临床价值高的创新药品被纳入国家医保目录，极大地降低了患者的用药负担、保障了患者的用药需求。

2020 年，国家第二、三批药品集采顺利开展，共覆盖 87 个品种，中选药品平均降价 53%；首次开展了国家医用耗材集采，冠状动脉支架中选价格从 1.3 万元剧降至 700 元左右。另外，省级、联盟层面的药品、耗材集采纷纷开展，共涉及 229 种药品和 19 类耗材。[②]从国家到地方的集中带量采购的进一步推进大幅降低了药品、耗材的价格，大大减轻了人民群众的药耗费用负担，也强有力地支持了医药、医疗领域的改革，在促进医改系统集成方面发挥了至关重要的引领、撬动作用。今后药品、耗材集采还将继续开展，集中带量采购已经进入常态化、制度化运行阶段。

2021 年，国家医保局会同国家卫生健康委员会出台《关于建立完善国家医保谈判药品“双通道”管理机制的指导意见》，从分类管理、药店遴选程序、规范使用、完善支付政策、优化经办管理、强化监管及加强领导等七个方面明确了谈判药品“双通道”的管理要求。这是首次从国家层面将定点零售药店纳入医保药品的供应保障范围，并实行与医疗机构统一的支付政策，体现了国家对谈判药品落地的高度重视。

（七）完善城乡居民医疗救助制度

根据社会发展的需要，2015 年底城市医疗救助制度和农村医疗救助制度合并为城乡医疗救助制

① 维护 14 亿人权益！《医疗保障基金使用监督管理条例》今起生效［EB/OL］. https://baijiahao.baidu.com/s?id=1698516317692813096&wfr=spider&for=pc［2023-03-04］.

② 2020 年医疗保障事业发展统计快报［EB/OL］. http://www.gov.cn/guoqing/2021-04/09/content_5598659.htm［2023-03-04］.

度，全面开展重特大疾病医疗救助工作。合并原来在社会保障基金财政专户中分设的“城市医疗救助基金专账”和“农村医疗救助基金专账”，在政策目标、资金筹集、对象范围、救助标准、救助程序等方面加快推进城乡统筹，确保城乡困难群众获取医疗救助的权利公平、机会公平、规则公平、待遇公平。

2020年中共中央办公厅、国务院办公厅印发《关于改革完善社会救助制度的意见》，指出要打造多层次救助体系：完善低保、特困和低收入家庭认定办法；对共同生活的家庭成员人均收入低于当地最低生活保障标准且符合财产状况规定的家庭，给予最低生活保障；对无劳动能力、无生活来源、无法定赡养抚养扶养义务人或者其法定义务人无履行义务能力的城乡老年人、残疾人、未成年人，给予特困人员救助供养，同时，根据实际需要给予相应的医疗、住房、教育、就业等专项社会救助；对不符合低保或特困供养条件的低收入家庭和刚性支出较大导致基本生活出现严重困难的家庭，根据实际需要给予相应的医疗、住房、教育、就业等专项社会救助或实施其他必要救助措施；对遭遇突发事件、意外伤害、重大疾病，受传染病疫情等突发公共卫生事件影响或由于其他特殊原因基本生活暂时陷入困境的家庭或个人以及临时遇困、生活无着人员，给予急难社会救助；对遭遇自然灾害的，给予受灾人员救助。

思考题

1. 疾病风险的基本特征。
2. 医疗保险的概念、原则、功能与作用。
3. 医疗保险的筹资原则和筹资来源。
4. 医疗保险的待遇给付方式。
5. 典型的医疗保险制度模式有哪些？
6. 简述我国基本医疗保险制度的发展历程。
7. 分析我国基本医疗保险制度面临的挑战与进展。

案例

两保统一、三保合一，城乡居民就医更方便、更轻松

作为某省三个试点市之一，甲市发挥医保在深化医改中的核心作用，积极推进医保管理体制改革，实现两保统一、三保合一。

两保统一，城乡居民同享各类医疗资源。过去，甲市虽然也有数千家新农合定点医院可供选择，但像一些国内知名的大医院并不在定点范围里。在两保统一，即新农合与城镇居民基本医疗保险整合后，城乡居民基本医疗保险定点医院增加到一万多家，涵盖了国内很多知名医院，切实满足了城乡居民异地就医的需求。近年来，甲市虽然实现了城镇职工基本医疗保险、城镇居民基本医疗保险和新农合等三大基本医疗保险制度的全覆盖，但管理条块分割、统筹层次不一、报销政策不同，碎片式医保制度下，城乡之间医保待遇差异较大，尤其是新农合报销水平相对较低。整合前，甲市城镇居民基本医疗保险有3700多种药品目录、新农合有2300多种药品目录，整合后，通过筛选比对，确定城乡居民基本医疗保险4300多种药品目录。同时，增加慢性病病种，新调整慢性病30多种。此外，改革前，新农合政策范围内报销比例70%左右，城镇居民71%左右，政策整合后，政策范围内住院费用报销比例统一提升到75%左右。

三保合一，城乡居民就医更加方便。过去城镇职工基本医疗保险、城镇居民基本医疗保险和新农合三种基本医疗保险独立运行，归口管理部门也不一样，政策不统一，容易出现重复参保、重复报销和政府重复配套等问题。如今，在新体制下，三大医保统一到医保中心一个机构经办，在原有市级信息平台基础上，

进一步整合业务，建立覆盖城乡的医疗保险信息网络，提供城乡医保一体化的经办服务。三保合一新系统上线后，甲市不仅推出了一系列方便群众办事的新举措，还进一步优化了经办流程，提高了服务效能。据了解，三保合一后，市县之间以及医疗保障相关业务领域之间信息共享和业务协同能力也在不断提升，逐步实现了"一家人、一条心、一盘棋"。

【问题】1. 安徽滁州实施的两保统一与三保合一具体是指什么？其意义何在？

2. 城镇职工基本医疗保险和城乡居民基本医疗保险如何整合？

【提示】1. 提高效率，促进公平。

2. 从筹资水平、待遇保障、缴费年限折算、基金整合等方面进行思考。

拓展阅读

国务院办公厅印发《关于建立健全职工基本医疗保险门诊共济保障机制的指导意见》

新华社北京 2021 年 4 月 22 日电 国务院办公厅日前印发《关于建立健全职工基本医疗保险门诊共济保障机制的指导意见》（以下简称《意见》）。

《意见》指出，为进一步健全互助共济、责任共担的职工基本医疗保险制度，更好解决职工医保参保人员门诊保障问题，切实减轻其医疗费用负担，制定《意见》。

《意见》从五个方面提出了建立健全职工医保门诊共济保障机制的具体举措。

一是增强门诊共济保障功能。建立完善职工医保普通门诊费用统筹保障机制，逐步将多发病、常见病的普通门诊费用纳入统筹基金支付范围。普通门诊统筹覆盖职工医保全体参保人员，政策范围内支付比例从 50%起步，可适当向退休人员倾斜。逐步扩大由统筹基金支付的门诊慢性病、特殊疾病病种范围，将部分治疗周期长、对健康损害大、费用负担重的疾病门诊费用纳入共济保障。同步完善城乡居民医保门诊统筹。支持参保人员持外配处方在定点零售药店结算和配药。探索将符合条件的"互联网+"医疗服务纳入保障范围。

二是改进个人账户计入办法。在职职工个人账户由个人缴纳的基本医疗保险费计入，计入标准原则上控制在本人缴费基数的 2%，单位缴纳的基本医疗保险费全部计入统筹基金。退休人员个人账户原则上由统筹基金按定额划入，划入额度逐步调整到统筹地区根据《意见》实施改革当年基本养老金平均水平的 2%左右。增加的统筹基金主要用于门诊共济保障，提高门诊待遇。

三是规范个人账户使用范围。个人账户主要用于支付参保人员在医保政策范围内自付费用。可以用于支付参保人员本人及其配偶、父母、子女在定点医疗机构就医发生的由个人负担的医疗费用，以及在定点零售药店购买药品、医疗器械、医用耗材发生的由个人负担的费用。探索个人账户用于配偶、父母、子女参加城乡居民医保等的个人缴费。依法规范不属于医保保障范围的支出。

四是加强监督管理。严格执行医保基金预算管理制度，加强基金稽核和内控制度建设。加强对个人账户使用、结算等环节的审核。强化对医疗行为和医疗费用的监管，严厉打击欺诈骗保行为。推进门诊费用异地就医直接结算。协同推动基层医疗服务体系建设。

五是完善与门诊共济保障相适应的付费机制。对基层医疗服务可按人头付费，积极探索将按人头付费与慢性病管理相结合；对日间手术及符合条件的门诊特殊病种，推行按病种或按疾病诊断相关分组付费。科学合理确定医保药品支付标准。

《意见》要求，各省级人民政府要高度重视，建立协调机制，抓好工作落实，在2021年12月底前出台实施办法，指导各统筹地区结合本地实际，细化政策规定，可设置3年左右的过渡期，逐步实现改革目标。要注重宣传引导，准确解读政策，大力宣传医疗保险共建共享、互助共济的重要意义，积极主动回应社会关切，营造良好舆论氛围。

资料来源：国务院办公厅印发《关于建立健全职工基本医疗保险门诊共济保障机制的指导意见》，https://baijiahao.baidu.com/s?id=1697723027347967355&wfr=spider&for=pc［2024-10-26］，有删减

参考文献

杜仕林. 2007. 医改的抉择：政府主导还是市场化——基于医疗卫生服务及其市场特殊性的分析. 河北法学，（5）：146-149.

侯海元. 2006. 关于我国医疗社会保险制度的思考. 兰州交通大学学报（社会科学版），（2）：71-73.

侯文若，孔经源. 2002. 社会保险. 北京：中国人民大学出版社：369.

黄占辉，王汉亮. 2006. 健康保险学. 北京：北京大学出版社：127-129.

景琳. 1998. 农村合作医疗实用手册. 成都：四川科技出版社：6.

卢祖洵. 2003. 社会医疗保险学. 北京：人民卫生出版社.

潘锦棠. 2010. 社会保障学. 大连：东北财经大学出版社.

仇雨临. 2008. 医疗保险. 北京：中国劳动社会保障出版社：159-162.

仇雨临，孙树菡. 2001. 医疗保险. 北京：中国人民大学出版社：157.

世界银行. 1993. 1993年世界发展报告：投资于健康. 北京：中国财政经济出版社：210-211.

郑功成，等. 2002. 中国社会保障制度变迁与评估. 北京：中国人民大学出版社：122.

郑功成，等. 2020. 从饥寒交迫走向美好生活：中国民生70年（1949—2019）. 长沙：湖南教育出版社.

（山东第二医科大学　岳林琳、邢洁）

第十章　生育保险

内容提要

本章在介绍生育保险概念、特点、功能、发展及基本内容的基础上，阐述了典型的生育保险制度模式，重点阐述了我国生育保险制度的发展历程、基本内容、面临的问题与挑战。

第一节　生育保险概述

一、妇女权益保障与人口政策

生育是人类社会延续的基础，涉及国家和民族的繁衍生息。生育会导致两个方面的风险，一是承担生育重任的女性的健康风险；二是女性及其家庭因为生育相关医护、养育费用和生育期间收入损失而产生的经济风险。在自给自足的小农经济和手工业时代，生育更多地被认为是家庭事务，而非人类社会的共同事务，妇女在生育期间所面临的风险和各种需要都由个人和家庭来承担，生育风险对社会的影响较小。随着工业化发展，以大机器为主体的工厂制度代替了工场手工业制度，参与到社会化大生产中的女性数量急剧增加，女性在经济生产活动中的地位和作用日益提升。女性因为生育问题面临的健康风险和经济风险逐渐成为一种社会性风险，引起了社会的广泛关注。随着妇女权益运动兴起，妇女自身权益意识觉醒，女性作为重要的劳动力资源和生产、养育劳动力的资源，其权益保障和生育的社会价值得到越来越广泛的社会认同。对围产期、哺乳期的妇女提供假期、津贴补偿，逐渐成为国际共识，被世界各国广泛采纳。

工业革命后，随着社会经济的发展，西方发达国家的人口出生率出现下降趋势，虽然二战后一度出现“婴儿潮”现象，但是 20 世纪 50—60 年代生育率再次开始持续下降。20 世纪 70 年代开始发达国家的生育情况发生了质的变化。根据联合国相关资料，1964 年以来世界平均生育率持续走低，从 5.06 下降到 2018 年的 2.41。世界银行的相关数据同样显示，2018 年共有 96 个国家（地区）总和生育率低于更替水平，处于很低生育水平的国家（地区）27 个，10 个国家（地区）处于超低生育水平。[①]我国第七次全国人口普查数据显示，2020 年我国育龄妇女总和生育率为 1.3，已经处于较低水平。生育率持续下降、劳动力规模缩减、人口老龄化程度加深，成为当今很多国家普遍面临的问题。鼓励生育，完善与生育相关的保障安排，成为很多国家人口政策的核心内容。

二、生育保险概念及制度发展

（一）生育保险概念

生育保险（maternity insurance）是国家和社会通过立法对处于生育行为发生期间的生育责任者提供一定的经济、物质及服务等各方面帮助的一项社会保险制度。

生育保险的含义可以从以下几个角度来理解：①生育保险的主体为国家和社会。生育作为生命繁衍的唯一途径，关系到一个国家的存亡。因此，国家和社会有责任提供生育保险制度。②生育保

① 转引自陈梅，张梦皙，石智雷. 国外生育支持理论与实践研究进展［J］. 人口学刊，2021，43（6）：54-67.

险的保障对象为处于生育行为发生期间的生育责任者，包括生育家庭的夫妻双方，这体现了社会的进步与发展。早期的生育保险制度只是保障妇女劳动者的权益，忽视男性职工在家庭中的责任。随着社会的发展，各国都逐步扩大保障范围，实施“父育假”并给予男性职工一定的生育补助。③生育保险的保障方式是提供经济、物质和服务等多方面的帮助。生育行为虽然不是疾病，但是也需专业医疗技术并支付医疗费用；生育妇女需要一段时间的休息来恢复体力和照顾婴儿。因此，生育保险的待遇包括生育医疗服务和补偿、带薪产假、生育津贴和生育补助等多方面内容。

现代职业女性具有双重职能，既要从事社会生产工作，又要生育子女，承担人口再生产责任，她们既是劳动者，又是劳动力的直接再生产者，因此需要国家和社会给予更多的关心。通过实施生育保险制度提供一定的经济帮助和医疗保健，帮助生育女职工恢复劳动能力，重返工作岗位，体现了国家和社会对妇女在这一特殊时期的关爱和帮助。

（二）生育保险制度的产生与发展

1. 生育保险制度的产生

生育保险是关注女性职工权益的一项国际性措施。1883 年《德国劳工基本保险法》中关于生育保险的规定为早期生育保险的代表。1912 年意大利政府颁布的《生育保险法》是世界上第一部独立的生育保险法。1919 年第一届国际劳工大会通过了《保护生育公约》（第 3 号公约），该公约第一次对生育保险做出了一些通用性的国际规范：规定受保护的妇女应当包括任何公营和私营的工业或商业里（除仅雇佣同一家庭成员的雇主）的已婚或未婚的任何女性；要求产假至少为 12 周，且分娩前后各为 6 周；女工在产假期间应得到经济上的补助，补助金额应当“足以使她本人及孩子无所匮乏地健康生存”，具体数字由各国主管机关规定；公约还赋予女工在工作期间为其婴儿哺乳的权利，规定产妇每天可以中断工作两次，每次半小时，中断时间应算作工作时间；凡按规定享受产假的女工，雇主在她们产假期间给予解雇是不合法的。第一届国际劳工大会后，又有许多国家建立了生育保险制度或增加了生育保险的相关内容。

2. 生育保险制度的发展

1952 年，第 35 届国际劳工大会通过的《社会保障（最低标准）公约》（第 102 号）对生育补助金做了专门规定，随后通过了《保护生育公约》（修订）（第 103 号）和《保护生育建议书》（第 95 号）。1975 年，国际劳工组织通过了《女工机会均等和待遇平等声明》，其中明确规定，由于生育是一种社会职能，所有女工应有权根据《保护生育公约》（修订）（第 103 号）和《保护生育建议书》（第 95 号）规定的最低标准享有充分的生育保护，其费用应由社会保障、其他公共基金或通过集体协议承担。2000 年第 88 届国际劳工大会为了促进劳动力中的所有妇女享有平等和母子的健康与安全，又通过了《保护生育公约》（第 183 号）和《保护生育建议书》（第 191 号），作为对旧的公约和建议书的补充与修订。

第 183 号公约扩大了生育保险的覆盖面，并加强了对生育保护的要求，更加明确地捍卫了生育妇女的权益。公约指出：①各成员国须采取适宜措施，以保证孕妇和哺乳期妇女不得从事主管部门确定的会损害母亲和孩子健康的工作，或是经评估确定对母亲的健康和孩子的健康有重大危险的工作。②妇女有权享受不少于 14 周的产假；出于对保护母亲健康和儿童健康的应有考虑，产假须包括 6 周时间的产后强制性休假；产前部分的假期，须按预产期和实际分娩之间逾期的时间予以延长，不从强制性产后假期部分中扣除。③在因妊娠或分娩而引起患病、并发症或有并发症危险的情况下，经出示医疗证明，须在产假期之前或之后提供休假。④向因休假期而缺勤的妇女提供现金津贴。现金津贴的水平，须保证妇女能以适当的健康条件和适宜的生活标准供养自己及其孩子。津贴的数额不得低于该妇女的原先收入或者为计算津贴而加以考虑的收入的三分之二。⑤各成员国须保证，适用本公约的大多数妇女都能够达到享受现金津贴的资格条件；因资格条件不够而不能享受现金津贴的妇女，须有权享受社会援助基金的适当津贴——这取决于所要求的家庭经济情况调查的结果。⑥须根据国家法律和条例或是以符合国家惯例的任何其他方式，为妇女及其孩子提供医疗津贴。医疗津贴须包含产前、分娩和产后医疗护理，以及必要时的住院治疗。⑦为了保护妇女在劳动力市场中的地位，休假的津贴须通过强制性社会保险或公共基金提供，或是以国家法律和惯例确定的方式提供。没有雇主的明确同意，雇主个人对其雇用的妇女不承担任何此类货币津贴的直接费用责任，除非：在国际劳工大会通过本公约之前，成员国的国家法律或条例对此已有规定，或是政府和有代表性的雇主组织与工人组织因此而会后在国家一级达成了协议。⑧雇主在妇女妊娠期间，或是在产假期间，或是在其重返工作岗位后国家法律或条例规定的一段时间内，终止其就业是非法的，且要保证妇女在其产假结束后返回同一岗位或工资相同的岗位的权利。⑨各成员国须采取适宜措施，以保证生育不成为就业歧视的原因。除属于国家法律或条例有要求的工作除外，禁止要求求职妇女进行妊娠检验或提供此类检验的证明。⑩须使妇女拥有可每日一次或多次休息或者减少每日工时为其婴儿哺乳的权利。这些休息时间或每天所减少的工时，须算作工作时间，因而要付给报酬。

第 183 号公约覆盖了女性生育的健康保护、产假、津贴、就业保护和非歧视，以及哺乳的相关保障，成为各国建立和完善生育保险法规的基本准则。各国实行的生育保护制度虽然在内容、形式和标准等方面有所不同，但一般都是采取国家立法来确立生育保险的性质、地位、作用和运行机制。截止到 2017 年，在全世界可获得信息的 192 个国家中，有 138 个国家实施社会保险计划，其中 7 个国家同时实施社会救助计划，另有约 50 个国家实施基于雇主责任的生育保障计划。[①]

三、生育保险的特点、功能与作用

（一）生育保险的特点

生育保险是社会保险体系的一部分，具有社会保险的一般原则，如强制性、社会性、共济性等。但由于生育行为的特殊性，生育保险必然有其自身的特点，主要表现在以下几个方面。

1. 保障对象范围小

生育保险的保障对象主要是处于生育期间的妇女劳动者，对其因生育暂时丧失劳动能力而给予经济、物质和服务帮助，因此，享受产假、生育津贴、医疗服务补偿等，以育龄妇女为主体，有些国家还规定了必须符合法定婚龄、已婚、参保年限等，因而生育保险的覆盖范围相对较窄，不同于社会保险的其他险种，如养老、医疗保险，以全体社会成员作为保障对象。

随着社会的进步，一些国家和地区将生育保险的范围扩大到男职工供养的配偶甚至所有的育龄妇女，有些国家允许女职工生育后给予其配偶一定的带薪休假，以照顾妻子和婴儿。我国生育保险的保障对象是参加生育保险的女性职工和男性职工的未就业配偶。

2. 保障特定风险

生育风险是由人的特定的正常生理活动引起的，生育导致的只是暂时劳动能力丧失引起的收入中断。虽然生育风险与老年风险同属于劳动能力的丧失，但是生育风险是短期暂时的劳动能力丧失，而老年风险则是长期永久的劳动能力丧失。

3. 保障期限固定

妇女临产前的一段时间，由于行动不便，已经不能正常工作，分娩后需要一段时期的休息以便身体恢复和照顾婴儿。因此，生育保险覆盖期间包括生育前后，其他社会保险险种的保险范围一般是事后。

尽管产假时间覆盖生育前后，但是各个国家一般对产假都有一定的期限规定。2000 年国际劳工

① 郝君富，郭锐欣. 生育保障制度的国际改革趋势与启示［J］. 兰州学刊，2019（6）：136-150.

组织通过的《保护生育公约》（第 183 号）规定妇女有权享受时间不少于 14 周的产假，第 183 号公约所附的第 191 号建议书进一步建议在可行情况下，将产假期限延长至至少 18 周。2023 年，国际劳工组织在第 111 届国际劳工大会上发布的报告中显示：2021 年，全球 120 个国家的产假期限至少为 14 周，符合第 183 号公约的规定；52 个国家的产假期限至少为 18 周，符合第 191 号建议书的要求。

4. 保障待遇具有福利性

由于生育保险的目的不仅是保障生育妇女自身的健康恢复和基本生活，维持妇女劳动力再生产，而且是促进劳动力的扩大再生产和人类延续的需要，因此，生育保险待遇水平往往比其他社会保险项目高，具有明显的福利色彩。生育保险基金的筹集，体现“雇主责任”，个人不用承担。

5. 生育保险与医疗保险密不可分

生育行为本身涉及检查、手术、住院等医疗服务，生育过程也可能伴随着某些疾病的产生或复发，致使生育保险与医疗保险有着十分紧密的联系。许多国家也因此将生育保险与医疗保险合并，并称为“生育与疾病保险”，或者称为“健康保险”。

生育保险与医疗保险都属于暂时丧失劳动能力时所获得的保障，待遇给付都是现金补助和提供医疗服务，这是它们的共性。但两者也有原则性区别，如表 10-1 所示。

表 10-1　生育保险与医疗保险比较

区别	生育保险	医疗保险
享受对象	女性职工和男性职工的未就业配偶	全体社会成员
享受期限	取决于育龄年龄、结婚时间、生育的胎次等	无年龄限制
治疗方式	侧重休息和养护	侧重治疗
待遇时间	产前产后	疾病发生期
待遇标准	高	基本水平

（二）生育保险的功能与作用

作为一项专门针对女性的权益保障措施，生育保险的一个非常重要的特征就是“双重功能性”，即保障原有劳动力的恢复和保障新生劳动力的健康成长。生育保险的这种双重功能性在社会保险体系中也是独一无二的，这也决定了其地位的重要性。生育保险保障女职工生育期间的身体健康和安全，有利于延续后代和提高社会的人口素质。

1. 保障妇女劳动者的权益

生育保险具有保护生育妇女围生期权益和维护女性就业的独特功能。生育保险通过为生育女性提供孕期保健、医疗服务、生育津贴和带薪休假，以保障女性劳动者在生育期间的基本生活和医疗保健需求，促进其尽快恢复身体健康和重新投入工作。生育保险有助于维护妇女的平等就业权，妇女参与社会化大生产是社会发展的客观要求和必然趋势，生育保险通过统筹社会基金使用人单位之间的生育费用负担均衡化，从而消除企业与生育女职工在经济利益上的对立，缓解了女性就业与生育之间的矛盾，为女性创造了公平参与社会发展的机会。

2. 分散风险，提高企业竞争力

生育保险对企业的作用主要体现在分散风险、提供公平的竞争环境上。生育保险分散风险的作用主要体现在两个方面：其一是通过社会保险制度将个人的生育风险分散于社会中，其二是通过社会统筹方式将企业员工的生育风险在不同企业间平衡。另外，一些国家已将生育保险惠及男职工的配偶甚至其本人，也有利于保证在职男职工正常的劳动率，提高其对工作的积极性。

3. 贯彻人口政策，提高人口素质

生育保险对生育女性孕期、产期、哺乳期采取一系列的保健措施，并给予其一定的产假和津贴，有利于保障新生儿的健康，为其健康成长奠定良好的基础，从而保障优生优育和劳动力的连续再生产。

生育保险与各国的人口政策紧密相联，有利于促进人口政策的贯彻实施。目前，一些西方国家的人口出生率很低，甚至出现劳动力短缺现象。为缓解这一危机，许多国家都采取提供优厚的生育保险待遇作为鼓励生育、刺激人口增长的重要手段。而人口出生率高或人口基数大的国家，则一般采取只对符合计划生育政策的女职工给予生育保险待遇的政策，以控制人口出生规模。生育保险政策的不断修订与完善，在很大程度上保证了人口政策的顺利实施。

第二节　生育保险制度的基本内容

一、覆 盖 对 象

按照制度的覆盖范围来分，各国的生育保险大致可以分为三种情况。

第一，覆盖所有公民及符合条件的外籍人士。芬兰的生育保险制度可以称得上是“全民生育保险”，其生育现金补助和医疗待遇均已覆盖到国内所有居民，入境移民经过 180 天的等待期后也可以享受相应的待遇。澳大利亚、新西兰等国家也规定只要符合国家公民资格和财产调查手续的妇女，均可享受生育保险待遇。

第二，覆盖所有雇员。法国生育保险制度采用社会保险类型，其生育保险覆盖全体雇员。

第三，覆盖部分雇员。有些国家的生育保险，只覆盖某些行业或符合收入要求的部分雇员。西班牙的生育保险只覆盖工商和服务业的雇员。印度则对于企业规模有要求，要求雇佣人数达到一定规模的企业或机构必须参保。

二、筹　　资

（一）生育保险基金的筹集

从生育保险基金的来源上看，不同的国家基金筹集方式不同。

第一，由受保人、雇主和政府三方共同负担，大多数国家都采用这种方式。奥地利规定生育保险的基金来源为：政府承担生育现金补助的 70%，其余由受保人和雇主承担。

第二，由受保人和雇主共同负担。如巴基斯坦对生育保险的规定是受保人每月缴纳 20 卢比，雇主则缴纳工资总额的 7%，政府不承担费用。

第三，由雇主全部负担。瑞典生育和疾病的基金合并管理，雇员和政府不缴纳，由雇主缴纳工资总额的 11.08%。印度尼西亚则是由雇主为已婚雇员缴纳工资总额的 6%，为单身雇员缴纳 3%。新加坡则由雇主承担雇员在生育期间的全部费用。

第四，由雇主和政府负担，丹麦规定由雇主补助雇员在生育期间前 2 周的全部费用，2 周以后的全部费用由地方政府负担。英国规定雇主承担 8%的法定产假工资，其他由政府承担。

（二）生育保险基金的管理

从基金管理方式上看，有的国家将生育保险基金与养老、医疗、失业或工伤保险基金结合起来，也有国家将所有的保险项目放在一起管理。

第一，将生育保险基金与养老、医疗、工伤、失业保险基金合并管理。例如爱尔兰规定，雇主、周收入超过287欧元的雇员都要按照规定的费率缴费，所有缴费用于养老、疾病、生育、工伤、失业补助和领养津贴。

第二，将生育保险基金与医疗保险基金合并管理。比利时、意大利、卢森堡、德国、芬兰、丹麦、奥地利、希腊、瑞典都是将生育保险与医疗保险合并管理，即疾病与生育现金补助、生育医疗补助由一个基金提供，但其中对于生育补助单项列支。

第三，将生育保险与工伤保险合并管理，法国的疾病与生育保险也提供永久残疾和遗属津贴的资金。

第四，将生育保险与失业保险合并管理，荷兰规定工人的疾病和生育保险缴费包括在失业补助缴费里，自我雇佣者除外。

三、待遇给付条件、内容与标准

（一）生育保险待遇给付条件

少数国家或地区对享受生育保险的资格没有规定限制条件，只要该妇女是该国公民，就有资格享受。但绝大多数国家或地区对享受生育保险的女性作出了限制规定，具体可分为五种情况。

一是只对居住权有一定要求。如冰岛规定有常住权的母亲，可享受生育保险；卢森堡规定受益人必须在该国居住满12个月，夫妻两人必须在该国居住满3年，才能享受生育保险。

二是只要从事受保职业的就有资格享受，如波兰、危地马拉、几内亚、丹麦等国。

三是要求从事一定时间的受保职业。如加拿大规定在最近一年内从事受保职业10—14周后，才能取得享受资格；阿根廷规定产前连续受雇10个月或从事现职工作1个月并在从事现职工作前的一年内受雇不少于6个月的才能享受。

四是要缴足一定时限的保险费后方可享受。如墨西哥规定受保妇女生育前12个月内必须已缴纳30周保险费才能享受生育保险；一般规定生育前12个月缴纳保费10个月。

五是除要求被保险人在生育前投保达到一定时间外，还要求被保险人实际参加工作达到一定时间，如法国，被保险人在分娩前必须投保满10个月，并且在生育的最近一年内的头3个月中，至少受雇200个小时。

（二）生育保险待遇内容与标准

由于各国经济发展水平的差异，生育保险的保障项目和待遇标准有所不同。经济欠发达国家，待遇水平较低，保障项目也相对较少。发达国家生育保险的保障项目范围较广，待遇水平也较高，部分国家和地区还将婴儿保健及生活用品，以及配偶的假期、津贴等项目也包括在内。一般来讲，生育保险待遇由产假、生育津贴和生育医疗服务三部分组成。

1. 产假

（1）产假的概念。产假是指为了生育的需要给予女职工不在工作岗位的时间期限。产假必须在产前、产时和分娩后的一段时间之内，其他时间不容许享受。从劳动力再生产和人类繁殖下一代的角度来讲，对生育时间内的妇女必须给予足够的假期，不仅包括生育假期，还包括怀孕假期和产后照料婴儿假期。

产假的主要作用：一是使女职工在生育时期得到足够休息，维护身体健康；二是使妇女由生育引起的生活自理能力和劳动能力的暂时丧失得以逐渐恢复；三是使婴儿能得到母亲的精心照顾和哺育，有利于婴儿的健康生长。

产假需要一个合理的时间期限，这个期限既要考虑女性生育期间的生理变化和照料婴儿的需要，同时也要容易被社会和用人单位接受。产假过长，会给用人单位造成人力上和经济上的困难；

产假如果过短，则不利于产妇的身体健康和能力恢复以及婴儿的健康成长。一般来讲，产假的时间下限应充分保障母婴健康，而其上限应能使婴儿获得精心照料。

（2）产假规定。目前，各个国家包括一些劳动力短缺的国家，都尽可能地作出了适当长的产假期限规定。大多数国家的产假规定已经超过了2000年国际劳工组织《保护生育公约》（第183号）规定的14周。英国的怀孕母亲可获得39周的法定产假。澳大利亚符合标准的女性可享受18周的带薪产假和12个月的无薪育儿假。瑞典法律规定，所有工作的父母每生育一个子女都享有16个月（480天）的带薪产假，还有一些国家结合其人口政策规定不同胎次产假时长不同，如波兰、保加利亚等国为了鼓励生育，生育保险政策规定生育胎次越多，产假越长，第一胎产假16—17周，第二胎18—21周，第三胎26周。法国妇女生第一胎可休20周产假、第二胎可休40周产假，皆可领取全额工资，父母也可享有6—12个月不等的育儿假。

（3）父育假的规定。父育假是专门准许给父亲的，通常从孩子出生后开始，与产假同时实行，以便父亲能给配偶提供支持以及照顾婴儿。虽然国际劳工组织尚未设置专门的父亲陪产假和育儿假标准，但2009年国际劳工大会关于性别平等的决议指出各国政府应一起制定包括陪产假和/或育儿假等在内的适当政策，以更好地平衡女性和男性的工作、家庭责任，实现责任更平等的分担。国际劳工组织第183号公约附带第191号建议书规定在产假之后参与就业的父母双方均有权享有休育儿假的权利。大多数国家规定男性在孩子出生后，一般享有2到10天的父育假，休假期间领取工资的标准与母亲假相同。芬兰则规定男性享有18天的父育假，葡萄牙的男性则有20天父育假，还规定其中有5天是父亲必须要休的假。

瑞典1974年建立新生儿父亲陪护假制度，这是全球首次以法律形式承认父亲在照顾婴幼儿方面的作用。1995年瑞典修订《育儿假法》，规定育儿假为480天，父母各享有240天。其中父亲专享的30日的育儿休假不得转让，如果父亲放弃这30日的专享假期，这对夫妇将失去这一个月的休假和津贴。

在澳大利亚，自2013年1月后，父亲在12个月的无薪陪产假的基础上，可享受两周的有薪“父亲与配偶津贴”。

（4）临时假期的规定。临时假期是在孩子有突发状况如生病需要父母照顾或处理时，父母双方可以请的假期。

临时假期最长的是瑞典，12岁以下儿童的瑞典父母每年有60天的带薪临时假期。在欧盟国家中，大部分国家包括奥地利、德国、匈牙利和葡萄牙等国的婴幼儿父母，在孩子生病或有其他突发状况时，每年有10天或10天以上的带薪临时育儿假期来护理孩子。此外，挪威、瑞士等非欧盟国家的幼儿父母也享有带薪的临时育儿假。此外，挪威、瑞士等国家的幼儿父母也享有带薪的临时育儿假。

2. 生育津贴

（1）生育津贴的概念。生育津贴，又称生育现金补助，是对女职工因生育而中断工作不能获得劳动报酬时，由生育保险给予的现金补助。生育津贴用于弥补女职工生育期间工资收入损失，维持中断劳动收入的生育妇女的基本生活。生育津贴是生育保险基金支付的内容之一。

生育津贴的享受者一般是生育女职工，有的国家也包括男职工的配偶。一些国家还规定可将生育津贴给予其他受益人，如瑞典、芬兰、丹麦等国规定，产妇返回工作岗位，生育津贴可支付给在家照料婴儿的有职业的父亲。

（2）生育津贴标准。生育津贴支付的标准一般按收入的百分比进行计算。从原则上讲，生育津贴支付标准应和维持产假期间的生活相适应。1952年国际劳工组织通过的《保护生育公约》（修订）（第103号）对各国制定生育津贴标准提出了一条原则：属于与收入相关的社会保险制度，津贴不应低于原收入的2/3。1952年国际劳工组织通过的《保护生育建议书》（第95号）提议，生育津贴应等于该妇女生育之前的收入。2000年的《保护生育公约》（第183号）对上述问题进行了重申，同时这一原则也得到了大多数国家的认可。虽然世界各国的生育津贴标准有所不同，但一般都比较优惠。不少国家规定相当于女性劳动者生育前原工资的100%。有的国家除给付定期生育津贴之外，还在每个子女出生时，发给一定的生育津贴。

（3）生育津贴支付期限。生育津贴的支付期限一般与产假的期限一致。在可获得信息的192个国家中，有73个国家，女性有权获得至少14周产假且工资替代率达到三分之二，符合第183号公约的基准。有26个国家，女性有权按100%的工资替代率获得至少18周产假，达到第191号建议书的最高标准。也有国家规定在不同产假时期生育津贴支付的标准不同，瑞典规定新生儿父母可享有16个月带薪休假，其中13个月可获得约77.6%的工资补助，其余3个月按国家最低生活标准补助。新加坡女性享有16周产假，其中前8周是强制性产假，薪水由工作单位支付，后8周由政府支付。①

3. 生育医疗服务

生育医疗服务是由医疗服务机构向妇女提供的妊娠、分娩和产后的医疗照顾，以及必需的住院治疗服务，其费用是生育保险基金支付的内容之一。目前大多数国家都能保障妇女从怀孕到产后享受到一系列医疗保健和治疗服务，有些国家面向全体居民免费提供生育医疗服务，如英国、瑞典等。

第三节　典型的生育保险制度模式

一、独立型生育保险制度模式

独立型生育保险制度模式是指生育保险作为一项独立的制度运营管理，单独立法，但筹资并不一定独立，代表性国家有德国、芬兰等。

德国早在1883年颁布的《疾病保险法》中就将生育保险纳入其中，但当时生育保险仅是作为疾病保险的一部分。1965年，德国将生育保险从疾病保险中独立出来，并增加了对妇女的产前、产后照顾及妇女怀孕、哺乳期间的劳动保护规定。尽管德国的生育保险是一个独立的保险项目，但在基金管理上仍是与疾病保险合并的，所有费用由受保人和雇主承担，政府承担补助责任。

芬兰的生育保险制度是单独构建的，并且芬兰在1963年对生育保险进行了单独立法，目前仍在采用该部法律。芬兰生育保险制度的资金主要是受保人和雇主缴费，政府在生育保险基金不足时进行补助。

我国在2019年发布《国务院办公厅关于全面推进生育保险和职工基本医疗保险合并实施的意见》之前，职工生育保险是单独立法、单独筹资的独立险种。两险合并实施后，生育保险仍然是独立险种，但在参保、筹资、基金管理等方面与职工基本医疗保险实行合并管理。

二、混合型生育保险制度模式

混合型生育保险制度模式指生育保险与其他保险制度合并运营管理，并没有单独建立生育保险制度。

英国生育保险与疾病保险合并立法，实行社会保险现金补助和普遍医疗保障相结合的双重保障制度。英国生育保险中生育医疗服务面向全体居民，由公立医院直接提供医疗，由国民保健署支付费用。

日本的生育保险制度由雇员健康保险和国民健康保险共同支撑，前者提供现金和医疗补助，后

① 杨菊华，杜声红. 部分国家生育支持政策及其对中国的启示［J］. 探索，2017（2）：137-146；郝君富，郭锐欣. 生育保障制度的国际改革趋势与启示［J］. 兰州学刊，2019（6）：136-150.

者仅提供医疗补助。雇员健康保险以各企事业单位的在职职工为被保险人，其基金来源于受保人、雇主缴费和政府财政补助。国民健康保险覆盖未参加就业关联健康保险或其他特殊保险制度的所有居民，其基金来源于受保人缴纳的国民健康保险税。国民健康保险不提供现金补助，但所有的保险机构提供一次性的生育津贴。

我国城乡居民基本医疗保险对参保人的生育医疗费用也做了规定，参保人符合政策的生育医疗费用，可以按规定得到医疗保险基金的补偿。这实际上也是一种混合型安排，非在职的城乡居民虽然没有独立的生育保险制度安排，但其生育医疗待遇在基本医疗保险中得到了应有的保障。

国际劳工组织于 2017 年 11 月 29 日发布的《2017—2019 年世界社会保障报告——全民社保以实现可持续发展目标》显示，建立和实施生育保险制度的国家和地区已超过 170 个，但被统计的 170 多个国家和地区中建立独立的生育保险制度的为极少数，绝大多数生育保险待遇包含在医疗保险中。在欧洲 44 个国家中生育保险单独立法的国家仅有 10 个，单独筹资的国家有 5 个；在 36 个美洲国家中单独设立生育保险的国家有 7 个，没有单独筹资的国家；在亚太地区的 47 个国家中，单独立法的有 7 个，单独筹资的有 4 个；在 44 个非洲国家中有 6 个国家单独立法，没有单独筹资的国家。

第四节　我国的生育保险制度

一、我国生育保险制度的发展历程

（一）生育保险制度的建立（1949—1965 年）

新中国成立初期，我国在进行各项事业建设的同时，也开始着手妇女儿童社会保障等方面的工作。生育保险首先在企业职工中创建，国家机关事业单位稍晚实施。

1951 年的《中华人民共和国劳动保险条例》中就有了关于生育保险的法律条文。此时的生育保险被整合在劳动保险条例中。政务院在 1953 年进行了修订。这个时期有关生育保险的基本内容如下。

1. 保障对象

（1）企业保障对象为“女工人与女职员”，保障范围仅为职工人数在 100 人以上的单位。1951 年条例实施三年后，覆盖范围扩大，延伸至私人企业和乡镇合作社等机构。

（2）全国各级政府、党派、全国各级事业单位等在编人员和革命残疾军人。

2. 筹资来源

（1）企业缴纳工资总额的 3%作为劳动保险费，当时的生育保险和养老保险、医疗保险、工伤保险一起被称为劳动保险。所筹资金分为两个部分：一部分将每月缴纳的劳动保险金中的 30%存于中华全国总工会户内，作为劳动保险总基金，为集体劳动保险事业所用；另一部分将每月缴纳劳动保险金中的 70%存于各企业工会基层委员会户内，作为劳动保险基金。

（2）机关事业单位生育保险经由各级政府作为公费医疗经费编入财政预算，统一交付各级卫生部门专项统筹支出。

3. 福利待遇

（1）产假。女工人与女职员产前产后给假 56 天；孕期小产，3 个月以内给假 15 天，3 个月以内不足 7 个月的给假 30 天；难产或双生，增加假期 14 天。

（2）补助。女性产假期间，工资照发；男工人与男职员的妻子生育时，由劳动保险基金发给生育补助费，其数额为 4 万元；多生子女补助费加倍发给。

(3) 医疗服务。女工人与女职员怀孕，在该企业医疗所、医院或特约医院检查或分娩时，其检查费与接生费由企业行政方面或资方负担。机关事业单位福利待遇比照企业职工福利待遇。

这一时期，生育保险制度在一定程度上实现了社会统筹，生育保险政策极大地调动了群众的工作积极性，稳定了人民的生活，保障了妇女儿童的健康。

（二）生育保险制度的调整（1966—1978年）

这一时期生育保险的发展受到“文化大革命”的影响，破坏严重甚至出现了停滞。

一是取消了社会统筹。1969年，财政部颁发《关于国营企业财务工作中几项制度的改革意见（草稿）》，其中规定：国营企业一律停止提取工会经费和劳动保险金。企业的退休职工、长期病号工资和其他劳保开支，改在企业营业外列支。此段时间，生育保险转回企业保险。二是调整了生育保险报销对象：企业生育保险形成，且只对本企业女工负责。

这一时期的特点是：劳动保险从带有一定社会统筹性质的国家保险，演变为单位保险，企业各自负担本单位职工的生育保险责任。企业负担加重，女性就业环境不利，更影响到女性的权益保障。

（三）生育保险改革探索（1978—2000年）

1978年十一届三中全会召开，我国进入社会主义现代化建设新时期，实行改革开放。从20世纪70年代末到2000年是我国生育保险的改革探索时期。

这一时期，企业逐渐转变成自负盈亏、独立核算的主体，也开始对用工制度进行改革探索。部分企业为了避免造成更多的“性别亏损”，只负责本企业编制员工的生育保险费用，开始减少使用女工，或者在执行企业生育保险规定时打折扣，严重损害了妇女公平就业的权利。在这样的背景下，这一时期生育保险呈现出下列特点：生育保险的成本依然由企业各自负担，为了不让妇女因承担生育责任而影响就业，试点改革成了这个时期的主题，变“企业生育保险”为“社会生育保险”成了我国生育保险政策改革的趋势。

1986年卫生部、劳动人事部、全国总工会、全国妇联联合印发《女职工保健工作暂行规定（试行草案）》，对生育妇女孕前保健、孕期保健、产后保健以及哺乳期保健等方面都做了规定，旨在保护女职工生育期间身体健康。1988年，国务院颁布《女职工劳动保护规定》，将产假从56天增加到90天，同时废止了1953年《中华人民共和国劳动保险条例》（修正）中女职工生育待遇的规定和1955年《国务院关于女工作人员生产假期的通知》。

1988—1994年，全国许多省、市纷纷进行改革试点。改革措施归纳起来主要有两种：①生育保险基金社会统筹，即企业按男女职工总数或工资总额的一定比例定期向生育保险社会统筹机构缴纳生育保险费，建立“生育保险基金”。江苏省南通市从1988年9月1日开始实行《南通市全民、大集体企业女职工生养基金统筹暂行办法》，各企业按全部职工人数每年一次性向社会统筹机构上缴一定数额的生育保险资金，由社会统筹机构向女职工支付生育医疗费和生育津贴。在这段时间里，试行生育保险基金社会统筹的地区还有株洲、昆明、曲阜、绍兴、宁波、德州等几十个市。②由夫妻双方所在企业平均分担生育费用。辽宁省鞍山市实行《鞍山市保护老人、妇女、儿童合法权益的规定》，其中规定生育津贴由夫妻双方所在企业各承担50%，男方在部队、外地或机关工作的，由女方单位全部承担。到20世纪90年代，生育保险政策趋于成熟，女性生育保障的覆盖面也有所扩大。1994年，《劳动法》出台，规定女职工与男职工在社会保险方面享有同样的权利，对女职工的劳动就业权和生育保险问题做出了原则性规定，明确要建立生育保险制度，为生育保险的改革和立法工作提供了法律依据。

1994年劳动部在总结各地生育保险改革经验的基础上，制定并颁布了《企业职工生育保险试行办法》，明确了我国生育保险今后的改革方向是实行社会统筹，对企业职工生育保险的基本原则、实施范围、待遇标准、基金管理、监督机制等作出了明确规定。这是我国第一部关于生育保险的正式法规，至此，全国有了统一的生育保险基金统筹办法。《企业职工生育保险试行办法》与原来对生育保险的规定相比，增加了新内容：①生育保险的目的是“为了维护企业女职工的合法权益，保障她们在生育期间得到必要的经济补偿和医疗保健，均衡企业间生育保险费用的负担”；②企业按不超过工资总额 1%的比例向劳动部门所属的社会保险经办机构缴纳生育保险费（职工个人不缴纳生育保险费），社会保险经办机构负责生育保险基金的收缴、支付和管理；③生育保险基金支付项目有生育津贴、与生育有关的医护费用和管理费，其中，生育津贴按本企业上年度职工月平均工资计发。《企业职工生育保险试行办法》使女职工生育保险从企业中剥离出来，走上了社会保险的道路，为全国范围内生育保险社会化改革提供了充分的依据。此后，全国有 31 个省（区、市）逐步出台了生育保险方面的地方性法规、地方政府规章或者其他规范性文件，对本省（区、市）生育保险制度作出了具体安排。

1995 年，国务院印发《中国妇女发展纲要（1995—2000 年）》，提出到 20 世纪末我国妇女发展的任务和目标及应采取的政策措施，对生育保险的实施范围、覆盖方式、进度推行等做了明确规定，提到“在全国城市基本实现女职工生育费用的社会统筹”。同年 11 月劳动部印发《关于贯彻实施〈中国妇女发展纲要〉的通知》，指出：适应企业改革的要求，积极建立社会生育保险基金，将生育保险由企业管理逐步转变为社会统筹管理，均衡企业负担，分散风险。该通知要求：全国 80%左右的县（市），到 20 世纪末实现生育保险社会统筹。

（四）生育保险完善（2001 年至今）

2001 年至今我国生育保险制度的发展进入了正常化、规范化、法治化运行的阶段。这一时期生育保险的特点如下。

1. 保险覆盖范围持续扩大

2001 年国务院颁布《中国妇女发展纲要（2001—2010 年）》，提出应普遍建立城镇职工生育保险制度，其覆盖面达到 90%以上。2011 年国务院颁布《中国妇女发展纲要（2011—2020 年）》，提出完善城镇职工生育保险制度，进一步扩大生育保险覆盖范围，提高参保率。以城镇居民基本医疗保险、新型农村合作医疗制度为依托，完善城乡生育保障制度，覆盖所有城乡妇女。

2. 女性权益保障加强

2005 年第十届全国人大常委会通过《关于修改〈中华人民共和国妇女权益保障法〉的决定》，指出国家要逐步建立和完善与本地区经济发展相适应的生育保险政策，并建立与生育保险相关的其他保障制度；2007 年又颁布《中华人民共和国就业促进法》，规定了男女劳动就业权利的平等，用人单位招用人员，除国家规定的不适合妇女工作的某些职位外，不得以性别为由拒绝录用妇女或者提高录用标准。这些相关政策、文件的颁布实施，都说明国家对于生育保险政策建设的重视，并促进了生育保险社会统筹的实现。

为了更好地维护生育妇女参加社会保险和享受社会保险待遇的合法权益，2011 年 7 月 1 日起施行的《中华人民共和国社会保险法》第六章专门规定了生育保险的覆盖范围、缴费义务、待遇享受条件、待遇项目和支出渠道等，从立法的层次确定了职工享有生育保险的权利。2012 年《女职工劳动保护特别规定》，将女职工生育享受的产假延长至 98 天，并对生育津贴和医疗费用给付做了具体规定。为了保障职工生育期间获得经济补偿和基本医疗服务，均衡用人单位生育费用负担，促进公平就业，2012 年 11 月人力资源和社会保障部公布了《生育保险办法（征求意见稿）》，向社会公开征求意见。适用范围扩大、缴费比例降低、待遇标准明确的生育保险新规定呼之欲出。

3. 生育保险与职工基本医疗保险合并实施

经过多年的改革和发展，我国的生育保险作为一项独立的社会保险制度的基本要素业已齐备，制度功能不断完善，对维护女性就业、生育等方面的合法权益和身体健康，均衡企业单位负担，促进经济持续健康发展与社会和谐稳定，都发挥了不可替代的重要作用。到 2016 年底，全国生育保险参保人数达到 1.84 亿人，当期基金收入 519 亿元，支出 527 亿元，累计结余 676 亿元，享受生育保险待遇 808 万人次。但是，生育保险与职工基本医疗保险在保障项目上有很多共同之处，在医疗待遇的支付上共性突出，存在交叉领域。分别实施、分别管理的模式面临管理成本高、管理效率低等问题，亟待进一步完善。

2019 年 3 月国务院办公厅下发了《关于全面推进生育保险和职工基本医疗保险合并实施的意见》（国办发〔2019〕10 号），遵循保留险种、保障待遇、统一管理、降低成本的总体思路，推进两项保险合并实施，实现参保同步登记、基金合并运行、征缴管理一致、监督管理统一、经办服务一体化。通过整合两项保险基金及管理资源，强化基金共济能力，提升管理综合效能，降低管理运行成本，建立适应我国经济发展水平、优化保险管理资源、实现两项保险长期稳定可持续发展的制度体系和运行机制。实施意见明确要求各省份在 2019 年底前实现两项保险合并实施，我国的生育保险制度建设进入了一个新阶段。

二、我国现行生育保险制度

（一）生育保险的覆盖范围和享受资格

《企业职工生育保险试行办法》（1994）规定，生育保险覆盖城镇企业及其职工。2012 年我国已有 15 个省份将机关、事业单位和企业等用人单位全部纳入生育保险覆盖范围。2010—2020 年，我国参加生育保险人数从 2010 年的 5367 万人增长到 2020 年的 1.03 亿人[①]。

2019 年生育保险与职工基本医疗保险合并实施后，参加职工基本医疗保险的在职职工同步参加生育保险，实行统一的参保登记。我国生育保险制度的覆盖对象扩展到了所有用人单位和在职职工。2021 年末，我国参加职工医疗保险的职工达到 35 431 万人，其中在职职工 26 106 万人同步参加了生育保险，实现了应保尽保，制度的公平性进一步加强[②]。

我国生育保险待遇享受条件全国各地规定不尽相同，但均要求：必须是符合国家和省人口与计划生育法律、法规、规章规定生育或者实施计划生育手术的，并且生育时连续缴费满一定期限。这里的“一定期限”，不同的统筹地区规定各异。比如，昆明市规定：参保人连续缴纳昆明地区城镇职工基本医疗保险费 12 个月以上，符合法律、法规规定生育或施行计划生育手术的，用人单位在职职工享受生育医疗费用和生育津贴待遇；以个人身份参保的只享受生育医疗费用待遇，不享受生育津贴待遇。同期，重庆的要求是：用人单位为职工累计缴费满 6 个月以上，并且继续为其缴费；而深圳则在 2021 年 10 月调整了规定，将职工累计参加生育保险满 1 年的规定改为：参保次月起即可享受生育医疗费用和生育津贴待遇。

（二）生育保险基金筹集与管理

在生育保险与职工基本医疗保险合并实施之前，我国一直执行《企业职工生育保险试行办法》（1994 年）的规定，即生育保险根据以支定收、收支基本平衡的原则筹集资金，由企业按照其工资总额的一定比例向社会保险经办机构缴纳生育保险费，建立生育保险基金。生育保险费的提取比例由当地人民政府根据计划内生育人数和生育津贴、生育医疗费等项费用确定，并可根据费用支出情

① 《中国妇女发展纲要（2011—2020 年）》终期统计监测报告［EB/OL］. http://www.gov.cn/xinwen/2021-12/21/content_5663667.htm［2024-10-25］.

② 国家医疗保障局. 2021 年全国医疗保障事业发展统计公报［EB/OL］. http://www.nhsa.gov.cn/art/2022/6/8/art_7_8276.html?from= timeline［2024-10-25］.

况适时调整，但最高不得超过工资总额的 1%。企业缴纳的生育保险费作为期间费用处理，列入企业管理费用。职工个人不缴纳生育保险费。

2019 年发布的《国务院办公厅关于全面推进生育保险和职工基本医疗保险合并实施的意见》，对生育保险基金的筹集和管理做了较大的调整，将生育保险基金并入了职工基本医疗保险基金，统一征缴，统筹层次一致。按照用人单位参加生育保险和职工基本医疗保险的缴费比例之和确定新的用人单位职工基本医疗保险费率，个人不缴纳生育保险费。同时，根据职工基本医疗保险基金支出情况和生育待遇的需求，按照收支平衡的原则，建立费率确定和调整机制。职工基本医疗保险基金严格执行社会保险基金财务制度，不再单列生育保险基金收入，在职工基本医疗保险统筹基金待遇支出中设置生育待遇支出项目。我国职工的生育保险由原来的独立险种、独立筹资，变为了独立险种，但与医疗保险基金合并筹资、合并使用，基金的共济能力大大加强。很多统筹地区在合并实施后，调整了费率，如 2017 年昆明市启动合并实施试点后，将原本的职工基本医疗保险单位费率 9% 与生育保险费率 0.9%合并，用人单位按 9.9%的费率缴纳城镇职工基本医疗保险费（含生育保险），单位职工个人不缴纳生育保险费，仍按 2%的费率缴纳城镇职工基本医疗保险费①。

（三）生育保险待遇

《社会保险法》第六章规定：用人单位已经缴纳生育保险费的，其职工享受生育保险待遇；职工未就业配偶按照国家规定享受生育医疗费用待遇。所需资金从生育保险基金中支付。生育保险待遇包括生育医疗费用和生育津贴。

2019 年生育保险与职工基本医疗保险合并实施后，生育保险待遇包括《社会保险法》规定的生育医疗费用和生育津贴，所需资金从职工基本医疗保险基金中支付。

1. 生育医疗费用

生育医疗费用包括：生育的医疗费用、计划生育的医疗费用及法律、法规规定的其他项目费用。

《企业职工生育保险试行办法》（1994 年）规定，女职工生育的检查费、接生费、手术费、住院费和药费由生育保险基金支付。超出规定的医疗服务费和药费（含自费药品和营养药品的药费）由职工个人负担。女职工生育出院后，因生育引起疾病的医疗费，由生育保险基金支付；其他疾病的医疗费，按照医疗保险待遇的规定办理。女职工产假期满后，因病需要休息治疗的，按照有关病假待遇和医疗保险待遇规定办理。

《女职工劳动保护特别规定》（2012 年）规定：女职工生育或者流产的医疗费用，按照生育保险规定的项目和标准，对已经参加生育保险的，由生育保险基金支付；对未参加生育保险的，由用人单位支付。

合并实施前的上述规定，将生育和生育引起疾病的医疗费用，交由生育保险基金承担，而将其他疾病的医疗费，交由医疗保险基金承担。但如何划分生育引起的疾病和其他疾病一直是个难点，边界模糊导致生育保险主管部门与医疗保险主管部门之间在分工协作上的困难，并不同程度损害了女职工的合法生育权益和医疗保障权益。

合并实施后，两个险种的基金合二为一，明确规定生育医疗费用所需资金从职工基本医疗保险基金中支付，不再存在合并前费用领域交叉、管理职责不明、支付渠道不清的问题。

目前，在实际操作中各地多半采用定额包干结算的方式支付生育保险的医疗费用。各地根据当地医疗消费水平，按照顺产、难产、剖宫产、流产等情况，确定相应的支付标准。表 10-2 以昆明市两险合并实施时的结算标准为例。

---

① 昆明市生育保险和职工基本医疗保险合并实施试行办法［EB/OL］. https://www.yn.gov.cn/ztgg/lqhm/hmzc/shbz/202202/t20220228_237096.html［2024-10-25］.

表 10-2 2017 年昆明市生育保险医疗费用包干结算标准 单位：元

项目	包干结算标准	项目	包干结算标准
顺产	2500	放置宫内节育器（含宫内节育器）	450
难产（产钳助产和胎头吸引）	3000	摘取宫内节育器	150
剖宫产	4000	输卵管结扎术	2000
产前检查	1000	输精管结扎术	1000
妊娠 4 个月以下流产（含人工流产）	600	输卵管复通术	2500
妊娠 4 个月以上流产（含人工流产）	2000	输精管复通术	2000
注：多胞胎生育的，每多生育 1 个婴儿，生育的医疗费用增加 500 元			

资料来源：《昆明市人民政府关于印发昆明市生育保险和职工基本医疗保险合并实施试行办法的通知》（昆政发〔2017〕34 号）。

2. 生育津贴

生育津贴是女职工按照国家规定享受产假或者计划生育手术休假期间获得的工资性补偿。生育保险和职工基本医疗保险合并实施后，对已经参加生育保险的，按照用人单位上年度职工月平均工资的标准由医疗保险基金支付；对未参加生育保险的，按照女职工产假前工资的标准由用人单位支付。生育津贴支付期限按照《女职工劳动保护特别规定》等法律法规规定的产假期限执行，确保职工生育期间的生育保险待遇不变。

产假津贴的计算公式为：用人单位上年度职工月平均工资÷30×规定的假期天数。

3. 产假

我国产假标准已经基本和国际接轨，2012 年颁布的《女职工劳动保护特别规定》中产假长度为 98 天，达到了国际劳工组织第 183 号公约至少 14 周产假的要求（表 10-3）。

表 10-3 我国产假及产假长度的演变

时期（年）	产假分类	产假长度（天）	说明
1951—1953	正产	56 天	含早产
	小产	15	妊娠 3 个月以内
		30	妊娠 3 个月以上 7 个月以下
1953—1988	正产	56	
	难产或双生	70	
	小产	20—30	妊娠 7 个月以内
1988—2012	正产	90	
	难产	105	
	多胞胎生育	90+15/婴	每多生一婴
	流产	15—30	妊娠不满 4 个月
		42	妊娠满 4 个月不满 7 个月
2012 年至今	正产	98	其中产前可以休假 15 天
	难产	113	
	多胞胎生育	98+15/婴	每多生一婴
	流产	15	妊娠不满 4 个月
		42	妊娠满 4 个月

实际上，从 2015 年“全面实施一对夫妇可生育两个孩子”的人口政策以来，各地为了鼓励生育，均纷纷延长了产假，并做出了男方享受陪护假的规定，对计划生育手术休假天数也做了规定。如云南省实施的政策规定：女方生育假为 158 天，男方给予护理假 30 天；放置（摘取）宫内节育器的，休假 7 天；施行输卵管结扎（复通）的，休假 30 天；施行输精管结扎（复通）的，休假 15 天。广东省规定，女方享受 178 天产假，男方享受 15 日陪产假；甘肃省规定：女方享受产假 180 天，男方享受护理假 30 天。河南省规定，产假在国家规定外再加 3 个月，其配偶享受一个月的陪产假。目前，全国各省均出台了男方陪护假，最短的 7 天，最长的 30 天。

第五节　生育保险制度面临的问题与挑战

一、国家人口战略与生育保障

人口是一个国家的基础性资源，人口问题事关国计民生、事关长远发展。国际上通常认为，2.1 的总和生育率是保持上下两代之间人口基本平稳的一个重要指标，总和生育率 1.5 左右是一条“高度敏感警戒线”，一旦降至 1.5 以下，就有跌入“低生育率陷阱”的可能。我国第七次全国人口普查的结果显示，2020 年我国育龄妇女总和生育率为 1.3，已经处于较低水平。虽然 1.3 的生育率反映的是基于一个时间点上的生育水平，但低生育以及由此带来的少子化、老龄化问题无疑已经成为我国必须面对的一个严峻现实。国际经验显示，一些进入“低生育率陷阱”的国家，正采取许多鼓励生育的措施，千方百计鼓励生育。各国学者从社会学、人口学、经济学等不同角度提出了各种理论，分析生育率下降的原因，为积极的生育政策和人口政策提供理论支撑。

（一）人口理论与生育保障

1. 孩子成本效用理论

20 世纪 50 年代，美国哈佛大学教授哈维 • 莱宾斯坦（Harvey Leibenstein）将经济理论中的“效用”概念引进人口经济学，运用边际分析的方法讨论家庭收入变动对抚养孩子的成本和效用所产生的影响，解释当代世界经济发展过程中生育率日渐下降的客观趋势，提出了“孩子成本效用理论”。该理论认为：家庭规模的确定由父母对生育孩子数量的选择完成，而是否需要生育某边际孩子由预计该孩子的支出成本与可能提供的效益比较决定。

他将孩子的成本分成两部分：一是直接成本，即从母亲怀孕至将子女抚养长大生活自立所花费的衣、食、住、行、医疗、教育、婚姻、交往等的费用，即直接花费在该孩子身上的货币支出。二是间接成本，指父母特别是母亲因怀孕、生育、抚养子女花费的时间损失。这种时间损失或者直接占用市场时间即工作时间而减少工资性收入，自然成为孩子的一种成本；或者占用的是非市场时间，如占用打算学习和提高技术的时间，因此影响晋升的机会而减少收入，也构成孩子的成本；如果占用的非市场时间属娱乐一类，如因为照看孩子而不能逛公园、看电影、听音乐，虽未影响到工资性收入，但是从劳动力再生产角度分析，影响到休息，也就影响到劳动力再生产的正常运行，因而也是一种损失和付出的成本，只是这种损失和付出成本的方式是间接的而已。这两种间接方式的成本减少了可能获得增加收入的机会，因而间接成本又称机会成本（图 10-1）。

家庭付出一定的孩子直接和间接成本必不可免，不过付出成本的目的，最终是为了从孩子那里取得一定的效益。莱宾斯坦分析家庭父母从孩子那里所能获得的效益，大致有以下几种：孩子工作—收入效用、养老—保障效用、天伦之乐—精神消费效用、继承家业效用、安全保卫效用、维系家庭地位效用。莱宾斯坦指出，随着家庭收入的提高，孩子效用中除精神消费效用变动不明显外，边际孩子的其他效用是递减的，从而导致生育意愿总的趋势是逐步下降的。

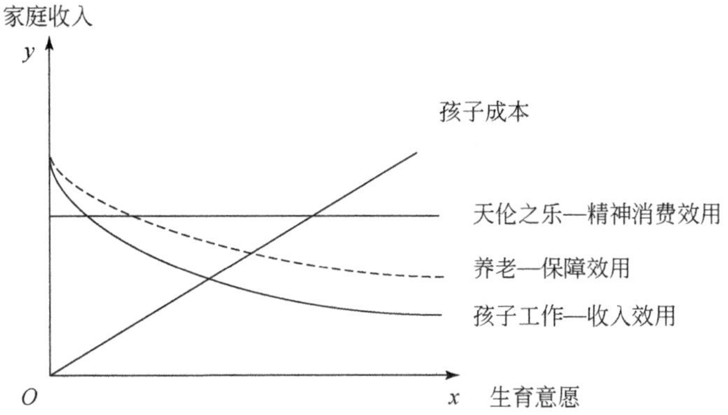

图 10-1 孩子边际效用图

2. 孩子数量与质量替代理论

美国芝加哥经济学派加里·斯坦利·贝克尔（Gary Stanley Becker）基于莱宾斯坦的理论，创立了孩子数量与质量替代理论。他将家庭劳动力置于市场之中，运用“消费者需求理论”论证家庭生育决策和生育行为，作出了创造性研究。

首先，他提出“孩子净成本”概念，它等于父母抚养、教育孩子支付的直接成本加上父母时间间接成本，减去孩子为家庭提供的收入现值和劳务现值之和。若净成本为正值，说明该孩子对家庭提供的效益不足以补偿家庭付出的成本，这个孩子对父母来说仅相当于一件一般的“耐用消费品”，父母从孩子身上得到的是心理上的满足。若孩子的净成本为负值，说明孩子对家庭和父母能够带来追加的效益，这个孩子相当于一件“耐用生产品”，可以带来价值增值，父母和家庭无疑是需要的。若净成本为零，说明孩子向家庭提供的效益与家庭付出的成本相当，家庭和父母是否需要取决于随机因素。

其次，论证孩子效用最大化和孩子数量与质量替代理论，莱宾斯坦侧重考察孩子尤其是孩子的边际效用变动，贝克尔则通过与成本相联系的考察论证了孩子效用最大化问题。他在莱宾斯坦孩子成本效用理论的基础上，通过深入研究，提出将孩子成本划分成数量成本和质量成本两部分。这是贝克尔对孩子成本效用理论作出的杰出贡献。

孩子数量和孩子质量之间存在负相关关系，原因是在一定生产力发展水平和家庭收入前提下，父母用于养育孩子生存需要，如吃、穿、用、住、行等的成本投入，随着孩子数量增多分配在孩子身上的投入特别是教育费用必然会下降。所以，父母要在孩子数量和质量之间加以权衡，做出选择。从消费者行为分析，同类商品供消费者选择时，消费者在能力承受范围内，大多数偏好“贵精不贵多”。显然，在家庭收入一定的条件下，能够用来养育孩子的成本为一个定数，核心是家庭用这样一笔成本生产多少孩子能够带来最大效益，实现孩子效益最大化。

在农业社会，使用手工工具劳作，对劳动力质量主要是教育程度和科技含量要求不高，劳动者的手臂就是他们的力量，多子便可多福。在工业化社会，使用的是机器工具，对劳动力质量尤其是文化和科学技术水平提出越来越高的要求。在家庭经济收入一定和孩子成本总量相对一定的情况下，为了实现效益最大化，对人口再生产投资就要向质量成本倾斜。以同样的总量成本去生产数量少、质量高的孩子，人们的选择偏好遂由追求孩子的数量转变为追求孩子的质量，由追求多生多育转变为追求少生、优育、优教，生育观发生转变。

3. 孩子价值理论

该理论认为孩子和商品一样，也有价值，分为正价值和负价值。孩子的正价值主要有五个：一是经济贡献，孩子成年后通过工作给家庭带来的经济收益，特别是父母年老时能提供的经济保障；

二是感情收益，孩子出生前后给予父母幸福、娱乐等的感情收获；三是孩子能促进父母自我发展，父母会因孩子的出生更具责任感和进取心，会不断努力奋斗为孩子树立榜样；四是孩子的同化效应，孩子成长中获得的成就同样会带给父母情感满足；五是家庭的内聚力和延续性。负价值也有五个：一是经济成本，二是情感成本，三是机会成本，四是体力消耗，五是夫妻感情上的损失。

该理论认为：如果孩子的正价值超过负价值，社会的生育率就会上升；反之，生育率便趋于下降。在西方发达国家，孩子的正价值正趋于弱化，负价值有日趋加大的倾向，因此，西方国家的生育率正呈日趋下降趋势。

以手工劳动为主的农业社会时期，孩子作为未来的劳动力，具有较高的经济价值，父母会更注重孩子的经济价值，于是倾向于多生育子女，尤其是儿子，以期能给家庭带来较高收益。随着工业化和社会福利事业的发展，父母倾向于在孩子身上投入更多的精力，其感情价值在上升，而快节奏生活下时间的稀缺程度加重以及抚育儿童的费用增加，孩子的经济价值下降，促使人们倾向于少生优育。

以上生育理论虽然都有其各自的局限性，但对于我们认识人口生育率的变动规律，预测生育保险发展趋势及其改革具有重要意义。

（二）人口政策与生育保险

从鼓励还是控制人口增长的角度来看，通常把人口政策划分为两种类型：一种是限制人口数量、控制人口增长的政策，一种是鼓励人口增长的政策。生育保险的政策倾向会对生育率产生抑制或促进作用。因此，生育保险与各国的人口政策紧密相连，促进人口政策的贯彻实施。

1. 抑制人口增长的生育保险政策

20 世纪 70 年代以来，一些发展中国家人口增长过快，人口压力在经济社会生活的许多方面逐步显现。比如我国，总人口从 1949 年的 5.4 亿，迅速增加到了 1970 年的 8.3 亿。一些国家纷纷出台了相关政策，控制人口数量，以确保人口与经济、社会、资源、环境的协调发展，如 1952 年印度启动了全国性计划生育计划，20 世纪 80 年代越南开始推行“家庭计划化”，政府号召每对夫妇只生 2 个孩子。我国从 1971 年开始推行计划生育政策，1980 年 9 月，中共中央发表《关于控制人口增长问题致全体共产党员、共青团员的公开信》，提倡一对夫妇只生育一个孩子。1982 年 9 月计划生育被定为我国的基本国策，并于同年 12 月写入宪法。为落实计划生育政策，我国的生育保险政策规定，生育保险待遇的享受必须以符合国家计划生育政策规定为前提，违反计划生育政策的女性不仅不能享受生育期间的检查费、接生费、手术费、住院费、药费以及津贴等在内的相关生育保险待遇，而且还需依法缴纳社会抚养费。这些生育保障方面的严格规定，抑制了生育意愿，保障了计划生育政策的顺利贯彻实施。

2. 促进人口增长的生育保险政策

与发展中国家相反，20 世纪五六十年代以来，西方各国生育率持续下降。为提高生育意愿、促进人口增长，发达国家普遍在提高生育保险待遇、完善生育保障、消除就业性别歧视、保障女性权益等方面使出浑身解数。

德国在鼓励生育方面做了很多努力，如提供养育费、为有子女的家庭减税等。自 2007 年起，德国开始实行“父母金”政策，除了母亲原本就享有的 14 周带薪生育假外，政府拨出约 40 亿欧元，给新生儿父母中的一人 12 个月的“停薪留职”育儿假。如申请这个育儿假的是母亲，父亲还可以额外申请两个月的“陪产假”。在此期间，他们能够支取约 67%的薪金，由政府全额买单。与此同时，德国还逐渐取消法律上一些关于孩子身份不平等的条款。例如，非婚生孩子和普通孩子在福利及入学等方面享有同样的地位和待遇。

而作为全球首个将产假改为育儿假、第一个立法对男性产假做出规定的国家，瑞典在 1974 年就规定，在 180 天的育儿假中，父母双方各享有一半，但父亲一方可以将自己的那部分让给母亲一方。为了鼓励父亲休假以分担家庭责任，消除就业性别歧视，瑞典之后三次立法，将育儿假延长到480天，并规定其中90天为父亲的配额，如果父亲不休假照顾孩子，不可转让给女方。这480天的育儿假中的头390天，休假的一方可以拿到原有薪水的80%，390天之后的产假薪水会有所降低。优厚的生育保障，极大消除了女性就业的性别歧视，瑞典妇女就业率最高，达到78.3%，居欧盟首位。生育保险政策帮助父母尤其是母亲找到工作—家庭平衡点，降低了育儿的压力和负担，使得瑞典的生育率在欧洲保持了较高的水平。同是北欧的挪威，父母双方总共可以休育儿假47周，拿全额工资；也可休57周，拿原来工资的80%，全部费用都由国家承担。

欧洲生育率最高的法国是较早意识到低生育率问题并采取应对措施的国家之一。除了产假及产假补贴外，父母可以选择完全休业或部分休业来养育孩子，政府会提供包括育儿补贴、学年补贴、住房补贴在内的30余种家庭补贴。其他还有保育机构、学龄前教育、大家庭卡制度等支持政策。这些福利政策为家庭育儿提供了较好的财政支持，提供了兼顾工作和育儿的社会环境。自1993年来，法国生育率从1.73回升到2014年的2.03，成为欧洲生育率最高的国家。

这些鼓励生育的保障安排为目前同样面临低生育率困扰的我国，提供了很多可供借鉴的经验。

二、我国生育保险制度面临的挑战和改革完善

（一）我国人口政策的重大调整

人口长期均衡发展是关系中华民族生存与发展的大问题，也是实现中华民族伟大复兴中国梦的必要保障。但低生育率和低人口增长率在我国皆呈现不可逆的趋势。预计2025年前后我国人口将进入中度老龄化阶段，2035年前后将进入重度老龄化阶段，这将对经济运行全领域、社会建设各环节、社会文化多方面产生深远影响。在此背景下，我国人口政策做出了重大调整。在经过了2011年“双独两孩”、2013年“单独两孩”的微调之后，2015年10月，中国共产党第十八届中央委员会第五次全体会议审议通过了《中共中央关于制定国民经济和社会发展第十三个五年规划的建议》。全会提出，坚持计划生育的基本国策，完善人口发展战略，“全面实施一对夫妇可生育两个孩子政策”。中国从1980年开始，推行了35年的城镇人口独生子女政策宣告结束。2021年5月31日，中共中央政治局召开会议，审议《中共中央 国务院关于优化生育政策促进人口长期均衡发展的决定》，会议指出，进一步优化生育政策，实施一对夫妻可以生育三个子女政策及配套支持措施，有利于改善我国人口结构、落实积极应对人口老龄化国家战略、保持我国人力资源禀赋优势。2021年6月26日《中共中央 国务院关于优化生育政策促进人口长期均衡发展的决定》，决定“实施一对夫妻可以生育三个子女政策，并取消社会抚养费等制约措施、清理和废止相关处罚规定，配套实施积极生育支持措施”。

实施一对夫妻可以生育三个子女政策及配套支持措施，为我国由人口大国向人力资本强国转变创造了重大战略机遇，能够最大限度发挥人口对经济社会发展的能动作用，牢牢把握战略主动权，立足国情，遵循规律，积极应对生育水平持续走低的风险，统筹解决人口问题，为全面建成社会主义现代化强国创造良好的人口环境。《中共中央 国务院关于优化生育政策促进人口长期均衡发展的决定》提出到2025年，积极生育支持政策体系基本建立，服务管理制度基本完备，优生优育服务水平明显提高，普惠托育服务体系加快建设，生育、养育、教育成本显著降低，生育水平适当提高，出生人口性别比趋于正常，人口结构逐步优化，人口素质进一步提升。到2035年，促进人口长期均衡发展的政策法规体系更加完善，服务管理机制运转高效，生育水平更加适度，人口结构进一步改善。优生优育、幼有所育服务水平与人民群众对美好生活的需要相适应，家庭发展能力明显提高，人的全面发展取得更为明显的实质性进展。人口是社会发展的主体，也是影响经济可持续发展的关键变量。实施三孩生育政策及配套支持措施，有利于平缓总和生育率下降趋势，推动实现适度生育水平，

促进生育政策与相关经济社会政策同向发力，进而促进我国保持适度人口总量和劳动力规模，更好发挥人口因素的基础性、全局性、战略性作用，为高质量发展提供有效人力资本支撑和内需支撑。

（二）我国生育保险制度面临的挑战和改革完善

尽管我国生育保险制度经过十几年的改革取得了较大的成就，但随着生育保险制度改革的推广与深入，制度在实施过程中逐渐出现一些亟待解决的深层次问题，主要有生育保险覆盖面小、公平性亟待提升，统筹层次低，基金支付标准不统一，待遇水平低等。在未来的发展中，生育保险制度应以保障女性合法权益为出发点，为适应新时代人民对美好生活的向往而不断改革。

1. 生育保险适应生育政策的优化调整

随着我国生育政策的优化调整，生育保险应及时调整支付范围，积极支持三孩生育政策的实施，各地应确保参保女职工生育三孩的费用纳入生育保险待遇支付范围，并按规定及时、足额给付生育医疗费用和生育津贴待遇，切实保障参保人员生育保障权益，进而促进我国生育政策的顺利实施。

2. 扩大生育保险覆盖面，提高公平性

在我国社会保险制度中，生育保险制度的覆盖面最狭窄，保障群体最小。目前，我国生育保险的覆盖对象为在职职工。随着生育保险与职工基本医疗保险的合并实施，生育保险的覆盖面有所扩大。但是，未就业的妇女及其家庭仍不在生育保险保障范围之内。目前，城乡居民基本医疗保险为符合计划生育政策的参保居民提供产前检查和住院分娩费用的定额支付，但往往金额较低，除此之外，并没有提供计划生育手术医疗费用和生育福利。实际上，未就业的城镇居民和广大农村妇女在生育期间中断劳动后没有收入来源，新生儿的出生又增加了一定的费用。这类群体不仅面临健康需求，也面临生活保障需求。

建议将生育保险实施范围扩及所有妇女劳动者，即不分部门和行业、不分所有制性质、无论是正规就业还是非正规就业，只要符合生育政策的生育妇女劳动者，都应被纳入生育保险实施范围，对女性生育实施普遍社会补偿制度。这也是国际劳工组织 2000 年《保护生育公约》（第 183 号）提出将生育保护覆盖至“一切典型性就业女性”的要求。

3. 提高生育保险统筹层次

我国生育保险统筹层次一直比较低，保险待遇因地域、行业等差别较大。为解决制度不统一问题，我国 2019 年生育保险与职工基本医疗保险合并实施，统筹层次与职工基本医疗保险实现一致，这在一定程度上提高了生育保险的统筹层次，实现更广范围内的基金收缴与支付、待遇内容与水平的统一。未来应在市级统筹基础上再提升至省级统筹、全国统筹，提高基金的使用效率。推进省级统筹过程中，应加强省际对话交流，实现异地直接结算。

4. 生育保险法律基础完善化

社会保险具有非常明确的法律规范性和强制性特征。有别于生育保险，我国其他社会保险制度的立法工作正趋于完善，尤其是《社会保险法》的颁布，从整体上推进了我国社会保险法律建设。但生育保险的立法明显滞后，在《社会保险法》中，有关生育保险的内容也最为简约。在生育保险改革实践中我国迫切需要一部全国统一的“生育保险法”，以更好地规范生育保险基金收缴与给付，更好地维护和保障女职工权益。

思考题

1. 什么是生育保险？生育保险的功能和作用是什么？
2. 简述我国生育保险制度的历史过程及影响。
3. 比较国内外生育现象，浅析国外生育保险制度对我国的启示。
4. 简述我国生育保险制度的基本内容。
5. 运用人口理论分析不同人口战略下如何做好生育保障。

案例

用人单位未给员工缴生育保险费还扣发产假工资，该担何责

杨某于2008年11月底入职某公司，4年后升任科主任。2016年6月至11月杨某因生育开始休法定产假和奖励产假，于11月12日到岗上班。报销生育医疗费时，杨某公司没有为她缴纳生育保险费，导致她无法报销生育医疗费12 210元。杨某还发现，其休产假期间，公司已安排他人接替科主任一职，原职位每月1800元技能工资也被扣发。

杨某请求公司恢复其原职，但公司研究后安排她担任科副主任，被杨某拒绝。杨某于同年11月25日递交辞职信。当月，杨某以产假工资不包括技能工资侵犯其权利、单位未为其缴纳生育保险费导致其无法享受生育保险待遇为由，申请劳动仲裁。要求单位补发被扣的6—11月技能工资、报销生育医疗费，并支付经济补偿金。

仲裁结果基于《社会保险法》等规定结合调查内容做出以下判决：

第一，我国《社会保险法》第五十四条规定，用人单位已经缴纳生育保险费的，其职工享受生育保险待遇；生育保险待遇包括生育医疗费用和生育津贴。《女职工劳动保护特别规定》第八条第二款规定："女职工生育或者流产的医疗费用，按照生育保险规定的项目和标准，对已经参加生育保险的，由生育保险基金支付；对未参加生育保险的，由用人单位支付。"案例中，由于公司经办人员的疏忽，公司没有为杨某缴纳生育保险费，导致其无法报销生育医疗费用，公司应当按照上述规定，给其报销生育医疗费。

第二，公司应当为杨某补足产假工资差额。《女职工劳动保护特别规定》第五条规定："用人单位不得因女职工怀孕、生育、哺乳降低其工资、予以辞退、与其解除劳动或者聘用合同。"第八条第一款规定："女职工产假期间的生育津贴，对已经参加生育保险的，按照用人单位上年度职工月平均工资的标准由生育保险基金支付；对未参加生育保险的，按照女职工产假前工资的标准由用人单位支付。"根据产假期间工资不降低原则，生育津贴一般与女职工产假前工资标准一致。杨某任科主任时每月工资由基础工资、技能工资等单元组成，杨某每月发放的技能工资均为固定数额，是其工资组成中的不变部分。因此，公司扣发杨某每月技能工资，导致其产假期间所得工资低于产假前工资水平，显然违法。

第三，公司应当支付经济补偿金。根据《劳动合同法》第四十六条规定，用人单位未及时足额支付劳动报酬或者未依法为劳动者缴纳社会保险费的，劳动者可以解除劳动合同，用人单位应当向劳动者支付经济补偿。杨某辞职前12个月，公司实际发放的工资总额为48 162元，加上被扣发的10 800元，可推算出其每月平均工资为4913.5元。杨某在公司工作年限已满8年，公司应当向其支付8个月的经济补偿金即39 308元。

资料来源：中华人民共和国最高人民检察院. https://www.spp.gov.cn/llyj/201708/t20170805_197561.shtml［2024-10-25］，有改动

【问题】该案例中被告的哪些做法不正确？

【提示】判决中引用的相关法律或规定保障女性生育权益。

参 考 文 献

蔡昉. 2020. 实施积极应对人口老龄化国家战略. 劳动经济研究，8（6）：3-6.
邓大松. 2015. 社会保险（第三版）. 北京：中国劳动社会保障出版社.
范世明. 2020. 两险合并实施后生育保险制度未来走向研究. 湖南行政学院学报，（2）：65-74.
孙光德，董克用，2016. 社会保障概论（第五版）. 北京：中国人民大学出版社.
孙树菡，朱丽敏. 2019. 社会保险学（第三版）. 北京：中国人民大学出版社.
殷俊，田勇，薛惠元. 2019. 全面二孩、延迟退休对职工医保统筹基金收支平衡的影响. 统计与信息论坛，（5）：60-68.
庄渝霞. 2019. 中国生育保险制度研究. 上海：上海社会科学院出版社.

（滨州医学院　李华业；湖南中医药大学　张谧）

第十一章　长期护理保险

内容提要

长期护理保险是各国为了应对老龄化而采取的一项应对措施。本章首先介绍长期护理保险的相关概念、性质、特点、作用；然后介绍长期护理保险制度的基本内容，包括覆盖对象、筹资模式、给付方式等；随后总结归纳目前国际上存在的几种典型的长期护理保险制度模式；最后分析我国长期护理保险制度的试点情况，以及未来的发展方向。

第一节　长期护理保险概述

一、人口老龄化与护理需要

（一）人口老龄化趋势

人口老龄化是催生长期护理保险的最重要因素之一，老年人是长期护理保险的主要服务对象。根据联合国在 1956 年公布的《人口老龄化及其社会经济后果》中的划分标准，当一个国家或地区 65 岁及以上老年人口数量占总人口比例超过 7%时，意味着这个国家或地区进入老龄化社会。1982 年维也纳老龄问题世界大会将 60 岁及以上老年人口占总人口比例超过 10%，作为一个国家或地区进入老龄化社会的指标。世界上最早出现人口老龄化现象的国家是法国。19 世纪 60 年代，法国 65 岁及以上老年人口比例超过了 7%，成为世界上第一个进入老龄化社会的国家。进入 20 世纪后，欧美许多国家也相继进入老龄化社会，例如德国在 20 世纪 30 年代、美国在 20 世纪 40 年代进入老龄化社会。到 20 世纪 60 年代，西方国家几乎全部进入了老龄化社会。进入 21 世纪后，全世界 60 岁以上人口的增长速度比任何年龄组都要快，根据世界卫生组织的预测，到 2025 年，全球 60 岁以上人口将达 12 亿，到 2050 年，这一数字将达 20 亿，届时约占全球人口的 22%。[①]

中国自 1990 年以来，60 岁及以上老年人口以年均 3.2%的速度快速增长。2000 年 11 月第五次全国人口普查数据显示，中国 60 岁及以上人口占比达 10.33%，65 岁及以上人口占比达 6.96%，中国已经跨入老龄化社会行列。2020 年第七次全国人口普查数据显示，中国人口总数 14.12 亿（不含香港特别行政区、澳门特别行政区和台湾地区的人口数），其中 60 岁及以上人口约为 2.64 亿，占 18.70%，65 岁及以上人口约为 1.91 亿，占比 13.50%。[②]

（二）不断上升的护理需要

人口的快速老龄化带来了各国人民对老年护理服务需求的快速上涨。与其他年龄组的人群相比，老年人是各种疾病高发、健康最脆弱的人群。多项研究均证实，长期卧床、活动受限、丧失生活能力的人群主要集中在 65 岁以上的老年人。因此，人口老龄化和高龄化伴随而来的就是对老年

① 徐敬惠，梁鸿. 长期护理保险的理论与实践［M］. 上海：复旦大学出版社，2018；戴卫东. OECD 国家长期护理保险制度研究［M］. 北京：中国社会科学出版社，2015.

② 张恺悌，郭平. 中国人口老龄化与老年人状况蓝皮书［M］. 北京：中国社会出版社，2010；第七次全国人口普查公报［EB/OL］. http://www. gov.cn/guoqing/2021-05/13/content_5606149.htm［2024-10-26］.

长期护理的迫切需求。中国是世界上老年人口最多的国家，截至2020年底60岁及以上人口达2.64亿（不含港澳台统计数据），失能人员超4000万，失能人员长期护理保障不足成为亟待解决的社会性问题。

二、长期护理保险概念及制度发展

（一）长期护理概念

长期护理（long-term care，LTC），在国内有时也被称为“长期照护”“长期照料”等，其概念目前尚未统一。不同的组织和研究者都对长期护理的概念进行过定义。世界卫生组织认为，长期护理是“由非正规护理者（家庭、朋友或邻居）和专业人员（卫生和社会服务）进行的护理照料活动体系，以保证那些不具备完全自我照料能力的人能继续得到其个人喜欢的以及较高的生活质量，获得最大可能的独立程度、自主、参与、个人满足及人格尊严”①。

美国医疗保险协会对长期护理的定义为：“在一个比较长的时期内，持续地为患有慢性疾病（Chronic Illness），譬如早老性痴呆等认知障碍（Cognitive Impairment）或处于伤残状态下，即功能性损伤（Functional Impairment）的人群提供的护理。它包含医疗服务、社会服务、居家服务、运送服务或其他支持性的服务。”②

美国著名学者桑特勒和纽恩认为长期护理是“在持续的一段时间内给丧失活动能力或从未有过某种程度活动能力的人提供的一系列健康护理、个人照料和社会服务项目”③。

从以上长期护理概念中可以发现，它与我们日常所熟悉的医院提供的医疗护理有较大的不同。第一，服务对象不同。医疗护理的对象一般具有治愈某种或多种疾病的愿望；长期护理的对象一般是完全或部分丧失生活自理能力的人群。第二，服务主体不同。医疗护理是在医生的指导下，由专业人员为主体来提供有针对性的服务；长期护理服务由家庭成员、朋友甚至邻居提供的非正规照料，以及由卫生、社会服务提供的正规照料两类体系来实现。第三，服务目的不同。医疗护理是为了治愈疾病或保全患者的生命；长期护理则是为了提高被照护者的生活质量，使其获得最大程度的独立和满足。第四，服务范围不同。医疗护理一般围绕临床上治愈疾病来提供服务；长期护理的服务范围更广，涉及被照护者改善生活状况的方方面面。

本书把长期护理定义为：在一个较长时期内，对各种原因导致的失能或半失能人群提供的医疗保健服务和日常生活照料服务的总称。

（二）长期护理保险概念

长期护理保险（long-term care insurance，LTCI）的定义主要有以下几种：美国医疗保险协会对长期护理保险的定义是“为消费者设计的，对其在发生长期护理时发生的潜在巨额护理费用支出提供保障”④。德国通用再保险股份公司认为长期护理保险是“当被保险人身体衰弱导致在无人帮助的情况下生活不能自理，甚至不能使用辅助设备时给付保险金的保险形式”⑤。美国寿险管理协会的定义是“长期护理保险是为那些由于年老或严重疾病或意外伤害的影响需在家（care at home）或护理机构（nursing facility）得到稳定护理的被保险人支付的医疗及其他服务费用进行补偿的一种

① WHO. Home-Based and Long-Term Care, Report of a WHO Study group. WHO Technical Report Series 898［R］. Geneva: World Health Organization, 2000.

② 戴卫东. 长期护理保险——理论、制度、改革与发展［M］. 北京：经济科学出版社，2014：2.

③ 戴卫东. 长期护理保险——理论、制度、改革与发展［M］. 北京：经济科学出版社，2014：2.

④ 戴卫东. 长期护理保险——理论、制度、改革与发展［M］. 北京：经济科学出版社，2014：3.

⑤ 徐敬惠，梁鸿. 长期护理保险的理论与实践［M］. 上海：复旦大学出版社，2018：8.

保险”[①]。

本书认为长期护理保险可以理解为通过保险的风险分担功能，对被保险人因接受各种形式的长期护理服务而产生的费用进行补偿的一种保险制度。

长期护理保险有商业保险和社会保险两种形式。长期护理商业保险是指由保险公司举办、投保人自愿缴费参保并在产生长期护理服务费用后由商业保险公司按合同给付的一种方式。而长期护理社会保险则由政府或社会通过法律强制规范、为解决长期护理的社会问题，对参保人发生长期护理服务后的合规费用进行补偿。我国目前还处在长期护理保险发展的起步阶段，以政府主导的长期护理社会保险为主。

（三）长期护理保险制度的产生与发展

为了解决人口老龄化背景下老年长期护理的社会问题，不同国家实施了不同形式的长期护理保险制度。世界上最早建立长期护理保险制度的国家是荷兰。1967 年 12 月 14 日荷兰通过《特别医疗支出法案》，并于 1968 年 1 月 1 日正式实施，成为世界上最早通过立法建立长期护理社会保险制度的国家。随后，以色列在 1986 年通过了《社区长期护理保险法》，并于 1988 年正式实施。到了 20 世纪末 21 世纪初，又有几个国家出台了相应的长期护理保险制度，分别是德国（1995 年）、卢森堡（1999 年）、日本（2000 年）和韩国（2008 年）。

在以政府为主导的长期护理社会保险制度建立的同时，商业保险中的长期护理保险也在逐步探索。美国在 20 世纪 70 年代诞生了长期护理商业保险，但起初很长一段时间都没有得到市场的认可，群众的购买率很低。直到 20 世纪 90 年代，随着美国政府医疗保障体系改革的推进和相关法规政策的出台，长期护理商业保险才得以较好地发展。

从国际上长期护理保险的发展来看，影响长期护理保险发展的因素包括每个国家的社会人口学因素、家庭结构和功能、医疗服务系统、经济发展情况以及社会传统、文化和政治因素等。

三、长期护理保险的性质、特点与作用

（一）长期护理保险的性质

1. 属于社会风险的化解机制

长期护理社会保险具有社会保险的风险共担、资金互济的性质，通过多方资金筹集的方式，来解决老年人群体的服务缺乏及其家庭的经济负担，是社会保障制度的一个越来越重要的组成部分。长期护理商业保险在追求商业利润的同时也实现了为老年人群提供高质量的生活服务保障，成为长期护理社会保险的重要补充。

2. 体现了特定的价值导向

无论是长期护理社会保险还是长期护理商业保险，都是为了解决人口老龄化大背景下的老年服务这个社会问题。从德国社会保险制度在全球首创开始，率先完成工业化的国家基本都是围绕经济保障来进行社会保险的制度设计和政策制定的。此后，严重的老龄化带来了老年照料服务的供需矛盾问题。OECD 国家先后通过长期护理保险制度来解决老年服务保障问题。在全球人口老龄化和世界社会保障制度改革的背景下，长期护理保险更有合理的、科学的发展空间。

3. 体现了对生命尊严的重视

老年人退出劳动领域后，因无人照料或照料不足而不体面地离开人世的现象屡见不鲜。这既不符合天理人伦，也不符合社会道德。长期护理保险可以保证那些不具备完全自我照料能力的人能继

---

① 戴卫东. 长期护理保险——理论、制度、改革与发展［M］. 北京：经济科学出版社，2014：3.

续得到其个人喜欢的生活方式和生活质量，获得最大可能的独立程度和人格尊严。所以长期护理保险体现了“积极老龄化”的理念，同时也是对人权的一种新的认识。

4. 体现了社会保障领域的制度创新

在长期护理保险单独设立之前，长期护理责任或由社会救助承担，或从属于医疗保险，或者由养老保险、工伤保险等来分担。与有着超过130年历史的医疗保险、养老保险、工伤保险等社会保险险种相比，长期护理保险的历史最短，直至20世纪70年代才被视为一项社会责任纳入西方国家的公共政策视野。到目前，建立独立长期护理保险制度的国家仍然不多，制度成熟度、稳定性相对较弱，改革调整的幅度较大，一直随着老龄化压力、基金财务状况、长期护理需求在筹资、享受待遇人群、待遇等级评定、服务提供方式等诸多方面做着不断的探索与创新。

（二）长期护理保险的特点

1. 保障的失能风险具有长期性、连续性、不可逆性

长期护理保险是为了应对未来可能出现的失能风险。随着年龄的增长或者遭遇突发事件，人一旦发生失能，通常在短期内是难以治愈的。这种不可逆的失能事件发生后，失能人群将会长期处于残疾、失能、半失能的状态，往往需要长期的、连续性的照护服务才能保障他们的生活质量。他们对照护服务的需求通常也要持续很长一段时间，甚至不确定期限。

2. 服务保障性

长期护理保险的基金支付只是保障获取服务的途径，提供高质量的长期护理服务才是该险种的核心。对于老年人来说，享有长期护理服务比拥有保险金更为重要。在这一点上，长期护理保险与提供医疗服务的医疗保险有着相似之处。所以，对于长期护理保险而言，缺乏服务或者服务不足，该险种就失去了存在的意义。成熟的服务市场和充分的护理人才供给是该险种持续发展的重要保障。

3. 服务内容的多样性和服务提供的社会化

长期护理所提供的服务除了传统的医疗与护理服务外，其范围已经扩展、延伸到失能人群日常生活的方方面面。具体可以涉及失能人群的饮食起居，例如吃饭、喝水、如厕、洗澡、穿衣等；家务管理，例如做饭、清洁、整理物品等；精神慰藉，例如心理安慰、娱乐活动等服务；甚至还涉及家里无障碍设施改造、报警装置的安装等。因此，长期护理服务的内容具有多样性和全面性特点。

长期护理服务提供方大多由政府机构、非营利组织和营利性组织组成，有的国家还有志愿者参与长期护理服务的供给。同时，家庭成员、朋友或邻居也是非正规长期护理服务的提供者。非正规服务提供方和专业服务机构一起构成了长期护理服务供给的社会化支持体系网络。

4. 受益的限定性

长期护理保险受益的限定性体现在两个方面：一是受益对象的限定性，长期护理保险对缴纳长期护理保险费的被保险人，在申请长期护理服务时进行资格审查。这意味着不是所有的被保险人都能享受到长期护理保险金和长期护理服务。资格人群高龄化是长期护理保险的一个特点。二是受益等级的限定性，经过专门机构的申请资格鉴定后，还要对有资格接受长期护理服务的被保险人依据其失能程度进行长期护理服务等级的认定。不同的认定等级对应不同的保险金给付标准。

5. 配套体系的重要性

长期护理保险的被保险人若要获得相应待遇，在提出申请后，要经过资格鉴定、等级认定、服务供给等步骤，而在服务供给的质量保障上要有护理员的培训机制和专门的质量监管机构。相对于其他险种，长期护理保险的服务等级鉴定机构、服务供给遴选机构、护理员培训机构和质量监管机构等配套体系显得尤为重要。

（三）长期护理保险的作用

随着年龄的增长，老年人需要长期护理服务的概率大大增加。在人口老龄化、高龄化的背景下，一个社会照顾服务老年人的任务就更重了。面对人类社会的经济保障、服务保障和精神保障的“三位一体”保障需求日益增强，长期护理社会保险无疑是一种积极、有效的探索。

1. 有利于减轻老年人及其家庭的经济负担

当老年长期护理服务成为一种生活必需品的时候，老年人及其家庭就要为这笔高昂的长期服务买单，从而很容易在经济上陷入困境。长期护理保险发挥着“风险共担、资金互济”的作用，将失能风险的治理主体由家庭过渡到公共体系，为老年人及其家庭负担高额的长期护理费用找到了一条分担化解的有效途径，减轻了家庭负担，彰显了社会责任。

2. 有利于促进对老年人基本权益的保障

随着全球人口老龄化的程度逐步加重，代际矛盾和养老焦虑成为普遍存在的社会压力，一些国家的老年人由于缺乏照料服务而死亡的现象时有发生。长期护理保险制度的推行，为老年人群的服务保障铺设了一张“安全网”，减轻了获得服务照料的经济负担，促进了照护服务供给，提高了失能人员的生活质量，体现了对老年人的人本主义关怀。1995 年世界卫生组织确立“老龄化与健康”的主题，其主要目标是通过制定政策保证，让尽可能多的人尽可能长的时间保持尽可能好的生命质量。1999 年为“国际老年人年”，世界卫生日的主题为“积极老龄化”，呼吁老年人有机会均等参与和处理生活各个方面的权利。2000 年，将“老龄化和生命全程”确定为世界卫生日的主题，从生命全程的视角来看待老龄化。这都是老年人权益逐步得到保障的重要体现，也有利于增进人民福祉，促进社会公平正义，维护社会稳定。

3. 有利于减轻医疗保险支付压力，合理配置医疗资源

国际经验证明，如果失能患者居家或入住养老机构的医疗和护理得不到保障，就会迫使其常年住院不出，占用大量医疗资源，造成医保基金支出急剧增长。引入长期护理保险，将失能者从医院中分流出来，使老人在家或养护机构也能享受照护报销，医疗服务和护理服务的边界清晰化，可以避免对稀缺医疗资源的低效利用，提高医疗资源的使用效率，促进医疗保险的可持续发展。

4. 有利于优化人力资源配置，推动老年服务职业化与促进养老服务产业的发展

建立长期护理保险，从需求端提高老年人的支付能力，将潜在的老年人照护服务需要转化为现实需求，可以有效带动老年照护服务市场的形成，为相关老龄产业的发展带来巨大机会，在保障照护服务供给的同时，增加了就业方式、扩大了就业渠道，形成新的经济增长点。

第二节　长期护理保险制度的基本内容

一、长期护理保险的覆盖对象

覆盖对象是指法律规定的可以或者应该参加社会保险的人群或商业保险的投保人。就长期护理保险而言，不同的国家和不同的险种，由于经济、政治、社会、文化、传统不同，覆盖对象有所不同。根据覆盖人数的多少，可以将长期护理保险的覆盖对象分为广覆盖型与特定型两种类型。广覆盖型长期护理保险将绝大多数国民都纳入参保范围，而特定型长期护理保险在覆盖对象上则有年龄和收入等方面的限制。

在实施长期护理保险的国家中，采用广覆盖型长期护理保险的国家主要有荷兰、德国、卢森堡及韩国。荷兰长期护理保险的覆盖对象包括所有的合法居民，凡年满 18 周岁并且有纳税收入所得的合法居民必须依法缴纳长期护理保险费，未满 18 周岁者免交保险费；获得长期护理保险是法定权利，这项权利被赋予所有年龄段的人。德国规定所有参加法定医疗保险和私人医疗保险的人都要参加长期护理保险，受益人口覆盖所有年龄人口，国家官员、法官和军人由国家负责，他们患病和需要护理时有专门人员负责并承担有关费用。卢森堡长期护理保险是强制性社会保险的一个分支，所有参加医疗保险的人群均同时参加长期护理保险。卢森堡法定医疗保险覆盖了全国99%的人口。韩国依据普遍主义原则，以全民为对象实施长期护理保险制度，参与国民健康保险的公民也必须纳入到长期护理保险制度中。这些国家的特点是，所有覆盖到的人群，在有符合规定的护理需要发生时，均可以享受相关待遇。

采用特定型长期护理保险的国家有以色列、法国和日本，特定型长期护理保险主要是在参保或享受待遇的年龄上有特定的规定。日本长期护理保险制度规定年龄在 40 岁以上的全体国民都必须参加长期护理保险并缴纳一定的保险费。其中 65 岁以上的国民是第一等级被保险者，只要需要长期护理，经审定后即自动获得护理资格。对于 40—64 岁的被保险人，只有当患有早期阿尔茨海默病或者因患有心脑血管等与年龄有关的 15 种特定疾病而处于护理状态时，才能够获得护理保险提供的护理服务。40 岁以下因身体失能需要长期护理的公民由其他福利计划提供，不被长期护理保险覆盖。在以色列，雇主和雇员必须缴费参保，但女性 60 岁以上、男性 65 岁以上才能开始申请长期护理保险服务，其中大约有 45%的人能够真正享受长期护理服务，且主要是低收入和中等收入的老年人。在法国，长期护理保险的对象也主要针对 60 岁以上的老年人群，一般来说失能 1—4 级的老年人才有资格享受长期护理津贴。①

二、长期护理保险的筹资

（一）筹资模式

在长期护理社会保险作为独立险种运行的国家，筹资一般均采用现收现付制，以最大限度发挥基金的互济性，分散长期护理带来的社会负担。但长期护理商业保险，筹资模式则以保单约定为主，各不相同。以德国为例，德国规定，所有参加法定医疗保险的人群，都必须同时缴费参加法定长期护理保险，缴费全部进入社会统筹。符合条件的高收入人群可以自愿选择加入私人医疗保险，并同时加入私人长期护理保险。与法定长期护理保险不同，后者采取基金积累制。

（二）筹资渠道

各国长期护理保险的实践显示，长期护理保险的资金来源是多元的，税收、社会保险缴费、使用者付费、投保人出资等多种筹资渠道在不同的国家表现为不同的组合。

荷兰的长期护理保险是典型的多方筹资，其覆盖的服务全部由长期护理保险基金出面购买。其筹资渠道有三个：一是强制性保费，凡年满 18 周岁并且有纳税收入所得的公民，必须依法缴纳长期护理保险费，根据工薪税基数和固定费率来计算，由税务办公室征收，这是制度最重要的资金来源，约占基金 70%的份额；二是一般性税收，即政府财政补贴，荷兰政府每年年初根据总预算，确定每年对长期护理保险制度的预算资金支持规模，约占长期护理保险基金的 22%；三是使用者付费，长期护理保险的待遇享受者需要根据收入水平、年龄、家庭情况、护理需求级别等承担一定比例的服务费用，约占长期护理保险基金的 8%，由相关部门征收，全部汇入基金池，由基金池统一完成对服务提供方的支付。

日本的长期护理保险由税收和社会保险共同筹资。税收支付 50%，其中中央政府支付 25%，省政府支付 12.5%，都道府县政府支付 12.5%；另外 50%由个人支付，其中 65 岁及以上人口，有养老

---

① 戴卫东. OECD 国家长期护理保险制度研究［M］. 北京：中国社会科学出版社，2015.

金的直接由养老金抵扣，没有养老金的向地方自治体缴纳较低的保险费，40—64岁的参保人从个人健康保险金中缴纳。

德国的长期护理保险则是典型的双方负担，在雇主和雇员共同缴纳的基础上，形成稳定的资金来源。制度起始的保险缴费率仅为1%，雇主、雇员各承担一半。到2017年，费率提升到2.55%，无子女者的缴费率提高到2.8%。[①]

以普惠制为特点的福利国家的长期护理服务，主要由国家通过税收来筹集资金并支付。这一模式盛行于斯堪的纳维亚国家，当地政府提供近乎免费的福利服务。如芬兰的护理服务提供责任主要由市政府承担，资金主要来源于各级政府税收，护理服务需求者仅仅承担护理服务的部分费用。

长期护理商业保险的资金则全部来源于投保人，属于单方付费。例如美国长期护理保险的实际保费来源于投保人，通常会取决于投保人的年龄、健康条件和疾病史，同时考虑投保人所选择的保险额度、等待期和保险责任范围等。

（三）保险费减免

各国长期护理保险制度在实施过程中，对贫困者和低收入者都实行了保险费减免政策，以体现社会公平。例如，荷兰的使用者付费，如果被保险人月收入低于规定标准，其付费的一部分就会被豁免。日本对于年收入不满18万日元的65岁以上的老年人实行五个等级的不同缴费标准的减免政策。德国法律规定，失业保险金、失业救济金和老年临时津贴的领取者，由联邦劳动局支付全部长期护理保险费用。对于法国的失能者来说，每年最多可以享受1万欧元所得税减免；而对于年龄达到70岁以上的失能者，在机构接受长期护理服务时，不仅可以免除其健康保险税额，而且还可以减免一定额度的所得税。[②]

三、长期护理保险的待遇给付

长期护理保险的给付涉及待遇资格的申请、甄别、等级评定、服务提供等诸多方面。给付环节内容较多、管理复杂，是该险种的一大特点。

（一）给付条件

不管制度覆盖对象是广覆盖型还是特定型，长期护理保险在待遇给付环节都设置了较为严格的给付条件，只有满足给付条件的参保人，才能获得相应的待遇。不同的国家对给付设置的门槛不同，一般把参保人的健康状况、年龄、家庭收入等作为给付条件。一部分国家仅考虑是否需要护理服务，不考虑年龄、收入，大多数国家需要同时满足几方面的条件，才能获得支付。设置包含申请、严格的资格评定在内的程序是普遍的做法。荷兰的长期护理保险待遇提供给各年龄段的参保人，但要求评估中心不仅要考虑申请者的失能程度，还要考虑其他条件，包括常规护理和非正式照顾情况，以及申请者已获得的其他社会福利情况，来判断申请者的问题是否有其他解决途径（治疗、改变环境、配备辅助器具、非正式照顾等）。如无其他解决途径，评估中心才会同意通过长期护理保险提供服务。日本的长期护理保险待遇，只提供给40岁以上的人群，其中40—64岁的参保人，只有当患有早期阿尔茨海默病或者患有心脑血管等与年龄有关的15种疾病时，才可以成为长期护理保险服务的给付对象。韩国长期护理保险的参保对象为国民健康保险的参保人，但实际接受服务的人群需同时具备两种条件：韩国国民健康保险的参保人；65岁及以上的老年人，或未满65岁但患有老年疾

① 戴卫东. OECD国家长期护理保险制度研究［M］. 北京：中国社会科学出版社，2015.

② 戴卫东. OECD国家长期护理保险制度研究［M］. 北京：中国社会科学出版社，2015.

病且 6 个月及以上无法独立生活的人。[①]美国的贫困人群的医疗援助计划中含有护理院护理和家庭健康护理两种长期护理费用补偿，但申请者必须公布所有财产和收入供调查，只有财产和收入低于一定数额的护理需求者，才能获得相关待遇。斯堪的纳维亚国家的长期护理保险以照护需求为第一权衡标准，不以个人收入或资产设限，照护服务普及性较高，体现了北欧福利国家的普遍性原则。

（二）给付方式

长期护理保险的给付方式，包括现金给付、实物（服务）给付以及两者混合给付。现金给付是直接向被保险人支付保险金的方式，允许被保险人用现金购买服务。这些服务不仅包括正式的健康护理服务，也可以是朋友、邻居、亲戚等提供的非正式服务。实物（服务）给付是指保险人介入长期护理服务提供市场，由保险人直接向被保险人提供长期护理服务的给付方式。日本长期护理保险实行的是无现金给付方式，所有的给付都是以服务的方式提供。以色列的长期护理保险也不提供现金福利，而是提供一揽子专业实物（服务）。随着长期护理保险制度的完善，长期护理服务机构增多，护理人员增加且专业技术逐步提高，实物（服务）给付方式也越来越受欢迎。

采取现金与实物（服务）两者混合给付的国家越来越多，主要有德国、卢森堡、法国及美国。在德国，长期护理保险受益内容大致可以分为现金补贴、护理服务两大类。在这两大类之外还提供护理辅助器械、技术帮助以及举办护理培训班等待遇。在卢森堡，当长期护理保险的使用者待在家中时，可以用现金补贴来部分或全部代替专业人员提供的实物（服务）。这样可以让受益者自己购买他喜好的护理服务。美国长期护理商业保险开始时采用保险金直接给付被保险者的方式，但随着长期护理保险制度的完善，许多保险公司介入护理服务提供市场，保险公司逐步用长期护理服务代替费用上的补偿。

服务供给是长期护理保险制度的支撑，服务供给不足也是各国长期护理保险发展普遍面临的问题。北欧国家传统上完全依赖政府来建设服务设施，提供各项服务。但在政府压力巨大、服务供不应求的情况下，引入市场竞争、鼓励民营机构介入成为普遍的做法。韩国在构建长期护理保险服务供给体系中选择了市场化道路，私人部门提供的服务占整个护理服务市场的绝大多数。总的来说，社会公益机构提供服务，以及政府通过购买各种营利性、非营利性组织和个人提供的服务，来实现长期护理服务的供给，成为各国的共同选择。

（三）给付原则

大部分实行长期护理保险的国家，将“预防先于护理”和“居家护理先于机构护理”作为长期护理保险给付的基本原则。

所谓预防先于护理，是指无论是失能老人还是护理机构，都应该将预防护理需求的产生作为首要原则。德国的护理法案强调积极护理，长期护理服务应鼓励失能者积极参与治疗和恢复自理能力的康复锻炼，让失能者重新获得身体上、精神上的自理能力。日本的“介护预防”强调“身心机能”“活动”“参与”这三大要素均衡引导，尽量避免老人在日常生活中依赖护理，或尽量推迟老人需要护理时期的到来，即便在日常生活中已开始依赖护理的老人，也尽可能避免病情恶化，减轻对护理的依赖程度。为此，日本的长期护理保险增加了对日本老年人的护理等级，将那些即将进入护理状态、生活能够自理但家务需要帮助的轻度失能老人纳入护理保障，为他们享受的访问护理服务、短期托付服务等提供资金支持，帮助（协助）他们获得上门洗澡、打扫卫生、接受口腔护理、康复训练等的机会，尽可能地减少、推迟未来的介护需要。

居家护理先于机构护理的目的，是让失能老人能够在熟悉的环境中生活，有更多的时间与自己

---

① 戴卫东. OECD 国家长期护理保险制度研究［M］. 北京：中国社会科学出版社，2015.

的亲人或朋友相处，减少孤独感，尽量促使他们参与社会生活，提高生活质量。居家护理的人均支出也低于机构护理的人均支出，可以在一定程度上减轻基金压力。相较于机构护理，德国的政策设计更倾向于推崇居家护理。长期护理保险优先支持由亲属、邻居等义务性照护人提供的护理，长期护理保险除了支付护理补贴外，还为护理提供者缴纳养老保险费用。全职提供护理服务的近亲属也被纳入失业保险体系，可接受就业指导和培训。在德国，70%左右的失能者选择居家护理，30%左右的失能者选择机构护理[①]。同时，从保险的给付方式来看，为了方便自己的近亲属，大部分失能者选择护理津贴而非护理服务。芬兰政府为 75 岁及以上需要居家护理的老人提供房屋改造服务，如去掉门槛，加宽门框，拆掉卫生间内的浴盆，改成适合老人的淋浴，马桶旁边安装扶手，为行动不便的老人添置轮椅、助步车等辅助器具。

（四）给付标准与等级评定

实施长期护理社会保险模式的国家，在保险金给付标准上基本是按照被保险人接受长期护理服务的等级来设定给付水平的上限。并且对居家护理、社区护理和机构护理的支付标准都做了相应的规定。有些国家按照项目来确定给付标准，例如荷兰对个人照护、简单医疗护理、支持性陪同指导、积极主动性陪同指导以及入住机构等不同项目所提供的现金给付标准都做了详细的规定。日本长期护理保险管理机构会安排专业人员对申请人相关能力（包括 85 项测试内容）进行调查和两轮判定，以确定是否符合给付条件和具体的服务等级，7 个不同的护理等级对应不同的支付上限[②]。有些国家长期护理保险给付的额度则取决于对长期护理人员的依赖程度。有些国家根据第三方“护理评估机构”来进行依赖等级认定后确定给付标准。还有些国家在长期护理保险待遇给付标准上，并不是由被保险人直接申请保险金给付，而是由长期护理服务机构向保险人提出保险金给付请求，双方协商给付标准。

无论是哪一种做法，护理等级评定规则和评定结果都决定着待遇水平的高低，直接影响到参保人的待遇享受和保险基金的支付风险。等级评定和受益审核主要评估申请者的总体健康状况、失能程度、心理和社会功能、家庭和生活环境等，被很多国家的长期护理保险采纳、借鉴。

推行长期护理商业保险的国家，则按照市场法则，遵循商业保险的运营规则来确定给付标准。例如，美国长期护理商业保险在给付水平上，保险公司会规定一个每日最高给付金额，被保险人可以自由选择。一旦选择后，被保险人所获得的每日护理费用补偿就不能超过规定的支付限额。有些长期护理保险的保单也有采用同时规定整个支付期内总支付限额和日支付限额的做法，也就是当每天发生的护理费累计达到该保单总额时保险责任终止。

第三节　典型的长期护理保险制度模式

一、福利型长期护理保险模式

福利型长期护理保险模式主要由政府通过税收筹资，为全部老人或部分老人提供长期护理服务或长期护理津贴的制度安排。

这种模式深受贝弗里奇福利思想的影响，各级政府成为完全责任机构，政府财政为制度提供资金支持，个人不需要或者只需要承担部分自付的护理费用。个人获得保障的权利完全来自受益资格，不与缴费相关联，只要满足制度规定的受益资格，即可享受相应等级的长期护理服务或津贴，覆盖

---

① 戴卫东. OECD 国家长期护理保险制度研究［M］. 北京：中国社会科学出版社，2015.

② 戴卫东. OECD 国家长期护理保险制度研究［M］. 北京：中国社会科学出版社，2015.

范围涵盖全体国民或低收入群体。制度旨在保证公民权利与义务的一致性，其运作规律与社会福利和社会救助更为相似。从保障对象角度看，这种模式又分为两类，一类的长期护理对象具有“普遍性”，贯彻“普惠”原则，典型代表如北欧的瑞典、挪威、芬兰等；另一类的长期护理对象具有“选择性”，带有救助色彩，典型代表如英国的护理津贴（care allowance）制度。

芬兰的长期护理与该国其他福利政策相似，采用普遍主义原则，每个人都具有享受长期护理服务的权利，以护理需求为第一权衡标准，不以个人收入或资产设限，护理服务普及性较高，各级政府税收承担主要出资责任，对被护理者和护理者提供支持。20 世纪 80 年代，芬兰地方自治体即已建立护理者津贴（carer’s allowance）制度。1982 年，护理者津贴正式被纳入芬兰《社会福利法案》，这项福利法案为地方自治体推行护理服务制度化提供了一个法律框架。1993 年，芬兰政府通过了独立的《非正式护理者支持法案》，要求地方自治体开展家庭护理者支持项目，包括喘息服务（respite care）、护理者津贴和护理者休假制度。2006 年，《非正式护理者支持法案》进一步完善，护理者有资格获得养老保险和工伤保险、获得喘息服务，以及每月 3 天的护理休假。政府买单的居家护理、机构护理，为芬兰需要长期护理的群体提供了较为周全的服务。①

以英国的长期护理制度为代表的救助模式，主张福利服务由市场提供，强调个人责任，政府仅对收入或资产低于一定水平的社会弱势群体承担有限的补救责任，通过资格审查程序，向符合条件的家庭提供。从责任主体来看，政府主要负责筹资。英国的长期护理服务筹资来自全民性的国民医疗保障、地方财政补助，以及少部分的个人及其家庭自付，政府希望将有限的资源匹配给最需要的人群。从目标对象来看，英国长期护理的对象具有选择性。英国实行需求评估和家计调查双重标准，将目标对象局限在一部分特殊老年群体中。65 岁以上老年人在经过地方政府相关机构进行的长期护理需求评估和收入、资产审查后，由地方政府确定长期护理服务是由地方政府全额还是部分资助。以 2013 年为标准，如果老年人的个人收入低于 14 250 英镑/年，护理服务费用则全部由政府买单；如果老年人的收入在 14 250—23 250 英镑/年，老年人则需要支付部分护理服务费用；如果老年人的个人收入在 23 250 英镑/年以上，则需要完全自费购买护理服务。从给付方式来看，英国实物福利和现金福利水平相对较弱。英国实物福利主要通过社区护理的形式提供，而英国的社区护理绝大部分由私人组织或机构提供；现金福利中为非正式护理者提供的护理津贴获得条件苛刻，每周照护严重失能者的时间不得少于 35 小时且每周税后收入不超过 114 欧元的人才有资格，因此领取护理津贴的人数也非常有限。从护理保障水平来看，英国老年长期护理服务是一种家计调查式制度，只针对符合准入条件的贫困失能老人，其公共部门投入的资金和服务覆盖率都相对较低。②从市场化程度来看，英国的“个人预算制度”虽然也增加了护理服务使用者的消费主体性，促进了护理服务市场化发展，但护理服务资金的有限导致购买力不足。英国总的护理服务模式没有摆脱自由市场经济的“补缺式福利”原则，政府的政策对象始终面向最底层的社会群体，而大部分老年群体仍然需要从市场化的组织或机构中获得老年护理服务。

二、社会保险型长期护理保险模式

该模式由国家颁布法律、法规，以强制投保、三方共担的社会化筹资方式来解决长期护理服务费用，强调个人权利与义务的相对等，由法律强制实施，遵循社会化筹资与风险共担原则。该模式更加注重公平互助和再分配等社会效应。政府及社保相应经办机构为主要责任机构，资金通常由政府、单位和个人三方共担。大多数实施社会保险模式的国家都有长期护理保险计划“跟随基本医疗保险计划”的规定。这类国家具有如下特点：一是社会医疗保险为法定保险，长期护理保险与之并

---

① 王晶，张立龙. 老年长期照护体制比较——关于家庭、市场和政府责任的反思［J］. 浙江社会科学，2015，228（8）：60-68，158.

② 柴化敏. 英国养老服务体系：经验和发展［J］. 社会政策研究，2018，12（3）：79-96.

行，并有专门针对长期护理服务的筹资渠道，如德国、日本、韩国、荷兰、卢森堡等国。二是强制全部或大部分人口参加长期护理保险。德国 87.8%的人口被社会保险型长期护理保险覆盖，其余高收入人群被私人长期护理保险覆盖[①]。三是长期护理保险主要依托劳动相关收入（含养老金）以工资税（费）形式筹资。通常，退休人群以养老金收入为缴费基数缴费。当然，很多国家财政也承担相应的筹资责任。四是这类国家多采取购买护理服务的方式，允许私营资本（主要是非营利组织形式）参与服务供给，效率相对较高。

德国是世界上较早建立长期护理保险的国家，也是世界上几个主要运用社会保险制度来应对及协调长期护理风险的国家之一。在老龄人口、失能人口快速增加的背景下，德国早先通过社会救助提供长期护理服务，但老龄人口、失能人口增加速度的逐年提升，导致多方面社会问题越来越突出，深度改革势在必行。经过近 20 年的思考和辩论，1994 年德国联邦议院颁布《长期护理保险法案》，立法实施普遍的、强制性的长期护理社会保障体系，将不再考虑人们的财务状况，对各年龄人口的家庭护理和护理院护理服务进行覆盖，1995 年 4 月先行覆盖家庭护理，1996 年 7 月覆盖护理院护理。

德国长期护理社会保险制度按照遵从医疗保险原则，无论参保人参加的是法定医疗保险还是私人医疗保险，都必须参加长期护理保险，长期护理保险投保人的配偶和子女也在被保之列。长期护理社会保险的保费通过法律统一规定按雇员工资总收入的一定比例进行强制性征收，由雇员和雇主各负担一半。退休人员只支付保费的一半，另一半由其养老保险基金支付。[②]虽然德国长期护理保险体系实现了受益范围的全面覆盖，但是否可获得保险受益取决于受益人是否具有真实的护理需求。如果申请人通过了受益资格审核被确认为具有长期护理服务需求，则还需要进一步被认定需要什么程度的护理需求进而被划归为不同程度的受益级别。受益级别划分主要取决于其所需要的护理时间和护理频率。德国长期护理保险体系的受益方式分为三种，即对非正式家庭护理人的现金支付、对专业家庭护理机构的非现金支付、对专业护理院机构的非现金支付。受益人可自主选择家庭护理或护理院机构护理的受益方式，但德国长期护理保险制度受益方式制度设计的基本原则为“家庭护理优先于护理院护理”，强调以疾病预防和康复为主的家庭护理服务，限制不必要的护理院机构化护理。

为保持基金财务运作的可持续性，德国政府决策采取了大量成本控制制度设计。一是从法律层面对受益资格和受益级别制定准确细致的认定标准并实施客观统一的审查程序。二是鼓励受益人选择成本更低的家庭护理替代护理院机构护理。三是实行护理成本共担机制。长期护理社会保险只对受益人提供护理成本的部分覆盖，所有受益人每月获得的保险受益金额均有上限规定，该金额总体上不足以覆盖其全部的护理支出。四是引入市场化竞争机制，鼓励非营利性慈善机构和营利性机构之间在提供长期护理服务上进行竞争。德国长期护理保险自 1995 年运行以来，依靠良好的制度设计，长期护理保险体系实现了包括受益面的全覆盖、护理质量保证、基金财务的可持续性等的多重制度目标。

三、以商业保险为主的混合型长期护理保险模式

这种模式以美国为典型代表，其长期护理保障由公共保障和商业保险共同构成，既有雇主、雇员投保参加的老年和残障健康保险（medicare）中包含的护理安排，也有政府出资、针对贫困人口的医疗援助（medicaid）中关于长期护理的安排，更多的人群则被长期护理商业保险所覆盖。

① 刘涛. 德国长期护理保险制度的缘起、运行、调整与改革［J］. 安徽师范大学学报（人文社会科学版），2021，49（1）：74-86.

② 郝君富，李心愉. 德国长期护理保险：制度设计、经济影响与启示［J］. 人口学刊，2014，36（2）：104-112.

老年和残障健康保险是美国最早的一项医疗保险制度，依据 1965 年的社会保障修正案建立，由美国联邦政府开办，强制要求就业人群缴纳医疗保险税（medicare tax）参保，享受对象为美国公民或永久合法居民，且缴费满 10 年（或 40 个季度）以上、65 岁以上的老年人或者符合一定条件的 65 岁以下的残疾人或晚期肾病患者。老年和残障健康保险包含 A 类、B 类、C 类、D 类四大类保障计划，其中 A 部分和 B 部分中含有护理院护理、家庭健康护理、临终护理等方面的支出项目，但有比较严苛的支付要求，一般必须遵循“治疗必需”原则，需要有医生的证明才可以报销，不需要职业护士的服务一般不能报销，因而很难提供真正意义上的长期护理服务。

医疗援助也是依据 1965 年的社会保障修正案建立的，是由美国联邦政府和各州政府共同资助的、针对低收入群体的医疗健康保障项目，服务对象是低收入家庭的儿童、孕妇、老年人、有年幼子女的父母、残障人士等。在联邦政府指导下，各州设定贫困线和资产标准来确定申请人的资格、医疗援助涵盖的医疗服务范围、医疗服务报销水平等。州政府每年都会审核参保人的收入和资产状况，以确定是否保留或取消其享受待遇的资格。医疗援助比老年和残障健康保险包含更广泛的长期护理费用补偿，可以支付慢性病或损伤导致的长期护理和看护服务。在大部分州，医疗援助是家庭和社区长期护理费用最大的公共支付者，但给付的条件同样严格，比如必须是医疗援助的定点护理机构提供的长期护理服务才能得到补偿。

美国设立长期护理商业保险的目的在于，满足不被公共长期护理保险所覆盖的中高产阶级的长期护理需求。长期护理商业保险具有灵活性较大、促进市场竞争、种类多样等特点。但是，长期护理商业保险的市场占有率一直较低。美国的商业性长期护理保险，私营保险公司为其运营主体。商业性长期护理保险的参保对象比较广泛，无论是年老者还是年轻人都可以自愿参保，与商业性保险公司订立合同即可。其参保方式具有多样性特点，个人投保或团体投保均可。商业性长期护理保险提供的保险产品种类丰富，且灵活性较强，可以更好地满足消费者的不同喜好。但这种保险一般由保险人掌握主动权，他们会多方面地对投保人进行筛选，致使身体状况不佳的弱者得不到保障。

第四节 我国的长期护理保险制度

一、我国长期护理保险试点背景

随着我国人口老龄化速度加快，加之老年人口基数大，老年人长期护理需求不断增加；同时，少子化、家庭核心化不断弱化家庭在护理服务供给中的能力。2020 年第七次全国人口普查数据显示，我国人口达 14.12 亿（不含香港特别行政区、澳门特别行政区和台湾地区的人口数），其中 60 岁及以上人口约为 2.64 亿，占 18.70%，65 岁及以上人口约为 1.91 亿，占比 13.50%，我国成为世界上老年人口唯一超过 2 亿的国家。老年人作为特殊群体，更容易面临疾病、失能、贫困等多重风险。通常情况下，随着年龄的增长，老年人的健康状况会变差，年龄越大的照护需求越高。在缺乏稳定的制度化筹资渠道的当前，大量老年人因无力支付费用而陷入缺乏护理的状态。因此，探索稳定、可行的长期护理服务筹资机制成为我国一个亟待完成的重要政策问题。

自 2012 年起，上海、青岛、南通、长春等地市开始了长期护理保险制度的相关探索。2016 年，人力资源和社会保障部出台《关于开展长期护理保险制度试点的指导意见》（人社厅发〔2016〕80 号），正式拉开了长期护理保险制度建设的序幕。2019 年，《国务院办公厅关于推进养老服务发展的意见》（国办发〔2019〕5 号）明确提出针对当前我国养老服务存在有效供给不足、发展失衡和质量不高的问题，要努力建立健全高龄、失能老人长期照护服务体系。2020 年 9 月，《国家医保局财政部关于扩大长期护理保险制度试点的指导意见》（医保发〔2020〕37 号）下发，在原 15 个试点城市的基础上，新增 14 个试点城市，拟进一步深入推进长期护理保险试点工作，力争在“十四五”期间基本形成长期护理保险制度政策框架，并推动建立健全我国多层次长期护理保障制度。

二、我国长期护理保险试点政策和具体做法

根据《国务院办公厅关于推进养老服务发展的意见》和《国家医保局 财政部关于扩大长期护理保险制度试点的指导意见》，我国的长期护理保险制度试点政策从制度概念界定、保障对象、筹资机制、供给方式、待遇支付等多个维度，对未来的制度框架做了系统描述。

（一）长期护理保险制度的概念界定

长期护理保险是以社会互助共济方式筹集资金，为长期失能人员的基本生活照料和与基本生活密切相关的医疗护理提供资金或服务保障的社会保险制度。

（二）参保对象和保障范围

《国家医保局 财政部关于扩大长期护理保险制度试点的指导意见》规定：①参保对象，试点阶段从职工基本医疗保险参保人群起步；②保障范围，重点解决重度失能人员基本生活照料和与基本生活密切相关的医疗护理等所需费用，优先保障符合条件的失能老年人、重度残疾人。有条件的地方可随试点探索深入，综合考虑经济发展水平、资金筹集能力和保障需要等因素，逐步扩大参保对象范围，调整保障范围。

在具体的试点探索中，各地做法不一。截止到2022年，在29个国家级试点城市中，长期护理保险参保对象可以分成三类：城镇职工基本医疗保险参保人，包括的试点城市有承德、齐齐哈尔、宁波、安庆、重庆、天津、晋城、盘锦、福州、湘潭、南宁、黔西南州、昆明、汉中、甘南州、乌鲁木齐、开封；城镇职工基本医疗保险参保人+城镇居民基本医疗保险参保人，试点城市仅有长春市；城镇职工基本医疗保险参保人+城乡居民基本医疗保险参保人，包括的试点地区有上海、苏州、上饶、青岛、荆门、成都、石河子、北京市石景山区、呼和浩特、广州、南通①。

（三）筹资机制

《国家医保局 财政部关于扩大长期护理保险制度试点的指导意见》规定：探索建立互助共济、责任共担的多渠道筹资机制。筹资以单位和个人缴费为主，单位和个人缴费原则上按同比例分担，其中单位缴费基数为职工工资总额，起步阶段可从其缴纳的职工基本医疗保险费中划出，不增加单位负担；个人缴费基数为本人工资收入，可由其职工基本医疗保险个人账户代扣代缴。有条件的地方可探索通过财政等其他筹资渠道，对特殊困难退休职工缴费给予适当资助，形成与经济社会发展和保障水平相适应的筹资动态调整机制。

在具体的试点探索中，各地做法不一。以第一批 15 个试点城市为例，只有安庆职工参保者真正缴纳了长期护理保险个人筹资，但额度较低［10 元/（人·年）］。南通、承德、齐齐哈尔、上饶、成都、重庆的长期护理保险方案虽然明确提及了个人筹资，但个人缴费部分试点期间均是从个人账户划转来的。齐齐哈尔方案明确指出在试点后会逐步过渡到真正意义上的个人缴费。在各地方案中，只有成都提出了个人分年龄段进行缴费，40 岁及以下和 40 岁以上至退休年龄的参保者分别缴纳城镇职工基本医疗保险缴费基数的 0.1%和 0.2%（试点期间由个人账户划转），退休人员划转个人账户划入基数的 0.3%，这一制度设计体现了长期护理保险缴费的个体责任。有 8 个试点城市将政府补贴作为长期护理保险的筹资来源之一，其政府补贴形式可以分为三类：承德、南通、苏州对所有参保对

---

① 戴卫东，汪倩格，朱儒城，等. 长期护理保险试点政策的特征、问题与路径优化——基于两批 29 个国家试点城市政策的比较分析［J］. 中国软科学，2022，（10）：41-50.

象提供政府补贴，占长期护理保险总筹资比例的 12.5%—42%；长春仅在长期护理保险基金超支时提供政府补贴；荆门、上饶、成都、石河子仅对部分群体或企业提供政府补贴，荆门补贴享受最低生活保障的人员、完全丧失劳动能力的重度残疾人员（1—2 级）以及特困供养对象的长期护理保险个人筹资部分，上饶对财政供给的机关事业单位、关闭破产改制及困难企业的企业缴费部分予以补贴，成都仅对退休人员提供政府补贴，而石河子仅对 60 岁以上老年人和重度残疾人提供政府补贴。

（四）服务供给方式

《国家医保局 财政部关于扩大长期护理保险制度试点的指导意见》规定：充分运用费用支付政策对护理需求和服务供给资源配置的调节作用，引导保障对象优先利用居家和社区护理服务，鼓励机构服务向社区和家庭延伸。鼓励护理保障对象的亲属、邻居和社会志愿者提供护理服务。

根据上述指导意见，未来长期护理服务的供给方式可以分为居家、社区和机构护理三种形式。居家护理包括由专业人员和非专业人员（亲戚、邻居和志愿者等）提供的护理。目前，所有试点城市的长期护理保险方案均覆盖了机构护理，绝大部分城市（除长春、承德和宁波外）还覆盖了居家护理。机构护理包括养老院、护理院、医院三种子类型。绝大部分城市的方案支付养老院或护理院提供的护理，部分（青岛、承德、长春、南通、苏州、安庆、荆门）方案也支付医院提供的护理。长期护理保险经办机构对护理机构实施协议管理，其中石河子的方案还支付入住非协议护理机构的费用。绝大部分城市的方案覆盖了专业人员提供的居家护理，安庆还覆盖了来自非协议机构的专业人员提供的居家护理。上饶、成都、石河子的长期护理保险方案覆盖了非专业人员提供的居家护理，其中上饶支付由其家属或指定人员提供的居家自主护理，成都支付亲戚、邻居等提供的居家护理，石河子支付居家自行护理。

（五）待遇支付与护理等级评定

《国家医保局 财政部关于扩大长期护理保险制度试点的指导意见》规定：①长期护理保险基金按比例支付护理服务机构和护理人员为参保人提供符合规定的护理服务所发生的费用。根据护理等级、服务提供方式等制定差别化的待遇保障政策，对符合规定的长期护理费用，基金支付水平总体上控制在 70%左右。②建立长期护理需求认定和等级评定标准体系，制定待遇申请和资格审定及变更等管理办法。

试点城市的长期护理保险待遇支付分为定比支付、定额支付两种形式。在待遇给付上，第一批 15 个试点城市呈现出以下四个特点。第一，定比支付的地区多，定额支付的地区少。主要采取定比支付的地区包括青岛、长春、承德、荆门、上海、安庆、成都、石河子、齐齐哈尔、广州。定额支付的地区仅有南通、上饶、苏州、宁波、重庆。其中，定比支付的地区几乎都设置了支付限额。上海在居家护理的支付上虽无支付限额，但在服务次数和服务时间上进行了限定。第二，支付水平普遍不高。定比支付的地区中，长期护理保险基金的支付比例较高，在 50%—90%，但支付限额大多都较低。定额支付的地区中，定额标准均不超过 50 元/（人·天）。第三，不同服务形式下的支付水平存在差异。除石河子和重庆外，其他地区长期护理保险基金的支付水平都因服务形式的不同而存在区别。大部分地区机构护理的支付水平高于居家护理。居家护理的支付水平高于机构护理的地区仅有荆门、上海、成都、苏州、广州。第四，现金给付的方式较少。大部分地区仅有机构所提供的服务给付，没有对亲属自行照顾的现金给付。仅有上饶、荆门、成都、石河子对由亲属提供的自主护理直接给予了现金补助。第五，待遇支付水平普遍未与失能等级挂钩。如前所述，目前青岛、长春、南通、苏州的给付对象包括了中度、重度失能参保人员，上海则包括了轻度、中度、重度失能参保人员。但在待遇给付时，仅有南通和苏州根据失能程度的不同进行了区分，两地区对重度失能的支付水平高于中度失能。值得注意的是，成都的支付对象虽然只涵盖重度失能参保者，但其重度失能被划分为三个等级，支付水平根据不同的等级来设定（表 11-1）。

表 11-1 15 个试点城市的长期护理保险政策比较

地区	保障对象	筹资渠道	筹资标准	服务形式	待遇支付
宁波	职保	医保基金个人账户、单位缴费	从医保基金个人账户中划转，在职 0.1%；失业 0.3%；退休 0.1%；加上单位承担 0.2%	养老机构护理	40 元/天
				专业机构护理	40 元/天
广州	职保、城乡居保	医保基金	130 元/人划入长期护理保险基金专户	居家护理	90%［基本生活照料限额 103.5 元/（人·天），医疗护理限额 1000 元/（人·月）］
				机构护理	75%［基本生活照料限额 90 元/（人·天），医疗护理限额 1000 元/（人·月）］
上海	职保、城乡居保	医保基金	按医保基金缴费基数的 1%从职保基金中划转（职保）；从城乡居民医保基金中划转，水平略低于第一类人员的人均筹资（居保）	社区居家护理	90%
				养老机构护理	85%
				住院医疗护理	按医保相关规定
青岛	职保、城乡居保	医保基金	从医保统筹基金中划转基金总数的 0.5%+从医保基金个人账户中划转基金总数的 0.2%+政府补贴 30 元/人	居家护理	职保医疗护理报销 90%；城乡居保一档报销 80%，二档报销 70%
				护理院护理	
				专护	
				巡护	
安庆	职保	医保基金、个人筹资	医保基金 20 元/人+个人筹资 10 元/人	居家非协议护理	15 元/天
				居家协议护理	750 元/月
				养老机构护理	基金支付 50%（限额 40 元/天）
				协议医疗机构护理	基金支付 60%（限额 50 元/天）
齐齐哈尔	职保	医保基金、个人筹资	医保基金 30 元/人+个人筹资 30 元/人	居家护理	50%（限额 20 元/天）
				养老机构护理	55%（限额 25 元/天）
				医疗机构护理	60%（限额 30 元/天）
苏州	职保、城乡居保	医保基金、政府补助	医保基金 70 元/人（城乡居民 50 元/人）+政府补助 50 元/人	居家护理	30 元/天（重度）
					25 元/天（中度）
				机构护理	26 元/天（重度）
					20 元/天（中度）
上饶	职保、城乡居保	医保基金、个人筹资、单位或政府补助	医保基金 35 元/人+个人筹资 50 元/人+补助 5 元/人	居家自主护理	450 元/月
				机构护理	1200 元/月
				上门护理	900 元/月
南通	职保、城乡居保	医保基金、个人筹资、政府补助	医保基金 30 元/人+个人筹资 30 元/人+政府补助 40 元/人	居家护理	15 元/天（重度）
					8 元/天（中度）
				养老机构护理	40 元/天（重度）
					10 元/天（中度）
				医疗机构护理	50 元/天（重度）
					10 元/天（中度）

续表

地区	保障对象	筹资渠道	筹资标准	服务形式	待遇支付
石河子	职保、城乡居保	医保基金、政府补助、福彩基金	医保基金180元/年+政府补助40元（重疾、老年人）（职保）；个人先交24元医保基金再按相应标准划（居保）	非协议机构护理	25元/天
				居家护理	上门护理：70%[限额750元/(人·月)] 自主护理：25元/（人·天）
				协议机构护理	70%［限额750元/（人·月）］
承德	职保	医保基金、个人筹资、政府补助	医保基金工资总额0.2%+个人筹资工资总额0.15%+政府补助工资总额0.05%	医疗机构护理	70%［限额60元/（人·天）］
				养老机构护理	70%［限额50元/（人·天）］
长春	职保、城镇居民医保	医保基金、政府补助	医保统筹基金0.3%+医保个人账户0.2%（职保）；医保基金30元/人（城镇居民医保）	养老机构护理	90%（职保） 80%（城镇居民医保）
				医疗机构护理	未详细说明
荆门	职保、城乡居保	医保基金、政府补助	医保统筹基金总筹资25%+医保个人账户基金总筹资37.5%+政府补助总筹资37.5%	居家非全日护理	限额40元/（人·日），基金支付80%
				居家全日护理	限额100元/（人·日），基金支付80%
				养老机构护理	限额100元/（人·日），基金支付75%
				医疗机构护理	限额150元/（人·日），基金支付70%
成都	职保、城乡居保	医保基金、个人筹资、政府补助	医保统筹基金的0.2%/月+医保个人账户的0.1%—0.3%/月+0.1%退休人员补助	居家护理	75%[重度三级限额1796元/(人·月)，重度二级限额1437元/（人·月），重度一级限额1077元/（人·月）］
				养老机构护理	70%[重度三级限额1676元/(人·月)、重度二级限额1341元/（人·月）、重度一级限额1005元/（人·月）］
				医疗机构护理	70%[重度三级限额1676元/(人·月)、重度二级限额1341元/（人·月）、重度一级限额1005元/（人·月）］
重庆	职保	医保基金、个人筹资	医保基金60元/人+个人筹资90元/人	入住协议机构	50元/天
				居家上门	50元/天

资料来源：根据15个试点地区长期护理保险试点方案整理所得。表格中的待遇支付一列的百分比数均为长期护理保险基金支付比例。表中“职保”为城镇职工基本医疗保险的简称，“城乡居保”为城乡居民基本医疗保险的简称。

针对第一批、第二批试点普遍存在护理等级判定机制不健全的问题，2021年7月，国家医疗保障局会同民政部拟制、颁布了《长期护理失能等级评估标准（试行）》。作为长期护理保险待遇享受和基金支付的重要依据，该标准对评估指标、评估实施和评估结果判定做了规定。在评估指标方面，专业评估量表由日常生活活动能力、认知能力、感知觉与沟通能力等3个一级指标和17个二级指标组成，形成综合性评估指标体系；实施要求对评估主体、评估对象、评估流程等作出规定，同时明确采用组合法对评估结果进行判定。

2023年12月国家医疗保障局、财政部联合制定《长期护理保险失能等级评估管理办法(试行)》，规定各统筹地区要统一执行《长期护理失能等级评估标准（试行）》和《长期护理保险失能等级评估操作指南（试行）》，并对评估机构、评估人员、评估标准、评估流程、监督管理等做出了明确规定，为探索建立长期护理保险制度框架打好了基础。

三、我国长期护理保险制度的未来发展

《2023年全国医疗保障事业发展统计公报》显示：2023年，全国49个试点城市参加长期护理保险人数共18 330.87万人，享受待遇人数134.29万人。2023年基金收入243.63亿元，基金支出118.56亿元。长期护理保险定点服务机构8080家，护理服务人员30.28万人。多样化的试点方案虽然反映出地方特点，却为将来在全国建立统一的长期护理保险制度带来了挑战。就目前试点情况来看，长期护理保险试点还存在一些问题。第一，覆盖范围有限，大部分试点城市选择城镇职工作为参保对象，制度实施虽然更具可操作性，但城乡居民的失能风险却急需面对。第二，总体而言，我国的长期护理保险制度试点类型属于依附型，筹资主要来源于医保基金，实质还是社会医疗保险的附属。第三，试点地区主要采取服务给付的方式，现金给付相对较少。服务（实物）给付虽便于政府监管长期护理保险基金的使用和推动长期护理服务市场的发展，但在各地长期护理服务供给不足的情况下，会导致有保险而无服务的情况发生。第四，长期护理保险的待遇水平高低对失能风险的化解程度有重要影响，进而影响到该制度的社会认可度。在多元化、可持续性的筹资机制尚未形成的情况下，长期护理保险制度待遇水平普遍不高，保障水平有限。

基于此，未来我国长期护理保险可以在以下几个方面进行拓展。

（一）逐步扩大长期护理保险的覆盖面

长期护理保险制度要以公共利益为目标。普遍型长期护理保险制度更具公平性，是我国长期护理保险制度未来的发展方向。试点阶段选择城镇职工作为参保对象有利于长期护理保险制度的顺利开展。有条件的地区可以探索扩大参保对象范围，为建立普遍性的长期护理保险制度积累经验。从长远考虑，老龄化带来的失能问题是人类面临的共同问题，因此，普遍性的长期护理保险制度更契合社会照护需求。

（二）建立独立的长期护理保险制度

建立独立的长期护理保险制度，防止对社会医疗保险制度形成依赖。长期护理不同于疾病治疗，前者是一种社会服务，后者是一种医疗服务。长期护理保险制度是分散失能风险，提供社会服务；社会医疗保险制度是分散疾病风险，提供医疗服务。两种制度应对的风险性质不同，采用的技术手段也不同，因此，长期护理保险制度需独立建制。

（三）丰富长期护理保险给付形式

完善长期护理保险的给付形式，防止有保险而无服务的情况发生。由于各地长期护理产业发展程度不一，完全采用服务给付形式不能保证长期护理服务的充足供给。在长期护理保险制度建立初期，通过服务给付的形式可以培育长期护理服务市场发展，但要避免有保险而无服务的情况。现金给付可以缓解专业服务提供的压力，又可以降低长期护理成本和促进家庭照护功能的发挥。因此，服务（实物）现金兼顾的给付形式更有利于长期护理服务的供给。

（四）建立水平适度的长期护理保险待遇支付机制

待遇支付是评价长期护理保险保障水平的重要内容，虽然目前我国长期护理保险正处于试点阶段，各地的待遇支付标准存在较大差异，但应在分析总结各地政策的基础上，建立水平适度的长期护理保险待遇支付机制。第一，长期护理保险待遇支付范围应从重度失能人员入手，逐步向失智人群扩展。同时，长期护理保险待遇支付水平不宜过高，特别是对中高收入人群的待遇应当适度，并强化对中低收入人群保险待遇可及性的保护。第二，坚持以按床日付费为基础，逐步与病种付费相

结合。目前，国际上对长期护理服务的通行做法是按床日付费，这种付费方式有助于遏制资源浪费，更好地对费用进行控制。第三，加快失能等级和护理等级国家标准的出台，科学确定补偿标准。第四，坚持保基本的原则，逐步完善长期护理保险与医疗保险、商业保险、医疗救助的政策衔接，构建多层次的社会保障体系。

思考题

1. 长期护理保险的特点有哪些？
2. 典型的长期护理保险制度有哪几种模式？
3. 我国长期护理保险在试点过程中面临哪些问题？

案例

国家医保局、民政部出台长期护理失能等级评估标准

为贯彻落实《国家医保局 财政部关于扩大长期护理保险制度试点的指导意见》（医保发〔2020〕37 号，以下简称 37 号文件），稳步推进长期护理保险制度试点，协同促进养老服务体系建设，近日，国家医保局办公室会同民政部办公厅印发了《关于印发〈长期护理失能等级评估标准（试行）〉的通知》（以下简称《通知》）。

长期护理保险失能等级评估标准是长期护理保险待遇享受和基金支付的重要依据，是构成完整制度体系的重要组成部分。自 2016 年长期护理保险制度试点开展以来，各试点地区借鉴国际经验，因地制宜、积极探索，初步形成了适宜的地方评估标准。在总结地方经验基础上，从待遇均衡性、制度公平性方面考虑，国家医保局会同民政部研究制定了该评估标准。

《通知》主要对评估指标、评估实施和评估结果判定作了规定。一是明确评估指标。专业评估量表由日常生活活动能力、认知能力、感知觉与沟通能力等 3 个一级指标和 17 个二级指标组成，形成综合性评估指标体系。二是明确了实施要求。对主体、对象、流程等作出规定。三是明确采用组合法对评估结果进行判定。

《通知》强调，各试点地区要加强对长期护理失能等级评估标准的实施应用。37 号文件明确的 14 个新增试点城市参照执行该评估标准，原有试点城市参照完善地方标准，原则上自该文件印发之日起两年内统一到该评估标准上来。同时指出，试点地区各级医保部门和民政部门要建立协作机制，加强协调配合，探索建立评估结果跨部门互认机制等。

推动建立全国统一的长期护理失能等级评估标准，能够更好保障失能人员公平享有长期护理保险待遇的权利，更好规范和精准提供长期护理服务。下一步，国家医保局将会同有关部门，贯彻落实党中央、国务院有关稳步建立长期护理保险制度的决策部署，跟进评估标准试行情况，总结经验做法，促进全国统一的长期护理需求认定和等级评定标准体系建立，为探索建立长期护理保险制度框架打好基础。

截至目前，全国 49 个长期护理保险试点城市参保人数达 1.34 亿人，累计享受待遇人数 152 万人。

资料来源：国家医保局、民政部出台长期护理失能等级评估标准，http://www.nhsa.gov.cn/art/2021/8/3/art_52_5760.html［2024-10-26］

【问题】建立全国统一的长期护理失能等级评估标准的意义？

【提示】1. 评估标准是待遇享受和基金支付的重要依据。

2. 更好地保障失能人员公平享有相关待遇。

拓展阅读

国家医保局 财政部关于扩大长期护理保险制度试点的指导意见

医保发〔2020〕37号

各省、自治区、直辖市人民政府，国务院有关部委、直属机构：

探索建立长期护理保险制度，是党中央、国务院为应对人口老龄化、健全社会保障体系作出的一项重要部署。近年来，部分地方积极开展长期护理保险制度试点，在制度框架、政策标准、运行机制、管理办法等方面进行了有益探索，取得初步成效。为贯彻落实党中央、国务院关于扩大长期护理保险制度试点的决策部署，进一步深入推进试点工作，经国务院同意，现提出以下意见。

一、总体要求

（一）指导思想。以习近平新时代中国特色社会主义思想为指导，全面贯彻党的十九大和十九届二中、三中、四中全会精神，坚持以人民健康为中心，深入探索建立适应我国国情的长期护理保险制度，进一步健全更加公平更可持续的社会保障体系，不断增强人民群众在共建共享发展中的获得感、幸福感、安全感。

（二）基本原则。坚持以人为本，重点解决重度失能人员长期护理保障问题。坚持独立运行，着眼于建立独立险种，独立设计、独立推进。坚持保障基本，低水平起步，以收定支，合理确定保障范围和待遇标准。坚持责任共担，合理划分筹资责任和保障责任。坚持机制创新，探索可持续发展的运行机制，提升保障效能和管理水平。坚持统筹协调，做好与相关社会保障制度及商业保险的功能衔接。

（三）工作目标。探索建立以互助共济方式筹集资金、为长期失能人员的基本生活照料和与之密切相关的医疗护理提供服务或资金保障的社会保险制度。力争在“十四五”期间，基本形成适应我国经济发展水平和老龄化发展趋势的长期护理保险制度政策框架，推动建立健全满足群众多元需求的多层次长期护理保障制度。

二、基本政策

（四）参保对象和保障范围。试点阶段从职工基本医疗保险参保人群起步，重点解决重度失能人员基本护理保障需求，优先保障符合条件的失能老年人、重度残疾人。有条件的地方可随试点探索深入，综合考虑经济发展水平、资金筹集能力和保障需要等因素，逐步扩大参保对象范围，调整保障范围。

（五）资金筹集。探索建立互助共济、责任共担的多渠道筹资机制。科学测算基本护理服务相应的资金需求，合理确定本统筹地区年度筹资总额。筹资以单位和个人缴费为主，单位和个人缴费原则上按同比例分担，其中单位缴费基数为职工工资总额，起步阶段可从其缴纳的职工基本医疗保险费中划出，不增加单位负担；个人缴费基数为本人工资收入，可由其职工基本医疗保险个人账户代扣代缴。有条件的地方可探索通过财政等其他筹资渠道，对特殊困难退休职工缴费给予适当资助。建立与经济社会发展和保障水平相适应的筹资动态调整机制。

（六）待遇支付。长期护理保险基金主要用于支付符合规定的机构和人员提供基本护理服务所发生的费用。经医疗机构或康复机构规范诊疗、失能状态持续6个月以上，经申请通过评估认定的失能参保人员，可按规定享受相关待遇。根据护理等级、服务提供方式等不同实行差别化待遇保障政策，鼓励使用居家和社区护理服务。对符合规定的护理服务费用，基金支付水平总体控制在70%左右。做好长期护理保险与经济困难的高龄、失能老年人补贴以及重度残疾人护理补贴等政策的衔接。

三、管理服务

（七）基金管理。长期护理保险基金管理参照现行社会保险基金有关制度执行。基金单独建账，单独核算。建立健全基金监管机制，创新基金监管手段，完善举报投诉、信息披露、内部控制、欺诈防范等风险管理制度，确保基金安全。

（八）服务管理。进一步探索完善对护理服务机构和从业人员的协议管理和监督稽核等制度。做好参保缴费和待遇享受等信息的记录和管理。建立健全长期护理保险管理运行机制，明确保障范围、相关标准及管理办法。引入和完善第三方监管机制，加强对经办服务、护理服务等行为的监管。加强费用控制，实行预算管理，探索适宜的付费方式。

（九）经办管理。引入社会力量参与长期护理保险经办服务，充实经办力量。同步建立绩效评价、考核激励、风险防范机制，提高经办管理服务能力和效率。健全经办规程和服务标准，优化服务流程，加强对委托经办机构的协议管理和监督检查。社会力量的经办服务费，可综合考虑服务人口、机构运行成本、工作绩效等因素，探索从长期护理保险基金中按比例或按定额支付，具体办法应在经办协议中约定。加快长期护理保险系统平台建设，推进“互联网+”等创新技术应用，逐步实现与协议护理服务机构以及其他行业领域信息平台的信息共享和互联互通。

四、组织实施

（十）扩大试点范围。人力资源社会保障部原明确的试点城市和吉林、山东 2 个重点联系省份按本意见要求继续开展试点，其他未开展试点的省份可新增 1 个城市开展试点，于今年内启动实施，试点期限 2 年。未经国家医保局和财政部同意，各地不得自行扩大试点范围。

（十一）强化组织领导。各省级人民政府要高度重视长期护理保险制度试点工作，加强对试点城市的指导。试点城市要成立试点工作领导小组，加强部门协调，共同推进试点工作有序开展。新开展试点城市要按照本意见要求编制试点实施方案，报省级医疗保障、财政部门批准并报国家医保局和财政部备案后启动实施。已开展试点地区要按照本意见要求进一步深入推进试点工作，完善政策框架，加强长期护理服务体系建设。

（十二）完善工作机制。省级以上医疗保障部门要明确专人负责长期护理保险试点工作，会同有关部门建立健全工作督导机制，跟踪指导试点进展，并按要求报送运行数据和试点情况。要建立健全评估考核机制，及时研究试点中的新情况新问题，总结好的经验做法，加强横向交流，确保试点工作均衡推进。统筹协调社会各方资源，加强协作咨询，推动试点工作稳步向好发展。试点中的政策调整或其他重大事项，省级医疗保障、财政部门要及时向国家医保局和财政部报告。

（十三）加强宣传引导。各地、各有关部门要加强宣传工作，做好政策解读，及时回应社会关切，合理引导预期。充分调动各方面支持配合试点工作的积极性和主动性，凝聚社会共识，为试点顺利推进构建良好社会氛围。

参考文献

崔仕臣. 2020. 我国长护保险制度试点类型研究——基于 46 个地级市的政策文本分析. 中国医疗保险，（7）：37-41.

戴卫东. 2012. 中国长期护理保险制度建构研究. 北京：人民出版社：238-243.

戴卫东. 2014. 长期护理保险——理论、制度、改革与发展. 北京：经济科学出版社：2-81.

郝君富，李心愉. 2014. 德国长期护理保险：制度设计、经济影响与启示. 人口学刊，（2）：104-112.

胡宏伟，李佳怿，栾文敬. 2015. 美国长期护理保险体系：发端、架构、问题与启示. 西北大学学报（哲学社会科学版），（5）：163-174.

荆涛. 2015. 长期护理保险理论与实践研究. 北京：对外经济贸易大学出版社：81-94.

荆涛，邢慧霞，万里虹，等. 2020. 扩大长期护理保险试点对我国城镇职工医保基金可持续性的影响. 保险研究，（11）：47-62.

李长远，张会萍. 2018. 发达国家长期护理保险典型筹资模式比较及经验借鉴. 求实，（3）：69-78，111.

刘昌平，毛婷. 2016. 长期护理保险制度模式比较研究. 西北大学学报（哲学社会科学版），（6）：112-119.
罗丽娅，丁建定. 2021. 典型福利国家老年长期照护服务的国际比较与价值启示. 经济社会体制比较，（1）：22-32.
王群，丁心蕊，刘弘毅，等. 2018. 我国长期护理保险制度试点方案分析. 卫生经济研究，（6）：41-45.
徐敬惠，梁鸿. 2018. 长期护理保险的理论与实践. 上海：复旦大学出版社：174-183.
姚虹. 2020. 老龄危机背景下我国长期护理保险制度试点方案的比较与思考. 社会保障研究，（1）：48-56.
张盈华. 2015. 老年长期照护：制度选择与国际比较. 北京：经济管理出版社：34-91.
郑秉文. 2017. 中国养老金发展报告 2017——长期护理保险试点探索与制度选择. 北京：经济管理出版社.
周磊，王静曦. 2019. 长期护理保险资金筹集和待遇支付政策探讨——基于全国 15 个试点城市实施方案的比较. 财经问题研究，（11）：89-97.

（浙江中医药大学 孟雪晖；温州医科大学 崔仕臣）